Winston Churchill

丘吉尔

第一次世界大战回忆录5
世界危机 战后

〔英国〕温斯顿·丘吉尔 著

吴良健 王铁生 高卓 译 王翼龙 吴衡康 校译

青岛出版社

QINGDAO PUBLSHING HOUSE

目　　录

前　　言

　　本卷完成了我近10年前所承担的为大战史写此书稿的任务。如前四卷中一样，我将世界著名事件的记录与讨论用个人叙述的线索串联在一起。这个方法对那些希望通过阅读许许多多可信的叙述，以形成他自己见解的读者，证明本身是正确的。可是这个方法对于各种事件取舍的比例有相当大的出入。因为我亲自参加的或直接得知的插曲和事务在我的写作中自然处于特别突出的地位。凡有可能的地方，我尽量使用当时我记下的和说过的我自己的言词来讲述事情的经过。出现这种情况的地方必须在紧接的正文中加以适当调整。我根据眼见的事态发展来讲述，但是每种事态，他人从不同角度去观察会有所不同，况且有许多事态我没有亲眼目睹。

　　在写作本卷所述的许多事件中，我发现有不少我亲自经历的重要事件我已完全忘却，对此我甚感惊愕。这些年来工作压力极为沉重；不停变化的事物又互动地发展；同时整个世界都在不断地变动；一个印象冲淡另一个印象。只有当我重读当时的演讲词、文件和备忘录时，那些紧张而激动人心的年代才又显现在我的眼前。我确信，我不会再有任何时候比停战后4年中写得更多、忘掉更多和理解更少了。因此，对局势提出一个总的看法——尽管是从个人角度——和更重要的是，通过无数事件的迷宫，去追溯无一例外的、无情的因果序列，可能是一项有意义的工作。

　　自从大战结束以来，人们所写的大部分著作都要谈论到巴黎和会，关于和会已有大量文献作品问世。我近年来的写作主要谈论发生在巴黎和凡尔赛会堂以外的事情，以及全权代表们对各大国和千百万民众所做决定的后果（做出决定的过程没有少拖延时间）。因此本书主要论述这些事件的外部反应。令人遗憾的是本书很大程度上是一部不幸和悲剧的编年史。本书所述的形势发展的趋向是否不可避免，不得不待读者做出判断了。在我几近四分之一世纪的政治生涯中，没有哪个时期的国家事务像战后这几年那么困难。各种事件层出不穷，社会动荡不安。人们感到疲乏而且不如意。国家权力处于低潮；经济繁荣搁浅；货币状况越来越令人担忧。因而不但问题艰巨、成堆，而且对付问题的办法不断减少。此外，要人们调整心态以适应新的环境又很不容易。对胜利抱过高希望和梦想只会导致泄气、不满、派系斗争和失望；这本身是一个重新成长的过程，这一点很难被理解。所以我特别内疚地希望对处境极为艰难的首脑会议上的那些人的缺点与错误做出公正评价。

也许我有必要像在以前几卷里那样在序言中再次表态：书中发表的意见仅仅是我个人的意见，由我本人完全负责。我还必须向以忠告和知识给我有力支持，以及允许我引用其口头或文字的机密意见的那些人，表示我的感激之情。

温斯顿·丘吉尔

查特韦尔　1929 年 1 月 11 日

第一章 "战时魔力的消失"

4个世纪的持续时期——胜利的庆典——喜悦与反应——世界
的主人——停战梦——聚会——俄国——德国的机会——新武
器——新贵族——不正常条件——无法预见的形势——和平的
震动——战时魔力的消失

第一次世界大战的结束使英国的地位上升到了她前所未有的最高
点。在连续的4个世纪里，这是她第四次率领并支持欧洲抵抗军人暴
政；这是英国第四次为保护这批低地小国而宣战，战争以她们的完全
独立而结束。西班牙、法兰西王朝、法兰西帝国和德意志帝国全都曾
蹂躏并企图占有或控制这些地区。400年间英国都是以进行战争和施
展政策来阻止所有这些国家，她们全都被打败和逐了出去。在这份罗
列威严君主和最高军事长官的名单上已经包括腓力二世、路易十四和
拿破仑，现在还要加上德国威廉二世的名字。这四大系列事件，由于
这么多代人坚定不移地为着同一目标而奋斗，都以成功告终，创立了
时间极长与光辉成就极大的一项纪录，这在古代史或现代史上都是无
可比拟的。

我们还获得了其他一些重大的好处。德国海军的威胁不复存在，
德国过分自信的力量肯定要后退许多年。曾是我们盟友的俄罗斯帝国
已被革命政府所取代，这个政府已经宣布放弃对君士坦丁堡的一切要
求，由于她先天的不足和无能，难以很快构成对印度的严重军事危险。 18
另一方面，英国与她最近的邻邦和积怨最深的敌人——法国——联合

起来,结成了休戚与共的伙伴关系,这种关系有可能是既强固又持久的。英国和美国的军队第一次并肩作战,英语世界这两大分支再次开始一起谱写她们的历史。最后,在长期和可怕的世界动乱中英国承受住了每一次冲击与损伤。反映宗主国和各自治领生命力的议会制度,证明其本身对于进行战争和在和平时期维持自由与进步一样有用。穿越世界所有水域、把整个英国结为一体的看不见的利益、情感和传统的纽带,证明比最有约束力的正式保证还要有效率。由加拿大、澳大利亚和新西兰 50 万人组成的军队被这些难以说清的、而且常常是觉察不到的引力所吸引,跋山涉水走过比以往任何一支军队走过的更远的路途,为着一个事业、一场争斗去征战去牺牲,而这个事业与这场争斗只是遥远地影响他们直接的物质安全。在发生危机的几年间,印度各民族、各教派以他们各自的方式自发地表示忠诚,并以空前的规模捐钱、捐物、捐武器支持战争。1914 年的南非叛乱就是被南非战争中曾是我们最危险敌手的那些布尔人的将军镇压的,他们当然与我们签订了弗里尼欣[1]解放条约。只有爱尔兰的一些人拒绝支持我们,关于那里的问题有很长的往事可说。

大战胜利的庆典展现在不列颠民族的眼前。我们曾与之打仗的所有帝王已全被废黜,他们所有的英勇的军队都已一败涂地。这些可怕的敌人曾通过力量与手段长久地威胁我们的生存,以武力摧毁了不列颠民族的许多精英,消灭了俄国,使我们全体协约国(美国除外)奄奄一息,他们如今俯首听任征服者摆布了。苦难和考验过去了。危险被挡开了。流血牺牲没有白费,流血牺牲终于结束了;曾经过分紧张的人们得救了,渴求有一段享受胜利喜悦的时间。教会与政府联合举办隆重的感恩祈祷。全国放假。缴获的大炮沿伦敦圣詹姆斯公园林阴道排成三长行。每条大街都挤满了欢腾的男男女女。各阶层民众都沉浸在普天同庆的欢乐中。宴会、音乐和华灯把战时沉寂的夜晚变成了明亮灿烂的白天。一群群的人们怀着无法形容的感情,激动不已;在特拉法尔加广场,伦敦狂欢者的欢乐在纳尔逊纪念柱的花岗石基座上

19

留下了持久的标记。

谁会埋怨或讥笑这些无法抑制的狂喜呢？每个协约国都分享了这种喜悦。五大洲每一个战胜国的首都或城市都以自己的方式再现了伦敦的欢庆情景。这种时刻是短暂的，它们留给人们的记忆转瞬即逝；它们开始得突然，消失得也突然。太多的鲜血流掉了，太多的精英消失了。每个家庭中成员的缺口都太宽，中间一代人不在了。几亿人带着可怜的欢乐，向他们心爱的人的成就致敬，此后人们突然惊醒了，有幻想破灭的感觉。虽然依旧有安全保证的满足，恢复和平的满足，保持荣誉的满足，辛勤工作带来生活舒适的满足和士兵归家的满足；但是这些情况只是个背景；与这些满足掺和在一起的是，思念那些永不再回家者的痛苦。

* * *

在法国和比利时的英军战线沿线，11点钟出现了反映人的神秘本性的心态。炮轰静寂了；军队原地驻停。士兵们在静寂中一动不动，以茫然的目光面面相觑。人们在不知不觉间有扫兴之感，产生了某种畏惧、疑惑甚至忧郁感，他们在片刻工夫前还在对敌人穷追猛打。征服者的脚前仿佛出现了深渊。

20

"把武器放在一边！希腊爱神厄洛斯！漫长的战争结束了。"

战斗部队的紧张神经一时间似乎无法适应突然的放松。在胜利之夜先头部队的军营是如此安静，以至于人们或许会以为他们是一批尽力战斗后最终被打败的勇敢士兵。这种心理上的阵阵压抑像在英国的那种奔放心情一样，都很快消失了；几天后，家成了所有人想望的归宿。但这里又一次出现了理想的破灭和希望的落空。

*　　*　　*

　　停战之夜我与首相在唐宁街共进晚餐。我们单独在那间巨大的房间里，房间四周墙上，皮特、福克斯、纳尔逊和威灵顿，也许有点不合适。还有华盛顿的画像俯视着我们。劳合·乔治先生性格中最令人称赞的特色之一是，在他的权力、责任和好运气达到顶峰时丝毫没有自负或高人一等的神态。他总是那么自然和直率。他对熟悉他的人从来一视同仁：准备随时可以就任何问题进行辩论，乐于听取即使是以争论的方式提出的不快的事实。人们对他说什么都行，但条件是他可以对答。胜利的重大性与绝对性使他产生了一种被抑制和被孤立的心态。他没有大功告成的感觉。相反，他强烈地感到，在他前面还有新的而且更困难的工作要做。我自己的心态是既担心未来又希望帮助已倒下的敌人。我们的话题谈到了德国人的优秀品质，谈到了他们对付四分之三世界的艰巨战斗，谈到了除非有他们的帮助否则就不可能重建欧洲。当时我们想到他们实际上正在挨饿，在战败与饥荒的双重压力下，日耳曼民族——已经在革命——可能滑入业已吞噬俄国的可怕深渊。我建议我们应在进一步的坏消息来到之前，立即遣派十几条装满食品和其他必需品的巨轮驶往汉堡。虽然停战条件坚持在和平条约签订前实施封锁，但协约国已答允供应必要的物品，首相以赞同的眼光权衡着这个计划。室外，人群的歌声和欢呼声从远处听来就像拍岸的浪涛。我们将看到，不同的意见将很快传出。

21

*　　*　　*

　　在那个11月的晚上，英国、美国和法国的三个领导人似乎是世界的主人。在他们背后是组织完善的庞大的社会，人们为胜利而欢呼，对领导他们获得胜利的领导人充满感激与信任。在这三个人的手里掌握着具有无坚不摧的力量的陆军，以及没有其批准任何船只都不得从水面或水下穿过大海的舰队。任何明智、正确和必要的事情他们都能联合决定。这三人超越不同的民族和利益，越过陆地和海洋的遥远距离，在对付可怕敌人的斗争中被建立的伙伴关系吸引到一起。他们一起达到了目的。绝对的和无与伦比的胜利在他们手中。他们将利用胜利做什么呢？

时间在飞逝，群众和领导人都没有注意到他们借以统治的魔力已经在减弱。其余各种权力不久就会开始起作用。但是为完成至高无上的任务，现在是制定最好的解决办法和最有用的政策的最佳时候。

这些人必须走到一起。地理上和宪法上的障碍没有什么关系。他们必须面对面商谈，而且在讨论后迅速解决由敌人彻底失败而产生的最重要的实际问题。他们必须把战争激起的全部愤怒情绪，把他们对所代表的国内党派政治的全部考虑、对继续掌权的全部个人愿望放在次要地位。为了追随自己的英勇民族、为了苦难的欧洲、为了惊恐不已的世界，战后他们所追求的只能是做出最好的安排。

如果他们能走到一起，他们就会面对现实，分清处理各种事情的轻重缓急。应长久遏制战胜国的敌国——德意志、奥地利和土耳其三个帝国——及其所有强大的兵力，令其无望地投降并解除武装，但任务尚未完成。战场上还有敌人；还有其他种种推动力向战胜国的权威挑战，阻碍世界事务的公正解决。他们很可能是想起了罗马格言："宽恕被征服者和打倒妄自尊大者。"

*　　　*　　　*

读者读到这里也许愿意以想象的方式研究一下某些推测性的问题。因此我暂时不谈发生的事实，而谈谈那些"可能发生的事情"。让我们想象许多停战梦中的一个。它只是一个梦而已。

* * *

胜利对威尔逊总统产生了一种令人惊奇的影响。他的职责和荣誉使他超脱了他用一生中许多时间度过的和平时期的党派行为。与此同时，胜利对他在国内外事务的判断上产生了一种清醒的影响。11 月底以前，他一接到劳合·乔治与克列孟梭建议在怀特岛（也许是泽西岛）会晤的联名电报，就认为他必须前往，不管过去发生过什么，他也必须作为整个美国的代表与会。他自问，如果他未经授权向他人许诺他的国家的保证，或者如果他以他的国家的名义答应的事情后果不佳，他在历史上将处于何种地位。因此，在胜利的容光焕发中，他呼吁美国参议院，以他们最强有力的议员组成代表团（适当关注参议院中的共和党多数）以加强他的力量。他说："我无法预计今后几年里党派事务将怎样发展，但是任何事情的重要性都不能与我们在和平时期承担的职责相比，和我们战士在战争时期承担的职责相比。我们已经违反我们的愿望，违反我们的整个传统，被拉入欧洲事务。我们是没有理由不进入的，我们也不会不载誉而归。"

克列孟梭（对自己）说："我必须考虑到法国的长远安全。这不仅要依靠我们自己的努力，还要依靠我们曾经保存下来的奇迹。世界上最伟大的国家帮助过我们，我们已脱离致命的危险境地了。我们决不能指望再有这样的帮助了。法国再过一千年也休想再见到这种幸运的时机了。现在是与德国修好和结束几百年来的争吵的最适当时候。我们不如他们强大，我们把他们打倒了，我们现在作为战胜国还要把他们扶起来。"

至于劳合·乔治，他说："历史将评价我的一生，而且不会断定我碌碌无为。为了打赢这场战争，我毁损了我借以上升和立足的每一种政治基础。然而毕竟生命短暂，而且所有要紧的措施均不会在最重要的时刻落在处理一般事件的水平以下。英国人民有良好的记忆力，我应当相信他们。"

就这样三人在停战后三周内在怀特岛（或在泽西岛？）会晤，一起决定为了使世界在持久和平中重新举步前进而应采取的实际步骤。

同时，美国参议院代表团直飞巴黎，访问了他们在前线的军队。

当三人在一起开会时，他们各自发觉一致同意不许把国际联盟建成为一个超级国家，而必须把它建成为在世界所有勇敢和健康的国家之上的一个具有超级职能的组织。但他们明白，他们所能做的也就是植下一棵树，让它随着岁月流逝茁壮成长。在他们的第一次会议（大约于 1918 年 12 月 1 日举行）上，他们同意国际联盟必须包括世界上所有占有重要地位的民族。这是他们的第一个决议。威尔逊说："我可以代表美国讲话，因为我得到了两大政党的支持，我自己的民主党和共和党。"劳合·乔治说："我代表不列颠帝国说话，而且是得到全体自治领总理的支持的；此外，阿斯奎斯先生和博纳·劳先生一致同意支持我，直到所有问题得到解决，到那时我坚定的决心是退出（我不愿说永远退出）国家事务。"

克列孟梭说："我 75 岁了，我就是法国。"

他们都说："建立国际联盟不包括俄国不行，俄国不在我们的管辖范围之内。布尔什维克不代表俄国。他们代表了一种有关人类事务的国际构想，这种构想同我们认为是文明的一切事务迥然不同，实际上是对立的；但是俄国人在战争最残酷的时候站在我们一边，单就这点而言，他们的国家也应有表述自己意见的公正机会。"

于是他们在第二个决议中同意：必须使俄国人民能够选择一个全国性的立法机构，以把目前的问题提交给该机构。

因此他们派人去请福煦元帅并问他，"俄国问题怎么解决？"

福煦回答："没有很大困难，那里不需要打大仗。渴求在事态发展中发挥作用的几十万美军加上从不列颠（我恐怕他是指"英国"）和法国军队中抽调若干志愿军，利用现代铁路，就能很容易地控制莫斯科；不管怎样，我们现在已经拿下了俄国三个地区。如果你们为了保证俄国人能自由表达愿望，希望你们的管辖权能包括新近解体的整个俄罗斯帝国，你们给我下命令就是了。对于我和黑格及潘兴来说，不过是再来一次 3 月 21 日战斗或攻破兴登堡防线的战斗。与此比较，这个任务是多么容易！"

可是三位政治家说："这不仅仅是军事问题，它还是世界政治问题。进攻俄国，虽然无疑完全做得到，但单由战胜国进行，从道义上说，此任务未免代价太大了。要完成它，只有在德国的帮助下才有可能。德国比别的任何国家都了解俄国。她此刻就作为文明生活的唯一保证而占领着俄国最富庶和人口最多的地区。德国让列宁自由地回到俄国，难道德国不应该像其他国家一样在清理整个东部战场中发挥自己的作用吗？"三位政治家说，"这将是德国的机会。这将使一个骄傲而忠诚的民族能免除战败所致的一切耻辱。他们将通过几乎是不知不觉的转变，与我们大家从残酷冲突悄悄地进入自然合作。欧洲的事务，没有德国参与一切都难办，有德国参与一切都好办。"

于是他们通过了第三个决议：应邀请德国帮助解放俄国和重建东欧。

但是福煦说："你们怎样保证法国的生存？"总统与劳合·乔治先后回答："在十四点范围之内，法国的生存将由全世界讲英语的民族和与她们联结在一起的国家与民族给予担保。"

解决了所有的主要问题后，三位首脑于是转而谈到战争费用。但是这个问题不会有什么困难。要遵守的显然只有一个原则，即牺牲均等。要同时考虑三个因素——生命的损失、财富的损失和从另一方（被认为非常重要）获得领土。他们对于以金钱来估价生命并用领土的获得抵补生命的损失的想法笑了一会儿。但是他们说，"虽然金钱无疑是一种不适合的标志，但就我们目前的状态说，它又是我们所有的最方便的标志。我们毕竟只需要一个数学公式，而它是专家在计算德国和其他战败国赔偿款项的同时能够推导出来的。巨额财富已被毁灭，而且绝不可能修复了，但是如果我们大家团结一致，那么即使战败国的负担也未必很大。我们将有一种有胜利与和解的双重安全感的世界货币。为了支持达到这个目标，我们所有人都要在承认输赢差别的基础上做出贡献。它也许将最终成为一种世界货币的基础。无论如何，只要我们同意这个原则，我们就能很容易地把实施办法制定出来。" 26

接着他们重新讨论国际联盟计划。无疑，一旦各大国都成为联盟的成员国，那么单是他们的道义力量就能成为和平与正义的巨大而可靠的保证。对几乎是世界性的贸易与金融进行抵制和海上的完全禁运，这对侵略者来说更是严厉的威慑力量。信贷、食品、军火对于被攻击者是强大的防御能力。但可以肯定的是，联盟的堂堂权威在必需拿出最后一着使用武力时决不退缩！

不知道三位首脑中是谁首先构想出总计划的，根据该计划，世界和平现已得到极好的保卫，各国军备已日益不受重视了。但是历史记载着这样一个事实，即首脑会谈的第二天就决定，维护世界秩序的新手段应该以新的科学武器武装起来。国家不分大小强弱，如果愿意，为自己放心起见，都可以有战舰与巡洋舰以及骑兵、步兵和炮兵，而且按照自己的选择花钱建造和建立；但是空战和化学作战，应由联盟和国际权威机构说了算。

当科学已经生产出破坏安全甚至毁灭整个城市与人口的武器时，当武器的作用不受国界限制，舰队和陆军都无法挡住时，此时就会创造出一种新的人类管理手段来使用武器。反过来也就是说，当这种新手段出现时，它所需要的新武器就可使用了。但由于这三位有经验的政治家具有求实精神，他们立刻宣布了这样的原则及其逐步实施的办法。国联盟约上的每一个签字国都要首先把许多飞机中队奉献给联盟，用这些飞机组成一支新的空军。克列孟梭说："事实上，我们正在复活像圣殿骑士团和马耳他骑士团那样的旧日骑士团以保卫文明反对野蛮。"此时总统讲了一句有点不切题的话，但记录者没有把它记录下来。他说："肯定不缺乏建立骑士团所需要的声名不朽的骑士。法国人、 27

英国人、美国人、德国人、意大利人中的佼佼者创下了人类编年史中无与伦比的功绩。让他们成为新的贵族吧！"劳合·乔治说："无论如何他们也比每天坐在我的门阶上的那些奸商好。"

于是大家一致同意，为了反对侵略，维护世界和平，原则上制空权应保留给国际联盟。首先是没有绝对禁止各国建立空军，但各大国的整个政策重心放在建立国际空军上，用意是随着普遍信任的程度增强，各国也就只发展商业航空，军事方面则应仅留给国际权威机构。

他们认为化学战的问题太难解决，目前只能发布命令全面禁止任何国家进行化学战。他们补充说，"但也许有一天，不服从禁令的国家将被罚以打喷嚏，如果还不行，再罚以呕吐吧。"

在会谈的第三个晚上，当他们打算就寝时，有人问，"要是我们的人民不听我们的忠告将会发生什么情况？"当时他们所有人都说，"让他们叫别人来干。我们应该说已经尽了自己的本分。"

这个时刻，我们战时具有的魔力消失了，对力量的幻想破灭了。我从我的停战梦中醒来。我们全都发觉我们还在汹涌的、乌黑的、发出酸味的冷水中游泳。

*　　　*　　　*

对于从五十二个月的世界战争的熔炉中出来的所有民族及其政府（战胜者国政府和战败者国政府都一样）的行为，必须多多体谅。环境条件是以往从未经历过的。战争爆发时，存在种种未知的和无法估量的可能性，战争危机的洪水沿着渠道奔流，流经一定距离后人们已有所准备。海陆军将领及其参谋人员担任直接指挥；他们订有计划，虽有好坏之分，但无疑订得都是极为具体的。这些利用科学进行大破坏的计划被付诸实施；第二系列的事件起因于它们的冲突。各国陆军部和海军部都颁布了简洁的命令，一时间后果也就几乎自动显现出来。长期积蓄与贮存起来的巨大破坏力被释放了出来。战舰下水操作简短：几个人演讲；几个人祷告；打碎一瓶香槟酒；敲下几个系缆绳的楔子；迅速积聚了巨大力量的几千吨钢铁不可逆转地滑入水中。同一艘战舰在战斗中遭到损坏，被鱼雷炸破，伤痕累累，已进了半船海水，要想让她顶风逆浪，穿过浓雾，安全驶回海港，问题可就大不一样了。

当然，在战争结束前一年多，就已经为复员和重建制定好计划了。已有一批人脱离战斗指挥岗位，研究和精心设计一旦和平成功地实现就需要采取的种种措施。但是他们无论在什么领域都不是身居领导地位的主要人物。所有其他人的目光都紧盯着战争。国家的全部智慧以及她可以指挥的全部力量，都集中在争取胜利和自我保存上。在自我保存方面——假设的、不可预料的、遥远的——情况并不明朗。当我们还不知我们会不会被摧毁的时候，我们与和平有什么关系呢？当整个世界还在遭受重炮猛轰的时候谁会去想重建？当追求的唯一目标是把每个人、每发炮弹都投入战斗的时候，谁会去想复员？

再说，协约国的主导思想从未期望战争在1918年结束。军队在前进，但全部思想和准备都集中在默兹河畔或莱茵河畔的春季战役上。它将是所有战役中最大的战役，那时一个星期内累计投入战斗的将是许多百万兵力、许多千门大炮、许多万发炮弹；飞机将以十万架计、坦克以万辆计；极大规模地使用新的致命机器、发明物、致命的毒气；参战国全体有战斗力的男女，在无休止激情的驱使下源源不断地向前推进。一个个堡垒，在由人类精英联合组成的攻堡垒突击队的轰击声中倒塌，但见一团团尘雾腾空而起，协约国军及其器械在遮天蔽日的尘雾中，向前倒下，人则四肢分开躺下。此时和平突然降临！

英国除海军外，其余军兵种是逐步进入战争的。陆军兵力是一个师一个师地扩充。战线是每次扩大几英里。工业的军事化转型用了好几年时间。国民义务兵役制和战时所有难忍的法规几乎是极其缓慢地实施的。事实上我们的每一个物质领域才刚刚达到最大潜力。我们的战争努力在数量和质量上的不足到处可见。那些努力在最高点上能保持多久无法知道，因为在顶点上各种形式的支持力会同时消除。

是迫切的需要和崇高的事业巩固了 27 个国家的联盟，在日益增强的友谊中吸引住了 27 个国家的工作人员和勇士们，但如今迫切的需要和崇高的事业在一瞬间消失了。战争的大镰刀每年割下一刈年轻人，但如今大镰刀在新的一代青年的脚下停止了。做好准备要忍受磨难的那些人，麻木地出神，对自己能从大屠场上幸存下来并不表示感激。突然，人们的意愿及命运的趋势不仅仅是停了下来而且是倒了过来。因此我认为，对我们来说，无论如何，向和平转变的震动要比进入战争更加猛烈，向和平转变会使我们的思想发生更完整和更普遍的剧变。

战胜国的领导者正在经受最难经受的考验。他们似乎有无上权力，但他们的权力正在离去。虽然权力正在离去，但表面上还保留余地；

而且它也许可以用重大行动收回。但是时间是最重要的。随着每一天的拖延，收获胜利果实变得更难了。随着每一天过去，不但政治家的权力，而且协约国本身的权力以及她们的团结也必然衰落。她们的军队必须回国；她们的选民必定会收回自己的支配权。长期受压抑的妒忌性、宗派性和报复心理现在在每一方面都有抬头。每天仍充斥着重要和紧急的事务，每天仍受到你争我夺和各种事件的严重困扰，致使人的天性无法应付繁重的任务。这些人会听命于权力的幻想，沉湎于胜利的宽慰和屈服于工作的压力，这令人奇怪吗？他们希望在开始新任务之前歇口气，这令人奇怪吗？他们在一段时间里保持这样的状况：同样强硬的控制将以其他形式继续下去，为克服新的困难，维持同等权力和实施制裁将继续有效。但是事实上，一半以上的指导原则在居领导地位的人还未觉察到时就已废弃了。

以前和平时期的社会结构被取代已有 4 年多，生活被战争的魔力弄得奇特地紧张。在这种神秘的环境下，男人和女人明显地达到了超越死亡、超越痛苦和苦难的境界,任何事情都不会因太艰苦而负担不了、任何东西都不会因太宝贵而不能放弃。人们、阶级和民族之间呈现一派团结和志同道合的景象，面对敌人的压力，为了共同事业，团结变得更加坚不可摧。可是现在战时魔力破碎了，对于某些目的而言破碎得太迟，对于另一些目的而言破碎得则太快，但对我们全体而言破碎得太突然！每个战胜国都退回到原来的水平，恢复了她们先前的安排；但是近来人们发觉这些国家陷入了破落状态，她们的结构衰败而且脱节，组织似乎显得狭隘和过时。鼓舞苦难中的士兵和人民的无限希望很快就消失了。被人民英勇解救的世界本应充满阳光：那里工作较轻松，工作的报酬较多，那里正义与自由占统治地位，可以维持几个世纪的持久和平。这种景象在战场上空闪现，在德军和土耳其军战壕后边招手，温暖战士们的心，加强他们的力量，可是这种景象很快就被冷酷、黯淡的现实所取代。怎样才能出现另一种情况呢？战争造成几千万人死亡，花费了世上最强大国家全部储蓄的三分之一，付出了如此的代价，用什么方法才能引导人类进入黄金时代呢？对所有人而言，幻想在残酷的现实前破灭了。所有的男人、女人、军人和公民盼望社会有某种巨大的发展，但呈现在他们面前的只有严重的收缩；对群众来说是物质条件的收缩，对那些——数以十万计——才智出众、身居负责地位的人来说，是发挥才智的范围和指挥权的收缩。

随着战时魔力的消失，在新的困难达到顶点的时候，许多指导和控制的特殊权力也消失了。群众的偶像、被欢呼为他们国家的救星的胜利国的政治家，在战争中获得的成就的魅力正在削弱，仍受民主政治的约束。他们的光荣时期正在消逝；他们的工作几乎已经完成，威尔逊、克列孟梭和劳合·乔治将很快跟随着被他们赶下台的敌对国家的帝王们进入退隐或逆境。

在忠诚地、辛劳地工作的群众看来，胜利是如此完善，似乎不再需求进一步努力。德国已经垮台，曾经打败她的世界联合体就要与她联合。权力分散了；世界得到解放；弱者变成强者；隐避者变成积极进取者；胜利者与战败者的差别不断缩小。极度的疲劳和厌烦支配了集体行动。虽然每一种颠覆性因素都竭力显示自己的威风，但革命的狂

14

热像任何其他形式的心理能量一样会逐渐衰减。戏剧按其进程已演毕全部五幕，历史的灯光关熄了，世界舞台变得阴暗无光，对此演员们无能为力，合唱队声音弱得几乎听不见。巨人的战争结束了；低矮的俾格米人的争吵已经开始。

注释：
[1] 弗里尼欣，南非地名。——译者

第二章　民众

首先我们必须按照个人的叙述线索阐述我们自己的国内事务。

11 月 11 日下午我召开军需部会议，把与会者的注意力引向英国
军需工业立即就需复员的问题。问题既复杂又令人困惑。英国的几乎
全部矿山和工场都在我们手中。我们控制着而且实际上管理着所有最
大的工矿企业。我们管理着这些企业的原材料供应。我们组织这些产
品的总体分配。接近 500 万人直接按照我们的订单工作，我们的每一
方面都与国民经济生活的其他方面交织在一起。

当然，我们安排的组织和机构都是极具效率和极具灵活性的。我
们中间精通业务的人员迄今已在某类工业领域工作了一年半，每个人
都是许许多多部门的领导。他们已习惯于因战争局势变化所必然出现
的意料不到的变动。他们中四五个人代表各自部门参与任何项目，他
们亲密无间，相互帮助，共同研究问题；只需几个钟头，至多也就是
几天就能发出订单，通过无数分支机构顺利地往下传送。此时生产领
域已经很少有什么任务不能实实在在地完成了。例如，满足 50 万间住
房的需要看来并不比我们曾经执行过的满足 1 万架飞机或 2 万门大炮

或 2 万门美军的中型大炮或 200 万吨炮弹的需要更加困难。但是在 11 点钟[1] 以后一组新的条件开始起支配作用了。我们从来不认为货币成本是能够限制军队补给的一个要素，但从战争停止的时刻起，人们断言应把货币成本放在优先考虑的位置上。以往军工生产工人方面所表示的几乎每一项不满，最终都从增加工资中得到了满足（让他们增加工资，让我们得到炮弹），现在他们的工资之高迄今在英国是空前的。国家危机唤起的努力工作的强度远远超过人类的正常能力。人人达到了拼命的程度。一旦最高刺激消失，大家也就意识到自己精疲力竭了。全面放松和回复日常生活标准已是迫切需要。没有一个社会会如此快速地耗尽人力、财力。大部分情况明显是发生在高级脑力劳动者身上。他们在心理刺激下一如既往地奋不顾身。"我能工作到我倒下为止"，这在大炮轰鸣、军队挺进的时候真是令人满意的。但现在和平了；以前没有觉得或没有注意到的精神或体力上的疲惫，现在明显地反映出来了。

　　第一个问题是每星期必须为其安排工作和发给工资的 500 万军工生产工人怎么办？很显然，这些人中大多数必须很快找到新的职业，好几十万人必须改变他们居住的地方。超过 150 万妇女受雇于军需工业，她们证明自己有能力制造几乎每一样想象得到的商品，有能力挣计件工资，工资数远远超过战前最强壮的男人所挣的。如果从前线回来的军人在任何已知的工业中找工作，那么所有这些妇女将在几个月内离开工厂回家。她们对生活和前景的这种变化会有怎样的感觉呢？在此期间，大局依旧不明朗。停战不等于和平。德国兵力留给我们的印象是依然强大。复员的命令还没有颁布，近期也不会下达，当然大量士兵至多再有几个月就要返家了。庞大的战争物资计划分阶段实施。难道让它们一下子完全停下来？难道让几乎即可出厂的一门大炮、一辆坦克或一架飞机立即就地报废？显然不应再消耗新的原材料了。接通水源的龙头可以关掉，但已通过庞大体系流出的巨大流量是无法堵住的，除非将 500 万人同时闲置。能让他们没有工资地离开吗？从另一方面想，如果付给他们战时抬高了的工资却让他们无所事事，而让军队仍在海外值勤，只拿士兵的军饷，能这样处置吗？让这么多人员（无论给不给工资）漫无目的地在城市和兵工厂游荡，而此前一直管理他们的机构却不给以任何有意义的指导，这不会对社会秩序构成危险吗？

好在已做了大量工作。我的前任蒙塔古先生与艾迪生博士在 1916年和 1917 年就分别研究了这个问题。1917 年春，后者受命组建一个战后重建局，负责收集信息。到 7 月份，该局扩大为重建部，由艾迪生博士担任部长。这个部的主要任务是为复员制定计划。为了清理战时合同和转入和平生产这一特殊问题，我于 1917 年 11 月任命了一个军需会议的常务委员会，由詹姆斯·史蒂文森爵士领导。这个常委会和许多下属委员会，尽管因战事而无法专心致志，但还是积极履行了它们的任务，并且于 1918 年 10 月初完成了一份长篇报告。报告对整个复员问题做出调研，知道了涉及的每一步骤，知道了如何去贯彻，我们也就能够做出符合形势的决定。

我们采取折中的解决办法。我们没有立即遣散全部军需工人；对不愿意从事军需工业的或者说无任何理由而要离开的，以及其他地方能够吸收的所有工人，我们立刻全部放他们走。给工人放了长假。减少枪炮和弹药、飞机和炸药的生产，方法是取消加班、停止计件工资制和把工时缩短为正常时间的一半。由于事先制定了失业捐赠的周详计划，因而减轻了工人因削减工资所受的损失。同一天下午我们就发出了这些指示。指示包含规定普遍完成预订的战争物资中的 60%，其余部分连同产地的所有物资要予以分散，由海路或铁路运输，转移到和平时期可能需要它们的目的地。战后许多星期过去了，但我们仍继续向张开口的世界倾注大量大炮和各种军事物资。这样做肯定有浪费，但是它也许是审慎的浪费。

这些安排执行得很顺利，虽然军需部两次接待了来自伍利奇和伦敦市内机关、企业等的代表团的访问，代表团的总人数达到 1 万或 1.2

万人，但并未引起严重的困难和不满。数量众多的战时志愿人员如今作为"非熟练工"受到雇用，相当比例的女工逐步被分批遣散回家。我们每天继续着军需工业的转型工作。许多商品的生产按事先安排的次序陆续撤销管制，此安排是关于现代工业运行的一篇富有启发意义的总结。在两或三个月内，军需部失去了大部分特殊的权力，但是我忍了。如此就廓清了通向和平时期工业的发展道路。荣誉属于那一批能干的业务人员，他们的思想和行动保证了这次迅速的过渡。

*　　　*　　　*

36　　　战争最重要的动机的消失，不但使人们感觉到精疲力竭，而且使人们意识到了党派政治的存在。飓风不再呼啸，潮水退去了，岩石与浅滩、搁浅的沉船残骸、捕龙虾笼和当地的污水出口，从海滨空地可以看得清清楚楚。当初战争爆发曾使不列颠诸岛陷入了派系纠纷的困境，政治形势不但荒唐而且充满危险。保守党和自由党的成员，在他们自己的爱尔兰的派别——奥林奇会（橙色团）或绿色团——的怂恿下，相互猛烈攻击，越来越不顾及对国家的后果。在爱尔兰，双方开始目无法纪地武装起来并组织流血冲突；有人开玩笑地推测，即使实际流血只限于爱尔兰的土地，但爱尔兰的双方将从不列颠的各自的党徒那里得到增援。右派和左派之间的一般党派斗争将为爱尔兰大合唱的演出提供精湛的伴奏。可是在这些热闹气氛中大决战来到了。

在新出现的战时魔力下，所有的政治价值和关系立刻发生了质变；我们海岛生活中根深蒂固的和永恒的一切变得占主要地位了；此时可以看到，要是有时间谈论道德教训，我们就可以说，我们共同感知和钟爱的东西的重要性要比我们的争吵高出许多倍。在不多几天时间里，党派怨恨不见了。保守党领袖们急忙支持他们长期谴责的内阁大臣。对峙的政党机构变成遍布各地的招兵机构。除了少数倒霉的政客在问题弄明白之前信奉和平主义外，所有的战争反对者都销声匿迹了。北爱尔兰用偷运进来的步枪武装比利时人，北爱尔兰曾相信这些枪是自己生存的依靠。两个雷德蒙派系和整个民族主义党宣布爱尔兰赞同协约国事业；克利福德博士和自由教会领袖担任战时集会讲坛的主讲人；工会会员的绝大多数诚挚地赞成国家的战争行动。

基本上，所有这些力量在整个战争中，尤其在战争最不利的时期，一直保持绝对的、牢不可破的一致，始终坚持斗争。大臣们和政府的缺点，军事上的错误和灾难，几年的厮杀造成的长期疲劳、失望、损失和艰苦，都不曾使那些宣誓忠诚的人们失去信心。他们一起坚持到最后。但是现在胜利的目的达到了，到处人们都松了口气，四处环顾之后看到了自我。

自从 1915 年 5 月以来，一直是联合政府执政，但 1916 年第二届联合政府与上一届大大不同。保守党虽在下院处于悬殊的少数，但却获得了明显和决定性的优势。劳合·乔治先生得到了工党正式代表的支持，后者成为了他的政府的伙伴；但自由党领导人及其绝大多数党员则在阿斯奎斯先生的控制之下。支持新首相的自由党大臣及其阁员，可以以他们各自的选民的名义说话，但不能声称正式代表党的集体。在战争时期没有人为此费神。在下院不论发生什么分歧，都不是由于党派感情，而是由于个人忠贞程度的不同，此外唯一关心的则是怎样才能最好地保证取得胜利。但是从停战时刻起，自由党内的形势对于首相来说成了具有实际和紧迫意义的问题了。他偏离自由主义的正统道路太远了：人们知道他是征兵法的主要作者；他曾举起他的手以显而易见的敌意威胁诚实的反对者；国家需要时他曾毫不犹豫地冒渎和践踏自由党的感情；他曾把他的老上司、自由党内有名望的领导人和他几乎所有的老同事赶出政府和所有指挥战争的职位。他们自然会采取不同于兴高采烈的群众的观点来看待他个人对胜利做出的贡献。他们怀有敌意，他们有工作能力，消息极为灵通并掌握党的机器。在战时被用来反对劳合·乔治先生的一个重要部门揭露，在自由党党员中有
109 个顽固的反对者，而议会拥护者则是 73 个。此外可以肯定，和平

条约签字后，工党将正式召回工党代表，退出政府，从而留下忠实和坚决支持首相的保守党。它是一个十分坚强完整的组织，但与他已毫无联系。因此党派政治从再次超越政治意识界限的那个时刻起开始抬头，劳合·乔治先生在声望达到顶点时，地位却变得特别不安全了。

可是在目前，所有人的眼睛都转向即将召开的和平会议，维也纳大会的历史画卷在政治家的心头升起。巴黎成了世界的中心，一旦紧迫的国内事务能顺利办理，各战胜国的所有主要政治家都打算前往或急于前往巴黎。劳合·乔治先生面临的选择颇使他左右为难。他的得力助手显然必须是保守党领袖博纳·劳先生。巴恩斯先生必须代表工党出席。暂定的各国代表团人数，为方便起见限定为 3 人，而这就满额了。可是还有两位要人也必须加以考虑，他们的性格和处事作风十分不同，却又都有恃无恐。第一个人是诺思克利夫勋爵，他一手握着《泰晤士报》，另一只手握着无所不在的《每日邮报》，此人自忖至少并不比任何政治领导人逊色，而且似乎准备维护自己的要求，或愤恨他们那种很少直率表示的冷漠态度。大选即将临近，鉴于报纸要听从报纸所有者的命令，这些大报的高明和有助益的行为，对于首相似乎是一个严肃的因素。但任命诺思克利夫勋爵为和谈代表，使其地位高于外交大臣贝尔福和不列颠帝国的所有首相，是不可能得到认可的。

另一个人是自由党的领袖。阿斯奎斯先生在下台时和下台以后坚决拒绝考虑在劳合·乔治先生的领导下工作，甚至拒绝考虑与他共事；劳合·乔治与他的朋友们往往把那种表示当作极大的冒犯。然而在紧随胜利的几个星期里，有迹象表明他并非不愿意作为他的党的首脑参加缔造全国和平的工作。这一变化在许多方面有助于加强首相的地位。和谈必然持续许多个月，首相与自由党领导人之间的密切合作不至于消除不了他们之间的不和。阿斯奎斯先生本人的才能对和会也会是非常宝贵的贡献。另一方面，他的参加会进一步激怒诺思克利夫勋爵。权衡有点不协调的这一切，劳合·乔治先生决定不扩大代表团的规模，不超过各大国已经一致同意的限额。

　　我可以肯定，从他自己的观点来看，他的决定也是一个错误。他并不真正了解保守党；他应该立即想到会失去工党大臣；他此刻就有与曾给他很大帮助的领导人改善关系的机会和重新团结自由党的有影响人物的机会，单凭与自由党的团结他也能在和平时期满意地工作下去。所有政党在和平条约上的联合具有国家的重要目的，这远比对所有的个人考虑和政治考虑重要，要充实协约国会议没有人比阿斯奎斯先生更加合适。我们应该有较威严的代表团、较好的条约和国内较友好的气氛。

　　在这些微妙问题尚未解决之际（首相也许胸有成竹），首相决定立即请国民公决。他赢得了完全的、绝对的、巨大的胜利；胜利超出最热烈的人、最坚决的人、最苛求的人的梦想。全国人民渴望欢呼"这位平安地渡过暴风雨的舵手"。但是那位舵手竟离开了那些焦急地等待和平时刻要向他提出质问的、因昔日受了委屈而忿忿不平的伙伴，离开了他的不曾真正给予同情的保守党人，转向以选票表示自己感激之情的广大选民，这不令人惊奇吗？

　　关于这次大选，我属于提供咨询和赞同的人。我想我们需要尽我们所能去解决把军队运回国内并予以遣散的问题，当时国内和海外的军队接近 400 万人，同时我们还要解决重建我们的工业和订立和约的问题。此外，我在战争紧张时期恢复了与保守党和与我年轻时的几个朋友的密切联系，是在目睹了过去众多不可调和的党派争吵被战争大潮冲得无影无踪以后，我才想回去找寻他们的。试图有序地恢复和复活战前旧的党派争论和甚至在原来不存在的地方制造不和，这种想法是荒谬和可恶的。即使我采取相反的阻止行动，事情也不会有丝毫不同。因此我随波逐流。但是凭心而论，是应当采取负责任的措施的。

　　根据宪法来说，党派之争是无法阻止的。议会本该任期 5 年，但现已持续 8 年了。按照新通过的改革法案选民人数已从 800 万增加到1 200 万。人民和军人顽强地支持战争，有权决定怎样使胜利早日到来。但是立刻进行大选将产生最原始的政党问题。保守党在下院为少数派已有 13 年。在现在将要解散的议会中大约只占 100 席的少数地位。另一方面，他们确信，他们的好时光已经到来。他们相信，战争的经历和激情对自由党的原则与理想的影响一直在减弱中；他们认为，这些原则与理想已被发生的一切宣告为无效，证明为空想；他们知道，劳合·乔治先生与阿斯奎斯先生之间的争吵已使自由党彻底分裂了；最后他们知道,就首相的个人威信而论,自由党人具有绝对的优势。那么，保守党人怎能答应达成协议来保卫所有的自由党席位呢？这样做不但会迫使保守党人自己在新的议会里成为少数，而且使整个大选成为一场滑稽剧。保守党在所有选区都有候选人参加竞选。显然，强硬路线必须在那样一些人中间划定，即他们在可怕的战争年份做出了主要努力又承受了苦难。决定进行大选就不可避免地要划出这条线。那么这条线具体该划在哪里呢？对在任议员采取的试验，反映在莫里斯将军提出的选区中 4 月份的投票状况之中。在那个场合，阿斯奎斯先生的所有追随者都被认定是反对派。用竞选活动中粗俗的语言来说，一个自由党议员或候选人，即使他曾经在大战中打过仗、受过伤或者失去了一个或两个儿子或兄弟，或在所有方面都忠诚地支持国家事业，人们也决不能让他沾胜利的一点儿光，甚或要控告他妨碍了胜利的来到。信是由劳合·乔治先生和博纳·劳先生写给公开表示支持联合政府的人的，后来有人用战时配给制的行话把这些信说成是"赠券"。这些人中包括当年跟随劳合·乔治先生的、现在称为国家自由党人的 158 位自由党议员和候选人，其余的人受到了有力的攻击。这一切后果是最初做出此刻举行选举的决定中必然会有的，只需根据主要问题做出判断。

可是当大选到来时，它却可悲地使英国的威信降低了。首相及其主要同僚在各自的选区吃惊不小，在某种程度上被他们遇到的选民的热情所压倒了。不为任何困难吓倒的勇敢的人民所受的苦难太多了。他们流露出来的感情被流行的报刊激得大怒。残废军人黑黢黢地充塞街头。回家的战俘向大家倾诉囚禁和必需品匮乏的困苦往事。每一个村舍都有阵亡将士。对被战败的敌人的仇恨，给敌人以应有的惩罚的渴望，从深受伤害的几百万人的心头急速升起。在战争中工作做得最少的那些人，在详细研究如何惩罚战败国的工作中有可能成为最出色的人。此时我突然看到一份警察的报告说，"各阶级的人的感情相同，甚至几周前鼓吹和平的人们现在也说，'德国人应为其破坏造成的损失偿付每一个便士，即使这样做会要他们偿付一千年。'"在我自己的邓迪选区，尊敬的、正统的终身自由党人要求给战败的敌人最严厉的惩罚。在全国范围内最激烈的是妇女，她们中有 700 万人是第一次参加投票。国家政策和民族尊严迅速陷入这个突发的骚动中。

从大批人群中立即喧闹地提出三个要求，即绞死德皇、取消征兵和要德国人偿付到最后一个铜板。

在征兵问题上，首相和战时内阁最初努力想做相当的保留。眼前已经有了因没有国家军队而遭受损失的教训，因此放弃刚刚以无与伦比的代价建立起来的武装，重新树立所有障碍——这些障碍曾缓慢地、困难地被推翻——来反对义务兵役制，是极端轻率的。保持有点像瑞士制度的一种国民军组织的想法，政府肯定在考虑；但一与选民接触，这个想法在提出讨论之前就被抛得无影无踪。到处高呼消除一切强制行为，各地的候选人乐意赞同民众的愿望。尚未以任何正面方式表态的内阁人员，急忙掩盖和忘掉他们曾经并不认真考虑的危险的放弃义务兵役制的信念。大选前一星期，人们决定英国应恢复少量职业兵，她就是用这种军队进入战争的。

绞死德皇的要求得到了新闻界的强有力的支持，大臣们异口同声地表示同意，在官方圈子里首先由寇松勋爵提出。辛辣的巧合使人想起王尔德描写的猎狐故事中"追猎不可食用的动物的那种难以形容的心情"。但无可怀疑，这个要求同时也在广大民众中形成了。有 4 年时间，德皇被各种宣传工具所辱骂，其罪恶野心和邪恶愚蠢使世界蒙受了可怕的洪水般的灾难。他应对所有屠杀负责。为什么他不应因此而受惩罚？为什么平凡的士兵因精疲力竭在哨所入睡，或因受伤和长期

42

43

作战致残而开小差离开战线时会被处死，而这个养尊处优的恶棍使每个家庭处于黑暗的笼罩下，却被允许逃脱惩罚，过富裕和奢侈的生活？我们有陆军；我们有海军；我们有协约国；英国的手臂很长，她能在德皇所在的任何地方找到他，处死此人是愤慨的世界的正义之举。工党在战时内阁的正式代表巴恩斯先生在公开演讲中说："……前面提到德皇……我赞成绞死德皇。"

首相从一开始就明显受这些舆论的影响。当帝国战时内阁讨论这个题目时，他的两次发言均措辞激烈。他不但在竞选演说中而且在面向整个和会时表示，要做坚持不懈的努力，务必使敌人交出皇帝，把他交付审判并处死。就我个人而言，我并不坚定地认为，国君对国家行为的责任可以用这种方式处理。但人们似乎认为，绞死德皇是立刻恢复自己的尊严与自己的世界的最好办法。公众的愿望最初显然不是预期举行一次审判。但是显然，对于诉讼程序是否合法，对于被告的个人责任，律师必须有发言权。这样做，前景将漫长而模糊。

我发觉，当我的意见正式发表时（11月20日），我竭力主张此事应慎重仔细。"在正义与法律的基础上，很难说前德皇的罪比他的许多顾问更大，或者比支持他发动战争的该国议会更大。很可能对前德皇提出控告后将发现这场诉讼维持不下去，反而造成严重的僵局。"

44

可是，邓迪市各阶层和各党派认真地和坚决地要求绞死德皇，因此我被迫支持审判德皇的主张。我评论了英国正义的基本原则，即每个人不论他的罪恶有多么深重、他的过失多么明显都有权得到审判，当然是公正的审判。我们一定不可忽略定罪和惩罚罪恶，这是普遍的特点，否则将陷入与他们同样的水平。这个论点被牢固和确实地接受了，尽管接受得缺乏热情。自由党人在惩罚德皇问题上与联合政府的拥护者所持的观点不同，《每日新闻》发表看法说，德皇只应该"在与被判处缓刑的杀人犯同样的条件下被监禁"。然后他们急忙解释，这实际上是"一种比处决还要严厉的刑罚"。这些扭曲的说法从任何观点看都是站不住脚的。

　　但是整个大选的症结是德国对战胜国的赔款。"绞死德皇"是个感情问题，而"要他们赔偿"则要事实和数字。第一个问题是——他们能付多少？大选、公众要求、大臣的承诺都不能决定这个问题。没收德国人在海外的财产和要求德国人缴出手中的全部黄金是容易的。此外，一个国家对另一个国家的赔偿只能用货物或劳务结算。这些货物或劳务可以直接给予债权国，或者可以交给第三方，由第三方绕道和用一种不同的方式运到其目的地。但是没有任何方法能改变这种处理办法的简单性质。德国人制造的东西必须用轮船、火车或马车运出他们的国家，必须直接或间接作为他们偿付的债务接收。现在德国人在一年中能制造的货物量超过当时德国拥有的运载工具能完全运出该国的载运量，而由此留下来的货物量远远超过包括债权国在内的一切国家愿意接收的数量。例如，德国人能够也乐意开始重建被他们的潜艇击沉的全部船舶，但要是他们这样做对英国造船业会发生何种影响？他们无疑能够生产各种工业品；但肯定地说，我们不是为了让我们的所有民族工业被国家大规模扶植的倾销而摧毁才来打这场仗的！他们能够无偿地输出煤，而且此后的确是定期输出了，但是这么做看不出对英国煤田有什么好处。他们能向中立国输出，只要他们能用自己的货物引诱这些国家欢喜，然后把由此应得的货款以其他货物的形式在有机会时逐步转移给协约国。

　　下面要谈的是劳务赔偿法。例如，所有商船可以配备德国船员，以德国人的费用运送所有人的货物，直到进一步公告，取得全世界的运输业务；或者德国人可以成千上万地大批涌入法国和比利时，用他们的劳动建造遭到毁坏的房屋并重新耕种荒芜的地区。然而，由于德国人刚被对方以极大代价从那些地方赶出去，而且留给人们的是一些不愉快的回忆，最后回到故乡废墟的这些地区的居民，根本就不想这么快再次见到德国人的面孔或听到德国语言。在所有这些方面是有一些事情可做，但是即使对经济状况最缺乏理解的人也都清楚，做这些事情很快会达到一个不能被超越的极限，一个无知和激情不能克服的

45

极限。

在许多个月后，损失赔偿费的清单减少到 60 亿和 70 亿英镑之间。这个数字在大选时不为人知。如果公诸于众，必定会被认为荒谬而予以拒绝。德国通过降低工资和延长劳动时间以及限制资本利润，无疑

46 有能力支付这一巨额赔款；但是德国在使用这一方法的同时，将使自己成为市场上无敌的（没有利润的）竞争者。即使这样，所得的结果也只能抵偿所造成的破坏的一小部分。在往昔，征服的军队以它自己的方式在它蹂躏的土地上搬走所有能移动的财产，在古代，征服者驱赶可能有用的全部男女以奴隶身份与他们一道走。有时多年或永久地勒索某种贡品。但是现在可以期望获得的东西，规模大大超出上述比较简单的做法。即使最一般的现代规模的赔偿支付，也得恢复和维持德国最高级的科学生产状态和最高级的商业活动状态才行。可是那些吵吵闹闹地要求巨大赔偿数字的人，也是最先建议以种种办法严重损害德国商业和工业的人。

上述议论，一些人认为不合时宜。说这些陈述暴露了亲德立场，应受指责，或者说，说这些话的人充其量是个智力低下的人。不但普通选民有此看法，而且各种财政和经济专家以及实业家和政治家也有这种看法，这都表明，他们对不可否认的事实是无意或有意地视而不见。

没有人比首相更了解这个问题。他就这个主题对他的同僚所做的第一次陈述（11 月 26 日），对上述那些论点是一个有说服力的节录。财政部的一个委员会中 [2] 一些精通该部业务的官员们已提出报告说，总计现值 20 亿英镑，分 30 年付清，可能是德国要赔偿的合理而且实事求是的总数。这个不受欢迎的数字受到了尖锐的指责，于是帝国战时内阁建立了一个新的委员会来审查这个数字，我与其他内阁官员参加会议，为此各抒己见。当我面对邓迪区选举人时，我坚定地支持财政部的估计数。我尽可能地肯定此数有理。"我们叫他们支付赔偿，"（欢呼）。"我们要叫他们支付巨额赔偿。"（欢呼）。"他们在 1870 年向法

国勒索了巨额赔款。我们要叫他们的赔款达到这个数的 10 倍"（持久的欢呼）。"（2 亿×10=20 亿）"。人人兴高采烈。直到第二天这个数字 才开始被仔细审查。此时，从一个重要的商会发来一份虚张声势的电报说，"在你的索赔数字中你没有漏写一个零吗？"当地报纸各持己见，数值攀升。120 亿、150 亿，这些是昨天还十分满足于 20 亿的男男女女到处喧嚷的数字，而且无论如何他们还不准备接受这两个数字。数字在压力下天天上升，"如果我们能得到更多当然更好"；我则坚持我的 20 亿，这个数字尚未受到非难，可是整个国家主张用最失去理性的数字。一位被指责为缺少活力的大臣甚至说："我们应当把德国柠檬榨到里边的核吱吱作响为止"，许多自由较多而责任心较少的平民候选人则随波逐流。

就平时闲谈而言，我不能自称未受选举潮流的影响。但为了说明我有可信的资格深入讨论这些问题，兹刊印两封在大选时我写给有影响的选民的信如下。

1918 年 11 月 22 日

我同情你们的感情，即我们决不允许我们失去全部胜利果实。但是当你们说，我们应当将 1871 年德国人强加给法国的同样条件强加在德国身上时，你们认为你们是完全正确的吗？的确，德国强行并吞阿尔萨斯——洛林，违反住在那里的人民愿意留在法国版图内的意志，这是这些年来在欧洲一直起作用并导致目前巨大灾害的主要原因之一。如果我们现在割取住着愿意留在德国的德国人所居住的德国几个省份，压制他们在外国政府统治下生活，我们不就是冒险犯 1871 年德国人犯的同样罪行，这不是会带来一系列同样的不幸结果吗？

再说关于战争赔偿之事，我完全主张要德国人付出他们能支付的一切。可是赔偿只能采取三种方法中的一种：(A) 黄金和有 价证券，这些只是沧海一粟；(B) 强制劳动，也就是德国人以劳役形式来为我们和协约国工作。这会要我们的人民省出面包让他们吃，此外我们不希望有这些德国人在身边；(C) 用货物支付，这一点我们务必小心，德国人用货物支付，会损害我们自己的工商业。那样做，我们就是在实行通过条约引发我们的制造商采取敌对态度的那种倾销了。有些协约国向德国要求赔偿，也就是要他们对他们所造成的损坏进行赔偿。这个数字很可能超过20亿英镑。他们没有要求德国人支付战争费用，我知道这个数字计算出来是 400 亿英镑。为什么他们不索取后一个款项，是因为他们相信德国人完全不可能支付，再就是在那个基础上拟定的条约，以后将发现毫无价值。

更概括地说，我认为指挥这个国家取得惊人的胜利和迫使德国接受严厉的停战条件的政府，有资格索求一定的信任，有资格要求目前准备一起开会的协约国政治家应该得到信任，他们具有不是每个人都有的优越的知识与经验，应该为世界的共同未来尽自己最大的努力。我们必须十分小心地坚决保卫我们为之战斗并以其名义进行征服的那些伟大原则。

另一封信是：

1918 年 12 月 9 日

如果我们准备在欧洲建立和平，如我相信的那样，将促使被压迫民族得到解放，促使那些长期被任意分裂的同一种族的分支重新联合，促使边界的划分大致符合大批同族人群成片居住的原则，它将永远消灭大多数可能引发战争的起因。随着战争起因的消失，战争症状也就是军备，也将逐步和自然地消失。

我只能认为，我们有许多事要感激未来，还有更多的事寄希望于未来。

……

专心致志于大选混战的劳合·乔治先生扮演了环境赋予他做的角 49
色。他处在从全国和全欧来说都堪称威严的职位上，绝不应当应邀到
讲台前连夜发表演讲。最最严峻的考验是抵御几百万喜悦和赞美的支
持思潮。此时他应当对自己、对自己的工作和处境的优越性具有更大
的信心。正如事实所证明的，他完全有把握说一些适度克制和大度平
静的话。不仅如此，对过度的希望与要求泼一点冷水和发表少许乏味
的声明，这样做在当时不管怎么不受欢迎，都是慎重的，过后将是值
得珍视的。他试图尽最大努力。他的演讲很快就远远落在公众要求的
后面。有两次（一次在妇女大会上）他几乎被呋喝下台。在各种事情
的急速发展中，他尽力使用与盛行的观点协调一致的语言，使群众感
情和报刊的合唱满意，但他的讲话每一段均包含某种防范性词语，有
某种保留，这些话后来体现出他的政治家风度。

在赔偿的实际数字上，首相审慎地含糊其辞。帝国战时内阁委员
会在大选时就德国的支付能力提出报告。报告主要根据英格兰银行总
裁坎利夫收集的全民证据，他们赞成让"敌国"（不单是德国）每年支
付的赔偿数不少于 12 亿英镑，即 240 亿英镑资本的利息。劳合·乔治
先生是在布里斯托尔发表演讲时得到这份令人吃惊的报告的。他不接
受这个数字；而且尽管一方面有公众的激情，另一方面有英格兰银行
总裁的意见，他还是发表了一篇克制和慎重的演讲。必须使德国付出
每一个便士，要建立一个委员会研究她究竟能付多少。要收缴最低限
额以上的部分。感到厌倦的首相向欢天喜地的群众发出这样一句话："他 50
们必须赔偿最后一个铜板，我们将为此搜查他们的口袋。"这句话盖过
了他所说的所有限定条件。"搜查他们的口袋"一时成为口号。

首相从帝国战时内阁得来的数字并向帝国战时内阁推荐的实际决
定，将经受时间的考验。"努力从德国获得她能支付的尽可能多的赔
偿，既不影响不列颠帝国经济的健康发展和世界和平，又不影响为
收款而派军队占领德国"。

除这些问题外，大选改变成了对劳合·乔治先生的压倒性信任投票。凡得到他祝福的所有候选人几乎都当选为议员；凡不寻求或不接受他祝福的所有候选人几乎都落选了。为了收集军人选票，选举结果延迟一个月公布，当结果宣布时，人们发现，他在自由党和工党中的反对者只有 90 人取得下院议席。同时爱尔兰选举也把民族主义议会党逐出了议会，由于新芬党人抵制大选，帝国议会中没有了爱尔兰代表。

首相发觉宪法规定他有 5 年任期，选举主要依靠他个人的威望和深得人心，发现他是包括下院近六分之五议席的多数派的首领。但是为了达到这一点，他付出了沉重的代价。自由党受到了致命的伤害。反对他的那些人全被除去了。支撑他的 136 位自由党议员都与他们党的基础割断了关系，几乎在每一件事情上都依靠保守党的支持，劳合·乔治先生只是由他个人的短暂的威望支撑着。只要这一点能持续下去，他的地位和权威是不可挑战的，但是将持续多久呢？

此外，在欧洲的更大范围中，竞选活动的吵闹显著地削弱了不列颠的尊严。苦难年代的完美无缺的民族风度——在恐怖和厄运中表现出忠诚、冷静、自我克制和同情心——遭受了十分庸俗的污染。不列颠全权代表不是从威严的战场，也不是从庄严的会议室，而是从议员候选人竞选活动的吵闹中出发前往和平会议的。但是在账户的另一方面也有可靠的实实在在的资产；我们有新的议会，其中绝大多数准备支持面对艰巨任务和杂乱状况的政府。

51

注释：

[1] 1918 年 11 月 11 日 11 时伦敦大本钟敲响，英举国欢庆对德战争的胜利。——译者

[2] 以凯恩斯先生为主席。

第三章　复员

"战争结束了，老战士静坐着，
　整个世界忙于护理创伤；
　整个世界，阴沉而可怕，
　它嘲弄着征服者凯歌的轻快旋律。"

—— 拉迪亚德·吉卜林

新政府的组成——在陆军部——陆军中的严峻形势——补救办法——新制度——危险的插曲——无法预见的因素——加来哗变——近卫骑兵队检阅场——青年卫兵——退伍军人的行为——封锁——普卢默勋爵的急电——德国战俘

新政府于大选结果公布的第二天组成。我事先得知首相的允诺，他将尽早恢复内阁政府的旧体系。这个允诺没有立即实现。战时内阁五成员似乎不愿意削减他们的权力，他们原来是掌握一切决策大权的国务大臣和其他大臣，在理论上是都应服从他们指挥的。事实上恢复正常的宪法规定的惯例是近一年以后的事，但这个原则从一开始就得到承认了。

首相不动声色，很快就改组了政府。他在一次就各主要问题发表谈话后对我说了一席话："你想去陆军部还是海军部，拿个主意，明天就告诉我。不论你去哪个部，你都可以把空军带上；我不打算把空军设为一个单独的部。"

当晚我在布莱尼姆度过，在那里接受了海军部加上空军部的任命；
但当我第二天下午到达伦敦时，我发觉情况发生变化了。陆军的怒气
和复员的问题引起人们越来越大的焦虑。我不能拒绝首相叫我去陆军
部的希望。该项新职务是在 1 月 10 日宣布的，15 日我离开军需部，
开始负责陆军部的工作。我立刻面临着极为紧急的局面。

　　1917 年夏季，一份复员计划草案，部分按照陆军部的思路，但主
要根据文官的意见拟定了。其主要目的自然是重新开始建设工业，对
于军队的情绪与纪律问题本身没有给予适当的重视。1917 年 6 月这个
计划交总司令部讨论，道格拉斯·黑格爵士立即批评该计划"对军队
纪律最不适合和最有损害"。但是各文职部门的观点战时内阁一般都是
确认的。这个计划在持续的战争危机期间被束之高阁，但一停战就迅
速有力地付诸实施了。

　　根据这个计划的逻辑，第一批要复员的人员是被称为"关键人物"
的人，也就是国内雇主为重新开始各种工业生产而需要的人。因此，
这些"关键人物"就从所有的军队单位中成千上万地被挑出并急速渡
过海峡回国。但是这些将要第一批回国的"关键人物"往往是最后才
出国的。他们在军需工业中所起的重要作用要他们留在国内，直到
1918 年 3 月 21 日以后军队的需要变得极严重时才出去。实际上，这
也是制度造成的不可避免的弊病。有幸能够拿出国内雇主发来的函件
和电报，说明雇主要给他们就业岗位、需要他们服务的人，将立即解
除兵役。有权势的人无需很长时间就能获得此类证件。几千名当时在
国内休假的人实际上就被允许不再返回部队了。没有这种有利条件的
普通士兵，眼看着晚来军队的同伴匆匆回国，在英国获得了属于他的
工作岗位或属于某人的工作岗位，而自己多年来领士兵军饷，屡次受
伤，又屡次被送回战场，却还将留下，历尽艰险，直到国内所有肥缺
全被分光，空位全被占满。战士对公正感到寒心，而冒犯公正是危险
的。结果，所有战场上我们全军单位的纪律都迅速地同时瓦解和败坏。
这个过程持续了近两个月的时间，对战斗部队而言是不能容忍的。

在我接受和正式就任新职位之间的 5 天里，我对这个问题做了研究，我不再怀疑我应采取的行动方向。海峡两岸已经发生兵变和骚乱。特别是 1 月 3 日在福克斯通发生了一次兵变。埃里斯·格迪斯爵士新近接替斯马茨将军处理重新发展工业的事务。我进入陆军部几天前，通向大楼的途径被满载违抗命令的陆军后勤部队士兵的几辆卡车堵塞，他们强占了这些卡车驶来伦敦。在每辆卡车车身上都画有从《每日快报》的连载漫画上借用的传奇故事，"不上车就滚开，格迪斯"。严重违纪和一阵阵极不耐烦和愤怒之至的情绪在这个优秀的部队蔓延开来，而该部队在最严重的战争压力下也从未畏缩过。

如果原因单纯，解决的办法也简单。我唯一的困难在于，必须要得到其他人的同意；我唯一的忧虑是，我们的行动是不是已经太迟了。我在就任新职前曾经坚持，陆军国务大臣在影响军队纪律的事情上对全部文职部门有最后决定权。在现在已经形成的形势面前，这一点不容否认而且必须获得迅速的承认。

我毫不迟疑地提出如下政策：

第一，原则上，士兵只应按其服役年限和年龄从前线退役。在前线服役最长的第一批复员，受伤三次或三次以上的立刻退役，人人必须根据这个次序等候轮到他的机会。

第二，陆军的薪饷必须立刻提高到战时军饷的两倍以上，以便缩小军、民就业报酬之间的差距。

第三，在战场上仍需保留必要的军队的情况下，为了尽快复员经历了最多战斗的士兵，8 万名曾受训练但未离开过我们海岸的年轻孩子，必须强制保留两年服役期并送往海外。

在我从法国召回的道格拉斯·黑格爵士的热忱支持下，在陆军持续和日益增多的复员中，我从战时内阁得到了必要的权力。但是这个工作需要花一段时间，而首相在法国。博纳·劳先生虽然能够行使广泛的斟酌决定权，他还是把重要问题提请首相处理。战时内阁为要在战后向议会提出新征兵法案这个想法而忐忑不安，大选过后它对这个想法表示了相当强烈的嫌恶。财政大臣自然关心增加军队薪饷所会引起的沉重的费用开支。没有时间讲究繁文缛节了，我与一位具有杰出才能的军官、现任副官长的乔治·麦克多诺爵士商量后，决定带他去巴黎，1月23日我要求首相批准已经提出的计划。24日早上我们与劳合·乔治先生共进早餐，然后陪伴麦克多诺去法国外交部参加和会，又同他回来一起进午餐并讨论整个局势。我指示副官长起草两份体现由首相做决定的陆军命令，到下午6点钟交给我。首相批准了这些命令，我指示副官长乘午夜火车返回伦敦，尽量少耽搁时间，尽快发出陆军命令，命令中增添可能需要的陆军部意见和陆军会议指示。他照此办理，1月29日颁布了54号陆军令（关于继续服兵役者外加酬金）和55号陆军令（关于占领军）。第一份陆军命令的题目解释了它的内容。第二份命令宣布政府重建正规军之前保持占领军的意图，并制定条例，根据这一条例军官和士兵或者留在部队或者复员回家。同时发给相应的皇家付款凭证。

我为所有在岗位上的陆军用他们能懂的语言写了一份解释，它与陆军命令同时正式发表。内容包含陆军部在1919年间有关军队的各方面的政策。此文件必须严格地、不折不扣地付诸实施。

关于占领军
陆军国务大臣的说明

1. 11月11日停战签字时，英国陆军中接受薪饷和定量供应的不列颠帝国军官和士兵约有350万人。从那时起在以往的两个月中已有75万余人复员或退伍。已经采取的复员制度着眼于恢复国家工业，送回国的人员根据行业的紧迫性的次序予以安排。无疑这是最明智的做法，在大多数情况下将继续采取这个做法。可是，现在不但应考虑工业需要，也必须考虑军人需要，这样的时候已经来到。

2. 除非我们让胜利果实成一纸空文，不考虑我们的协约国家，丢弃我们付出如此之多的代价和克服如此之多的困难所赢得的一切，否则我们必须在今后许多个月为占领敌人领土提供军队。这些军队必须强大得足以坚决迫使德国人、土耳其人及其他敌人遵守协约国命令的公正条件，我们必须与法国、美国和意大利一起提供占领军，负担我们应尽的一份义务。这些军队的训练与纪律越好，承担这项工作的人越少。因此我们为了令人满意地结束这场战争，必须建立一支强大的、精锐的、自觉遵守严明纪律的军队，这支军队将保持英国陆军崇高的声誉，确保我们正当赢得的东西不会成一纸空文。这支军队将远比我们现在的军队小。事实上它将只有我们在战争中使用的大军的四分之一。

3. 知道福煦元帅意图的我军指挥官认为，不超过90万人的全部各级官兵和武器足以在这个过渡时期里保卫我们的利益。因此，当这支新军已组成和正在组织时，战争停止时在军中服役的250多万人将搭火车和轮船以最快速度遣返回家和去工厂做工，由军需官结清他们的账目。换句话说，在350万人中建议暂时保留90万人，尽快送走所有其他人。

4. 我们应当怎样选择其中90万人来执行上述任务呢？已决定予以遣散的人，显然应当尽快回家重返我们的工业工作，因为不尽快遣返，他们将脱离他们在军队中的生活资料，将让出给他们的给养和退役补助，这势必造成大量失业。但是当要将一些人留在军中组建占领军时，选择就不能单以行业为理由，它必须大致上符合公平与公正的原则。服役年数、年龄和受伤次数必须是一个人有无资格退役的主要考虑条件。因此，新占领军将首先由下列人选组建：1916年1月1日以后入伍、年龄在37岁以下、受伤不超过两次。如果某人必须留下，则此人必定不是年纪最大、来到前线最早和受伤次数最多的人。

5. 我们把这些清晰明白的规则作为我们的主要指导方针。按照尽可能仔细的计算，复员人数约为130万，除此之外打算用以组建占领军的为90万人。倘若，如我们十之八九会碰到的那样，我们发现，我们在各种类别中按条件留下的人多于实际要求，那么在照顾一定数量的特别重要和值得同情的人员外，我们应继续削减到90万这个数字，首先留下者的年龄应降低到36岁或到35岁，其次送返受伤两次的人，然后再降低年龄到34岁。

随着时间过去，我们在战场上将不再需要保持90万这么多的军队，有可能继续削减，削减的原则是遣送年龄最大的人。可是，当战争目的最终达到时，留驻到最后的各师将作为单位集体回国，他们将进入与他们有关的英国主要城市。

在有资格返国人员中愿意在占领军中一次服役一年的志愿者，只要他们身体合格，其他方面适合，他们将被接受；现役的年轻士兵将从国内派往海外，如今轮到他们服役，尽他们应尽的义务了。所有这些人将接替年纪大的士兵。这么做将能使年龄限度进一步降低，年纪较大者将被送回家。特别是现在国内的18岁和稍大一些的年轻士兵组成的69个营，将立即被送去帮助保卫莱茵河桥头阵地。他们的抵达将使相等数目的年龄大得可以做他们父亲的人回国，而他们自己将有机会看一看现在由我们占领的德国省份和英国军队在那里赢得不朽美名的战场。

6. 新占领军将从2月1日开始组建，希望组建工作在三个月内可以完成。那时将有两种穿卡其军装的人，即组成占领军的军人和准备复员的军人。将250万不再需要的人送回祖国或者说遣散，为此需做每一件可能要做的事情。但是他们必须耐心地等待轮到他们的时候，同时他们必须模范地尽心尽责。任何已被决定回国的人员，若犯任何形式不服从的过错，除了其他惩罚外，将把他的名字放在回国名单的最后边。每个人必须最严格地尽自己的职责，否则就没有办法使这么多的人迅速回国。但是应该认识到，在占领军中服役是因国家的需要对一定层次的公民的特别要求。因而占领军的报酬没有实实在在地增加，每个官兵从他张榜公布进入占领军之日起将领取奖金，并补发从 2 月 1 日起的应发数。

....

9.占领军将作如下划分：　　　　　　　　　　　　59

基地军　　　　　　远北独立分队

莱茵军　　　　　　直辖殖民地和印度警卫部队

中东军

....

12.上述安排似乎是 1919 年时所设计的最好方案。可是在这一年里，我们必须改造原不列颠正规军，以便在志愿基础上提供印度、埃及、地中海各要塞和其他国外基地的海外警卫部队。

人们相信，早时志愿参加对德作战的大量战士在恢复平民自由生活时，有机会环顾各种问题，志愿参加正规陆军的办法将很快就有所改进。印度的地区防卫营和在遥远战场的各种独立分队的人员换班，现在需依靠这支军队的重建。因此将做各种努力以招募和重新聘请的方式加快它的组建。

13.现阶段没有必要决定战后组织国家本土防卫军的条件。有许多更紧急的问题首先应予解决。

14.陆军部现今就解决目前形势中的许多困难和保卫英国利益的整个计划，向陆军和全国公布；本计划已在有关权威人士和有关部门间达成协议，若有必要将尽早请求议会批准。本计划还需仰仗全体军人和各阶层人民以最热忱的友谊与精力协助实现，借以保卫我们每个人的最大利益和我们事业的最后胜利。

但是时间短暂，准备与决定实现这些有深远意义的措施和获得如此之多的重要人物的同意或配合的时间，仅有 14 天；使军队理解新决定需要更多的时间。这是一段非常令人焦虑的时期，注定会发生许多难堪和危险的插曲。不但陆军而且许多平民都受到了战争突然终止的深刻影响。甚至英国的镇定与平衡也被搅乱了。在那些日子里俄国革命所暴露的，不仅仅是一个专政组织；俄国的事件，莫斯科大量涌出的理论与标语口号，似乎对世界各地千百万的人民提供了进入兄弟情谊、平等与科学的光明新世界的前景。他们发现到处都有响应的人。发生了这么多的可怕事情，包括原有的社会结构的可怕的倒塌，各国在遭受如此之久的苦难之后感到了一阵战栗，实际上这是一阵痉挛，动摇着每个国家的基础。

在不列颠这里，我们很了解我们自己的人民。几百万男女若干世代以来往往在政治上扮演着活跃的角色，在各自的范围和地位上一直决定与指导着国家的政策。各党派连同它们所有的组织、协会、联合会和俱乐部为群众提供了表达意见的有效的载体。此外，宪法本身发展成为现代世界迄今所设计的最彻底和最实用的机制，使舆论力量有力地影响政府处理事务的方式。宪法好在是"明白清楚地以人民的意志为基础"，且以人民直接表达的方式在新近获得了通过。

确实存在无人能估量的各种因素，以前谁也不曾见过发挥着作用的这些因素。近 400 万的军人从战争的铁的纪律中突然而又是有意识地解放出来，从他们相信是正义事业的毫不宽容的强制中摆脱出来。所有这些庞大的人群多年来受教导怎样杀人；怎样把刺刀戳进维持生命的器官；怎样用棍棒敲出脑浆；怎样制造和投掷炸弹，好像它们只是雪球。他们所有人都饱尝了长期难以想象的苦难和无数撕肝裂胆般摧残的磨炼。对他们来说，暴死和横死与居所被毁的可悲景象（发生在别人身上的，或是就要降临自身和需要面对的）是日常生活中最普通的小事。如果这些军队形成团结的决心，如果他们受唆使丢掉责任规范和爱国主义，任何力量都无法阻挡他们。

如果曾经有过这样一个时期的话，那就是对英国民主政治的著名洞察力和政治教育能力的考验时期。

就在一个星期内，根据不同军事中心的报告，军队中发生了 30 余起不服从命令的事件。这些事件几乎全都在他们长官的告诫下平息下去了。但有几起有相当多的士兵好几天完全处于失控之中，主要闹事者属于格罗夫帕克与肯普顿帕克的机械运输兵站的陆军后勤部队。有几个兵站通知其军官，他们已建立士兵委员会，意欲开往最近的市镇，与工人亲善交往。通常他们会被合理的辩论所制止。有时军官骑摩托车绕道拦截尚未达到市镇的士兵，劝导他们回去值勤。团营军官的影响几乎都得到了成功。虽然有许多地方的形势有很大的威胁性，但出现真正严重暴乱的只有在卢顿一处。由于市政当局的懦弱，那里的市政厅被暴徒焚毁。

在加来发生了一次正规兵变。在 1 月 27 日和 31 日间，陆军中纪律最差的部分，陆军军械库的独立分队和机械运输兵站拒绝服从命令，这两个单位见过的战斗最少而政治上与工会主义的联系最密切。他们遇上回国船队，引诱大量回国士兵与他们联合。在 24 小时中，为首的几个人成为三四千武装分子的领袖，完全掌握了这个城市。所有战斗师都已开往或进入德国，没有即刻用军队对付哗变者。总司令于是召回向前进发中的两个师，将它们交给最受信任与尊敬的宾将军亲自指挥，命令它们进入混乱的现场。这两个师的士兵听到复员正被根本没有打过大仗的同志所阻碍而大为愤慨，到第二天夜幕下降临时，这些 62 不忠的军人被一圈刺刀与机枪包围。再到白天，对他们的包围圈缩小。在前面的不带枪械的军官号召他们回到原来岗位，在军官后面排列着占绝对优势的军队。就这样面对面对峙着，大多数士兵悄悄退到后面，但几百个人顽固地站在原地。只要一声枪响接着就会突然发生惊人的战斗；但自我克制和良好感情占了上风。几个首领被捕，其余的人恢复服从，未流一滴血。

与此同时传来格拉斯哥与贝尔法斯特发生了严重暴乱的消息。当局召来军队帮助，两个旅开进格拉斯哥。这两个旅都只是二线军队，由低效士兵或年轻新兵组成。他们不像前线的那些军队一样在战争中经过锻炼，也没有尝过胜利的滋味。但是军官与士兵正确地完成了他们的任务。秩序恢复了。损失的生命极少，有流血的，但大部分淌的是鼻血。

我将记下的最后一个事件是我的亲身经历。2月8日早上8点半，我被紧急召唤去陆军部。当我乘车到那里时，我看到一营卫兵沿伦敦圣詹姆斯公园林阴路排开。我走过海军部拱门到达我的办公室，没有觉察有什么不寻常的事情。到了那里，我接到一个令人不快的报告：有许多单位的包括所有各兵种的约3 000名士兵，集结在维多利亚车站，为休假期满回来的那些人拦截早班火车。调度处长未能为运输做好适当的安排，只能为主要从北方来的休假军人供给食宿。另有许多可怜的士兵，他们中许多人整晚在月台上等候，没有人能得到食物或茶水。

63 他们觉得现在战斗业已过去，战争已经胜利，如有人告诉他们的那样，有这么多他们的同志在英国迅速获得了最好的职位，现在回到法国去太难以忍受了。他们突然在某种煽动下全体决定向英国政府求助。现在他们拿着武器，处于完全无秩序状态，站满了近卫骑兵队检阅场。我得知他们的领头人此时正在向近卫骑兵队大厦里的伦敦司令部参谋提出条件。

伦敦地区司令部的威廉·罗伯逊爵士与菲尔丁将军来我处说了这些情况，并说近卫步兵第一团的一个后备营和两支王室骑兵部队就在现场待命。授权他们采取何种行动方针呢？我问及这个营会不会服从命令，回答是"相信军官们会服从"。此时我要求两位将军包围目无法纪的大批士兵，把他们逮捕。

我留在房间里为焦虑所折磨，一个非常严重的问题正在国家真正的心脏地区出现。十分钟缓慢过去了。从窗口我可以看到近卫兵在白厅内接近拱道的大门和通道处站岗。然后突然有一些市民出现在近卫骑兵队大楼屋顶上，总数约有二三十人，他们成黑色长队展开，显然在观看他们底下检阅城上刚发生或将要发生的某种事情。我没法知道这可能是怎么一回事，尽管我离那儿只有100码之遥。又过去了紧张的十分钟，几位将军回来，看来心情比去时愉快得多了。所有事情都已幸运地过去了。近卫步兵第一团的士兵装上刺刀逼近武装的人群；

王室骑兵队在另一侧做包围运动；全部 3 000 人被护卫和押送到威灵顿兵营，在那儿他们全都吃了早餐然后重新踏上去法国的旅途。没有人受伤，极少几个人被叫去做了解释，只有一两个人受到惩罚但并不严重。大部分谴责落在行政机关身上，自停战以后它没有改变火车站的老一套做法。士兵们有好几年迎着危险和死亡准时忠实地返回，几乎没有军官或组织的率领，就像他们是旅行列车上的普通旅客，但是那些负责人不理解，在温和的和平年代需要更加细心周到的安排。

新的政策以及关于政策的说明向军队公布后，结果几乎是即刻显现的。不消几天就足以把业已开始流行的邪恶潮流挡了回去。我们军队所遭受的不公平的甄审结束了。复员制度现在已经建立，这个制度的公正使军人心悦诚服。服役年数、年龄和受伤次数的原则被放在优先考虑的地位，不受任何形式的影响，这些原则立即得到各级军人的同意。加薪，士兵们怀着友好的心情接受了。至于 8 万 18 岁的孩子，他们渴望看到莱茵河，让他们的爸爸、叔叔、兄长在备尝业已过去的艰辛之后复员回家。国王在他们出发前在海德公园检阅了十几个由这些优秀的年轻人组成的营，他们那敏捷和自信的举止给每个人都留下了深刻印象。在公布新的政策的两周之内，我们在全世界的庞大（虽然在不断缩小）的军队的纪律就恢复了传统水平。

紧接着这些事件后，新的下议院第一次开会。会议一一询问了有关复员细节的几千个问题，因此必须建立特别机构以应付这种不同寻常的好奇心。可是征兵法案还是以极大多数票通过了。下院中自由党和工党反对派受某种不负责任的观念的激励，竭尽全力反对征兵法。幸亏他们人数少，否则对国家来说是必不可少的征兵法在关键时刻会受很大阻碍。

与此同时，陆军的复员工作继续以极大规模进行。接近 6 个月时间，我们保持平均每天以 1 万人退役的速率让他们去过平民生活。相当于和平时期一个整师的这么庞大的人群，每天从各战场前来集合，他们下船、下车、上缴武器、上缴装备、复员、领复员费和获准离开，从日出到日落连续不断。我认为这是英国组织能力的一个巨大功绩。原先军队逐渐扩大，人们一个个从各地应征入伍；如今他们被大批大批疏散，起先还茫然，但后来他们几乎全都找到了家，找到了职业。历史课本曾夸耀两三万克伦威尔铁甲军放下全副盔甲回归平民生活的做法。但是这与近 400 万英国官兵的高尚行为又怎能相比呢？他们得到应得的待遇后不慌不忙、不居功自傲地融入国民之中，重新连接那被切断了的维系他们以前生活的线索。人们曾经预料，鉴于 5 年战争中一切有组织灌输的屠杀和野蛮行为，杀人和抢劫、强暴和掠夺的行为，无论如何也会在国土上流行数年。事实正好相反，一旦 400 万经过训练的成功的杀手，或者说国家全部男子的近三分之一，重新恢复他们的公民身份后，由于文明和教育的力量，由于我们的人民的优秀品质，暴力犯罪实际上减少了，监狱不得不关闭和出售了。

*　　*　　*

那时，协约国军停止前进一个星期，让敌军后撤，然后协约国军开拔前进，进入德国。1914 年满是入侵者行走的所有法国和比利时的道路，现在挤满了从相反方向进军的无尽的纵队。英国军队受到了敌国全体人民心情愉快的接待，与他们相处很不错，以致必须一再重申不准"占领军与当地人民亲善"的严格的命令。到 11 月底，道格拉斯·黑格爵士部队的首长们已经到达莱茵河，几天后完成了对科隆桥头堡的占领。代表不列颠帝国的几乎有 25 万之众的军队实际上进入德国，在合适的地区和休息营地驻扎了下来，在那里他们天生的友好性格和良好行为很快就使当地居民放下心来。

但是这里必须说一件冷酷的事，停战条件规定继续对德国实施封锁。在德国人的要求下增加了一项条款："经协约国与美国仔细考虑，对德国粮食的供应应达到被认为必要的程度。"但这个补充规定在 1919 年 1 月 16 日第二次补充停战条件前什么也没有执行。事实上对德国的封锁扩大到了波罗的海诸港口，因而是比以前反而还要严厉。德国的食物状况十分严重，母亲与儿童生活艰苦，他们的痛苦故事流传开来。在这几个月里，除了投机商与农民外，德国很少有人吃饱肚子。迟至5月份，甚至德国凡尔赛代表团成员也受缺乏适当食物之苦。在法国以及一定程度上还有在英国，存在故意不正视事实的情况。

1919年1月开始了一系列关于德国进口粮食的条件的漫长谈判。协约国内的舆论冷酷无情。协约国领导人整日忙于公务。政治家因可能会受到"亲德"的指责而吓得不敢对此作声。负责这个事务的官员认为，他们正在讨价还价和一点一滴地完成任务。相同的食物不足的情况也存在于其他战败国，为此正在做部分供应食物和必需品的工作，整个世界也普遍存在食物和船舶的不足。德国人则是经历了一个与围困时相同的食物极端缺乏的时期。

值得注意的是打破这种可憎僵局的突然一击来自莱茵河畔的英军。2月份，到达陆军部的军官报告，占领地区的食物条件变得越来越令人不安。一个愤怒的声音开始进入官方枯燥的历史记载。我于3月3日郑重地向下议院做了同步的揭露。"我们还在严厉地实施封锁，而德国已十分近于饿毙。我收到了陆军部派往德国各地的军官送回的证据，证据表明：首先是德国人民正在遭受严重的匮乏之苦；其次，在饥饿与营养不良的压力下，德国社会和国家生活的整个结构有完全垮台的危险。"3月初在斯帕的粮食谈判看来要在无动于衷的磨嘴皮中归于失败。但在德国的英占领军司令普卢默勋爵发给陆军部、要其转交最高会议的一份电报，敦促供应粮食给苦难的人民，以便阻止混乱的蔓延和实行人道主义精神。他强调指出了周围的苦难场面对英军产生的坏影响。我们从他那里和其他渠道，得知英军士兵肯定把口粮分给了住在他们周围的妇女与儿童，以致军队的体力已经受到影响。掌握了普卢默爵士的急电以及这些细节问题后，劳合·乔治先生抓住了最高会议的这一机遇。他说："没有人能说普卢默将军亲德。"谈判的官吏受到责备，谈判得以恢复。可是世界的困难和混乱很大，以致直到5月

67

份才真正有大量粮食进入德国。虽然根据和约封锁要实行到条约的正式批准，但封锁实际上到7月中旬已完全消失。但是一个大好机会业已错过。11月11日德国人不但在战场上被打败，而且也被世界舆论所击败。这些痛苦的经历揭露了德国的那些征服者的错误，在他们眼里除了武力以外没有可以相信的东西。

*　　　*　　　*

陆军部一个留下来的任务是遣返在英国人手中的25万德国战俘。为了这件事我们不得不等待许多个月。法国人发觉，当他们想到由这些俘虏所代表的全部屠杀行为和法国男子锐减时就很难释放他们，法国人很难赞同让这几十万不幸的人回家，就像要将缴获的大炮交出一样。但到夏季结束时，战场已完全清理；指定叫俘虏做的每一桩苦活已经完成。再也没有借口或理由扣留他们。犹如法老所说，自古以来"让这些人走"都是很难的。我决定采取直接行动打破这种变态心理。下列电报说明了我的意图。

丘吉尔先生致贝尔福先生的信

1919年8月21日

与阿塞将军讨论关于德国战俘的处境后，我坚信遣返战俘的工作应立即开始。

让战俘做的工作已经完成；他们一天要花费我们3万余英镑。遣返战俘的良好机会是，利用从莱茵区送英国军队到法国港口的回程火车。此外他们也可以徒步回去。因此我已下令为这两种方法草拟计划。这项工作要尽早着手，不得晚于9月1日开始。我紧急向你吁请，请你开动在你那一端的机器，保证在德国接收那些战俘。80%的战俘属于德国未占领的地区，或者说不到20%的战俘属于占领区，属于协约国军控制的地区。我建议开始遣返德

国战俘，计算每天从莱茵区运载我们的士兵到达的列车数和回程
的空车数。

丘吉尔先生致亨利·威尔逊爵士的信

请看一下我关于德国战俘的电报，并请立即大力促进此项行
动。这支俘虏军的整个经济状况就倚仗这件事了。我们应该毫不
犹豫地独立于法国采取行动。请你与阿塞直接联系，在他着手此
事时你给他出出主意。从明天起他可以让返回莱茵区的火车满载
战俘。例如立刻开始着手装运在欧德吕克的 1 万名战俘。我预料
今后两三天内可以得到批准。

一切都进行得很顺利。法国人不再拖延遣返战俘——那些因囚禁　69
而忧伤憔悴的大量德国士兵——此项工作一旦开始就不停顿地继续下
去，直到这次战争的不幸后事从日常生活中消失了为止。

第四章　可怜的俄罗斯

"不愿意为社会革命胜利而牺牲他祖国的

人不是社会主义者。"—— 列宁

"我是永远否认一切的精灵。"

——《浮士德》中的墨菲斯托菲里斯语

70

　　全副武装的战胜国很快就要从全世界聚集到巴黎和会，但这些国家里有一个缺席者。

　　在战争开始时，法国与英国寄厚望于俄罗斯。俄国的努力的确是巨大的。她不吝惜一切；她敢冒一切危险。帝国陆军提前动员，她一往无前地攻击德国与奥地利，可以认为她在拯救法国，在战争头两个月为使法国免遭毁灭而发挥了不可或缺的作用。此后尽管遭受规模难以想象的巨大灾难与杀戮，俄国一直是忠实和强大的盟国。在近 3 年时间里，她的战线吸住了占总数一半以上的敌军，在这场战争中，她战死的官兵几乎和其他盟国加在一起的数量一样多。1916 年勃鲁西洛夫的胜利，对法国，尤其对意大利，是重要的贡献；甚至直到 1917 年夏季，在沙皇垮台以后，克伦斯基政府依旧试图发动攻势以帮助共同事业。作为主要因素的俄国的耐力，在美国参战之前，对于战争的最后转折点所起的作用，应列在第二位，打败德国潜艇占第一位。 71

但是俄国在中途倒下了；在倒下时她还改变了自身。一个面目全非的、地球上从未曾见过的、完全不同的"幽灵"站立在过去曾是盟国的地方。我们见到了一个没有民族的国家、一个没有国家的军队、一个没有上帝的宗教。声称是新俄国的政府从革命中冒出。它否认俄国欠别国的一切，同样拒绝接受别国欠她的一切。正当战争的最不利阶段过去、正当胜利在望、正当因付出无数牺牲而应得的果实近在手边的时候，原来的俄国被拖倒了，就这样，在协约国会议上俄国缺席。

* * *

这个灾难是怎样来到世上的？要让读者了解它的结果，那么做一次回顾是必要的。

1917 年 3 月 15 日沙皇退位。自由主义和激进的政治家的临时政府几乎立刻得到主要协约国的承认。沙皇被囚禁；波兰的独立得到承认；临时政府向协约国宣布赞成民族自决和持久和平。海军与陆军的纪律被臭名远扬的命令所破坏，这个命令同时取消了士兵向军官敬礼的规 72 矩和军人犯罪的死刑。在革命中处于显著地位的彼得格勒的士兵与工人代表会议是俄国到处迅速出现的所有苏维埃的根源与典型，它保持独立的存在和独立的政策。它向世界呼吁，主张实行没有吞并或赔款的和平；它发展它自己的力量与联系，几乎不停顿地争论和高谈阔论基本原则。从一开始，这个机构与临时政府之间目标的分歧就显而易见。彼得格勒的目的是破坏所有权威和纪律；临时政府的目的则是维持新的和可以接受的各种形式。在两个对手之间出现了僵持的局面。代表会议的温和派成员克伦斯基站在临时政府一边，并成为司法部长。

此时在彼得格勒会议中间出现了极端主义者，但在最初没有控制会议。他们的一切行动都与常规的共产党计划相一致，即促进制造一切混乱的运动，尤其是左派运动，推动运动继续深入，直到武力推翻新政府的时机成熟。

临时政府的部长们在办公室与皇宫附近昂首高视阔步，在良好情绪的气氛中履行自己的行政任务。这些任务是严重的。所有权威都已经从根基上动摇；军队迅速在后方瓦解；火车车厢里和车顶上挤满寻找革命新中心的哗变士兵和试图回家的开小差军人。陆军士兵会议和海军士兵会议对每一个命令都进行无休止的争论。整个浩大的国家陷入了混乱与激动。对军队和城市的供应程序都日益趋于紊乱脱节。任何工作都失去了效率，任何物品不管是军需品还是粮食均严重匮乏。与此同时，德军和南边的奥军及土耳其军用一切已知的战争科学的器械攻击破碎而且动摇的俄军战线。协约国政治家自欺欺人，相信一切在向最好的方向发展，相信俄国革命对共同事业形成了值得注意的有利条件。

73　　4月中旬德国人做出忧郁的决定。鲁登道夫曾焦虑地提到它。必须充分考虑德国战争头目已经孤注一掷。他们是有意要开展无限潜艇战，这必然会导致美国加入反对他们的战争。在西线他们从一开始就自主地使用最可怕的进攻手段。他们肆无忌惮地使用了毒气，他们发明了"喷火器"。不过，出于某种畏惧，他们竟向俄国使用了所有武器中最令人厌恶的武器，即把列宁像瘟疫病人那样装入密封运货车厢，从瑞士运往俄国。列宁在4月16日抵达彼得格勒。这位头脑里蕴藏着可怕的潜在可能性的人是怎样的一个人呢？列宁与卡尔·马克思的关系相当于欧玛尔[1]对于穆罕默德。他把信仰化作了行动。他设计出了将马克思的理论在他那个时代付诸实施的可行的方法。他发明了共产党的战斗计划。他发号施令，他制定口号标语，发布信号，领导攻击。

列宁还是复仇心重的人。他是一个官僚的孩子，生下来就是小贵

74　族，自幼受当地颇受尊敬的公立学校的培养。出于同情，他的思想一

变而为起来反叛消灭贫穷，这种看似矛盾的转变在当时是很寻常的。列宁有一个无可指摘的父亲和一个反叛的哥哥。哥哥是他热爱的伙伴，因涉嫌暗杀案，1894 年被绞死。当时列宁 16 岁，正是感情丰富的年龄。他的头脑是非凡的工具。他的思想光芒四射，揭露了整个世界。列宁以同样的思想光芒揭露了世界焦点中的所有事实，所有最不受欢迎的和最鼓舞人心的事实。他的才智是多种多样的，在某些方面是十分杰出的，他理解万物能达到一般人很少达到的程度。他的哥哥被处死使他这束明亮的思想光芒通过棱镜折射而成为赤色。

列宁的思想是被一种极为特殊的意志所驱使的。他身体粗壮、结实，精力充沛，尽管有病，在中年以前还是可以胜任这些辉煌的事业。在他精力耗尽以前他已完成了他的事业，一千年也不会被人遗忘。在这些时代，人类的思想和制度是向前发展的。列宁为他们的困难所采取的解决办法已经落后于当今的要求和知识。科学不可阻挡地迅猛跃进。社会生活是通过宽渠道和多渠道流动的。最大胆的实验者的改革方案也可能已被贴上"过时"这个标签。以后生活比较容易的一代人会满不在乎地翻过记录着俄罗斯恐怖时代的这几页历史。关心历史的青年会问恐怖时代是大战以前还是以后的事情；他们把热情投向数以千计的可能发生的事情上。教育程度高的民族则全神贯注于实际事务。

毫不容情的复仇出于一颗冷酷的同情心，外裹平静的、聪慧的、注重实际的和轻松的外衣！他的武器是逻辑；他的目的是拯救世界，他的方法则是把原有的世界毁掉。原则是绝对的，不是随时可以改变的。他擅长进行学习；既对人做出判决又进行反省；既有激进作风又有博爱主义。但他是一个好丈夫，一个文雅的客人，他的传记作者郑重地告诉我们，他很高兴洗盘碟或逗弄婴儿。他对偷偷接近捕捉一只松鸡和把一个皇帝处死感到同样开心。列宁报仇的性质和个人无关。面临需要处死任何人时，他都表现出不情愿，甚至痛苦。

萨罗利亚教授写道："一项俄国的统计调查估计，俄国革命杀了 28 个主教、1 219 个神父、6 000 个教授与教师、9 000 个医生、12 950 个地主、54 000 个军官、70 000 个警察、193 290 个工人、260 000 名士兵、355 250 个知识分子和专业人员以及 815 000 个农民。"[2] 在伦敦国王学院赫恩肖先生为《社会主义概观》(A Survey of Socialism) 所作的著名序言中,他认可了这些数字。当然这些数字还不包括在饥荒中饿死的大量俄国人。

列宁是个彻底的否定论者。他否定一切。他否定上帝、国王、国家、条约、债务、地租、利息、几世纪来的旧道德、法律和习俗、书面或口头的契约、现存人类社会的整个社会结构……

列宁分泌出的神秘的酸性物质侵蚀了他的大脑,他倒下了。他的躯体如今用防腐液保存着……

列宁在其大脑对世界的破坏力耗尽和探求怎样给最高领导人治疗弊病时,他的精力消退了。只有他才能把俄国领入使人销魂的泥沼;只有他才能找到返回低湿地堤道之路。他观察;他回头;但他死了。指引他的强烈发光体在他做绝对转向时却熄灭了。留下俄国人民在泥沼里挣扎。俄国人民的不幸是他的死亡。

*　　　*　　　*

与列宁在一起的有季诺维耶夫。一个月后托洛茨基与他们会合。看来实际上是应临时政府的请求他才被允许离开新斯科舍的哈利法克斯的,而托洛茨基是被加拿大当局精明地拦截在那里的。在这三个人的推进下,苏维埃政府与临时政府间的分歧很快就发展到危急关头。在 5 月和 6 月里,这两个政权面对面以武装与争吵对抗。但是临时政府还得维持国民的日常生活,维持秩序和争取对德军的军事胜利,而布尔什维克唯一的直接的目标是俄国统治者的全面崩溃。杰出的自由派政治家古奇科夫和米留科夫都是善意的和在不知不觉中充当了诱人的诱饵的,他们很快就退出了舞台。他们在此刻尚在发展的惊人的瓦解场面中扮演了他们的角色。他们出于最好的动机,帮助动摇了古老俄国的基础；他们是鼓励俄国许多爱国智士勤奋工作的表率。现在他们发现自己缺乏影响力或控制力。他们是令人尊敬和以自己的方法办事的勇敢人士，他们离开了政坛，事后想来是因为他们已成了受折磨的牺牲品。古奇科夫说："现在可以证明，我们是自由人的国家，还是一帮进行反抗的奴隶的国家。"但是在普遍的喋喋不休的争论中，言词不再值得重视。

但是极度痛苦的俄罗斯并非找不到一些最后的捍卫者。在这些人中，克伦斯基带着他所有的自负与自欺占有一席之地。他是临时政府所有不成熟的和业余的政治家中最极端的人。他是革命时期的危险领导人之一，一直试图在竞争中打败别的极端主义者以便控制他们，并一直想使忠实的温和分子相信，只有他们才知道怎么应付最危险的处境。他连续强制改变政策，把他的同行们一星期又一星期地推向左边。克伦斯基不愿意使他的行动超越某一点，一旦到达这一点他就准备抵抗。可是当最后他转向战斗时，他发觉他自己是既没有任何武器又没有任何朋友了。

克伦斯基在 5 月中旬接替古奇科夫任陆军部长，8 月 6 日成为总理。夏季时，形势把他从革命倾向带到了镇压革命倾向，当时的形势由于两位名人而加强。一位是科尔尼洛夫将军，他是一位爱国者、坚定、得人心、有民主思想，随时准备接受革命；愿意以原本更乐于献给沙皇的忠诚为俄国新政权服务。他得到了军队的信赖；当时的政治家也和他合得来，他似乎具有许多优秀品质，或者说无论如何他拥有许多有利条件，这些条件是希望作战和维持秩序的革命政府要求其司令官所具有的。

但是另一位从幕后升起的更有实力的人物是鲍里斯·萨文科夫，前民粹派成员，战前是暗杀 M.德·普列韦和谢尔盖大公事件的直接组织者，他在革命早期从流放处被召回。他被派往俄国第 4 集团军充当政治委员后，便以充沛的精力尽力解决叛变和溃散的问题，在这些粗鲁的俄国骚乱中，他的精力使人想起法国大革命时的那种更紧张的精神。就可能的比喻而言,他在某些方面像维克托·雨果小说《九三年》中的西穆尔丹,在某种程度上又像真实生活中的圣茹斯特(法国大革命中的著名政治家);但是又有不同,虽然他所用方法的无情或他的行为的勇猛可算出类拔萃,但是他的镇静的才智所追求的是适度的甚至平凡的目标。他是实事求是的典范,有人用硝化甘油来描述他的良好的感觉。他不为俄国悲剧令人眩晕的混乱所困扰,他追求的是一个自由的俄罗斯,一个在战争中战胜德国,与西方自由国家携手同进,耕者有其田的俄罗斯,一个公民权受到法律保护,议会制度盛行,与君主立宪制度相协调的俄罗斯。这个行为极端而意见冷静的人在两个月内上升到主导俄国军务的地位。身为克伦斯基的陆军副部长且控制着彼得格勒卫戍部队,萨文科夫掌握了实权。他了解在起作用的一切力量;他知道麻烦会出在哪儿,他无所畏惧。能允许他动用所掌握的实权吗?或者这些实权会被人从他手中夺去吗?这些实权会不断起作用吗?还是会被不断削弱?

萨文科夫伸出手来争取科尔尼洛夫,对克伦斯基施压,他利用后者作为一把必不可少的利剑。7月底,作为长期内斗的结果,就连彼得格勒苏维埃也以多数票同意使用无限的权威去恢复军队的纪律。8月1日科尔尼洛夫成为总司令;9月8日恢复对破坏纪律者的死刑。可是与此同时,德军还在前线猛攻。克伦斯基尽最大努力发动的俄军夏季攻势被击退,俄军最忠实、最优秀的士兵伤亡惨重。7月中旬德军发起反攻,铁流滚滚向前。7月24日斯坦尼斯拉夫和塔尔诺波尔两城再度被德奥军占领。敌军继续前进。9月1日德舰队配合陆军开进里加湾。3日里加陷落,可怜的民族不得不同时忍受鲁登道夫能做的一切和列宁能做的一切。危机达到极点时,电流熔化了所有导线,包括肉体的和精神的。科尔尼洛夫反抗克伦斯基;克伦斯基逮捕科尔尼洛夫;萨文科夫竭力促使两人团结,促使加强行政权力,但他自己却被排斥于一旁。出现了一个短暂的在巴别建通天塔[3]的插曲,那就是鼓舞人心的、来之不易的杜马决议和全俄民主大会的呼吁——保持国家稳定。俄罗斯议会杜马出现反布尔什维克的巨大多数。临时政府发表宣言，主张实行自由开明的政策和忠于协约国事业。只要言词和票数能有所帮助，没有什么事情做不到。与此同时德国大铁锤捣毁了前线而列宁破坏着后方。

谁来评判这些受着不断骚扰的争取俄国自由与民主的战士的功过呢？指派给他们的任务没有超越普通人能胜任的范围吗？不论是谁或使用任何方法能同时抵抗夹击吗？战胜国的政治家和作家不应动辄对承受这些压力的人摆架子。恺撒、克伦威尔、拿破仑也会在这里闷死，就像韦布船长在尼亚加拉瀑布那里窒息而死一样。在人们普遍的胡言乱语和日益接近的炮击中，一切被破坏了，一切崩溃了，一切瓦解了，而从无政府状态中出现了一个有凝聚力的可怕的实体，这个事实起因就是布尔什维克给以的沉重一击。

在11月的第一个星期，在列宁和托洛茨基为首的军事委员会的鼓动下，苏维埃要求取得指挥军队和逮捕部长的最高权力。叛变的军舰在涅瓦河逆流而上，军队倒向篡夺政权者；杜马、全俄民主代表大会、全俄苏维埃代表大会还在高谈阔论，以压倒多数进行抗议，如今被一扫而光。临时政府被围困于冬宫。赶往前线调集忠诚部队的克伦斯基被列宁的布告罢免，而克伦斯基本人一回来就在巷战中被叛乱者打败。他的最后保卫者是妇女和儿童。妇女营和军事学院学员毫不畏惧地坚守岗位；俄国新的占统治地位的情报机构认为，如果有必要，学员们即可被枪杀，妇女们即可被玷污。英国上诉法院随后决定，从我们国内 80 需要出发，承认苏维埃政府从1917年11月14日起为俄国事实上的当局。

*　　　*　　　*

彼得大帝的帝国，长久梦想的自由的俄罗斯和杜马以及已经召集的制宪会议全都永远消逝了。与沙皇大臣们一起被赶走的还有自由主义的和激进的政治家与改革家。社会革命党人，孟什维克，许多社会主义者的小团体；所有这一切，尤其是与布尔什维克最接近的、最极端的人们全都被打上了需加以消灭的记号。学说上的左翼被颠倒过来，人们知道的各种等级的政治主张几乎同时垮掉。只有一个派别暂时做了抵抗。擅长巴枯宁传统的无政府主义者把自己想象为极端主义中无与伦比的派别。如果布尔什维克是要把世界来一个上下倒置，他们则是要把它来一个里外对换；如果布尔什维克是要消灭是与非，他们则是要消灭左与右。因此他们说话时充满信心，昂首高视。但是他们的情况，新的当局事先已经过仔细研究。没有时间可在争论中浪费。不论是在彼得格勒还是在莫斯科，这些人不是在总部遭到炸弹轰炸，便是被最迅速地追捕和枪杀。

无论最高委员会是弱智还是超人——这由你判断——它都是有主宰思想的鳄鱼，他们在 11 月 8 日正式开始执行自己的职务。它立即采取了有明确思想的政策——"打倒战争""剥夺私有财产"和"处死全部国内反对派"。请求与外国敌人立即实现和平，对地主、资本家和反动派进行不能和解的战争。这些称谓可以做最广泛的解释。只有一点点储蓄或一间小屋的十分贫穷的人发觉自己被谴责为"资产阶级"。进步的社会主义者发觉自己被宣布为反动派。在做更细致的工作安排之前，列宁向群众发出了"剥夺剥夺者"的总动员令，鼓动农民杀死地主夺走他们的地产；集体的和个别的屠杀与抢劫在广大地区不时发生。

81

国内的方案就这样以惊人的速度付诸实施。外国的形势还要棘手。列宁与他的亲信开始了他们的工作，他们相信他们能利用无线电报术，绕过每一个交战国政府的首脑，向各国人民呼吁。因此他们在开始时并未考虑单独媾和。他们希望在俄国率先退出战争的影响下，得到全面的停战，他们希望协约国和敌国的政府都将面临城市和军队的哗变。他们在起草和平法令时是声泪俱下的。在他们的呼吁中低声诉说崇高的人道主义、对暴力的恐惧、对屠杀的忧虑——例如有如下一段话："……各国的劳动人民，我们的兄弟们尸横遍野，我们无辜的人们的血泪流成河，城市和乡村成了冒烟的废墟，文化宝藏成了残骸，我们以兄弟般的情谊伸出双手，吁请你们重建和加强国际团结。"但是彼得格勒的无线电波虽震颤了以太，但毫无效果。他们集中注意力倾听回答；但没有回音。与此同时，新政权则聪明地利用权力实施对沙皇的警察和秘密警察的直接和有效的控制。

　　到两星期过去时，布尔什维克放弃了"越过各国政府首脑实现与反抗各国首脑的国家的和平"计划。11 月 20 日俄国统帅部接到命令，"向敌国军事当局建议立刻停战和开始和平谈判"，11 月 22 日托洛茨基在彼得格勒招待协约国大使，发出照会建议"所有战线立刻停战，立即开始和平谈判"。不论是大使们还是他们的政府都不打算做任何回答。俄军总司令、年老的杜赫宁将军拒绝与敌人交往。他的俄军总司令一职立刻被一下属军官延申恩·克里兰科接替，被扣押的杜赫宁将军被后者交与哗变的士兵处置，杜赫宁随即被撕成碎片。接着向中欧帝国请求停战。中欧帝国也有一段时间保持沉默。但是布尔什维克政府不惜一切代价履行了"立即和平"的诺言，该政府还向前线军队发出命令，要求"以连和班为单位与德军实现强制性的亲善与和平"。此后对入侵者的一切军事抵抗变得不可能了。11 月 28 日中欧帝国宣布它们准备考虑停战建议。12 月 2 日俄国战线全面停火。

82

＊　　　＊　　　＊

　　签订《布列斯特—立陶夫斯克条约》之前经历了 3 个月的谈判。布尔什维克领导人发觉在这段时间里充满令人失望的情况。他们要求停战 6 个月；但他们所能得到的一切也就是一周前通知的进攻可以暂缓一个月。他们希望将谈判地点移往像斯德哥尔摩那样的一个中立国首都；这一点遭到了拒绝。他们试图用他们寻常惯用的言辞向本身不顾死活的征服者解释，人类社会应该实施的政治原则。德国将军霍夫曼问："可是请原谅，亲爱的先生们，我们为什么要关心你们的原则呢？"由于对协约国存在某种忽隐忽现的不合逻辑的信任，布尔什维克领导人要求在停战期间德军或奥军不从东线调往西线。这一点德国人表示同意，然而却立即开始把他们的军队不停地运往法国。到12月底布尔什维克这种单方面轻信的幻想破灭了。他们发觉自己面对的是武装和坚决的军事力量；他们知道他们已使俄国失去抵抗能力。

83 尽管如此，当和平条款的含义被这批奇特的革命家深深觉察到时，一阵虚弱的、但却是强烈的对抗情绪震撼了他们的秘密会议。粗暴一些的人大骂普鲁士帝国主义；阴险一些的人则以报纸文章发泄愤怒。托洛茨基和季诺维耶夫恣意做轻率的嘲讽和空洞的威胁。"时间迟早会到的，哈哈！"如此等等。托洛茨基说："强大的人民的命运不会取决于德国人的技术器械的暂时条件。"德国人保持严厉的冷漠。他们以与布尔什维克代表团平等的待遇接待了独立的乌克兰的政府的代表。布尔什维克人徒劳地抗议说，他们而且只有他们才能代表全体俄罗斯人说话。德国人对他们的忠告置若罔闻。中欧帝国可以在其他任何一面出现失策，但要获得乌克兰和高加索的玉米与石油的决心却决不动摇，而且确保他们无偿获得所需的具体协定已交给了俄国人民的新部长们。

到12月底谈判暂停，布尔什维克的代表回国与其同伙商议。发生在魔窟里的这场新争论的某些细节尚不为人知。扮演摩洛克战神角色的托洛茨基力主重新开战，秘密会议上的大多数人似乎与托洛茨基有同样的激情。列宁以平静阴沉的声音做了一次有18个论点的演说，他向他们提出了任务。

> "我十分主张开战，噢！同事们，
> 我没有遗忘仇恨。"……

可是他们怎样抵抗？陆军是不能指望了，协约国疏远了，舰队叛变了，俄罗斯乱了！甚至在还由他们随意支配的广大地区上空的飞行也不会持续很久了。不是还有某种东西比俄罗斯危急的命运还要宝贵吗？那就是共产主义革命。如果他们把剩余的力量浪费在抵御外国入侵者上，他们还能进攻国内资产阶级吗？对于争取世界革命的国际主义者来说，地理国界和政治忠诚毕竟不是很重要的。他们要使自己在俄罗斯的领土上有至高无上和不受挑战的地位，然后以这些领土作为基地把社会革命传播到每个国家去。列宁的论点占了上风。据一个英国目击者说，他甚至不等听到反驳的声音，就冷静而漫不经心地在一个休息室坐下，而他的追随者则在室内满嘴唾沫大叫大嚷。托洛茨基所能做的最多只是"不战，不和"的老一套。苏联人可以投降，但他们不会签字。2月10日托洛茨基通过无线电发表声明："在拒绝签署吞并俄罗斯的和平条约的同时，俄国宣布她与德国、奥地利、匈牙利、土耳其和保加利亚的战争状态已经结束。俄军各部队在各战线同时接到全面复员的命令。"

但是这个声明德国人不完全满意；他们让一个星期静悄悄过去，在2月17日他们突然宣布停战结束，德军将在拂晓全线推进。托洛茨基发出的"他们本该至少提前一周通知"的哀鸣被大炮轰鸣声淹没。从雷瓦尔到加拉茨的全长一千英里的战线上，德军和奥军滚滚向前。在参差不齐的战线上依旧有军队处于瓦解的不同阶段，依旧有一些军官忠心不二。此刻所有这些军队全被毫无困难地扫除了。整个战线被毁，一天之间德军挺进约20英里，缴获1350门大炮，加上大量的物资和俘房。当天傍晚主要目标德文斯克城陷落，到19日苏联人绝对投降。托洛茨基的外交部长一职让位给更息事宁人的契切林，3月3日和约签字。

《布列斯特—立陶夫斯克条约》使俄国失去了波兰、立陶宛和库尔兰；芬兰和阿兰群岛；爱沙尼亚和立窝尼亚；乌克兰；最后还有高加索的卡尔斯、阿尔达汉及巴统。

苏联无线电广播说："这是一种不是以自由协议为基础缔结的而是用武力强加的和平……是强迫俄罗斯咬着牙关接受的和平……苏维埃

政府只凭自己的力量不能挡住德国帝国主义的武装冲击，为了挽救革命的俄罗斯，它被迫接受了摆在它面前的条件。"几年后列宁说："我们必须有勇气面对赤裸裸的痛苦的现实，我们必须充分估计到我们已被抛入战败、瓜分、奴役和侮辱的深渊的底部。"不可能把列宁赐给俄罗斯民族的最早恩惠说得比这些描述还要好了。用巴肯先生经过斟酌的话来说："他们（布尔什维克）使俄罗斯丧失总人口的26%，可耕土地的27%，一般农作物产量的32%，铁路系统的26%，制造工业的33%，整个铁产量的73%以及煤田的75%。这就是'没有吞并'。他们必须负担战败纳贡，支付巨额的、但无法估价的赔款。他们被迫同意巨额石油自由出口和一个特惠贸易条约。这就是'没有赔偿'。他们把5 500万不情愿的斯拉夫人置于德国统治之下。这就是'自决'。"

如果说这些结果在今天有任何程度的减轻，如果说苏维埃共和国脱离了德国的监护和系统的剥削，这是因为西方和大西洋对岸不因俄国脱离而失望，继续坚持共同事业的结果。正因为这些国家的奋斗，重新聚集了力量的德国才崩溃。

注释：

[1] 欧玛尔，11 世纪波斯诗人、数学家、天文学家。——译者

[2] 萨罗利亚，《苏俄印象》(*Impressions of Soviet Russia*)，1924 年，第 81 页。

[3]《圣经》中的故事，诺亚的后代最终未曾建成此塔。——译者

第五章　干涉

　　布尔什维克与中欧帝国的停战以及以后签订的和约，在俄国产生的反应影响深远。在战事暂停的同一天（1917 年 12 月 20 日），科尔尼洛夫、阿列克谢耶夫和邓尼金三位将军在顿河边树起了一面反革命旗帜。他们三人都是历经种种危险，来到这个忠诚的哥萨克人的避难所的。周围是莽莽原野，那里生活着一批原始而又忠实的居民。这些军事领导人在那里为旧俄罗斯的所有最高贵的人创建了一个振作点。他们有什么政治威信？帝国政体已经失信于所有阶级。沙皇业已退位，而且在一步一步走近叶卡捷琳堡刑场。布尔什维主义依旧宣称民主进步，形势的压力进而变为政治示威。在国内"土地属于农民""苏维埃属于全体人民"的口号震耳欲聋。但是反抗入侵者，保卫俄罗斯的安全与领土完整，以俄罗斯的荣誉向协约国保证，这些口号和号召对一些人有吸引力，但这些人分散在漫长的战线上和国内辽阔的地区。但集合号声随风响彻草原地带，群山发出回响；每一个地方、每一个阶级、每一个城市和每一个乡村都侧耳倾听。如果说世界革命已经兴起的话，那么世界文明则还取决于战场。遍布五大洲的 20 多个国家和民族正在向把俄国推入深渊的中欧帝国进军。世界各大洋载负着他们不可阻挡的舰船驶向西部战场。远在大洋彼岸强大的美国的上空回荡着做增援准备的铿锵声。其名字家喻户晓的政治家们站在庞大组织的前面。虽然俄国已被打倒，已遭炮击，但是事业还在。专制君主政府应该予以摧毁，但不应该以其他形式的专制政治取代它。对于俄国爱国者而言，还有俄国军队的荣誉和彼得大帝的遗产需要保卫，或者在保卫中死去。

俄国志愿军的兴起与成就肯定应该成为一部历史专著的主题，不列颠帝国、法国、意大利和美国以及自由在今天已经安全了的小国的战友们，一定会以感激的心情阅读这部专著。随着俄罗斯祖国被解体及其卷入丑闻的消息逐渐传遍庞大帝国，大家知道了，这是一场令许多人惊骇、使少数人欢快的灾难。尽管经历了各种困难，但 20 个不知名的战斗可与加利波利、霍费尔或德拉罗什雅克的战斗相比，这表明一支绝望的难民的部队成长为实实在在的军事实体。领导人一个接一个地倒了下去。科尔尼洛夫于 3 月底被杀。顿河哥萨克人的领袖卡列金在一次暂时失败后自杀。所有损失中最重大的损失是阿列克谢耶夫，他是一位与福煦和鲁登道夫同样高明的战略家，很早就精通了俄罗斯最重要的国务。他因艰苦战争只活到 1918 年 9 月，当时他由邓尼金继任，后者兼有坚韧、明智、稳重和值得尊敬的军人的优点与局限。在内战的起伏中，俄国志愿军在 1918 年后期成功扩大了它管辖的范围；但是要更细致地追述它的冒险活动与成就，则缺乏详尽的资料。虽然别的所有情况开始时都有争论和不明之处，但是与外部世界联系的意识则是这些反革命领导人权力能依赖的可靠基础，这种联系很快出现了一种实际有用的方式。

在俄国革命时期，法国、英国和美国都曾大规模地向俄国供应军火。这些军火是俄国（沙皇俄国和革命的俄国）以借款方式购买的。60 多万吨军事物资连同同等数量的煤由船舶卸在阿尔汉格尔和摩尔曼斯克。在沙皇年代曾使用大量战俘，历尽史无前例的苦难建成了 800

英里长的铁路，从彼得格勒通向那儿。军火与其他供应物资无人照料地堆在码头上。布尔什维克政府拒绝清偿购买这些东西的所有借款。公平合理地说，这些东西是协约国的财产。但是一个远为重要的问题是"它们将落入谁手？"在符拉迪沃斯托克（海参崴）也有同样情况，那里的大量物资是从美国和日本进口的。难道让所有这些致命的大量物资装满中欧帝国的军火库从而延长无限屠杀的战争吗？难道让屈膝求饶的政府、协约国的叛徒和文明制度的公敌，使用这些军火来镇压对他们的独裁统治进行各种形式的反抗吗？这些问题在 1917 年冬季出现；甚至在《布列斯特—立陶夫斯克条约》签字前已变得极端重要。

从签约条款就能清楚看出，协约国集中巨大的海军努力对中欧帝国进行的封锁在很大程度上被打破了。德国人显然已把俄国置于他们的支配之下。乌克兰和西伯利亚的粮仓、里海的石油、广袤大陆的各种资源，在我们看来，今后可以用来帮助和维持现今西线剧增的德军及其后方的全体德国人民。事实上，德国在 1918 年头几个月已获得一切，比两年前德国可能获得的更多，如果那时法金汉不轻率地选择进攻凡尔登就不致碰得头破血流了。这些补给多快才生效还不能肯定，但在乌克兰所做的辅助安排，可以表明德国占领那个地区和从那里取得最大数量供应的直接意图。当时没有一个人看到战争迅速结束的前景，似乎没有理由怀疑德军与奥军有时间——他们肯定有力量——从俯伏在他们面前的庞大的俄罗斯帝国吸取，并且几乎可以无限地吸取新的生命力。最后德军将着手把 100 多万人的 70 多个师和 3 000 门大炮及弹药从俄国战线运往西线。奥军也会同样增援他们的意大利战线，并将后续增援不断地向西移动。法军尚未从 1917 年的军队哗变中完全恢复过来，英军除尽力设法减轻法军的压力并保证他们有喘息时间外，还在不断地从阿拉斯向帕斯尚德莱发动的攻势中流血牺牲。这些就是俄国崩溃后的黑暗局势。这种局势比空前的最大战役爆发时还要严峻。

必须重建东线以对付德国，必须扣留给俄国的供应物资，以免其落入中欧帝国之手，从 1917 年底起这两点看来对争取战争胜利至关重要。于是最高军事会议的军方代表于 12 月 23 日建议，凡决心继续战争的在俄国的各国部队，都应给我们以力所能及的支持。有一个协约国，她能以优势力量在西伯利亚比其他国家更迅速地行动。那就是日本，她邻近西伯利亚，她生气勃勃，力量强大，早有准备，且与西伯利亚关系密切。反对的论点也有分量。有人说如果让日本进攻俄国，布尔什维克在俄国人民支持下可能实际上会与德国联手对付协约国。日本人并未表明不愿尽力。他们准备控制相当一部分西伯利亚铁路。但是他们说，美国参战在日本不受欢迎。12 月 31 日，英国政府向威尔逊

总统透露了这些可能之事。美国表示，他们既反对日本单独干涉也反对美日联合干涉。日本人对这种态度很生气，而英国政府开始时觉得日本人必定同意美国的态度。日本人认为，日本理应接受委托在符拉迪沃斯托克进行大家同意的干涉，因为德国势力在太平洋海岸的发展情况将对日本有特殊的威胁。英国政府得到法国政府的支持，在 1 月底决定提议邀请日本作为协约国的受托人采取行动。威尔逊总统依旧反对一切干涉，尤其反对日本单独行动。另一方面，日本人提出的条件是，如果日本受各大国委托行动，她必须得到美国黄金和钢铁的援助。

由于《布列斯特—立陶夫斯克条约》的冲击，由于鲁登道夫在西线的迅猛攻击，以及由此造成的紧张危机，两个拼死作战的协约国不得不发出越来越急迫的求助。可是威尔逊总统依然不信服。在长达 4 个月的宝贵时间里，日本和美国骑在跷跷板的两端，在这个过程中，日本或美国连续地反对法国人和英国人提出的每一个有关于此的大同小异的建议。可是法国和比利时的可怕战斗以及德国对俄国与日俱增的掠夺，是令人信服的论据。这些论据又增添了来自意想不到的来源的内容。此时托洛茨基担任国防部长，他以非凡精力建立了一支红军，用以保卫革命和俄国。3 月 28 日，他通知我们在莫斯科的代表洛克哈特，说是如果其他协约国合作并给予某种保证，他不反对日本军队进入俄国以抵抗德国侵略。他要求派遣一个英国海军委员会改组俄国黑海舰队，派遣一个英国军官控制俄国铁路。据说，最后甚至列宁也

不反对让外国干涉来对抗德国人，但务须保证不干涉俄国政治。英国
人做了种种努力以求得到布尔什维克领导人的正式邀请。这一点对克
服美国的不情愿情绪极为重要。可是布尔什维克也许只是把这当成一
个策略，帮助他们的早期政权获得外国承认，以及阻挠和分化对付布
尔什维克的爱国武装力量的反抗。需要其他论据来确定这个问题，并
把五大协约国带入切实可行的协议。这个新的有力的论据此刻就要出
现了。

在俄国突然出现了一个外国要素，其性质与来源十分独特。战争
爆发时有一些居住在俄国的捷克斯洛伐克人志愿加入俄军。一批捷克
斯洛伐克战俘参加了在多布罗加的西伯利亚志愿军师。还有相当数量
的捷克斯洛伐克人逃亡出来，在战争的最早几个月，其在 1916 年勃鲁
西洛夫在斯特尔河打胜仗后与俄军中他们的同胞会合了。这些人服从
令人尊敬的马萨里克教授的指导，教授是从奥地利逃出来的受敌视的
难民，在 1914—1916 年间居住在伦敦，态度鲜明地保持着不但属于波
希米亚民族的看法，在很大程度上还属于捷克斯洛伐克人的看法。他
们之间的纽带是纯粹的智力与感情，正是这纽带证明，这些人中的崇
高士气胜过这个特殊时代的所有折磨。这些士兵为世界大战和无限混
乱，主要是对奥地利政府的憎恨感情所驱使，从遥远的各自的家庭前
来，他们保持着对民族事业和国际事业的全面理解，完全不受当地俄
国人的影响。沙皇政府收编了捷克斯洛伐克人，作为俄军中独立的军
事单位，但是捷克斯洛伐克人不无疑虑地认为，自己是在为曾经否定
自己合法君主权力的外国人效忠。但是，俄国革命爆发后，马萨里克
教授前往俄国，把相当多的捷克斯洛伐克人组成的所有军事单位合并
为一支军队，置于波希米亚的红白旗的引导下，并在巴黎为他们取得
了一支协约国军的地位。从《布列斯特—立陶夫斯克条约》签订之时起，
他们就认为自己是在协约国部署下为共同的战争目的而全副武装起来
的。在大得多的规模上，同时又在有必要的区别的情况下，他们仿效
路易十一的苏格兰弓箭队、萨斯菲尔德的爱尔兰旅或路易十六的瑞士

警卫队，像他们一样，远离老家和家庭所意味的一切，周围全是外国人，但是那些人的热情不会触动他们，那些人的习惯不会吸引他们，他们过着一种自顾自的生活。可是与他们的祖先截然不同，他们与现在几乎变为全世界奋斗目标的东西连在了一起，他们永远不变地坚持这个目标。他们不断地集体研究这次战争的过程，经过不停的体操锻炼和紧张的集体自觉训练，他们昂首阔步地通过所有的混乱与哄闹。在俄罗斯帝国的崩溃声中，

> "在无数敌人中，
> 不动摇、不哆嗦、不受诱惑、不恐惧。"

当《布列斯特—立陶夫斯克条约》结束俄国对德的抵抗时，捷克斯洛伐克军要求将他们运往西线，布尔什维克同样急于要他们离开俄罗斯。布尔什维克总司令允许捷克斯洛伐克人自由离开，这点具体规定存在于协约国与苏维埃政府于 3 月 26 日在莫斯科签署的正式协议中。西伯利亚铁路提供了最安全的通道，捷克斯洛伐克人开始了他们经过库尔斯克、奔萨、车里雅宾斯克和萨马拉的旅程。他们启程时为42 500 人，但是前进途中在捷克斯洛伐克战俘中有新入伍者，他们的总人数达到了 60 000 人。

德国人自然不愿意看到这种安排。阻止值得信任的两个军的男子汉环绕世界运往西线，成为敌参谋部极为重要的目的。他们向苏维埃当局使用了什么压力还不清楚。但无论如何他们的压力产生了效果，列宁与托洛茨基没有遵守对捷军的承诺。他们在德国人的命令下迅速采取措施拦截并俘获在长途征程中的捷克军。在俄国人手中的好几千德国和奥地利战俘被很好武装起来，在德国军官的监督下开始进入军队编制。托洛茨基一方面与洛克哈特先生详细地商定捷军通过俄国的安全办法，另一方面又调动他的赤卫队到达适当的位置。5 月 26 日捷克斯洛伐克炮兵第一梯队到达伊尔库茨克。这支军队与布尔什维克的

协议规定，只留给他们 30 支卡宾枪和一些手榴弹作个人自卫之用。当火车驶进车站时，捷军发觉自己面对大量武器优越的赤卫队。他们被命令在 15 分钟内放下少许留下来的武器。当时捷军几乎都没有武器，他们在车站站台上与对方议论局势时，车站建筑物中有一挺机枪向他们射击。捷军并不屈服。在几分钟内捷军使用他们的 30 支卡宾枪和一些手榴弹不但击败而且俘获了那些卑鄙的攻击者并缴了他们的械。他们用缴来的武器装备起来，几天后他们战胜了由当地苏维埃派来对付他们的新部队，并向他们的司令部报告了所发生的一切。

因此整个捷军不再交出他们的武器，不论在何处停驻都采取积极的自卫。这种自卫很快变成了强有力的反击。捷克斯洛伐克人的这种分散形式现在成为一支非常强大的力量的基础。11 000 人已经到达符拉迪沃斯托克，其余人分布在西伯利亚铁路全线和它从乌拉尔山脉 100 英里以西到太平洋的支线。到 1918 年 6 月 6 日，他们占领了鄂木斯克与克拉斯诺亚尔斯克之间的所有铁路车站。他们仍在俄国的欧洲部分的同伴也获得了差不多的成功。他们对重要交通线的控制迅速向东扩展到奈尼—乌金斯克及以西的奔萨。6 月 28 日他们夺取符拉迪沃斯托克；到 7 月 6 日，他们从尼科利斯克出发向哈尔滨和哈巴罗夫斯克挺进。他们在 7 月 13 日接管伊尔库茨克。到 7 月的第三个星期，俄国几百英里宽 3 000 英里长的巨大区域，包括从伏尔加河几乎到贝加尔湖的主要联结地区，就是在这些当初寻求通过签订协议离开该国时受到卑鄙攻击的外国军队的有效占领之下。人们几乎想不起历史上曾出现过可与这几页历史相媲美的、性质如此浪漫、规模如此宏大的插曲。

我们可以料想这次努力的结局，这些已经使自己成为符拉迪沃斯托克主人的捷克斯洛伐克人决心回去拯救被隔绝在中部西伯利亚的同胞，大约在 1918 年 9 月中旬，整个横贯西伯利亚的铁路交通恢复。就这样，由于失信破坏诺言，由于一系列世上没有人曾预见的事件与机会，从伏尔加河到太平洋的整个俄国土地，其面积几乎与非洲大陆一般大的地区，好像被施展魔法那样落入了协约国的控制。7月底捷军交给在美国的马萨里克教授的电报概述了那里的局势。"我们的意见是，在东方重建、俄德战线是最值得想望的也是可能的。我们向你求教，我们应否离开这里去法国，或者我们应该留在这里站在协约国和俄国一边为俄国而战。我们军队的健康状况和精神非常之好。"驻在华盛顿的捷克斯洛伐克国民会议对这个问题评论说："从那时起马萨里克教授就指示在西伯利亚的军队暂时留在那里……捷克斯洛伐克军是协约国军之一，它与法军或美军一样听命于凡尔赛军事会议。在俄罗斯的捷军无疑渴望避免参与俄国可能的内战，但是他们同时了解，他们留在原来地方可以为俄国和俄国事业做出比他们前往法国大得多的贡献。他们听从协约国最高会议的命令。"

95

*　　　*　　　*

他们创造的这些令人震惊的业绩对于协约国的行动有决定性的意义。1918年7月2日最高军事会议从凡尔赛向威尔逊总统做进一步的呼吁，要求其同意支持捷军。总统于是建议派遣一支由英国、日本、美国军队组成的特遣队，公开地去恢复和维护捷军的交通线。第二天英政府与其他协约国政府一致决定给予他们军事援助。7月5日美国宣布他们决定在西伯利亚做有限的干涉。"其目的在于保护捷军抵抗德军，并帮助其自治或自卫的努力，在这种情况下俄国人自身可能乐意接受帮助。"他们还建议派遣基督教青年会独立小分队，给予俄国人民道德上的指导。

两个日本师、在约翰逊上校和工党议员约翰·沃德上校率领下的7 000美军和两个英国营、3 000法军和意大利军全部在日本最高司令部的指挥下开始行动，尽可能在符拉迪沃斯托克登陆，沿铁路继续向西前进。与此同时，一支主要由英军组成，在英军司令部统率下的7 000或8 000人的国际部队于6月底和7月在摩尔曼斯克和阿尔昌格尔登陆。当地组织起非布尔什维克地方政府。这个地方政府与英军司令部签订协议，根据协议当地政府帮助协约国军打败德国侵略，协约国政府负责财政和粮食。

在西伯利亚，在捷克斯洛伐克军广泛的警戒线以内——它的范围或许稍大——反布尔什维克的俄国政府开始在鄂木斯克建立起来。通常来说，西伯利亚对俄国的关系和加拿大对不列颠的关系一样。捷军的奇特景象，他们突然采取的异常行动与获得的成功，他们对布尔什维克武装人员明显的个人优越性，使他们能够在西伯利亚创立起庞大的飞地，在飞地内部，俄国政府和军事组织能以相当大的规模开始行使职权。

1918 年夏季在鄂木斯克成立的临时政府，主要目标是召开全俄制宪大会。这个政府在它存在的期间经过各种变革。它反映了蔓延整个俄国的混乱，当时每个人都急于发表自己的意见，许多人准备杀人，没有一个大团体能在一段合理长度的时间里同意任何一个主张。甚至在停战严重削弱所有反布尔什维克运动之前，西伯利亚好运的潮流就已开始退潮。捷军在兴旺中已经有点精神不振。他们的苦难不断，他们的危险增加。他们自己的政治见解本质上是进步的，但与白俄罗斯人的意见不一致，此外他们因不断遇上俄国的不稳定和管理不善而烦恼。1918 年 10 月他们散乱布防的南面战线因受到红军正面和四周的压力而被迫收缩。

到 1918 年 9 月，在鄂木斯克已有两个政府一起行政——一个是西伯利亚政府，另一个自称全俄政府。同时，哥萨克人和反布尔什维克军官一直在精力充沛地建立武装部队。随着这些部队的规模和势力的增强，它们的影响远远超过了这两个迅速建立起来的政府。形势日益明显，所有人都将立即为自己的生存而战斗，在这种危难关头军事观点很快占了主导地位。原来的鄂木斯克政府乐意向这个新压力让步；另一个政府正好相反，它成为社会主义阴谋的温床。对立的两个政府

彼此对抗行事。面对即将来临的屠杀，对立的做法无补于事，这导致

了军事政变的出现。11 月 17 日，停战后一星期，新军的领导人用武力占领了一个政府，同时逮捕另一个政府的主要成员。他们决定把所有力量集中在一个人身上。这在非常危急的情况下也许是明智之举。他们推举的这个人就是前黑海舰队司令海军上将高尔察克。

与此同时，在遥远的南方顿河省，现在由邓尼金指挥的俄国志愿军已成为广大的肥沃地区的主人，在那年年底经过一场俘虏 30 000 多布尔什维克的战斗后，预言要向叶卡捷琳诺达尔前进。

这就是紧随《布列斯特—立陶夫斯克条约》之后俄国局势令人惊奇的转变。冬天战争时降下的大雪使六分之五的红色俄国变成白色，但是和平的春天对所有其他人都是喜事，春天很快就把雪全部溶化了。

*   *   *

这些事态的发展促使协约国在其全神贯注的一些事物之上，又加上了另外一系列问题。《布列斯特—立陶夫斯克条约》从俄罗斯帝国割去了她全部西方省份。德国人显然想建立从俄国割出来的一连串缓冲国来保护自己东进的成果。我们看到，东面 500 公里外的地方在二十世纪又制造出了拿破仑曾计划建立的莱茵同盟的新版本。芬兰、爱沙尼亚、拉脱维亚、立陶宛、俄罗斯的波兰、乌克兰、比萨拉比亚、高加索在获胜的德国的指导下，在战败的俄国的无奈中行使自决的权利。这些国家得到自由（如果不说独立的话）应感激德国，而俄国将被剥光彼得大帝和叶卡捷琳娜征服的土地，她的领土被马刀在欧洲地图上从赫尔辛基到巴统和巴库一刀劈开。列宁与托洛茨基对此表示同意。

现在德意志帝国不见了；上述整个新体系的强大中心被摧毁了。德国投降，被解除武装，孤立无助，由战胜国处置，德国本身暂时要准确地服从战胜国发出的命令。因而上述这些国家，几乎一下子从她们的旧效忠对象，也可以说从她们的新效忠对象解放出来。几个月以来未来事态的光明前景越来越清晰。1918 年 8 月份以后中欧帝国的失败已成定局；唯一成问题的是她们失败得有多么彻底和还能拖延多久。每个国家的政府都想离开布尔什维克的俄国，除希望民族或国家的独立外，还希望坚决逃避可怕的布尔什维克革命。这些国家中每一个国家的舆论动态都情绪激昂，而且非常坚决。爱沙尼亚于 1917 年 11 月 28 日宣布独立；芬兰在 12 月 6 日宣布独立；乌克兰在 12 月 18 日宣布独立；拉脱维亚在 1918 年 1 月 12 日宣布独立；立陶宛在 1918 年 2 月 16 日宣布独立。4 月 9 日比萨拉比亚与罗马尼亚结成同盟实行自治；4 月 22 日外高加索议会宣布完全独立于它的联邦共和国，并声明它的领土不属于《布列斯特—立陶夫斯克条约》范围之内。5 月底外高加索联邦政府解散，它的构成单位独立；格鲁吉亚建成独立的民族政府；亚美尼亚全国议会在亚美尼亚掌权；鞑靼全国议会声称脱离阿塞拜疆而独立。可以说所有这些行动都是由于害怕战争结果会是德国成为欧洲最强力量的前景造成的。她们现在日益害怕布尔什维克革命，因为德国已无能为力。

因此，随着德国力量的衰落和当她突然完全崩溃时，这些国家的每一个人都把他们的希望与忠诚转向了胜利的民主国家联盟，这个联盟横跨大西洋和英吉利海峡，越过法国与意大利战线，将不可抗拒的火焰与钢铁像雪崩似的洒落在正在退缩的德、奥战线上。当最终所有 99 抵抗在一声惊人巨响中崩溃时，所有这些民族和萌芽状态的政府都以欢乐和信心聚集在胜利的西方盟国周围。

然而，这种转变的出现并非没有人反对。布尔维什克 1 月 4 日曾与法国和瑞典政府一起承认芬兰的独立，但却于 1918 年 1 月 28 日入侵芬兰，占领赫尔辛基。这次不是寻常的军队与大炮的战争。苏维埃赤卫队用暴力的办法前进，在他们前面涌现的是比物质的武器更可怕的当地共产主义的宣传队伍。芬兰历史中这两页对此有连续的记载。3 月 1 日芬兰共和国与苏维埃之间签订和平友好条约。接着在芬兰出现红色暴动。但是德国人此时作为营救者进行干涉。3 月 3 日一个德国师在冯·德·戈尔茨将军指挥下在芬兰登陆；大量的反共的芬兰人在前俄罗斯帝国禁卫队军官曼纳海姆将军率领下加入德军。苏维埃军队和当地共产党人暴动失败，4 月 13 日戈尔茨和曼纳海姆将军复克赫尔辛基。

不到 3 个月的共产党革命给舆论造成的印象一个世代也抹不掉。共产主义者从芬兰首都的撤退是仓促的；被枪决的资产者的尸体凌乱地躺在政府办公处的庭园与走廊。这些顽强不屈的北方人怒火中烧，对他们不久前的压迫采取了无情的报复。他们决心给那些人一个不会忘记的教训，要它耐久得像他们自身受到的教训一样不会忘记。于是，一场白色恐怖起而代之，肯定是血腥的。5 月 7 日被认为是芬兰内战结束的日子，但绝不是惩罚的结束，受打击的不仅是芬兰的共产党人，还有许多社会主义者和激进分子，他们也在胜利者无边际和无区别的仇恨中遭殃了。关于芬兰就说这么多。

100 　　紧连在芬兰南边的波罗的海三国——爱沙尼亚、拉脱维亚和立陶宛——发觉自己处于特别不愉快的境地，她们的东边紧靠布尔什维主义的诞生和发展地彼得格勒和喀琅施塔得；她们的西边是那些普鲁士地主的出生地和聚集之所，普鲁士地主证明自己是德意志制度的僵硬的阶级和最可怕的集体之一。在 1918 年冬季到 1919 年初夏之间，波罗的海诸国交替地受普鲁士和布尔什维克的严厉控制。停战之后，行将退役的德国兵立即恶作剧地将军事物资交给布尔什维克，后者很快占领了爱沙尼亚和拉脱维亚与立陶宛的大部分。在芬兰志愿军和美国战争物资的帮助下，爱沙尼亚于 1919 年 2 月初赶走了布尔什维克，但是拉脱维亚人和立陶宛人却没有如此成功。当这些事情正在进行时，德国人在冯·德·戈尔茨领导下组建了一支未经授权的游击队，最后人数达到 2 万，这支队伍意在赶走俄国兵，不顾和平会议可能做出的任何决定，在俄国兵马原来驻扎的地方为东普鲁士苦恼的贵族建立一个避难所。他们得到了暂时的成功，像"未注册公司"那样运用激烈和冒险的"许可证"，直到 7 月份协约国军事代表团来到。在这种情况下，爱沙尼亚、拉脱维亚和立陶宛的独立，只能在他们居民的强烈愿望和协约国与有关国家的同情之下暂时存在，就不足为奇了。

现在让我们来谈谈波兰。1917 年 3 月，如我们所见，俄国临时政府宣布波兰应是"一个通过自由军事联盟与俄国连在一起的独立国家"。在《布列斯特—立陶夫斯克条约》中托洛茨基提议波兰独立，这是条约规定的。但是在俄军中的波兰部队反对布尔什维克，在乌克兰的波兰军团很快就开始反抗俄国苏维埃人民委员部监督波兰国家事务，在莫斯科的波兰摄政会议代表也立即与苏维埃政府发生了全面冲突。一位出来解救受难中人民的强有力人物，此刻出现在政治舞台上，他就是约瑟夫·毕苏斯基。

毕苏斯基 1867 年 10 月出生在立陶宛。1863 年那里的农民起义，遭当局暴力镇压，他是在对此事件有直接回忆的农民中被养育成人的。22 岁时他与俄国革命家发生关系，被判去西伯利亚 5 年流放。1892 年他回到维尔纳，4 年后再次因煽动罪被捕，但得以逃脱。在这几年里他断断续续与鲍里斯·萨文科夫有联络，两人建立起终生的友谊。毕苏斯基在这些事件的影响下，自然把俄国看作他国家的头号敌人。1914 年大战爆发，他致力于集合一支志愿部队用以反对俄国，且以加利西亚作为他开展工作的基地，他没有和德国和奥地利作战。他对于如果同盟国在战斗中取得胜利，波兰将有什么样的命运不抱幻想。虽然他在同盟国的庇护下与俄国及其盟国作战，他一直记住古希腊的警句："爱它好像你今后将那样恨它，恨它好像你今后将那样爱它。"俄国革命改变了政治舞台，沙皇帝国不见了，毕苏斯基与中欧帝国间的固有矛盾变得明显了。1917 年 7 月底他拒绝对中欧帝国宣誓效忠。他在马格德堡被捕入狱。1918 年 1 月停战后不久他重获自由。毕苏斯基受群众爱戴，不但成为德军占领时新成立的爱国军事团体的领袖，而且被整个波兰民族奉为领袖。他前往华沙，收缴离开那里的德国兵的武器，并在举国赞同下夺取了摄政会议的全部权力。1919 年 1 月底，事实上持有独裁权力的毕苏斯基委托著名钢琴家帕杰雷夫斯基组织政府。现在波兰民族重新站起来了。被奥地利、普鲁士和俄国撕裂为三块的古老国家已经从压迫者那里解放出来，在经历了一百五十年奴役和分隔后重新结合成整体。

102

在乌克兰，布尔什维克一开始就受到分离活动的挑战。德国人曾与以哈尔科夫为中心的乌克兰政府签订单独的和约。但是在基辅的另一个乌克兰政府同情布尔什维克，对反对革命的哈尔科夫和为寻找粮食与石油而到来的德军进行武装抵抗。乌克兰人民在反德与反共和外国入侵者与当地传染病之间双重冲突中感到困惑。这种无情争吵的冲突遍布每个城市、街道、村庄和家庭，甚至个人往往说不出，在经常改变的党派偏见中他们最痛恨哪一边。

可是德军的高效率和纪律把所有这些缺乏热情的对立政治势力都稳步地推在一旁。他们使用小股素质优良的军队，很快占领了他们补给所必需的大部分地区。1918 年 3 月 13 日他们占领敖德萨；17 日占领尼古拉耶夫；4 月 8 日攻占赫尔松。28 日他们建立乌克兰的军事独裁政权，任命当地人斯科罗帕茨基将军为首脑，5 月 1 日他们占领塞瓦斯托波尔，夺得俄国黑海舰队的一部分；5 月 8 日他们占领顿河上的罗斯托夫。在攻占这些面积等于一个中等国家的、富裕肥沃的地区的战斗中，德军仅用了 5 个后备师。一切都是相对的。每个人都还记得（而且都试图忘记）德军占领比利时的情况。同样是这批德国兵，他们在作为解救者来到乌克兰后，不但被一般群众，而且被那些最恨俄国入侵者的爱国分子自动承认为是解救者。一剂共产主义的药引发了居民心中的希望，欢迎任何形式的——即使是严酷无情的——平民化的权威，自从德国"钢盔团"来到，生活再次变

103

得可以忍受了。人们只要听命，保持平静和服从，此后一切都会顺利和有效。外国士兵的铁蹄胜似兼有恶棍和狂热宗教徒特征的教士的无休止迫害[1]。

比萨拉比亚的形势很奇特，令人痛苦的方式有所不同。罗马尼亚军队余部和罗马尼亚人民中的首领分子在他们本土被征服后在俄国领

土中找到了一个庇护所，受到沙皇庇护。革命和布列斯特—立陶夫斯克谈判使他们的地位岌岌可危。罗马尼亚和比萨拉比亚间有年代久远的亲密关系，俄国与罗马尼亚自 1878 年俄、土战争以后关于这个省份又重新开始了不停的争吵。同一天（1 月 28 日）赤卫队在北方进入赫尔辛基，布尔什维克对罗马尼亚宣战。罗马尼亚人在任何条件下都不抵抗，但德国当局进行了干涉，6 个星期后签订和约。受控制和受损害的罗马尼亚正处于苦难深渊，此时突然获得了极大的满足。4 月 9 日比萨拉比亚公开宣称她将与罗马尼亚进行有自治地位的联合。德军在南俄不停地前进，苏维埃不得不满足于空洞的抗议。

停战日到来，摆在西方战胜国面前的则是无政府和混乱状态、争吵和饥荒、应承担的义务和获得机会的巨大全景。

注释：

[1] 这句动人的话出自《一旦我有一个家，马迪达日记，荣幸女士致俄国已故女皇》（*Once I had a Home, The Diary, Lady of Honour to the late Empress of Russia*）。

第六章 十四点

威尔逊总统——十四点——停战谈判——豪斯上校的说明——
10月29日的会议——劳合·乔治先生的拒绝——豪斯上校的威
胁——首相的顽强态度——协约国的保留意见——海上自由——
达成一致——法国的计划——和平的起始行动——威尔逊的使
命——拖延的危险——间隙

威尔逊总统在停战时达到了权力与声誉的顶峰。自美国参战第
三十二个月起，他赞美协约国事业正义性的程度比其他人更热烈，有
时更起劲。他精神饱满、情绪冷静地进入战争，似乎是一位不偏不倚
的法官对可怕和疯狂的争端宣布了最后的结论。他居于激烈的冲突之
上，说话严肃、直率，他具有深受大众喜爱的艺术教养，浑身充满了
肯定不会衰竭的力量，在受折磨和遭苦难的战士看来，他像是从另一
个星球派来拯救下界自由与正义的使者。他的话给予每一个协约国的
人以安慰，对制止破坏和平的各种宣传最有帮助。

战争时期各个协约国时时宣布她们的战争目标。在1918年严峻
的1月，英国和美国都找机会以最合理的词语重申她们的观点。特别
是在1月8日威尔逊总统向国会发表了演讲，其中提到了十四点，他

认为这十四点可以指引美国人走向他们渴望达到的目的。这"十四点"
措辞值得赞美，不过稍嫌含糊，主要由概括性原则组成，可以根据战
争的命运做不同程度的应用。但是它们包括两项十分明确的条件，即
重建一个独立的波兰和把阿尔萨斯—洛林归还法国。美国坚持这些极

为重要的战争目的，且要为此与德国战斗到底，这深合协约国的心意。她们都不想吹毛求疵地检查整篇演讲词，除了普遍赞同外并不感到有义务这么做。与此同时，总统的宣言在推进西方民主国家坚定团结地彻底执行战争义务和鼓励敌国人民的失败主义倾向和颠覆活动方面发挥了重要的作用。

当10月1日鲁登道夫提出德国政府应立即祈求停战的惊慌要求时，巴登的马克斯亲王就是根据这十四点在演说中讲到威尔逊总统的。威尔逊抓住了最初、也是最重要的阶段直接控制谈判的机会。他精神饱满地利用他对敌人和对协约国在地位上的优势，把整个任务及其责任都集中到自己身上。在他本人对感到绝望的敌人的诚实觉得满意之前，他拒绝把他们的呼吁向协约国转达。他以最严厉的态度对待哀求的德国人。他采取巧妙的技巧使用拖延的手法，他宣布，"为维持美国及其盟军目前的军事优势，必须有绝对令人满意的保护和保证措施"，否则就不可能停战。停战条件必须由协约国军司令官决定。在德国自行解除其全部能再次发动战争的力量以前决不能讨论和平。德国人是否完全解除了防御能力要由战胜国来辨别和判断。与敌方进行的这些谈判占用了一个月，这是整个战线进行大规模连续战斗的一个月。美国军队死伤10万人，法国、英国和意大利军队共伤亡约38万人。他们的前进一直继续着。德军的抵抗在恐惧战争和希望和平的双重压力下垮了下来。最后他们屈服于总统的踏脚凳下。

106

威尔逊在这些谈判中一直是态度强硬、手腕巧妙，以致法国和英国虽然开始时为他的一意孤行而感到吃惊，但以后就甘心把谈判工作留给他管了。即使在对敌谈判最严厉时，他那唇枪舌剑也不会有什么问题。因此在战争邻近结束的阶段，他实际上一直不单是美国的、而且也是协约国的发言人。他阐明最高原则；他促成最难成交的交易。现在我们来看看这到底是怎样一笔交易，这很重要。

当中欧帝国实际上处于瓦解和向十四点伸出绝望之手时，当这一行为变得很明显时，这些建议就突然有了高度的实用性。到10月底时，弄清楚十四点究竟是什么内容，以及我们的朋友和敌人又是怎样理解的就变得很有必要了。如果德国人不是要求停战，而是通过谈判寻求和平，同时又继续打仗，那么德国人和每个协约国对十四点的解释或许就会变为一种严密的具体的形式。可是德国人垮台非常迅速，他们只能祈求停战，在单纯的函电往返过程中便完全垮台了，最后只能屈服于使他们今后无法东山再起的条件。这种事态的发展大大超出协约国的最高期望：将由胜利者单独决定对十四点的解释，而战败者自然会从他们最希望和最宽容的意义上来解释它们。

107　　鉴于豪斯上校的先见之明，对十四点的说明由美国驻巴黎代表草拟，由总统批准。现在此文已由豪斯上校发表。这个说明是他在所有场合讲话的摘要，当然是一份适应环境的文件。

　　例如第三点规定："尽可能取消所有经济壁垒，建立所有国家间平等贸易的条件。"美国人的说明谨慎地将其解释为：这不是意在阻止关税或特殊铁路运费率或港口限制，而是要这些规定在各国间彼此保持平等。第四点规定："做出和遵守适当的保证，使国家军备降低到符合国内安全的最低点。"关于"国内安全"，说明解释指的不单是国内警察，也指保卫领土抵御入侵的武装力量。第五点规定："所有殖民地要求的自由、没有偏见和绝对公平的调整，应以严格遵守的以下原则为基础，即在决定所有这种主权问题时，有关全体人民的利益必须有与政府的公平合理要求同等的分量，政府的权利尚待决定。"对这条有清楚的说明：德国殖民地不再归还德国，不论哪个国家管理这些殖民地，都必须如"当地人的受托人"那样行事，并受国际联盟的监督。第六点规定："撤出全俄领土"和俄国具有"独立决定自己政治发展和国家政策的不受阻碍和不受窘迫的机会"。但是说明解释说，"俄国领土不是指属于前俄罗斯帝国的全部领土。"如此等等。10月29日下午法国、英国、意大利和美国代表在法国外交部开会。主要人物是克列孟梭先生、劳合·乔治先生、贝尔福先生、巴龙·桑尼诺和豪斯上校。问题是协约国应怎样回答威尔逊总统的说明。

劳合·乔治先生说,有两个密切相关的问题。首先是停战的实际条件。与它密切相关的是和平条件问题。如果对威尔逊总统与德国之间传递的照会进行仔细研究,那就可以发现,停战是在和平将以威尔逊总统演讲中的条件为基础的假设上提出的。德国人实际上是在这些条件上要求停战;因此,除非明确说一些相反的话,否则协约国势必承认威尔逊总统的和平条件。因此要考虑的第一件事是这些条件可否接受。劳合·乔治直接问豪斯上校,德国政府是否指望和平在威尔逊总统十四点及其他演讲的基础上缔结。豪斯上校说无疑是这样。劳合·乔治先生说,除非协约国清楚地表明她们的态度,否则必定将接受以这些条款为基础的和平。

克列孟梭问,威尔逊总统的条件是否曾与英国政府商议过。总统不曾与法国商议。如果从未与英国政府商议,他不知道怎样让自己承担义务。他又问英国政府是否认为自己已做出许诺。劳合·乔治先生回答说,他们尚未做出许诺,但是如果他接受停战而又不说任何相反的意见,总统无疑会认为,英国政府承认了他的条件。贝尔福先生证实了这些话。然后克列孟梭说:"我要听听十四点的内容。"

宣读第一点:

"公开的和平条约,公开缔结,在条约后面没有任何性质的私下国际谅解,而外交斡旋应一直坦率地在公众视野内进行。"

然后豪斯上校读威尔逊总统后来所做的一篇讲话的摘要,指出这不会禁止在秘密和微妙问题上的秘密会谈,只要肯公布最后结果。贝尔福先生说这一点实际上等于禁止秘密条约而不是禁止秘密商谈。

接着宣读第二点。

"在平时和在战时,在领海外公海上航行有绝对自由,只有在为了实施国际条约而采取国际行动时可以封闭整个或部分海洋。"

这一点涉及所谓的"海上自由"的问题,自然引起英国的关切。它听起来意图良好,但它用意何在?它意味着取消战时封锁权吗?我们刚从一场自由斗争中脱身,在这场斗争中封锁对于保护欧洲自由和美国权利发挥了重要作用。英国海军刚刚才粉碎了潜艇战。英国的船舰刚刚才将大部分美军运到欧洲。我们使用制海权拯救自己免遭入侵和保护我们全体人民免挨饥饿。在我们的大力援助下，我们的朋友们刚取得一个共同胜利，就在此时告诉我们，要把封锁这一伟大的保卫武器变钝、变为无用（即使不是使其破碎）肯定很难接受。今后情况不一定需要，未来的环境并不需要，或者说没有可能对交战国海上权利的整个问题做一次审核。此刻敌人的防线正被法军和英军付出生命与鲜血的可怕代价打垮，此刻英国在皇家海军的保护下正平安地走出人类最大的灾难，此刻难道我们应该在接到通知后几天或几乎几个钟头就被要求：在生死攸关，可能意味着天大干系，也可能毫无干系的问题上同意这么一个方案。

劳合·乔治先生说，他无论如何不能接受这个条款。目前是战时，如果接受我们将失去实施封锁的权力。德国垮台可以说是受封锁的结果，几乎相当于军事作战的结果……他不愿在第二款未经讨论时便建立和批准国际联盟。即使在国际联盟建立之后，他也准备讨论这一条款。他不打算与德国讨论这个问题。如果要停战，就要我们承诺这些条件，否则停战是不可能的。

克列孟梭和桑尼诺同意劳合·乔治的意见。

然后豪斯上校说，现今一切讨论最后均可以得出这样的结论，即此前与德国和奥地利的一切谈判必须一笔勾销。总统没有选择余地，只能告诉敌人，他的条件不为协约国所接受。于是出现的问题是，美国是否会不得不直接与德、奥着手处理这些问题。

克列孟梭发问，豪斯上校的意思是否暗示在美国与敌人之间将会出现单独媾和。豪斯上校说有可能导致单独媾和。这要看美国能不能同意法国、英国和意大利提出的条件。

现在我们要为美国承担巨大责任。军队仍在全面作战。即使在美国做出最大努力的这个月，每天凡死伤一个美国兵就有 4 个英、法、意士兵倒下。美国在欧洲战场上的投入是无比的少，但这里却出现了直接威胁，如果英、法、意不吞下全部十四点，不管她们可能怎样或被要求怎样，美国都将从前线撤兵，与德、奥单独媾和，听任战场陷入完全混乱之中，并使世界可悲地进入另一年的战争。这是在劳合·乔治为国效劳时对他品质的一次度量，他没有在这种无法辩解的压力前退缩。

首相回答说，英国政府不可能同意第二点。要是美国打算单独媾和，我们对此深感遗憾，可是我们将准备继续战斗。（这里克列孟梭插话说"是的"）。"我们决不能放弃将美国军队带到欧洲的这种运输力量。这就是我们为之战斗不能放弃的东西。英国不是真正的军事国家；她的主要防御力量是舰队。英国没有一个人会同意放弃使用她的舰队的权利。此外，我们的海上力量从来不粗暴滥用……除了海上航行自由的问题外，威尔逊总统的言词中没有说到有关比利时和法国财产被恣意毁坏和船舶被击沉的赔偿问题。"此外他不反对总统的十四点。他建议给总统一份答复，表示十四点必须包括赔偿；我们相信总统演讲中不会没有关于赔偿的意见，但是我们希望对这个问题有彻底的了解，我们不能接受我们所理解的对德国被授予海上自由这一点所做的说明。

豪斯上校同意，第一步由协约国政府聚集在一起，提出它们对威尔逊总统条件不同意的所在。在提到其他几点后，他说，总统条件的措辞都有十分广泛的含意。例如，拿阿尔萨斯—洛林来说，他并不是特指这个地方归还给法国，只是意指那个地方是肯定要还的。克列孟梭说，德国人对这点肯定不做这样解释。豪斯上校接着说，总统在其他场合已经说了这么多（意即说得很清楚了）。总统坚持德国必须接受他全部演说内容，而根据这个演说你们任何人都可以对德国提出几乎任何要求。对比利时和法国的赔偿肯定在第七和第八款中有所暗示，这两款说明这些国家的入侵敌人必须撤出，领土必须"恢复"。对在海上非法击沉的船舶和中立国船舶使用同一原则。

然后一致同意，协约国的保留意见应当系统地提出。

将近一个星期在紧张中过去。威尔逊总统用一份最后通牒加强豪斯上校的地位，他的代表决定把它保留着以待后用。这个文件写于 10 月 30 日，它说："我觉得有责任授权给你，你可以说我认为，如果和平的内容不包括海上自由，我不能同意参加和平谈判，因为我们宣誓要打倒的不只是普鲁士的军国主义而是每一个地方的军国主义。我也不能参加不包括国际联盟的解决办法，因为这样的一种和平在几年之内会造成无保证状态，只能带来灾难性的普遍军备竞争。我希望我不会被迫公开这个立场。"[1]

112

同时英国拟定了她的保留意见。

协约国政府仔细考虑了美国总统与德国政府之间的通信。它们宣布，具备下列的先决条件后它们愿意在总统于 1918 年 1 月 8 日向国会的致词中提出的和平条件和以后各次演说中阐明的原则上，与德国政府媾和。可是它们必须指出，关于通常叫作"海上自由"的第二款有各种不同解释，其中某些解释它们不能接受。因此当它们进入和会时必须在这个问题上保留完全的自由。"

在 1918 年 1 月 8 日总统向国会的致词里规定的和平条件中，他宣布被入侵领土除必须撤出敌军获得自由外，还必须予以恢复。协约国政府觉得，对这个规定暗示的意思不允许存在任何怀疑。它们理解为德国必须赔偿对协约国平民造成的一切损害和德国部队由陆上、海上和空中对他们财产的破坏。

意大利人有其他保留意见，他们指出现在的谈判只应用于德国，不涉及对待奥匈帝国的办法。克列孟梭同意英国的草案，它是至关重要的文件。

第三次会议于 11 月 3 日在豪斯上校的寓所召开，当时豪斯宣读威尔逊总统的一封信，信中对"海上自由"准则做了慰抚性的阐述。

"总统说，他直率和同情地认识到海洋——不论是领海还是沟通

整个帝国的海洋——对英国及其地位的必要性。他理解，海上自由是
应当予以最自由的讨论和最公允的交换意见的问题。但是总统未确知
协约国是否明确地接受海上自由的原则，她们是否只保留这个主题使
用的限度和对它的自由讨论……总统坚持第一、第二、第三和第十四
款是十四点纲领中最关键的美国条款，他不能对这四点让步。海上自
由问题只要我们事先在协约国之间取得一致，不必与德国政府讨论……
封锁是问题之一，它在这场战争的发展中已经改变，控制封锁的法律
当然必须改变。然而不存在废除封锁的危险。"

　　劳合·乔治先生说，协约国采取的方案仅供自由讨论（见第二点），
并非对美国的立场有所怀疑，美国有完全的自由进入和会并提出自己
的观点。

　　豪斯上校问，劳合·乔治先生是否不能接受海上自由的原则。首
相回答，他不能接受。"它最终与放弃封锁的思想联系在一起。他不想
限制美国政府在讨论中发表意见，他只想为英国政府取得行动自由。"
在豪斯上校再次发问是否接受这个原则时，劳合·乔治先生再次拒绝。
他说："即使他接受了，这也只不过是意味着一星期之内此地将有一个
新的首相，这位新来者肯定说他也不能接受这个原则。英国人民不愿
看到这个原则。在这个问题上，这个国家是绝对一致的。因此，他说
能够接受是没有用处的，因为他知道，他不是代表不列颠说话。"根据
豪斯上校回忆，劳合·乔治先生又一次说（是在这次会议上还是在其
他某一场合记不清楚了）："英国愿花尽她最后一个几尼以保持她的海
军优于美国或任何别的大国的海军，没有一个持不同立场的内阁官员
能继续在英国政府内供职。"[2]

　　豪斯上校然后修正了他的立场；他想要的只是"这个问题能加以
讨论的原则"。没有人能够反对这个原则。劳合·乔治先生立即回答：
"我们很愿意从当前战争过程中出现的新条件的角度来讨论海上自
由。"据豪斯回忆，实际会谈内容如下：

113

114

豪斯说："我希望你把意见写下来，我可以转呈总统。"

劳合·乔治回答："他喜欢这一类的东西吗？我们十分愿意讨论海上自由原则及其应用。"下午他在给豪斯上校的信中重申了这一观点。豪斯对此感到满意，并相当天真地向我们说，他要向总统报告外交胜利。[3]

这些问题解决后，威尔逊总统于 11 月 5 日向德国人提交协约国的备忘录——接受有保留意见的十四点——作为议和的基础，并通知他们停战条件可以从福煦元帅那里收到。由此德国人有权利宣称，他们按照威尔逊总统的十四点和其他演讲（除了因协约国的正式保留意见而需修改的那些条件外）进行投降和解除武装。可是没有给予他们任何解释的权利，他们也没有提出要求的资格。这就为胜利者留下了确实很广阔的余地，足以防止在以后岁月中引起误解和指责。

* * *

在协约国会议内部发生了尖锐的意见交换，由于十四点的许多含糊的性质，而且与十四点一起的（谈不上评论）还有总统的演讲，因此人们特别希望毫不拖延地制定出一份较为确切精密的文件。但在几个星期里什么都不可能做。屠杀必须停止。陆上与海上的停战条件正在草拟，德国现存的整个自卫军兵力在大规模投降，德国和其他战败国内部出现了极端动荡，而协约国正竭尽人性所能地庆祝胜利。当这些压倒性大事和胜利激情过去后，眼前有一件有突出重要性的事要做。那就是议和，议和立刻具有了压倒一切的重要性。

克列孟梭像往常那样有了清晰明确的计划。11 月 29 日法国驻华盛顿大使写下这些计划，以书面形式交给兰辛先生。

威尔逊总统在 12 月中旬到达巴黎以后便能使四大国自己就议

和的初步条件取得一致意见，毋须与敌人做任何讨论，只须分别对敌人实施。

实施首先从德国和保加利亚开始……

就议和的初步条件达成一致意见后，四大国代表应对参战国、中立国和敌国出席和平大会的代表权的原则取得一致意见……只有战胜的大国将参加全部会议，受邀参加的小国只参加指定为她们的特殊事务召开的会议。至于中立国和关系不大的国家，在与她们的利益有关的时候请其参加。

大会的工作任务看来应分作两个主要系列：确切地称作解决战争问题和建立国际组织。第二个问题的审查无疑要求先解决第一个问题。此外，具体问题的解决不应与一般公法条款的实施相混淆。而且，必须明确下列事实：敌人没有讨论条件的权利，条件由战胜国硬性规定；中立国在特殊情况下受邀请出席会议；由战胜国确定和平条件，而不论战胜国、中立国或敌国都将受邀参加和讨论建立国际组织的原则。

大会程序将在 12 月下半月召开的预备会议上决定……

最后，为实现能导致正义、道德和自由的伟大原则的号召，大会可以像过去有时所做的那样，在大会开幕时宣布，甚至可以在确定程序前宣布如下原则（如此可能达到非正式的一致意见）：民族自决权；少数民族权利；为使大会能最充分地进行自由审查；过去仅由某些协约国达成的所有特殊协议应停止生效；[4] 由协约国于 1914 年 8 月 1 日宣布的特有的宗主国的领土和殖民地的领土不应变动；庄严谴责一切破坏国际法和人道原则的行为；取消在停战签字后犯破坏器械罪或犯破坏国际法或反人道主义罪的敌国代表的资格。

116

毫无疑问法国的计划兼有逻辑、实际和迅速的优点。计划把所有主要问题和所有程序问题的解决，置于在战争中做出主要努力的四大

战胜国的手中；计划在过去与将来之间划一条分界线；最主要的是规定
"过去仅由某些协约国达成的所有特殊协议应停止生效"，扫除在战争
紧张时期缔结的整个秘密条件。计划把单独能够解决每件事情的四大
国聚集一起，保证四大国有绝对不受拘束的行动自由。

　　豪斯上校经深思熟虑相信，和平的第一步行动应该是尽早与德国
谈判。初步和平以法国人的建议为基础，应该不会有困难。过去经常
发觉这是一个行之有效的方法。在初步和平方案中只有主要的关键问
题需在战胜国之间取得解决，然后这几个国家就不再需要在战争期间
开会了，而是可以悠闲地展开细节上和应用上的争论。法国建议的程
序中没有任何一点会阻碍威尔逊总统努力为战败的敌人争取最仁慈的
条件（这是他性格上的一贯倾向），或者对被征服的领土做他认为从长
期看来是最好的安排。无论如何不能避免意见的严重冲突。但是这些
冲突将依它们的自然次序出现。而每一个决定将使第二个问题的处理
更加容易。在"四大国"（后来这样称呼她们）之间达成一致，是顺利
而迅速的和平必不可少的前奏。

　　可是法国的计划根本不为威尔逊先生接受。计划把威尔逊的抱负
与他想象中所描绘和平会议的景象推到了一边。威尔逊不希望与欧洲
协约国迅速达成协议；他不愿意在会议桌旁遇到协约国的领导人；在一
段长时间里，他认为自己处于世界的顶峰，可以抑制协约国，申斥德
国人和告诉人类行为守则。他自信有能力越过别国政府首脑向其人民
和议会发出呼吁，如我们业已见到的他曾暗示想要尝试一下的意愿。[5]
毫无疑问，法国制定的建议有考虑不周的地方；不少地方带有几乎是
冷酷无情的味道。它似乎将崇高的理想看成仅仅是为健全政策取得一
致的装饰品。总统了解，过度劳损的欧洲协约国特别急于为迅速解决
问题取得协议；拖延不决的程序会增加他的讨价还价的力量。因而他
和兰辛先生对法国 11 月 29 日的照会不作答复；对法国扫除秘密条约
的各项建议不予任何理会。因此，所有旧世界事务都悬而不决；不仅
各国领导人不能善意和信任地聚在一起制定最后解决办法，每个国家

117

的统治力量反而趋向加剧发展各自的观点。

法国人很快就适应了这种拖延。如果威尔逊总统来到欧洲不但惩罚德国人而且教训他们，那么他们的军队就会牢固占领莱茵河防线，不管什么时候召开的和会都会面对既成事实，这也许不会使他们后悔。英国还在大选的阵痛中，选举的结果尚未知晓。帝国战时内阁几乎天天开会并探究整个未来的和平前景。在这个空档，12月2日和3日协约国内部讨论会在伦敦开会，出席的有劳合·乔治、克列孟梭和奥兰多，豪斯因病缺席。这次会议除了讨论由停战出现的各种问题外，只决定应建立一个协约国委员会，调查和报告敌国为赔偿能支付的总数；德皇及其帮凶应由国际法庭审判；在和平会议预备程序签字之前应在巴黎或凡尔赛召开协约国内部会议，日期在威尔逊总统到达后决定。

118

在这里，虽然时间极其重要，但各种形式的力量正从胜利者那里消退，我们准备接受拖延。无疑所有这些领导人都太容易被说服，他们相信世界将无限期地在他们支配之下，他们可以在空闲时间解决世界未来的命运。这种幻想尤以威尔逊总统为甚。他此刻希望由他主持和会。当豪斯婉转地解释，只有法国人才能主持在巴黎举行的会议时，总统就表明他愿作为代表出席。总统在美国的好友强烈地劝告他不要在政治舞台上降低自己的地位。访问欧洲，与欧洲政治家私下讨论主要问题是许可的，甚至是值得向往的；但是要放弃总统地位的崇高孤立，参加漫长的和会及参加唇枪舌剑的混战，那就是牺牲坚实的优势。美国人的这种劝告开始时得到了三位欧洲国家领导人的愿望的有力支持。三位领导人想到，总统是一国元首、一位君主等级的大人物，与他们坐在一起，名义上地位相等，但具有不可否认的优越身份，因而感到有点不安。后来他们因常常听到威尔逊独断专行的性格与气派而吃惊。但是总统的愿望压倒了自己的顾问，协约国领导人逐渐理解，也许总统的失误会对他们有利。如果他选择从高台上走下来，他们怎么会受损害呢？豪斯请他们放心，说总统在个人关系上是平易近人的。总统就是这样的作风。

119   在这些讨论中和在局势的巨大压力下，11 月和 12 月不久就过去了，未到 1 月中旬，27 个国家（有的打过仗，有的在最后阶段加入胜利一方）的代表便在巴黎聚会。和会曾经采取过最麻烦的程序。这一特点也许有过报应，但是不知怎的消失了。所有一切取决于开始时英、法、意、日本和美国间的严肃讨论，在讨论中确定主要原则。在停战后最初两个月中，没有向系统讨论和平协议方向迈出一步。到 1 月初，世界焦躁不安；人人都问和会出什么事了；全体较小国家的代表已经集合在巴黎，他们发现巴黎集中了全世界的新闻记者。第二阶段或者说所有大国的全体会议迈步赶上和压倒了第一阶段。人们再也不能容忍进一步拖延了，就在那些单独有权决定一切的大国共同审查根本性问题之前，大会突然开始了。

注释：

[1] 豪斯，《论文集》，第 4 卷，第 173 页。

[2] 同上书，第 4 卷，第 190 页。

[3] 同上书，第 4 卷，第 190 页。

[4] 重点号系丘吉尔所加。

[5] 豪斯，《论文集》，第 4 卷，第 112 页。

第七章　和平会议

120

1919 年和会的状况与 1814 年举行维也纳大会时的状况差别有多么明显啊！1814 年，胜利的盟国实际上有效地掌握了整个欧洲。这些国家具有强制实施其意志的物质力量。而 1919 年，各种危险的程度都更加剧烈，而胜利者更加精疲力竭；范围很大的地区和主要人力物力都不在这些国家控制之下。1814 年，一批毕生接受政治家和外交家的训练的贵族唱主角，他们极端厌恶战争，憎恨变革，他们优雅而讲究礼节地聚集一起，商讨重建并巩固传统社会制度，经 20 年争吵之后，这种制度得到了人们的理解。在 1919 年，一些雄辩家和群众领袖在混乱的斗争中上升到了权力与胜利令人眩晕的顶峰，他们在不坚实的、摇摆的舆论平台上危险地使自己保持平稳，自称能指导人类走向更好的命运。确实，舆论在某种程度上由议会集中并加以稳定。但是它还因受新闻媒体的影响而激烈摆动。1814 年，令人欣慰的和地位得到确认的大人物们，举行了平静和考虑周全的秘密会议；而 1919 年，却出现了不安的政客间的剧烈冲突，这些人也是干练的行动家，每个人都

121 必须为自己及其党派取得胜利，慰抚着国民的是不管有无根据的害怕
与激情。

*　　*　　*

有关和平会议的文献颇多，几乎以每一种众所周知的语言出版，
有关和平本身的文献更是多得不计其数。重要的当然首推坦珀利博士
的不朽的著作。虽然坦珀利博士并不以为他可以任意发表他手头的所
有信息与文件，但他的 6 卷巨著独具重要地位，可以指导任何研究
者。在法文著作中，以 M. 塔迪厄的《关于条约的真相》(*The Truth
about the Treaty*) 最为重要，部分原因是，他是巴黎和会中的法国
工作者之一，部分原因是他发表了许多未在别处出现过的文件。M. 梅
尔梅的《第三次战争》(*Combat des Trois*) 也记录了摘自最高级会
议和四国会议的秘密会议的重要消息。意大利的作品主要是西尼奥
尔·尼蒂的 3 卷著作。斯坦纳德·贝克先生的《伍德罗·威尔逊与世
界的和解》(*Woodrow Wilson and the World Settlement*) 最早表
达了美国的观点，不久后这种观点又出现在第二部豪斯上校的论文集
中，此集由西摩先生编辑；第三部书是兰辛先生的《和平谈判》(*Peace
Negotiation*)。此外还有戴维·亨特·米尔先生编审的令人钦佩的和博
学的作品《公约的起草》(*Drafting of the Covenant*)；关于俄国方面
的有丹尼斯的《苏俄的外交政策》(*Foreign Policy of Soviet Russia*)
以及卡明先生与佩蒂特先生编写的《俄美关系》(*Russian–American
Relation*)。

斯坦纳德·贝克先生的作品与所有此类出版物截然不同，这主要
是由于他拥有大量秘密信息和他使用这些信息的与众不同的方式。威
尔逊总统在 1920 年底在巴黎时将装有他全部和会记录的两只大旅行箱
和 3 只钢箱交给这位绅士——前新闻处主任——处理。总统说："我
在巴黎把这些文件装入了旅行箱，以后甚至没有时间和精力将它们分

类或编排。"贝克先生不失时机，立即将这些宝藏呈献给世界，显示了 **122**
总统的言行和政策的威信，就维护其可尊敬的首长的目的而言，可以
得到协约国的同情和支持；可是其中有许多粗暴的批评，这肯定并非
出于上述目的。大家都认可，激励威尔逊先生行动的高尚动机、他的
值得注意的能力，他的广泛的善意和实际解决问题的敏捷性。他不但
是协约国而且是欧洲的朋友。他正视现实，不但用崇高的理想主义而
且用同情和常识逐步对现实有所认识。他在制定条约中所扮演的角色，
明显表示出最严格的忠诚和善意；他把晚年的生命与力量，自愿地尽
心奉献给了他的职责和他的国家。他值得欧洲长期怀念与同情。

　　然而，贝克先生选择描绘的荒谬的背景画，反而有碍于对总统的
英雄形象的维护。威尔逊在和会中所起的作用、他的希望、他的错误、
他的成就、他的妥协和他的失败，都有某种价值，但不能作为好莱坞
电影的布景而误导大家。在传统的电影风格中，所有明亮处光线特别
强，所有阴暗处光线特别黑，过量地使用耀眼的对比手段。贝克选择
迎合大众低级趣味的情节；生硬地要求对事实、事件和人物的处理要
符合事先的设想。为达到这个目的，他把总统描写成无瑕的捍卫美国
人民高尚理想的加拉哈圣洁骑士 [1]，后者因接触欧洲及其政治家的可
怕的腐败堕落而陷入无限苦恼。总之，贝克先生的电影故事是世上最
古老的。它不多也不少地正好是善良与邪恶、精神理念与物质欲望、
慷慨与贪婪、道德诚实与可耻阴谋、人类同情与冷酷自私的冲突。

　　那种情节肯定会使人感动，但是它几乎不代表实际发生的事情。
很难相信，在美洲繁衍生息的欧洲移民，把一切美德随身带去了美洲，**123**
把他们祖上的一切邪恶留在了欧洲；或者说居住在大西洋彼岸几个世
代就足以把一个人种改造得在道德上、文化上和人性上肯定优越于他
们在欧洲的原型。我们希望美国人的幽默感本身会对这些疑问提供必
要的纠正。看来可能的是：大西洋两岸的人都容易对他们无直接影响
的问题不感兴趣；他们经常容易规定很高原则要对方遵守；他们能严格
抗拒别人的诱惑。

不管如何我们且听斯坦纳特先生以他自己的方式讲他的故事：

在法国阿戈讷的美国步兵，在鸣放大战最后胜利大炮后三个星期零3天，美国和平巨轮——"乔治·华盛顿"号与伴随的战舰——驶离了装饰华丽、彩旗招展的纽约港，犹如一艘新的"圣马利亚"号驶上她的不寻常航程，去寻找未知的大陆，这艘巨轮宏伟地驶出纽约港口时，上空翱翔着飞机，两岸炮台轰鸣着前所未有的21响礼炮。以前从未有过一位美国总统乘船前往外国。

现代技术条件使媒体对公众的宣传范围极广，以往时代与之相比都黯然失色。看来，从来没有人所孚的众望或享受（即使是短暂的）的威信像登上"美国和平巨轮"的威尔逊总统那么崇高。但是勋章的背后铸有罪恶的标志。贝克先生曾经描写过欧洲的种种艰难正等待着总统，描写过他的高尚观点与堕落的旧外交手腕之间的悲剧性对照。他没有充分叙述留在总统身后的美国的困难。那里老亚当的难移的本性显露出顽抗的形式，党派政治的幽灵抬起它顽固不化的脑袋。但是对这些我们必须求教于其他权威著作。

霍利斯先生 [2] 对共和党的观点曾用明确的语言做了解释，虽然他的个人偏见有失公正，但无疑还是说出了广泛的美国人的看法。

在他面前的世界像是一个班级。班级的成绩使为首的教师成为王子。1918年11月国会举行选举。随着夏天行将结束，全国民主党候选人开始汇集提出的要求，希望总统给他们书面担保，保证如此表态：对总统来说，最佳计划是，在如印第安纳波利斯那样某个中西部城市发表演讲，演讲中总统应呼吁全国不要支持一党而不支持另一个党，呼吁给他一个将能支持他领导全国战争努力的国会……伯利森邮政管理局局长提出这个计划后，去得克萨斯州住了10天。到9月底他确信他的意见将被接受照办。但他回来后得知，党里的政客们背着他向威尔逊施加压力，要求总统取消在印第安纳波利斯的演讲，代之以书面呼吁支持民主党占多数的国会。伯利森发觉关于这样内容的信已经交给了报界。正如伯利森预料的那样，信被说成是对共和党人的忠诚的令人憎恶的污蔑；信的公开肯定会造成民主党的彻底失败。根据怀特先生的解释，威尔逊此时"正处于理想主义上层精神区"，因此无暇去纠正公众的印象，即认为此信是由伯利森做主发出的。

　　欧洲对这个插曲的看法并不重要，但是其后果是可怕的。给总统的战争政策以巨大爱国支持的共和党，自认为受到了"无端的和不能容忍的侮辱"。11月大选使共和党在众院占了多数，而他们原先即已在参议院掌握充分的多数。美国宪法要求所有条约均须由参议院批准。这种情况在英国人和法国人眼中似乎十分稀罕：在战争危机中威尔逊总统却不抓住机会使自己成为全国领袖，而不仅是一个党的领袖。更令人惊奇的是，面对参议院中反对党占多数的事实，他仍不竭力把参议院结合为一个整体参加条约谈判。如果总统强行这么做，共和党参议员原本不可能拒绝成为参加和会参议院代表团的一部分；相反，他们也许会高兴参加；那时威尔逊就有确实的把握使他答应的条件不会被否决。由于他坚强的党性和他的个人优越感，他拒绝了这个必不可少的事先预防措施。"美国和平巨轮"正载着这么一个人，此人不但会遭遇欧洲的道德邪恶，而且想以他新近深深冒犯过的政敌不愿意接受的形式提出解决世界问题的办法。全世界的希望都集中在他身上。在他的前面横着巴黎任性的混乱；在他的后面伏着参议院阴沉的否决。

　　然而，总统研究他的任务并不带个人的偏见。

　　"乔治·华盛顿"号在荣耀的光辉中驶入布列斯特港口前三天，总统召集一批代表开会。船上有和平委员会的两个委员——国务卿兰辛和怀特先生（豪斯上校与布利斯将军已在欧洲），而代表团

125

的庞大组织由地理学家、历史学家、经济学家等专家构成，总统依靠他们获得在未来讨论中使用的基本事实。"[3]

单独保存这次会议记录的艾赛亚·鲍曼博士写道，"说了几句意思是他很高兴与我们见面的开场白后……总统说，在和会上我们是仅有的公正无私的人，而我们要打交道的人并不代表他们自己的人民。[4]

126

这两个说法中的第一个正确与否，从事件的最后结果中能做出最正确的判断。第二个说法暴露出确确实实的误解。威尔逊总统将要见到的欧洲政治家，在维护国家权利要求上和在对战败的敌人的严厉制裁上正好代表他们自己的人民的观点与愿望。只有在他们偏离这些严厉标准，根据经验、在容忍和超脱精神的指导下设法减轻战败国的不幸时，或辜负他们自己国民的期望时，他们才不再代表和未能代表自己的人民。奥兰多在提出最极端的要求时脱离了意大利人民的愿望。直到今日还是法国的支柱、铁腕人物的克利孟梭还被全体法国人责备在捍卫他的国家上过于软弱。至于劳合·乔治，他不但得到了极大多数人的支持，实际上他还因群众提出不宽恕地惩罚罪恶的要求而感到窘迫。这些国家的领袖非但不会因凭着自己的冲动对战败的敌人提出无情的要求而受责备，相反，他们每个人还有被指责为态度不够热情的危险。每个国家的议会和新闻界都提高警惕检测其代表是否有最细微的恻隐之心或不计较的达观痕迹。甚至由绝对胜利产生的威望也不能保护他们免受无时不在的观察和怀疑。每一个战胜国都在这样高呼："我们的战士赢得了战争；让我们确保我们的政治家不丢弃和平。"这些欧洲领导人能最好地代表他们的民主政治，这方面他们与威尔逊总统有极大的不同。

那么总统的主张是什么？他保证并准备再次让美国承担为人类服务的责任。"我们没有自私的目的可图。我们不希望征服，不希望统治。我们不希求为我们自己取得赔偿，不希求为我们自愿做出的牺牲取得物质赔偿。我们仅仅是人类权利的捍卫者之一。如果各国的信念与自由能够保证人类权利的实现，人类的权利已经得到安全保证，我们就满意了。"[5] 在"乔治·华盛顿"号上，他又一次对克里尔先生说："今天，整个世界不但带着错误而且怀着希望和委曲求助于美国。饥饿者盼望我们给他们食品，无屋者期待我们给他们住房，心身俱病者指望我们给予医治。他们心中的这些期望非常热切。必须毫不拖延……可是你我都知道，这些古老的错误，目前这些不幸，不是一天之间或弹指一挥间即可纠正的。我隐约见到的前景——我全心全意地希望我错了——却是一场令人失望的悲剧。"[6]

人们的担忧得到了证实。美国民众在对世界的无私慷慨上远远达不到他们元首的期望，而协约国人民在对待敌人的严厉程度上远远超过了他们自己的领导人。总统本人在参议院和新选举的国会中都未得到多数拥护。前总统罗斯福率直地宣称，"我们的盟国和我们的敌人以及威尔逊先生本人都应了解，威尔逊先生当前已无权为美国人民说任何话了。"没有任何话比罗斯福的话更低调和更率直了，此话在大西洋两边流行着。协约国注定要自己来解决自己的事务。威尔逊总统试图为美国制定的、因此要求协约国在许多重大问题上做出让步的协议，很快被美国参议员和选民否决。经过长时间的耽搁和虚假的希望——这只会加重困难，留给欧洲的只有尽自己可能爬出这个世界性的灾难了；而在整个战争中只损失 125 000 条生命的美国，打算在接受如此赔偿的基础上解决问题，即德国通过这个或那个渠道支付赔偿的五分之四给她蹂躏过或杀害过多少男子的国家。

这样写并不是责备其人民或其领导人。这只是因为我们认识到，在人类发展的现阶段上，要在这个赔偿水平上继续进行庞大社会的交往，那么这个水平是比较低的。人民怎能知道呢？他们能通过什么渠道接受指导呢？他们怎样能形成完整的信仰呢？他们能怎样表达自己的信仰呢？模糊不清的和一般的思想——有的很刺耳,有的很高尚——天天吸引住他们。但是总的说，他们高兴战争业已停止，每个家庭最渴念的是家庭的重新团聚和重建住所、事业和原来的生活。威尔逊的想象是创立世界民主政治。可是事实上,他说得很多的"普通老百姓",尽管在战争中表现得坚决和顽强,但不知道怎样建立公正与持久的和平。他们要求"惩罚德国佬""不再有战争"和"为我们自己的国家得到点什么",但最重要的是"回家",这些才是当时群众最盛行的思想。

要是威尔逊是单纯的理想主义者或者是政党事务的政治家,他可能成功。但他试图两者兼而有之,这是他不成功的原因。他对欧洲广施慈善的许诺,但一到他自己国家的海岸上就突然住口了。他在自己的国家里做出的每一个重要决定都显示出他是一个善于计算的、厚颜的党派政治家。他对欧洲滥施良好的许愿和慷慨的同情,1918 年他若能将其十分之一应用于美国他的共和党对手身上,本来会使他成为真正的国家领导人。他的孰重孰轻的比例观念只会运用于分隔的水密舱上。在欧洲,法、德之间的分歧在他看来微不足道,是琐碎的小事,只需一点理智与慈善就很容易调和。但是美国民主党与共和党之间的分歧呢?这里存在真正的严重争吵。他不了解法国人为什么不对被他们打败的敌人较为宽容;不了解为什么美国共和党人不期望从民主党政府得到不起作用的安慰。他以同等认真的目光投在人类的命运和他的党的候选人的好运上。宁愿与海外所有国家保持和平与亲善,却不与国内共和党打交道。这是他的政见也是他的祸根,还是其他许多人的祸根。一个要做大事的人,如果既试图要拥抱整个世界的闪闪发光的慈善心,又要平民主义的尖锐党争,那是很困难的。

＊　　　＊　　　＊

据说总统及其代表团感受到的第一个震惊是遭遇协约国之间在战时签订的秘密条约。贝克先生在美妙的文章中幸灾乐祸地看待它们的不道德性质。构成他文章各章标题的有"老旧外交手腕所维护的""秘密条约""土耳其帝国是赠品""理想主义的衰落"。文章向美国公众揭露了欧洲的卑鄙并反映了他们自己的端方品格。但是让我们看一下实际发生的事情。美国进入战争后，他们的论点是，德国人代表有历史记载以来最残暴形式的军事侵略。英国与法国从 1914 年 8 月 4 日起一直与这个恶魔打仗。在 1915 年春季，意大利表示出帮助恶魔的意向。德国如获得拥有 3 500 万人口并能动员 150 万军队的国家，会是一件后果极端严重的事情。但是意大利似乎脚踩两条船；德国人正热切地在意大利人眼前表演显示德国是三国同盟的真正角色，对意大利有好处。意大利人不用去奥地利寻求特伦蒂诺，尽可去法兰西获取萨伏瓦，为什么不呢？于是开始了讨价与还价。我们可以批评意大利人，说他们的决定建立在物质利益的基础上，可是谁能责备协约国政治家强调提出的，意大利能获得以牺牲奥地利与土耳其为代价的优越有利条件呢？意大利据以站在协约国一边进入战争的《伦敦条约》体现了这样的信念，即对英、法来说，意大利的援助会招来快速的胜利，而她若进入敌方可能意味着英、法的全面失败。

对于罗马尼亚也是一样，她站到不论哪个联盟一边都有同等巨大奖品可得，她站到哪边就能使哪边获胜，她在 1916 年成为拼死作战的各国以各种形式的威胁与利诱争取的对象。这些就是协约国在精疲力竭处于危殆之中时为了获得援助而参加秘密条约的情况。

另有一系列秘密协定在协约国成员国中间订立，旨在保持诸国彼此相处协调。在 1914、1915 和 1916 年，俄国的支持至关重要。法国将流血殆尽；英国陆军刚成为战场上的主要力量。设法保持奋战中的俄国巨人的好性情，设法避免出现任何借口的离心离德，这是英、法外交的首要任务。土耳其曾得到法、英、俄提供的领土完整保证，但她联合德国人，对俄国进行无端的进攻。关于土耳其帝国的瓦解和土耳其对基督教民族及阿拉伯人统治的终结，没有人会洒同情之泪。立即对土耳其的非突厥族省份进行利益范围的划分，对协约国是必要的，是实利所在。英国放弃她几个世代的政策，同意俄罗斯在未来占有君士坦丁堡，而强调她自己在波斯和美索不达米亚的利益。法国断言她对叙利亚拥有历史权利。意大利得到保证，她的盟国决不阻止她对阿达利亚，实际上还有阿尔卑斯山脉和亚得里亚海的野心。对波斯关系的谅解多年来一直是英、俄良好关系不可或缺的基础。这些安排在假设总的胜利来到时土耳其帝国已经消失的情况下，必须重新调整。贝克先生声称所有这些协约国间的协定都代表旧世界外交固有的肆无忌惮的邪恶与实利主义。其实它们基本上完全是自我保存的突发姿态。

这些秘密条约大部分都符合威尔逊总统在十四点中定下的原则，并在最后决定中得到了他的同意。全部密约均各有特色，这些特点只有用处于胁迫之下的背景才能加以解释并给予原谅；但是贝克先生和美国代表团没有理由以崇高和审判的目光看待这些交易。如果美国在1914 年 8 月 4 日进入战争——他们以后会称此次战争是反错误与暴政的正确与正义的战争——世界本来绝不会陷入这场灾难。美国政治家不妨站在英、法、俄当事人的地位判断一下自己，能提出什么样合适的条件来获得意大利的依附。如果美国在"卢西塔尼亚"号沉没之后进入战争，他们原可以自行判断，设法阻止罗马尼亚被纳入中欧帝国轨道是多么正确。甚至美国如果在战争爆发两年后加入协约国，他们原本可以随意地与日本对中国的山东及对中国做出总的安排。一个人有权利站在岸上；但是如果他在令人痛苦难熬的长时间里使用他的这个权利，甚至不丢一根绳索给在急流中挣扎的人，而对于那个精疲力竭的、勉勉强强地一会儿抓住这块岩石一会儿抓住那块岩石的垂危的游泳者，人们应该给予某种援助，予以拯救，那么，对于岸上那个冷静的旁观者来说，尽管后来他成为忠实而热情的伙伴和勇敢的救助人，他也没有资格自封为所发生的一切事件的公正评判员，要是他及时伸出援助之手，后来的事情原本不会发生。

贝克先生创作的第一场动人电影场景，是在热情、真挚的美国代表团到达时，他突然迎面提出秘密条约这个"迷宫"问题。总统从未听说有这些秘密条约的存在。有全部国务院资料供其使用的兰辛先生也从未梦见它们。但是它们赤裸裸地和可怕地存在着，此刻仍在和会的会议桌上玷污十四点的公平设计。美国人民的道德观对此产生反感，我们能感到惊讶吗？自法蒂玛打开蓝胡子 [7] 的秘密房间以后没有什么东西产生过这么大的作用。

　　然而事实上美国政府（恕不指明哪些人）一直知道每一份秘密条约的要点，在他们参战以后的任何时候，只要发出询问便能获得每一个细节。最值得强调的是，法国政府于 1918 年 11 月 29 日在引人注目 的急件中，如我们见到的，已正式建议美国国务院，在和平谈判开始之前，所有秘密协定都立即作废。兰辛先生对这个通知未作答复。下面这些话是贝克先生代表他自己说的。他说得十分公正：

　　……在美国，人们对于这些欧洲秘密条约所知甚少，也不关心。我们的国家利益不受它们的任何影响……实际上人人皆知，当意大利站在协约国一方参战时，她曾努力达成十分现实的交易。这是战争，在战争中发生任何事情可能都是必要的……甚至专门负责收集外国事务情报的美国国务院，对这些秘密条约似乎也很不感兴趣，人们相信兰辛国务卿对它们所知极少或者一无所知……虽然一般说来，总统必定知道这些秘密协定，因为他时常严厉斥责"秘密外交"的做法，但他显然不想知道任何至关重要或全面的情况……

　　……1917 年当贝尔福先生作为英国特使来到华盛顿时，他对豪斯上校解释了某几个这种条约。但是豪斯上校说他并不特别感兴趣，因为对他来说，集中所有力量争取打赢战争似乎更为重要；他最后告诉贝尔福先生，他们是"在杀死熊之前分熊皮"。这位总统顾问就这样低估了整个事情的重要性，他认为，对这些条约耗费时间，只会干扰战争努力的彻底进行，他们相信战争才是当时最重要的考虑。他们深信，整个国家也深信，到最后我们"打败德皇"时一切都会得到妥善解决……

> ……如果说我们的外交机构对秘密条约的意义缺乏理解的背景，那么对于一般舆论又能说什么呢？盲目地受一阵战争热情的驱使，冒险进入完全陌生的场景，风中飘着的几片秘密约定的叶子，对公众舆论绝对没有什么意义……

133　　但是可以肯定，上边所有这些话全是男子汉气概的正确判断。如果为"不小心"或"不关心"所找的这些借口，对美国政府与人民能产生预期的谅解的效果的话，那么他们对协约国又能提供什么保护呢？如果美国"盲目地受一阵战争热情的驱使"而低估或忽视此种秘密协议交易的意义，能得到英国政府与人民原谅的话，那么血流成河、受战火煎熬、最亲爱的人战死、国家生存危殆的英国与法国在同样晦暗未明的情况中签订这些秘密协定，肯定是可以得到他们原谅的。

　　声称瓜分可能获得的战果与协约国为之作战的事业有实质性关系，那是愚蠢而又不公正的。当战争开始后，有许多事情超出最初争吵的原因之上，也有许多结果由此产生，这是在开始时从未想到或关心的。当美国在 1898 年对西班牙宣战时，他们没有想到占有菲律宾群岛和征服菲律宾群岛的居民；但是他们胜利后接着不可避免地或伴随地发生了这些事情。说法国与英国"为土耳其这个战利品"打仗，无异于说美国为了并吞和征服菲律宾才选择与西班牙争吵，同样都是诬陷不实之词；清除这些不实之词以正视听，也许是件好事，即使这样做可能有损斯坦纳德·贝克喜欢的电影效果。无论如何，秘密条约是存在的，有大国的承诺给予保证，上边有他们的签名，秘密条约不是基本上而是在某些重要事例上背离了十四点的宽容的简单的原则。

*　　　　　*　　　　　*

　　劳合·乔治先生和英国和平代表团在 1 月 10 日渡过英吉利海峡。与他们一起的有海军与陆军的权威人士。在他们之前去的有一大批精心选择的专家和官员，他们住满了一家巴黎最大的饭店，还是挤不下。这批人员的能力，他们掌握的历史、法律和经济学的大量知识以及他们处理事务的方法，博得了盟国和敌国观察家的尊敬。一个德国作家说，"英国专家的茫茫白色小册子数量众多，它们论述比利时的中立、莱茵问题、小国卢森堡可能的未来以及天知道的另外一些问题。在所有对手中，在指导有待改造的多灾多难的地球和解决错综复杂的事务方面，英国的集体力量最为充分，人们普遍地感觉到他们要比美国人和法国人办事更有条理和更为精确。甚至美国和法国的代表团成员被邀请就模糊的主题发表意见或做预测时，他们在调查或找寻启发时也经常请教这些小册子。"[8]

这个巨大集体的事务由一个比较小的称做战时内阁秘书处的机构给以指导，秘书处的工作在前 4 年中通过莫里斯·汉基有效的洞察力和非凡的勤奋得到了完善。这位海军军官在还是一个年轻的上尉时，就于 1912 年成为了帝国国防委员会的秘书。他曾负责编辑战争丛书，此套丛书是 1914 年英国从和平到战争整个过渡期的关键性的指导读物。他曾保管与编排最初由内阁军事委员会处理的、后来在战争及停战时期由战时内阁处理的所有大事的记录。他知道所有事情，他能处理所有事情，他认识每个人，他从不发表意见，他得到所有人的信任，最后通过总统、克列孟梭和劳合·乔治先生愿望的自然交流，他成为他们为解决和平问题的决定性的 6 个星期商谈的唯一记录人。

英国的全权代表资格得到了英国代表团的加强，这个代表团的成员包括各自治领的总理、印度代表以及四五个负责重要部的大臣，我当然就是其中的一个。这个代表团纯属咨询性质。只有当首相需要时才在巴黎集合，平时它的成员广泛地散布于其他工作岗位上。与威尔逊总统被参议院孤立形成对照，劳合·乔治的政策在重要时刻都与整个英国的领导人协商并经他们同意，从而加强了他自己的地位。这是他的参议院，他越过巴黎天空的黑暗与混乱时，一直有众多灿烂的群星拱卫在周围。在他身边有经验无比丰富、平静沉着的智士阿瑟·贝

134

135

尔福和路易斯·博塔(我们不必赘述了,对不对?)。当劳资问题出现时,巴恩斯这位老资格的工会主义者能作为一个工人说话;当首相在国际事务中需要自由主义纲领的讲解员时,斯马茨将军与罗伯特·塞西尔勋爵能会见威尔逊总统,以自己的背景所说的话会使总统吃惊和满意。当需要年轻善战的先锋国家理应按其坚定本性表达看法的时候,澳大利亚的休斯先生和新西兰的梅西先生就在身旁,加拿大的罗伯特·博登爵士就在不远处。如果要说明东方或中东的全景,有一千年历史世袭的印度土帮主和埃米尔们会在非常庄严肃穆的气氛中走出来。首相本人完全没有那种狂妄自大的反常的历史感,首相在他的同僚和那些他希望说服或调和的人们之间分配重大任务和活动;他在好运中保持谦虚,保持他完好的控制力。这样他完全适应即将来到的多折磨的环境并具备了良好的应付手段。

另一方面,他来到大会时多少也有点被新近大选的吵吵嚷嚷的粗俗行为弄得不安。紧跟在身后的标语有:"绞死德皇""搜他们的口袋""要他们付出代价";这种情况使人敏感地觉得有损他进入会场的尊严。

*　　　*　　　*

136　　　演员已到齐;舞台已搭起;观众已经叫喊着要求帷幕升起。但是配戏及其演出方法尚未确定。我们已经见到威尔逊总统拒绝了1918年11月29日最初提出的法国计划,总统主张由四五个战争中的主要伙伴国对基本要点做出初步决定,同时他十分希望召开胜利国大会,大会由他本人主持,在大会召开之前他能为人类制定较好的治理计划。他不明言不同意法国的建议,只是尽量拖延协约大国之间所有先前的商议。但是现在每个人面对面相遇了,必须立即做出切实可行的决议。总统立刻与那些大人物们进行接触,他们肯定是力量和经验与他相当、在长期持久战中竭尽全力、孤注一掷获得胜利从而保护了大国重大利益的那些人。总统关于改善旧大陆的生活方式的慷慨陈词和他对各国舆论的支持——必要时他可以越过各国自己选择的领袖——这种炽热的、有些模糊的思想，此刻不得不收起来了，代之以与克列孟梭和劳合·乔治的有时顺利有时僵持的商谈。

从 1 月 12 日开始，由五个主要大国举行会议，每国出席两位代表。这些会议的最初目的在于只决定程序和全体大会开幕式；但随着会议一天天继续下去，会议本身给人以另一种印象，因此几乎立即被称为"十国会议"。

十国会议开始时讨论的是和平大会的章程及其管理办法。威尔逊主张全体 27 个国家至少以平等地位一起开会。克列孟梭表示反对：

> 对威尔逊总统的发言，我是否应理解为任何问题，不管对法国、英国、意大利或美国多么重要，都得请洪都拉斯或古巴的代表发表他们的意见？迄今为止我一直持这样的意见，即我们业已同意五大国应就重要问题先做出决定，然后进入大会会议厅讨论如何维护和平。倘若发生新的战争，德国不会使用全部力量压在古巴或洪都拉斯身上，而是压在法国身上；它一直压在法国身上。因此我要求，我们应坚持已经提出的建议，建议的大意是，由上述的五大国代表参加会议，对重要问题做出决定，次要问题的研究在大会召开之前交给各委员会进行。

137

他得到了劳合·乔治先生的支持，显然也得到了意大利和日本的同意。兰辛认为威尔逊应该坚持。他显然是打算由总统组织小国集团，通过投票击败大国。威尔逊固有的良好判断力救了他，没做出这种蠢事。他提议的折中办法是：在大国中举行非正式会商，与所有国家全体会议同时进行。这根本不是折中。这是公认的事实：十国会议是交谈，不是协商。但是十国会议能以此而继续进行下去。这个办法顺利地通过了。

下一个问题是新闻界。不少于 500 个特派记者聚集巴黎。这些人是各国最有能力和最称职的作家，代表最有力的报纸和最大的通讯社。这些人都有强烈的历史感，都意识到了最快获得新闻的重要性。每天几万字的有线和无线电报发往全球印刷所，描写伟大的和平打算怎样缔造。除了法国报纸受到当局小心的关注外，战时新闻检查对言论的所有压制全都撤消了。全部 500 名记者以最真诚的同行友谊和最剧烈的竞争关系站在一起；他们异口同声地谈论似乎特地为他们的利益草拟的十四点中的第一点，就是"公开制定公开的和平公约"。威尔逊先生对这样应用他的理论感到严重不安。他连忙一再申明，他不曾打算让每个敏感的问题在每一阶段都在世界报纸上讨论。显然，人们必须在某个地方划一条界线，但是这样说并不产生效果。美国人每天必须得到新闻，至少有印件可读；英国人和法国人不希望只通过美国渠道得到消息。斯坦纳德·贝克先生说，重要的问题是"民主政治与外交策略有什么关系？"一方面是一亿多人的年轻美国民主政治；另一方面是鬼鬼祟祟的、但同时是顽固的、甚至是好斗的旧欧洲外交。这里有千百万年轻、健康、热情、激情的人满怀希望地在前进，在改造人。那里有狡猾、奸诈、善耍阴谋的身着高领金边服装的外交家，在聚光灯、照相机和摄影机前却步，挤作一团。多么动人的场景！帷幕升起！慢节奏的音乐奏起！舞台上响起呜咽啜泣声，过后端出巧克力糖！

"公开制定公开的和平公约！"如果这句话有什么意义的话，它肯定意味着解决战争问题必须做世界性的大争论；世界各地所有"普通老百姓"、普通的黑人和普通的白人，将有意识地和明智地参与这个重大问题的解决。可是怎样实行呢？普通人忙于他们每日的生计。他们没有时间听取所有发出的狂热的呼请和抗议。他们会听到一件又一件的事，也许都不真实，而且必定都很难理解。不过这里有高度倾向性的报刊，它们代表普通人；这里在讨论十四点中的第一点，这一点的意思是和平公约要"公开制定"。

然而奇怪的是，新闻界人士在和平时期比在战争时期干出大量更坏的事情。事实上，他们的运气有出乎意料的改变。战争开始后他们被将军们轻蔑地推向一边，不准进入战区，并遭受新闻检查制度的严格限制。不久他们就迫使将军与政治家靠后站了。战争结束时，他们出现在权力与影响的最高点。他们的心态依旧是要打碎政府和支配政策。但是战争环境过去了；随着议会与论坛的恢复，报纸和它的出版人逐渐对他们的功能有了比较合理的看法。和会给他们的讨厌的最初经历让他们明白了：十四点中没有一点适用于他们；十国会议将秘密进行。

139

*　　　*　　　*

当时多次出现的热烈争论是什么语言将成为官方语言。法国宣称法语长期以来在习惯上是外交的官方语言，法国人是大会的东道主以及法国遭受的损失比其他任何国家都大。英国连同其自治领和美国一起行动，他们说情况明摆着，他们代表 1.6 亿说英语的人民，占有大多数。没有一方同意撤销其权利要求，因此宣布两种语言都是官方语言；意大利企图获得对意大利语是第三种官方语言的承认，但没有成功。此时商谈正事的道路廓清了；1 月 18 日，和平大会第一次全体会议开幕。

现在正是时候。停战后两个多月的时间过去了。这一期间发生的大事有：英国的大选，威尔逊总统来到欧洲，法国人为空前的最大国际集会做准备，当然还没有手忙脚乱。与此同时，陆军长驱直入德国，占领莱茵河桥头堡。协约国军官和专家代表团，在崭新的征服者的权威光环中自由地通过奥地利、土耳其和保加利亚，对完全服从的全体居民颁布他们认为必要或合适的命令。法军与希腊军并肩在敖德萨登陆（这是较迟的事件）。几个英国师占领了横贯高加索的铁路，英国小舰队在莱茵河和里海航行。艾伦比的陆军实际上占领了整个叙利亚，与英属印军在美索不达米亚会师。但这些仅是军事措施，虽然在当时似乎有效果，但实际上只是掩盖了日益加深的混乱，这个混乱涉及许多被打败的庞大社会。欧洲和亚洲的大部分地区日复一日，没有什么变化。革命、动乱、人民对引导他们走向毁灭的统治者的报复、党派斗争、土匪抢劫和广大地区实际的饥荒遍及波罗的海国家、中欧和南欧、小亚细亚、阿拉伯半岛以及整个俄国，其混乱情况难以形容。这是大部分人类经历的可怕的两个月；而且看不到尽头。

但是在这些苦难后面，处处有新的非凡的希望和野心在抬头。波罗的海国家寻求独立，每个国家都拼命地争取建立某种形式的有秩序的政府。德国处于真正的革命之中。慕尼黑的一次共产党起义最终在血泊中被扑灭，此教训应永世不忘。匈牙利在贝拉·库恩的压迫下很快崩溃，一个莫斯科真菌的支系独立地在布达佩斯发芽。奥地利帝国彻底瓦解。波兰在三个帝国的废墟中再次崛起，150 年前她被这三个帝国瓜分。波希米亚在马萨里克和贝奈斯的保护下被胜利一方接收为盟国。在签订了令人难堪的《布加勒斯特条约》后，罗马尼亚社会与军队的残余，零零落落地回到自己那饱受蹂躏的国家，此刻他们正快速地侵占特兰西瓦尼亚。意大利军大量进入蒂罗尔，越过波罗的海，很快与现在自称为南斯拉夫人的凶猛、憔悴、不屈的塞尔维亚人面对面相遇。费萨尔统治下的阿拉伯人，按经过激烈争议划定的劳伦斯边界，为共同事业联成兄弟情谊，他们定居于大马士革，梦想建立从亚历山大勒塔到亚丁、从耶路撒冷到巴格达的大阿拉伯国家。宣布自己野心的不但有战胜国还有战败国，不但有不同的民族，还有不同的政党与阶级。欲望、激情、希望、复仇、饥饿和无政府主义盛行；处于同时发生的和几乎普遍的混乱中的人们，将所有目光都集中到巴黎。注视着这个不朽的城市——既有快乐也有悲哀，既有憔悴与创伤，也有得意与荣誉——此刻一半以上的人在寻找满足或救援。

注释：

[1] 中世纪传奇中不列颠国王亚瑟手下的圣洁骑士。——译者

[2] 克里斯托弗·霍利斯，《美国的异端邪说》（*The American Heresy*）。

[3] 斯坦纳德·贝克，第1卷，第9页。

[4] 戴维·亨特·米勒，《公约的起草》（*The Drafting of the Covenant*），第41页。重点号由米尔先生所加。

[5] 威尔逊，《演讲词》（*Speech*），1917年4月2日。

[6] 乔治·克里尔，《战争、世界与威尔逊》（*The War, the World and Wilson*），第163页。

[7] 法蒂玛系伊斯兰教创始人穆罕默德之女，宗教传说中的人物；蓝胡子是传说中连续杀害6个妻子的人。——译者

[8] 诺威克，《凡尔赛》（*Versailles*），第34页。

第八章　国际联盟

141

和会的过程自然地分为三个界限清楚的阶段，读者随着本文的叙述，记住这点很有好处。

第一个阶段是威尔逊时期，或者叫委员会时期或十国会议时期。这个时期历时 1 个月，从 1 月 14 日十国会议第一次开会起到 2 月 16 日威尔逊总统第一次回美国止。第二个阶段叫贝尔福阶段，当时威尔逊总统回华盛顿，劳合·乔治先生回伦敦，克列孟梭被刺客的子弹射中倒下。在这个时期里，贝尔福先生完全按照劳合·乔治先生的意见，引导委员会紧缩工作时间，一直到 3 月 8 日终止，集中全力开展缔造和平的实际工作。第三个阶段叫三人领导时期，当时主要问题由劳合·乔治、克列孟梭和威尔逊在四国会议里通过斗争解决，最后单独由三人开会决定。这三个人的领导局面历时两个多月，每天都进行了紧张的讨论，最后制定出和平的初步程序，此程序得到全体大小协约国的赞同，然后以《凡尔赛和约》、圣日耳曼条约、特里阿农条约和纳伊条约的形式提交敌国。

142

要理解和会，读者必须抓住它的程序和它如何产生的过程。11 月 29 日的符合逻辑的法国计划没有被威尔逊总统接受。然而已经有了普遍的默认的一致意见，即第一步是战胜国应单独聚会。然后由她们草拟初步和平条件，在她们反复研究订出条件后，将草拟条约联合送交敌国。法国人曾建议，英、意、日也期望，在战胜国之中由五大国领导人事先私下商议，由他们决定最重大的问题和原则，然后才允许一批小国参加讨论。但是，除了上一章提到的程序问题外，这个最为重要的并被证明是必不可少的阶段，从未合适地进行过。因为主要的大会与这种至关重要的准备性讨论同时进行，以致前者压倒了后者。1 月 18 日的第一次全体会议，整个 27 国代表出席，五个主要协约国事先没有在任何主要问题上取得一致。

当然，五大国自始至终随心所欲地决定了每一件事；没有力量能阻止她们这样做。但是这些基本事实只有在经过长期的变化无常和杂乱无章后才变得明显和举足轻重。做出的决议不是系统研究和讨论的结果，而只是当某个问题到了非解决不可的时候才决议的。从头到尾没有经过深思熟虑的先后次序，没有经过缜密思考的、从一般到特殊的递进计划。各种各样棘手的次要问题由尚未同意基本原则的国家首脑来讨论和展开争论。五大国互不信任，没有达成共识。讨论了两个月后，当时所有极为迫切的问题，仍隐藏在主要全权代表的胸中。事实上，我能肯定，直到 3 月底，在担负每件事最终决定权的劳合·乔治、克列孟梭和威尔逊总统三个人之间，也从没有倾心和坦诚地交谈过。这是威尔逊阶段和贝尔福阶段的最主要的事实。

然而，这些元首继续进行正式接触。不但经常召开十国会议进行商谈，而且这些人（或他们中的几个人）常坐在一起开最高级军事会议。[1] 这种会议在战争结束后几个月里有极大的进展。最高军事会议的开会与和平条件无关。每周都有许多紧要的实际事务发生，加重了会议的负担。例如，整个经济形势问题；停战条件的继续商讨；与俄国的关系。当时欧洲的混乱时时升到爆炸点。新建立的波兰共和国与东加利西亚人民处于战争状态；最高级军事会议必须进行干预。他们派了一个特别委员会去波兰，我们见到一列国际列车冒险旅行的壮观场面，列车有 5 节严密加以保卫的车厢，每一个车厢载着单独一个国家的代表。尽管旅途危险，国际委员会还是到达了华沙，进行了仓促调停，达成了波兰人和乌克兰人之间的某种休战协定。不久，类似的困难在特申地方出现。协约国必须进行干预，以防止波兰人与捷克斯洛伐克人之间爆发战争。4 月份他们必须再次干预匈牙利发生的包含着巨大危险的贝拉·库恩布尔什维克革命。形势的困难和危险的确到了极点。

整个大陆可能有陷入无政府状态的严重危险。每个人都转向主要协约国寻求帮助，但在许多情况下她们不能给予帮助。他们需要粮食，但是协约国本身的粮食也短缺。他们需要军事占领，但是英国人也极迫切地需要军队来维护安定，调不出许多军队，又不能冒险派遣少量特遣队去往远离大海的遥远地方。大战后发生的所有这些战争措施，在战后最初几个月里占去了主要大国的许多时间和精力。

这种双重关系对缔造和平施加了不可抗拒的影响。五大国继续不断为这件或那件争端一起工作。上午他们参加十国会议，为解决和平问题进行"交谈"；下午他们出席最高级会议做出重要的实施决议。27 国中的其余国家，根据最初通过的难以落实的决定，她们具有同等的地位，时时聚集在全体会议中，那里处于最完全的公开状态，任何重要事情都不能做。威尔逊总统不可避免地和几乎麻木地听凭这种事态的发展。他明白这种事态的发展并非由欧洲外交的邪恶性质引起，而是出于实际和自然的原因，努力反对也是徒劳。影响大小国家主要利益的迫切问题怎样能由 27 国进行公开有益的辩论呢？如果单单使用陈词滥调和阿谀奉承的话，会议会成为闹剧。如果无节制地说直言不讳的话，会议将变成熊园。即使完全由主要国家组成的秘密召开的十国会议，也终因人数过多难以操作。连同随从的专家，十国会议的出席者很少少于 50 位，他们的身份等级和地位相差悬殊。即使不算有意的泄漏，会议的机密性也大可怀疑。我们将见到，总统根据常识与事实，很快与克列孟梭和劳合·乔治紧密地在一起解决每一个极端重要的问题，商讨仅由莫里斯·汉基一人做记录，并把决议整理成确切、清晰的文字。如果在 12 月甚至在 1 月份就能举行这样的会议，那么和会的全过程本来会进行得顺利而协调，但威尔逊总统一开始就拒绝显而易见的办法。当这个办法在许多天后以后补商讨的形式回到他身边时，他表示热烈欢迎。

威尔逊总统抛出他主要政策的时刻最终来到。他宣称国际联盟必须成为和约不可缺少的组成部分，必须先于所有领土或经济问题的解决。就是要在联盟的结构上建立整个和约，所有解决办法必须与联盟的原则相协调。如果所有领导人在主要问题上达成初步谅解，如果他们知道在基本问题上彼此所持的立场，没有感到会发生十分严重的冲突，那将是值得赞美的。但是现在看来，和会将以全部精力投入人类新宪章的工作，由于没完没了的学术讨论，那时所有实际和紧迫的问题必须退出会场。

经和会全体会议同意，指定特别委员会制定国联章程。决定这个程序的十国会议的讨论记录是颇有启发性的读物。迄今，小国利益捍卫者威尔逊总统已经了解，如果允许大量小国参加联盟委员会，便会什么事也做不成。因此他力争以尽可能少的国家组成负最高责任的委员会。另一方面，克列孟梭和劳合·乔治有点挖苦地谈到最小国家的权利要求。国联将是她们的保护伞和庇护者。她们不应该参加会议？这不是为她们开辟一个有用的活动领域，不使她们忧郁地在巴黎到处闲逛地等候十国会议的决定吗？除美国以外，所有大国均对毫无进展的情况深感不安，她们的代表不得不面对国内上升的不耐烦情绪。当主要问题未获解决时，国际联盟章程的每一方面都必须警觉地加以仔细审视。代表们绝望地看到了将有耽误许多星期甚至几个月耽误的可能性。

最后指定了一个极好的委员会，委员会中包括几个小国家，但人数尚不难处理。英国两个杰出的制定政策的能手罗伯特·塞西尔 [2] 与斯马茨将军都被指定为代表。威尔逊本人决定主持会议，精力充沛的他把巨大的任务抓在了手中。

由坦珀利博士主编、外交学院赞助出版的和会历史把国际联盟的起源归因于三点。第一，负责维护和平的一些已确立的国际会议的需要；第二，为小国安全（如比利时命运所证明的）提供更全面保证的需要；第三，人们日益相信的经济合作的需要。另外还有一个论点是，2 000 万人有 4 年多时间在彼此厮杀中丧生，这个残酷的过程现在停止了，大多数人希望战争不会再次发生。

常常有人声称，国际联盟是美国人的灵感擅自强加给欧洲的办法，以防止欧洲国家的敌对倾向。事实并非如此。在战后三年里，建立联盟的思想在大部分文明国家里都开始活跃起来，在美国和英国成立了各种社团来宣传这种思想。罗伯特·塞西尔是第一个把它写成文字的英国人，他于 1916 年底写出了论述这个主题的文章。他的论证虽然必定不够成熟，虽然实际上只等于现在盟约的第十五和十六条内容的粗略草稿，但它还是成为了 1917 年建立的由菲利莫尔主持的一个委员会开展工作的基础。这个委员会制定了一个联盟法规的草案，刊印在 1918 年初在美国及其他国家政府间传播的文件中。1918 年夏季，威尔逊总统指派豪斯上校对菲利莫尔的草案进行整理加工，豪斯的修正意见于 7 月 16 日交给了总统。豪斯对原稿主要增加了对联盟会员国领土

完整与独立的明确保证，而菲利莫尔的草案仅仅满足于对仲裁协议的执行提供保证。当威尔逊修改草案时，他删除了建立国际法庭的条款，但增加了罗伯特·塞西尔曾在他先前的草稿中提倡过的大量言词，那就是破坏行为应受毁灭性力量的惩罚。

与此同时，斯马茨将军独立地于 1918 年 12 月 16 日写出了他自己的联盟草案，草案包含建立一个组织的详细建议，建议设立大会和一个委员会，还包括取消征兵和限制军备的规定，并建议实施为落后的地区或国家进行监护的委任统治制度。

关于威尔逊设立国联的贡献，他的编年史作者贝克先生说，"实际

上盟约中没有一个思想发源于总统。他与盟约的关系主要是编辑或汇编者，他选取、舍弃或编纂从不同来源来到他那儿的各种方案或建议。"

这样说丝毫没有贬低威尔逊贡献的重要性。他在自己的草案中收录了所有有用的修改意见，同时增补了一个旨在保证公平劳动时间和劳动条件的条款，以及另一个要求新建国家给少数民族以平等权利的条款。这就是 1919 年 1 月 10 日美国代表在和平会议上提出的草案，10 天之后英国代表团也对这个主题提出了英国意见的最新方案。英国与美国草案在所有的基本要点上是"意思相同"的，两国草案由代表英国的塞西尔·赫斯特爵士和代表美国的亨特·米尔先生加以合并。两个草案在 1 月后半月和 2 月初由联盟委员会进行研究和修改，最后于 2 月 14 日提交和会的全体会议。国际联盟是由大西洋两边具有同样特征的人们，公正诚挚的盎格鲁－撒克逊人构想的。

威尔逊总统把这个伟大的思想当作自己的创造，当这些日子里的所有烦恼和他自己的错误被人们遗忘时，那么人们对威尔逊的记忆便珍藏在这个新的国际机构的建立及其显示出的优势中了。英国自始至终是威尔逊的主要支持者。在我们的岛屿中，一切自由开明人士都坚持这个理想计划。其他所有思想正直的人都理解，这样的联盟可能会给英国四处分散的社会带来好处。只有持怀疑态度的人批评它。它不是好得令人难以置信吗？它不是国家军备的替代品吗？它不会在需要的时候被证明是一种幻想吧？它不会使指望它的人在未来某种大灾难中遭到毁灭吧？在有些批评者看来，当新的安全保障正在构造时，保留旧的、被证明有效的安全保障较为慎重。可是英国给予威尔逊总统的国际联盟计划的支持是全心全意的、积极的，尤其是实际的。没有这种支持总统绝难成功。很自然，世界上较小和较弱的国家会为保护她们免受大国统治或侵略的法律喝彩叫好。法国、意大利和在地球另一边的日本善意地接受了新的福音；但是她们更倾向于相信无情的现实，她们以更顽固的形式来模仿英国怀疑论者的疑虑态度。真正的反对来自美国。整个美国人民的传统一直是远离旧大陆的磨难，与旧大

陆敌对。大西洋提出 3 000 条理由，而太平洋提出 7 000 条理由来反对
涉及这些遥远的事务。从华盛顿到门罗的美利坚合众国祖辈的所有教
导，都反复重申不干涉政策。科学也许必须再进步 50 年，大洋间隔的
鸿沟才能在政治上没有意义。50 年在人类历史中不是一个长时期，可
是它远远超过了公元 1919 年建立的巴黎和会的生命。

此外，人们业已见到，威尔逊总统没有办法调和或解除他自己国
人的根深蒂固的和自然的厌恶态度。他只是作为一个党派领导人，而
不是作为国家领袖来追求统治美国和教导欧洲。他的本国基础在他脚
下破碎。虽然他抡起手臂训斥旧大陆的困惑的可敬的政府，但在国内
他却被有力的反对党无礼地拖出了讲坛。我曾会见过一些最有天才的
美国人——光芒四射的领导人物，据说他们曾经说过，"欧洲政治家
应当了解美国的宪法。你们应当懂得，没有参议院支持的总统什么都
做不成。如果你们寄希望于他个人的决定或承诺，因而尝到苦头，那
只有责怪你们自己。这种决定或承诺是无效的。"

国际联盟从一开始就对威尔逊总统的国书的实效性存有严重怀疑。
国际联盟的最高功效取决于美国参加该联盟。美国的参加增加了一个
重要的新的外部平衡因素。国际联盟会在威尔逊总统的控制之下吗？
如果不，各国的自由思想就高涨不起来，国际联盟就发挥不了作用。
另一方面,详细检查总统的国书的行文又是极其轻率的。假如,劳合·乔
治和克列孟梭向会议桌对面的总统说："你知道我们是在代表我们两国
的压倒多数群众说话。请你以你愿意的任何方法试验一下。除了你任
期届满，否则其他事情都不能剥夺你的权力，真是这样吗？你的宪法
赋予的权力是不完全的。美国参议院的意见怎样？有人告诉我们说，
你已失去对参议院和众议院的控制。你不过是一位很想改造他人的好
心哲学家，难道你还同时肩负着美国国民的信任与心怀着他们的意愿
吗？"也许美国人会被这席话深深激怒。他们也许会回答："你们曾经
很高兴得到威尔逊总统许可的我们的军队和金钱。现在你们摆脱了困
难，就藐视我们合众国的最高行政长官。不管我们属于哪个党，我们

却憎恶这种提问。认为我们会不履行我们的所有许诺，这是一种侮辱；面对这种侮辱，我们这就走。"因此没有人怀疑总统的资格。再说，尽管有一百个气恼与担心，在英国人和法国人内心还是深信，他是大西洋彼岸迄今最愿帮助欧洲的朋友。

1月22日的十国会议和1月25日的和会全体会议决定组成国际联盟委员会。2月2日委员会开始工作。可是就在此时，英国与自治领之间关于占领领土的委任统治原则，产生了严重的紧张状态。这个原则原是由斯马茨将军提出的。它的应用现在扩展到了将军未曾考虑到的界限。这个原则规定：被征服的德国殖民地或土耳其部分领土由战胜国据有，但不是作为它们自己的领土，而是在国际联盟之下受全人类委托管理，并在对待当地人是否符合所有要求这一问题上，应受正式国联监督。这个原则受到了威尔逊总统的高度欢迎。

但是斯马茨将军只打算把这个办法应用于前俄国、前土耳其或前奥匈帝国领土。他从未想到它适用于英国各自治领在战争过程中占领的地区。更没有想到它要应用于德国西南非洲，联合王国政府曾占领并有意并吞该地区。这个做法把健全的原则应用得过头了。各自治领一致认为，委任统治原则不应应用于它们占领的地方。

英国政府对获得领土不能不感兴趣。这个国家要为她的严重损失寻找某种补偿。由于长期而且是代价昂贵的战斗的结果，英军占领了巴勒斯坦、美索不达米亚、喀麦隆和德属东非。委任统治制度没有硬性规定在整个不列颠殖民帝国范围内多年未被严格遵守的条件。在各大国的所有殖民地中，英王巨大的热带自治领是唯一向所有国家的贸易开放的殖民地。所有国家的船舶都可像使用它们自己的港口一样使 用英殖民地港口，从来没有发生过任何优待英国国民的情况。至于我们对土著的待遇，我们毫不害怕公正的国际检查。正相反，我们很高兴解释和说明我们的制度。

因此劳合·乔治先生立即出面宣布，英国无保留地接受，委任统治原则在英国海军和陆军从土耳其人或德国人那里夺来的全部领土上实施。然而我们不能代表自治领说话。澳大利亚、新西兰、南非对我们来说是宝贵的实体，我们不能与她们分开，但我们也不能控制她们。当然国王是至高无上的。决定领土的割让或并吞像决定和平或战争一样，权力属于国王。但除非是犯了无法形容的错误，否则哪一个首相会对一个亲爱的家庭成员行使这种抽象的和几乎神秘的职能呢？澳大利亚占领了新几内亚；新西兰占领了萨摩亚；联合王国占领了德属西南非洲。这三国没有放弃这三地的意思，也不应当强迫这三国放弃。把这些情况说成是，"把这些社会像外交游戏中的棋子那样推到这里和那里"，那是一种语言的滥用。这些稀疏地居住着原始人种的地方，是崭新的不值得想望的殖民地中的一部分，英国在19世纪是乐意见到它们归属于力量逐渐增强的德国的。其中每一处对每个遥远的自治领来说，都是对自己的门罗主义的损害；而且发觉每一处都是一个威胁，是不久前的冲突中流血的原因。这三国已经占领这些地方；她们不愿放弃这三地。但是她们的所有权证书并非依靠武力征服。她们在共同事业中的牺牲显示了自己的圣洁。这三个自治领人口加在一起还不到美国白人的十二分之一，他们在欧洲战场上——那里离他们的家乡分别为6 000英里、11 000英里和12 000英里——为美国的事业、也是为她自己的事业，损失了几乎与美国损失的一样多的生命。不管发生什么情况，我们都不能与她们争吵。

152　　　于是，1月23日，劳合·乔治先生将加拿大、澳大利亚、新西兰和南非的总理介绍给十国会议。他们站在那里，装备着民主政治、对战争所做的贡献和年轻的民族主义的全副盔甲。博登身后有地域辽阔的加拿大（法国的与英国的）；新西兰的梅西，在与共同事业有关的一切问题上，既无畏又完美无缺；充满生机的澳大利亚工党总理休斯；著名的和粗壮的博塔；哲学家风度的、令人信服的天才斯马茨。他们站在那里，和他们站在一起的不但是现代，而且还有未来。这些人物和他们所代表的力量不容轻易地置之一边。他们不是英格兰乔治第三；他们不是口齿伶俐的欧洲外交家；他们不是愚昧无知的旧世界贵族！他们是清教徒的前辈移民，他们有清晰的口才和无边无际的可耕种的土地。威尔逊不是不为他们的特色所感动。无论如何这不是他横渡大西洋来申斥的对象。但是他有他的事业要捍卫；而这个事业是伟大的。

随后发生了时起时伏的争吵。澳大利亚、新西兰和南非说，她们想要保留她们从德国人那里得来的殖民地；加拿大说，她支持她们的要求。总统说，"休斯先生，你的意思是，在某些情况下澳大利亚愿意使自己站在整个文明世界意见的对立面吗？"休斯先生耳朵很聋，有一个机枪似的工具安放在桌子上，通过它他能听到他想听的一切；对于这句挑战性的话，他冷冰冰地回答，"大概是这样，总统先生。"处于舞台后面的博登和博塔的政治家才能最后引导自治领领导人同意，以委任统治的名义掩盖了他们对这些地方的主权，威尔逊先生乐意地接受了这个办法。

这场争论对克列孟梭来说十分得意；他第一次听到别人以无拘束的坦率来表达他内心的感觉。他对休斯先生面露笑容，并以无法掩饰的喜悦来加强他的每一句话。他此前曾对劳合·乔治先生说，"你随身带着野蛮人。"；对澳大利亚人他说，"休斯先生，我曾听说你在早年是个食人者。"英联邦总理说，"总统先生，相信我，这是极大的夸张。" 153
那一天的会议是十国会议进程中的一件大事。

十国会议现在进入了委员会时期，这是必不可少的，但又是难以确定会议长度的。这里有至关重要的问题，也有真正的分歧。但首先让我们弄清事实。和会根据需要指定过各种委员会。在这个或那个时候一共建立了58个委员会来查明每件事情的真相；使世界的主人——如果还有主人的话——能够明智地、公正地和过得去地决定怎样重新绘制世界地图和应该怎样分配已经大大减少的世界财富。在这方面最有效的步骤也许是建立最高经济会议的执行部门，后来运粮食去奥地利和所有此类事务全指定由它经办。这样就消除了维也纳和其他地方大量人饿死的大灾难，否则灾难即将临头。但是除了这个重要的执行机构外，每一领域还都建立了委员会，为和平条约准备建议。它们是财政筹备委员会；经济条款委员会；赔偿委员会；惩罚战犯和绞死德皇委员会；领土问题委员会；波兰、罗马尼亚、捷克斯洛伐克、南斯拉夫的委员会；土耳其和阿拉伯半岛未来委员会；非洲和亚洲以及太平洋群岛委员会。全部大大小小 58 个委员会，不管明智与否各有目标。

即使在叙述中要冒令某些人失望的危险，但在目前阶段，在这批主题中我略去一些较不重要的部分不予谈论，会方便行文。

＊　　　＊　　　＊

我们已经知道，劳合·乔治先生对报纸和群众的要求——在"要德国人付出代价"的问题上使用最强硬的语言——已经让步到什么程度；以及他怎样努力做到这一点，同时又要使用"如果"和"但是"

154 来尽可能保护自己。例如，实际上他这样说，"他们应付出最后一个铜板——如果他们能这样做而又不延缓世界经济的复苏。"或者说，"他们应付出尽可能大的数目——但是尽可能大的数目是多少必须由财政专家来确定。"当大选过去时，我曾询问首相，他将怎样满足公众的期望，叫德国对战争所造成的所有破坏做出赔偿。当时他回答："一切必须由一个协约国成员国委员会来解决。我们将使能找到的最有能力的人进入这个委员会，这些人应该与政治或竞选没有任何关系；由他们冷静和科学地审核整个问题，向我们报告可能的办法。"现在时间已经来到，首相选择了澳大利亚总理休斯先生；英格兰银行董事坎利夫勋爵；一位最有能力的司法权威萨姆纳勋爵；以及我们可以遣派的几个法律界英才。

可以预期协约国成员国委员会连同它的强有力的美国代表，将压低选举的吵闹声和流行报纸哗众取宠的空话，做切合实际的事情。可是赔偿委员会一直达不成一致意见。坎利夫勋爵的评估敌国支付能力的委员会专门小组，在 4 月份报告中指出，要素波动太大，无法进行预测。但是巨大的数字仍旧继续在权威圈子里占上风。美国的一个代表拉蒙特先生在一篇发表的文章里说，根据某些重要文件，他估计应付总数高达 75 亿，法国人要求 100 亿，而英国人要求得到不少于 120 亿。首相任何时候都不想得到这个庞大数字，只是想得到经最高权威证明的合理数字，这个数字他认为国家是急需的。他几次与英国代表进行半正式的谈话，结果使他觉得烦恼。他们一直极端乐观地谈论德国的支付能力；没有一次提到低于 80 亿英镑的数字。3 月 6 日他正式征求他们的意见，要他们提出"假设即使和平谈判破裂也要坚持"的一个数字，他们答应于 3 月 17 日分别报告。但是关于这个报告没有记录保存下来。神谕不可获得；困惑的首相只能自己来挑选担子了，要么提出还不能得到权威论证的低数字，从而激怒公众，要么提出他的直觉与理性使他深信的决不可能得到的高数字。就这样，协约国和毗邻伙伴国未能确定德国的赔偿数字。

其他各委员会致力于和约的经济条款，条约的全部章节充满了确保协约国商业将先于敌国重新开展的规定，大部分是临时性的。这个独立的工作从来不曾与财政条款发生关系。因而条约草案在强加给德国的同时就是一个未具体说明的无限的责任，而且想象得到的支付办法具有各种障碍。凯恩斯先生是一个具有高度洞察力和智力而且没有不适当的爱国偏见的人，他是英国派往巴黎参加和会的工作班子的成员之一。他富有实际工作的知识，反对许多人提出的荒谬目标，更反对达到这个目标的恶劣方法。特别是在一本使美国获得巨大名气的书中 [3]，揭发和谴责了"迦太基式和平条约"。凯恩斯用连续几章无可辩驳的、判断正确的文字，指出了财政和经济条款的不公正性质。在所有这些问题上，他的见解都是正确的。他对庄严制定的经济条款的不公正性质以及对和平条约的整个结构一并愤慨地加以谴责。他在经济方面的论断是无可辩驳的；但是在别的方面，在问题的更重要一面，他的判断并不比其他许多人高明。事实证明，凯恩斯对《凡尔赛和约》的看法，就他所熟悉的特殊方面说，证明有道理的，大大地影响了英国和美国对全面解决问题的方法的判断。但是，对于希望理解实际发生的事情的那些人来说极为重要的是，《凡尔赛和约》的经济方面与一般方面应该整个划分开来。

当劳合·乔治在和会期间因经济和财政条款受到指责和挖苦时，他习惯于作如下回答："期望曾受如此沉重苦难的人民恢复他们的清醒理智在此刻尚为时太早。和约上写上德国的赔款额又有什么关系？如果拿不出这么多，最多也就是希望落空。我们必须使广大民众的观点受到重视，因为他们忍受了如此可怕的伤害。但是我们将在和约中插入一些条款，规定几年过去后就修改这些条款。现在就为此发愁没有好处；我们必须让他们全都平静下来。现在我正试图做的是在和约正文中插入修改的机制。"

这样做可能不够高尚，但是它几乎就是行将实行的办法。"迦太基式和平条约"的主要经济条款，不是废弃就是根据和约中的规定机制修改了；事实上，道威斯协定要求德国的赔款不超过 20 至 25 亿。这个数字就是高明的英国财政部在第一次向他征求意见时提出的一个合理数字。

*　　*　　*

另一个委员会开展惩治战犯的工作。战争中发生了恐怖的行为，当战争激烈进行时，几百万人的战斗怒火因这些行为的口头流传而更加旺盛。现在胜利者因自己所处的地位可以写下自己对这些恐怖事件的看法了。当然对敌方军人处以死刑和有组织的"暴行"，与实际战争中自发的或无法控制的暴行显然不同，但情况对德国人不利。他们在整个战争中一直站在被占领的土地上。协约国艰难地保卫自己受入侵的领土。德国有 4 年之久统治着遭受苦难的人民。英国人认为，处决伊迪丝·卡维尔，尤其是处决弗里埃特船长是犯罪，有人应对此负严格责任。然而法国与比利时有很长的和骇人听闻的控诉要提出。敌军列兵、军士、上尉犯下了上千件暴行，有的是将军下令干的，在他们背后排列着大量证人。海上也有恐怖的故事——不是完全单方面的，这里还有德国的潜艇战——被他们发现的商船被击沉了；"卢西塔尼亚"号客轮上有一些军火，但还有 40 个婴儿；医院派出的船只搭载的是无助的、神经崩溃的伤员和忠实的护士，却沉没在冰冷的海中。某些施加于海员的凶狠残忍的行为，是在任何报复行为中都找不到可与之相提并论的例子的。

保加利亚人在塞尔维亚的所作所为激起了调查人员无比的愤怒。至于土耳其人的暴行：他们叫库特军备部队齐步走，直到大部分人倒毙；屠杀无数手无寸铁的亚美尼亚人，不分男女老幼，用一项有计划的大屠杀把整个地区的生灵全部毁灭——这些是人类无法洗雪的耻辱。

比利时、法国与英国提出情绪激烈的要求，凡违反人类设法建立和维护的战争法的某些明确行为，其责任应追究到个人。没有人能否认这样做是正义的。但是怎样付诸实施呢？潜艇上尉可以提出他是奉上级的命令；他必须用生命服从这些命令。医疗船应不应被击沉是政府的问题，海军上尉只能遵命去做。交战国军事法庭下达的不论任何惩处都必须随即执行。至于驻军地区的暴行，可能指出职低位卑的人做了坏事；但是他们说他们没有做；或者换句话说，他们的军官叫他们这么做。有好多军官说，他们没有叫士兵这么做。或者他们只有在被发现时才会承认。或者用第三种方式，他们能把这些事情，与他们看到对方对他们所做的其他事情相提并论，而关于那些事情他们不乏证据。

158

和会指定了一个委员会对这些问题进行查究。材料充分，但由谁承担责任？上尉下令这个排开排炮。他是从军事长官那里得到命令的。军事长官则是根据当局给予他的任务行动。某军的司令能说他服从集团军的命令，集团军却只是大本营的服务工具。首先是受德国人民支持的德国政府，顶峰处是皇帝。根据逻辑，委员会应爬登这个阶梯。他们怎能为应由将军负责的行动谴责上士或上尉呢？他们怎能谴责将军呢？因为将军的行动是经由政府和议会批准或至少是默许的。因此如果有任何人应受处罚，一定不是小人物而是大人物。这样，在经过几个月劳累的争论之后，草拟了一份包括所有德国最大的人物的名单：所有陆军司令；所有最著名的将军；大部分王子、亲王、王公；首先是德皇。和约的一个条文迫使德国人声称他们全部的最大人物和权贵为战犯。只要把所有这些人的名字写入战犯名单，就足以使整个事情毫无意义。

一个实际可行的办法是绞死德皇，他是"最高元首"，宪法规定他应对他的军队所做的每件事负责。许多愿望依旧关注对德皇的审判。劳合·乔治对此执意坚持。他不但为这个目标做出了承诺，还热情地为此努力。美国人对此事不感兴趣；法国人对德皇表示中度愤慨，但沉思一会儿后则给予了高兴的同意。司法军官精心研究起诉程序，可是德皇不在协约国司法管辖范围之内。他是被从法国赶出去的；他后来从德国逃走，在荷兰找到了避难所。人们正式向荷兰提出引渡或交出德皇的要求。劳合·乔治先生在《凡尔赛和约》签字后处于他胜利的高峰，他通知议会，德皇将由国际法庭在伦敦加以审判。后来发生的事情原本可以预见。陆军元帅冯·兴登堡宣布，他为1916年起德军的全部行动承担全部个人责任，并愿意出庭受审。德皇的所有儿子由艾特尔·弗里茨执笔写信，愿自己集体代父受罚。在荷兰多伦的德国流亡者见到，他们面前是一个受磨难的国王，但却是几乎没有寻常的身体不适的国王。历史上几乎没有一个时候，一个受磨难者能得到如此之高的奖励。

然而荷兰人是一个固执的民族，更重要的是荷兰是一个小国。在和会期间，小国家很时尚。"英勇的比利时王国"赶走了敌人，得到了赔偿并受到祝贺。刚刚打过的战争就是要确保小国家有反对大国的合法权利，这一点也许是以后几个世代中持久的事实。荷兰拒绝交出德皇。

当然荷兰又不会受到所有战胜国武装暴力的攻击，是不是旧世界秘密外交的隐蔽阴谋曾给荷兰政府以某种保证呢？人们永远也不可能查明真相。劳合·乔治先生真正发怒了，但此时在英国负责人士中他是孤立的。因此战胜国屈从于荷兰的拒绝引渡，德皇一直住在荷兰。

＊　　　＊　　　＊

至此，我们已读了许多在和会中谈得很多的问题。但是除了成立国际联盟、处理德国殖民地之外，没有一件触及实质性的重要问题，其余问题在比较短的时间里自行消散。许多人回忆起他们曾对这些问题感觉多么强烈，多么吃惊。美国的理想主义明显是在与英国和欧洲的邪恶打交道。关于德国人应付出多少代价的荒谬念头现在包含在条款中，这些条款将永远不会实施，这些条款实际上受到了其他条款永远不使其实施的保护。战犯们在德国最著名战士的保护下找到了避难所，而荷兰人不因劳合·乔治的要求而抛弃德皇，让其受绞刑。如此算是清理了"堆满累赘琐物的场所"，于是我们可以自由地着手探讨民族与领土、欧洲力量均衡和世界国家的基础这些中心问题了。这些问题支配着未来，目前住在小屋或茅屋里的白、棕、红、黑或黄各色人种家庭，会在某一天发现，自己直接地和十分不愉快地受到了它们的影响。

160

与此同时，怒气在所有国家中升起。英国公众要求知道和约什么时候签订，德国将多快支付赔偿以及关于德皇将发生什么。美国共和党用轻蔑的言词讽刺总统的改善世界的计划，尖声要求召回美国军队和收回美国借出的债款。意大利人叫嚷着要求解决他们的领土和殖民地要求。法国的愤怒与焦急沸沸扬扬，她担心自己未来的安全。此外，战败国麻木地等待着，以焦急和犹豫的心情猜测着自己的命运。

人们一直希望英国自治领接受委任统治的原则，还希望与威尔逊总统就这个问题达成一致，这两者将为实际决定边界和管辖区域扫清

161 道路。但是总统坚持说，制定和通过国联盟约应放在解决所有领土问
题的前面。十国会议受各自国家滋生的害怕和日益增加的不耐烦情绪
的鞭策，急于采取行动；2 月初发生了和会的第一次危机。劳合·乔治
先生说出了所有国家的意见，要求不再搁置实际问题。当每个人都等
待紧要问题的答案时，怎么有可能构筑这个新世界的机器呢？一个巨
大的任务摆在他们面前。制定和约是他们的任务，他们为了制定和约
而聚集在一起。如果他们不能迅速地将和约公诸于世，就是他们没有
完成任务。大家知道总统已于 2 月 14 日返美履行某些迫切的宪法义务。
在此之前怎样有可能决定国联的盟约呢？可是总统对一度表示怀疑但
现在已经释疑的听众宣布，到了那个日子一切都将解决。事实上公众
的要求已经完成。委员会受到鞭策，以非常快的速度前进。由于委员
会的不寻常努力，尤其是其中英国代表团人员所发挥的决定性作用，
国联盟约草案终于完成，并于 2 月 14 日提交全体大会。战火停止至今
已有三个月，迄今任何一个明确的、重要的、当前欧洲和平与复兴所
系的问题都没有达成一致意见。在许多地区战胜国强制执行自己决定
的力量明显在缩小。由不可抗拒的、精神困惑的民族支付的、由流血
与物质匮乏的沉重代价换得的和平，却被长时期拖延。但是这里终究
有了所有协约国给予的暂时的、但却是认真的同意。

　　许多才智之士为制定联盟盟约做出了贡献。菲利莫尔、罗伯特·塞
西尔、斯马茨和赫斯特就是永远将英国与创立国联相联结的名字。由
于制定盟约的时间很仓促再加上外界的压力，盟约不可避免地有某些
错误和不完善之处。不过这个新建筑物的基础是打在有生命力的岩石
之上的；由全世界仁慈的人们精心雕琢而成的巨大奠基石，被忠实而
162 灵巧的英国滑轮吊运到了适当的位置,这基石将永远刻有如下铭文:"由
美国总统伍德罗·威尔逊妥善而精确地放置。"谁能怀疑在这一大块花
岗石的上面和四周最后将筑起住处和宫殿呢？"所有国家的所有人们"
将怀有坚定的信心，迟早会成群结队地频繁光临那里的。

注释:

[1]"军事"这个词以后将省却。

[2]现在为切尔任德的塞西尔子爵。

[3]《和约的经济结果》(*The Economic Consequences of the Peace*)。

第九章　未完成的任务

布尔什维主义威胁要以武力来强行统治那些反对过它，且应我们的要求组织起来的人。如果在他们为我们的目的服务时，在他们承受一切风险时，我们说，"谢谢你们，我们非常感激你们，你们曾为我们的目的效劳。现在我们不再需要你们了，让布尔什维克割断你们咽喉吧"，那么我们等于是宣告：我们彻头彻尾毫无价值……（1919 年 4 月 16 日劳合·乔治在下议院的演讲）

要救俄国，要如我祈求的让她获救，必须同俄国人一起拯救俄国。只有俄国人的男儿气概、俄国人的勇气和俄国人的美德，才能拯救这个曾经强大的国家和欧洲大家庭的著名成员并促使她复兴。我们能给予这些俄国军队——我们不会忘记他们在对德战争时期，在某种程度上是响应我们的号召才最早进入战场的，现在他们正与布尔什维克政权作战——的援助只能是在志愿基础上募集的军队、军火、装备和技术服务。但是俄国必须由俄国人的努力来拯救，必须出自俄国人民的内心，必须使用他们强有力的臂膀。反对俄国布尔什维克政权的武装斗争一定能如火如荼地展开。（1919 年 2 月 19 日丘吉尔在伦敦市长官邸的演讲）

停战时的承诺——贝尔福勋爵 11 月 29 日备忘录——英军与法军的干预范围——在敖德萨的法军——在陆军部——普林基波岛——巴黎会议——我的建议——与首相的通信——布利特的

使命——形势恶化——高尔察克——西伯利亚军的前进——五大国询问高尔察克——给高尔察克的照会——他的答复——大国决定支持他——太迟了

威尔逊总统的离开以及随后在巴黎发生的插曲，提供了一个机会，让读者得以再次接触在巴黎以外悄悄存在着的萧瑟的现实。

停战和德国的垮台改变了俄国的所有价值和关系。协约国只是作战行动需要才勉强进入俄国的。可是战争业已过去。协约国军曾经努力不使德国军队得到给予俄国的大量供应品，但德国军队不复存在了。他们出发去拯救捷克军；可是捷克军已经自己救了自己。因此能使协约国军进行干预的每一个理由都消失了。

另一方面，所有协约国在物质与精神上又都曾卷入俄国的许多地区。英国的承诺在某种方式上是最认真的。12 000 名英军和 11 000 名协约国军实际上被冰封在俄国北部的摩尔曼斯克和阿尔汉格尔。不管做出什么决定，他们都必须留在那里直到明春。这些派遣部队，自然有可能遭受布尔什维克集中大部队的进攻，他们的处境不免令人担忧。宪兵上校约翰·沃德率领两个英军营加上几个从巡洋舰萨福克郡号调来的水兵，在西伯利亚心脏地区以武力和忠告支持鄂木斯克政府，发挥了引人注目的作用。新西伯利亚军正在迅速建立。这支军队单从英国就得到 10 万支步枪和 200 门大炮。大部分军人穿着英军军装。由英国管理的军校也在符拉迪沃斯托克建立起来，正在训练质量低下的 3 000 名俄国军官。在南方，在阿列克谢耶夫去世后继任司令职务的邓尼金，受到鼓励，希望在尽可能早的时间内得到协约国的帮助。在达达尼尔海峡开放和英国舰队进入黑海后，我们才能派出一个英国军事使团去新罗西斯克。根据这个使团的报告，战时内阁在 1918 年 11 月 14 日决定以武器弹药支持邓尼金；增派军官和军事设备去西伯利亚；并给予鄂木斯克政府事实上的承认。

外交大臣贝尔福勋爵在 11 月 29 日备忘录中向内阁提出了应采取

的政策。

　　他写道，这个国家在 4 年多艰苦作战以后，肯定拒绝看到，自己的军队被派遣到俄国辽阔的国土上，目的只是要在一个不再站在协约国一方交战的盟国实行政治改革。

　　我们历来主张俄国人选择自己的政府形式，我们不希望干预他们的国内事务。在基本上针对中欧帝国的作战过程中，为了有利于协约各国，我们不得不与俄国的政治和军事组织打交道，但这并不意味着，我们认为自己有任何使命，在俄国人民中建立或改组任何特殊的政治制度。

　　陛下政府一直坚持这种观点，他们在俄国的军事政策一直受这种观点的指导。但是并不能由此得出结论，认为我们完全对俄国事务不感兴趣。近来发生的事件使我们负有道义上的责任，这责任要持续到产生这种责任的原因消失。捷克斯洛伐克是我们的协约国家，我们必须尽我们所能帮助她。在俄国的东南角，在欧洲，在西伯利亚，在外高加索和外部里海，在白海和北冰洋毗邻地区，新建立的反布尔什维克行政机构在协约国军队的庇护下出现。我们有责任使它们存在，必须努力支持它们。支持工作我们能坚持多久，这种政策最后将如何发展，我们尚不能断言。这主要取决于与我们共同行动的国家采取的行动方针，共同行动的国家在可使用资源上远比我们多。对于我们来说，现阶段别无可供选择的方法，只能最有效地使用我们拥有的这些军队；在我们没有军队的地方，则供应武器和金钱；至于波罗的海各省，尽我们所能，使用我们的舰队保护刚开始形成的独立国家。这样的政策对于那些还在现场抵抗激进的布尔什维克入侵的人们而言，似乎是不充分和不完善的，但它是我们能够完成或者在目前环境中应当尝试的全部。

11 月 30 日我们在阿尔汉格尔和符拉迪沃斯托克的代表得到通知，政府建议遵守如下对俄政策的总路线：

> 暂时保持对摩尔曼斯克和阿尔汉格尔的占领；继续西伯利亚远征；努力说服捷克军留在西西伯利亚；（与 5 个英军旅一起）占领巴库—巴统铁路；用军事物资尽可能帮助在新罗西斯克的邓尼金将军；以军事物资供应波罗的海国家。

166

这是一个意义深远的计划。它不但包括现在的承诺，还增加了在高加索和南俄的新项目。关于这点必须做一些叙述。

一年以前，在 1917 年 12 月 23 日，英、法同意在巴黎召开会议，法方由克列孟梭、皮雄、福煦出席，英方出席者有米尔纳勋爵、罗伯特·塞西尔勋爵以及数名英国军事代表。会议制定了英、法在俄国南部的未来军事行动计划。这次会议考虑了支持当时在新切尔卡斯克的阿列克谢耶夫，为了便于在任何情况下作战，从地理上划分了两国作战的范围。法国军事行动在黑海以北开展，“对付敌军——德军和敌对的俄国人；英国的军事行动范围在黑海以东，打击土耳其军。”会议协议第三条规定，法军战区包括比萨拉比亚、乌克兰和克里米亚；英国战区包括哥萨克领土、高加索、亚美尼亚、格鲁吉亚和库尔德斯坦。战时内阁于 1918 年 11 月 13 日重申，他们会坚守这些限制。

然后英军在巴统登陆，迅速占领了从黑海到里海巴库的高加索铁路。在那里我们的军队发现了友好的、从整体上说是欢迎我们的、有点激动不安的人民。我们的军队沿 400 英里铁路线驻扎下来，对居民及其各级动摇不定的政府像“大哥哥”那样关心地行事，并整编了一支小舰队，确保对里海的迅速有效控制。里海比不列颠群岛大。到 1919 年 1 月底约 2 万多的英军掌握了一条世界上最长的战略铁路线。由两支在内陆海上占优势的海军力量保障沿线两侧的安全。英国政府打算利用这条铁路做些什么从未清楚地理出个头绪。在英军这块盾牌

167

后边，格鲁吉亚人、亚美尼亚人和阿塞拜疆人都有发展他们独立的存在的自由；它还防止了布尔什维克入侵土耳其（此时她完全唯命是从）、库尔德斯坦或波斯。从未发生战斗，没有生命损失；但是由于我们的兵力不断减少，我们克服了极大困难，才使这条被保护的线路大约有一年之久保持完整无损。

法军进入他们的指定范围后，遭受了灾难性的命运。停战条件规定德军立刻撤出乌克兰。这在因与同盟国交战而充满怒火的法军看来，是完全合理的，而德军本身除了遵命回家外别无希望。可是事实上，撤走德军等于从南俄撤走了保持 2 000 万或 3 000 万人民的日常生活的唯一有力、正常、有效的基础。随着一度令人憎恨和害怕的"钢盔"迅速撤出南俄的城市与市镇，赤卫队便跟踪而至，唤起了居民中的那些人——他们反对资产阶级、反对所有对德国人侵者表示友好和同情协约国事业的人，以永不满足的剥夺来庆祝他们夺得政权。

当这些可悲的事件正在进行时，法军于 12 月 20 日用约 2 个师在强大舰队的支援下在敖德萨登陆。应协约国最高会议要求，韦尼泽洛斯另率领 2 个希腊师参加，法军的力量因而增强。于是发生了战胜国与布尔什维克之间的第一次真正冲突。这场战争的胜负并非决定于寻常的战争器械。外国占领激怒了当地居民；布尔什维克得益于当地居民对外国军队的不满。他们宣传爱国主义与共产主义，其影响遍及整个乌克兰。1919 年 2 月 6 日赤卫队重新占据基辅，周围地区的人民奋起反对外国人和财主富豪。法军本身也受了共产主义宣传的影响，实际上整个舰队均反叛了。战争业已过去，他们现在为何而战？他们为什么干涉俄国事务？他们为什么不回家？他们为什么不支持俄国正在开展的运动，既然这些运动试图摧毁国家的一切权力和建立陆军士兵、水兵和工人的普遍政权？在过去所有大决战的战斗中，所使用的火药燃烧的武器几乎从不失灵，然而此刻在用它执行新任务时，它突然破碎了。法国舰队的哗变被镇压，哗变的头目被判长期监禁；可是震惊在巴黎持续不息，当局迅速终止了整个冒险任务。4 月 6 日法军撤出

敖德萨。因发生事故而按兵未动的 2 个希腊师同时撤回本国。法国一
退出，布尔什维克立即进入该市，开始第二次报复。

对这个突然插曲的简短叙述必然是不完备的。凡是在布尔什维克
与反布尔什维克的武装力量兵戎相见的时候，不论在什么地方都会重
复地、突然地并发虽各有特色的、但性质相同的混乱状态，蔓延在从
白海到黑海的广阔地带。

福煦元帅在 1 月 12 日将俄国与波兰的形势向最高军事会议提出。
他建议在停战条件中增加一条，即由德国人管理但泽—托伦铁路连同
但泽港，维持良好秩序。然后要求铁路恢复运输功能，以便有利于协
约国军的运输。他考虑组建一支相当规模的陆军，主要是美军，加上
波兰军和同意参加的俄国战俘，以保护波兰和对付布尔什维克。但是
美国军队不愿意将力量投入这种无论怎样都不合乎想望的目的。可以
肯定，没有英国军队可以使用。因而这位元帅只能依靠次要的权宜对
策，而政治家们则求助于老生常谈以摆脱困境。

169

*　　　*　　　*

1919 年 1 月 14 日我进陆军部任国务大臣，成为在上一章所述的
形势下所做出的保证和所有悲剧以及国内种种困难的继承人。到此刻
为止，我未曾参与任何种类的俄国事务，也不为任何承诺负责。我
发现自己在几乎一切问题上与帝国参谋长亨利·威尔逊爵士的看法
均保持一致。我们提议的和只要我有力量就要贯彻到底的政策，无
论如何都具有简明的优点。我们的军队在很快地缩小。英国人除莱
茵地区外再也不愿为在其他地方的军事设施提供人力与财力。英国
人是否同意在任何情况下使用为抗德战争强征的军队与任何其他人
打仗，或甚至在征服地区维持长期占领，这都大成问题。因此我们
异口同声唱一个调子：缩小你的承诺；选择你的义务；把你能够坚持
的那些事情做成功。

于是我们强烈主张以下措施：第一，结束在高加索的巴统—巴库冒险，毫不拖延地把我们的大批军队撤出危险的、由我们负责的地区；第二，与土耳其讲和，向她表示英国是她的朋友；第三，诚恳和全面地完成我们的承诺，用我们大量的剩余军火来武装和装备反布尔什维克军队，并用有专门技术的军官与教练人员训练他们的有效率的军队。自然的趋向是，我们将努力联合敌视布尔什维克的所有接壤国家，成为一个战争和外交体系，使每一方做尽可能多的事情。这些就是我们坚持执行的政策，也是我们政策的限度。

170　　　但是还有一个政策可供选择，这个政策受到了有权力者的倡导，它与上述的简单概念是竞争关系，并且互相冲突。早在 1918 年 12 月份，英政府就曾询问她的盟国和与俄国毗邻的伙伴国，对俄国能不能有利地提出某种和平建议。[1] 虽然法国人不赞成这个计划，但关于它的谣传在英国引起了强烈的抗议，[2] 劳合·乔治先生于 1919 年 1 月 16 日再次提出这个问题，建议召集莫斯科的代表和与莫斯科作战的各类将军的代表来巴黎，"以罗马帝国召集边远附庸国将军以解释自己行动理由的方式"进行协商。

威尔逊总统同意劳合·乔治先生的建议，于 1919 年 1 月 21 日做出决定，由美国起草邀请书。但是会面地点有了变化。不是原定的巴黎，而是选择在马尔马拉海中的普林基波岛。在该岛毗邻有另外一个岛，青年土耳其党人战前曾把昔日大批出没于君士坦丁堡街头的无主野犬集中移送到这个岛上。用船装运到那里的几万只野犬彼此噬食到最后全部饿死。当我在 1909 年乘朋友的游艇访问土耳其时，亲眼看到它们成群聚集在岩石海岸上。这些野犬的白色骸骨依旧铺在这个荒凉的小岛上，野犬给人的记忆令人憎恶地遍布周围地区。对于布尔什维克的同情者来说，选择这个地方召开和平会议似乎有点奇特，对于反对他们的人来说，那里似乎并非完全不适合。

2 月 4 日布尔什维克用含糊其辞的语言接受了邀请。西伯利亚和阿尔汉格尔的白色政府以及纳博科夫、萨佐诺夫与其他反布尔什维克团体的代表以蔑视的态度拒绝了邀请。与布尔什维克进行谈判的整个想法对于英国和法国的主导性舆论而言是令人厌恶的。

就是在这个阶段，我第一次在巴黎参与关于俄国的讨论。由于对阿尔汉格尔、高尔察克和邓尼金的已经答应的保证直接由我经办，我一再催促首相制定一个明确的政策。在长时间焦急的商谈中，他显得对同行的焦急有习惯性的耐心和亲切的关怀。最后他建议我去巴黎，考察一下在我们有限的行动范围内能做些什么。

2月14日，我按建议渡过英吉利海峡去执行这个使命。坐在和会的座位上，我看到了报纸上经常描写的和会开会的场景：克列孟梭担任主持人，表情严肃、满脸皱纹、一头白发，带着一顶黑色无檐便帽；坐在他对面的是福煦元帅，他十分拘谨、十分克制、庄严、杰出、讨人喜欢。两侧的华贵的椅子上坐着战胜国的代表。四周是哥白林厂制造的壁饰花毡和镜子，闪烁着金色的光辉！这是唯一一次我与威尔逊总统正式接触的场合。我将复述当时发生的事情。

那天会开得很长。谈到议程上的俄国问题时，时间已过下午7点。就在那天晚上威尔逊总统要离开巴黎，登上第一次回美旅程。他只有不多的时间吃晚饭和赶上去瑟堡的火车。他实际上已从座位上站起来准备离开会场，本来就没有合适的时间来提出一个外加的、意见不一的和令人困惑的主题。然而，由于我对俄国各条战线的直接责任，以及对目前各种残酷现实所产生的执著心情，我便站起来发出我的呼请。"我们不能在有关俄国问题上做出某种决议吗？战斗实际上在进行着。许多人被杀和受伤。我们的政策是什么？是和平还是战争？我们是要停战还是继续打下去？总统就这样前往美国，让这个问题被搁置在一边吗？在他离开期间会发生什么情况呢？在他回来之前除了那边漫无目的、无控制的流血外什么都不做吗？当然应该给一个答案。"

与我预计相反，总统和蔼可亲。他转身回到会议桌，把肘部搁在克列孟梭的座椅上，站着听取我不得不说的话。然后他坦率和简单地回答我，大意如下：俄国是一个他自认为不知道该怎样解决的问题。

对每一种方针都有最激烈的反对意见，但是迟早总得采取某种方针。他急于彻底弄清楚俄国的问题。如有必要他愿意在普林基波岛单独会见布尔什维克代表（也就是不包括民族主义的俄国人）。不过，要是在普林基波岛没有什么结果，他愿意与其他协约国一起，在他们认为对于现今仍在战场上的俄国军队来说是必要的、而且切合实际的帮助性军事措施中，尽他的一份责任。然后他离开了我们。

在我看来明显的是，不管协约国的对俄政策可能是什么，或者不管协约国可能采取什么措施，都应该建立某种中央机构来研究和共同商议这个问题。在 58 个委员会外可以加上第 59 个俄国问题委员会。

第二天，在法国外交部讨论俄国形势的特别会议上，我在得到贝尔福先生同意后提出建议：建立协约国俄国事务委员会。内设政治、经济和军事三个部门，具有在各协约国政府确立的政策限度内的执行权；在军事上要调查可以得到什么资源和如何能最好地协调这些资源，这一调查应立刻进行。

我向首相报告了讨论过程，并说：

如果普林基波岛会谈失败，可以马上向最高军事会议提出一份完整的军事计划和一份最高军事当局的意见书，以表明在我们可利用资源的限度内是否有合理的成功的前景。然后最高军事会议可以做出明确决定，是应彻底取消这个计划还是采取这个计划。

实际的建议如下：

无线电报稿

1919 年 2 月 15 日

协约国的普林基波岛建议公布至今已一月有余。布尔什维克于 6 日通过无线电作出了答复，他们紧急提议满足协约国的希望，如归还贷款，同意给予矿产森林的开采特许权，和协约大国审查俄国周边领土的最后并吞权。

协约国拒绝这个提议，认为其目的是影响协约国对俄国的干预。协约国的最大愿望是见到俄国恢复和平和在俄国广大人民群众愿望的基础上建立政府。

为这一目的，我们提出了普林基波岛建议。这个建议的要点并非要召开会议或者要求交战各方的俄军代表围着一张桌子开会。最迫切的是战事应该停止，要即刻停下来。布尔什维克政府虽然口头上接受去普林基波岛的邀请，但迄今非但不遵守停战，反而在许多地方发动攻势，目前正在几条战线上进行攻击。此外他们还在召集新的入伍兵员，并加速扩充他们的军备。

因此有必要确定一个明确的时间，在这个时间以内普林基波岛建议必须贯彻执行。除非从15日起10天内布尔什维克在所有战线的军队停止进攻，并从对方前哨线目前的阵地后撤不少于5英里距离，否则普林基波岛建议将被认为已经失效。无论如何，如果5天内收到布尔什维克政府发来的无线电报通知，说明他们已按照建议停止进攻、停止开火和撤退，如果这个通知为从不同战线来的报告所证实，协约国将向与他们对抗的军队发出相同的要求。

只有在这种情况下才能举行普林基波岛的讨论。

就审查协约国军事干预俄国的可能性
致毗邻伙伴国委员会的建议

我们预料到苏维埃政府会拒绝接受协约国的条件并继续作战，因而建议即刻建立适当机构，考虑由毗邻伙伴国与接壤独立国和俄国国内亲协约国的政府协作组成联合军事行动的实际可能性。

建议建立的机构可以采取由美、英、法、意、日政府的军事代表组成委员会的形式。这个委员会除其他工作外将执行如下任务:接触俄国、芬兰、爱沙尼亚、波兰和其他接壤国家的法定代表，以便估计这些国家和政府能提供的实际军事支持力量，并制定利用联合资源的计划。

我们已考虑到凡尔赛的现存组织在经过某些必要增补后，将适用于实现这个目的。但在这种情况下应该理解为，这些军事代表将作为他们各自国家参谋长的代言人起作用。

这个委员会应努力在 10 天内，或在某个限定时间内，以最后通牒的方式，提出自己的报告，即建议提交给俄国国内交战政府的文件。

劳合·乔治先生的观点在以下电报中有很好的阐明：

首相致菲利普·克尔先生的信

1919 年 2 月 16 日

去见丘吉尔并告诉他，我喜欢这份建议发给布尔什维克的电报。至于别的计划，我信任丘吉尔，他不会使我们承诺任何代价昂贵的工作，从而卷入兵员或金钱的大量支出。从他给我的电报看来，很像是有这种可能。我从他与我的谈话中理解到，他的全部想法是，派遣自愿去俄国的专家，加上我们能够省出来的任何装备。我还理解，我们尚未为此目的征集志愿陆军，而获得志愿人员的努力，其规模不可过大，否则会引起这个国家的反对，为了进行干预而增加的志愿军将使我们陷入沉重的经费开支。

所有这些情况务必在达成协议前明白地告诉所有其他国家。否则她们可能过多地依靠我们，或者嗣后会责骂我们没有实现我们的允诺。主要想法应当是使俄国能够自救，如果她希望这样做的话。要是她不利用机会，那么就意味着或者是她不希望从布尔什维克政权那里被拯救出来，或者是她无可救药。在俄国进行干预只有一个正当理由——俄国希望干预。倘若她希望，那么高尔

175

察克、克拉斯诺夫和邓尼金应当能唤起比布尔什维克大得多的军力。我们能为这种军队提供装备，一支装备良好的志愿兵组成的军队将很快打败布尔什维克军队，尤其是如果全部老百姓反对后者的话。

另一方面，如果俄国不支持克拉斯诺夫及其帮手，而我们使用外国军队的武力在俄国建立一个引起她的人民反感的政府，那将是对英国自由原则的侮辱。

我回答说，他的观点是要清楚地说明我们支持的有限性质。可是这样做不可能在大国之间达成一致的意见。如果威尔逊总统和劳合·乔治先生两位均到场，也许可能达到这个意义上或那个意义上的某种结论。

丘吉尔先生致首相的信

今天下午我建议建立一个军事委员会，调查有什么办法可能支持我们在对德战争中号召建立的俄军，和保护接壤国家的独立。

人们表示担心，即使建立调查军事形势的委员会也可能会泄露机密并引起惊恐。

因此贝尔福先生建议，不设立正式的委员会，但可以允许各国军事当局作非正式的会谈；不向整个和平大会提出报告，可以个别地向出席大会的各国代表提交一份非正式的和非官方的记录会谈结果的文件。

克列孟梭批评了这样的怪现象，大战中的战胜国甚至害怕将公认的对欧洲至关重要的问题，转交给自己在凡尔赛的军事顾问作研究之用，此后这项计划得到了同意。

因此你在不久的将来的某一天必定会收到包括针对俄国的某种军事意见的非正式文件。你不会承担其他任何责任……

176

在我继续留在巴黎已没有作用的情况下，我已于18日回到伦敦。我深信我建议的做法既合理又切实可行。民族主义的俄国人成功与安全的机会，在于协约国的统一支持以及协约国可采取的行动的恰当的协调一致。协约国没有很多资源可给予他们，但协约国本来至少可以通过某种可能起作用的方式帮助他们。

*　　　*　　　*

关于普林基波岛建议和有关军事与外交可能性的研究既已宣告无效，美国人就在劳合·乔治先生的同意下于 2 月 22 日指派了一位叫布利特的先生去俄国。一两个星期后他回到巴黎，口袋中装着苏维埃政府求和的建议。时机很不适宜。高尔察克的军队刚在西伯利亚获得令人注目的胜利，贝拉·库恩在匈牙利举起了他背叛共产主义的旗帜。法国人和英国人反对屈从于布尔什维克政权的愤怒趋向高潮。苏维埃对布利特先生的建议其本身当然是欺骗性的，它受到了普遍的蔑视；布利特本人因派遣他的那些人不认账而遇到了困难。

这样我们再一次落得一事无成。

首相因陆军部一再要求决定政策而恼火，报复性地要求我们对可以进行的各种选择准确估计货币成本。

丘吉尔先生致首相的信

1919 年 2 月 27 日

随信寄上英国对俄援助清单，你将看到清单内的数字是相当大的。可能遭受的批评是，它与各国的协调政策脱节，在严重消耗我们的资源的同时，它没有足够强大的能导致任何明确结果的力量做后盾。在这些冒险行动的后面没有"争取胜利的意志"。在任何时候我们都缺乏取得真正成功所必要的东西。缺乏"争取胜利的意志"这一点，如让我们的军队知道了，将影响他们的士气；让我们的俄国盟友知道了阻碍他们的组织；让我们的敌人知道了，

177

将鼓舞他们的努力。

　　关于你对陆军部没有给你提供情报的抱怨，我必须向你说明，战时内阁早已习惯直接与参谋长和别的军事当局打交道，他们和我一样知道，在俄国问题上制定精细计划和估计费用非常困难。理由在于所有要素均难以确定和军事考虑在任何时候都与未来的政策决定混杂在一起。例如，从基本问题开始，在巴黎的协约国尚未决定她们是希望与布尔什维克人作战还是希望与他们讲和。协约国停留在这两条道路的中间，对两者同样不喜欢……

两星期后。

丘吉尔先生致首相的信

1919 年 3 月 14 日

　　停战协定签字后过去 4 个月了，反布尔什维克的军队损失惨重，而且几乎是无可救药的。这不是由于布尔什维克兵力大了，虽然它是有所增加。这是由于协约国没有任何政策，或者是由于对在俄国各地进行的反布尔什维克的战斗，没有投入真正的或有效的支持。

　　普林基波建议在开始产生普遍的泄气和松弛时发挥了作用。在命令德军撤出乌克兰时没有采取任何措施阻止布尔什维克军前进，这导致这块盛产粮食的富饶土地的大部分被侵占，布尔什维克军现已接近黑海的赫尔松。在高尔察克军队中有许多不健全的迹象，如你已经注意到的，在西伯利亚战线后面出现了许多布尔什维克活动的情况，其中一处的日本军已投入十分激烈的战斗。

*　　　*　　　*

　　此时来预测一下海军上将高尔察克的命运和西伯利亚事态的变化，　178

对叙述是方便的。

高尔察克是一位40岁出头的精力充沛的人，在许多方面与海军中的科尔尼洛夫极为相像。革命爆发时他的舰队叛变，事变中他证明了他的个人勇气和旺盛的体力，临时政府曾劝他去日本避难，因为他们也许以后会需要他。临时政府垮台后，他从东方进入西伯利亚，有几个月在鄂木斯克政府担任海军部长这个奇特的职务，那个政府所在地至少离开大海1 000英里。高尔察克诚实、忠心、廉洁。他的观点和性情是专制的；但是他努力想做到开明和进步，以符合他深信是时代精神的标准。他没有从政经验，毫无能使同等美德与性格的人安全渡过革命暗礁与风暴的健全的直觉能力。他是个有才智的、值得尊敬的爱国海军将领。他不参加推翻政权的运动或阴谋，但是当时势的必需和与他接触的那些人强加给他独裁的职责时，他接受了这个任务。他宣称自己为"最高统治者"及西伯利亚哥萨克领土和奥伦堡的总司令。他说他的首要目标是"重振军队的战斗力，战胜布尔什维主义，恢复法律与秩序，以便使俄国人民不受阻挡地选择自己的政府形式"。毫无疑问，这个方案符合当时的需要。实际上，任何有力的政策都包含着从西伯利亚政府中排除反布尔什维克的社会主义者。这些辅助者在会议上只起妨碍作用，帮助无力，捣乱有劲，此后成了明确的反对者。

179 另一方面，主要的工商界、信用社团、市政机关，尤其是必不可少的军事力量，为了支持高尔察克，立刻越来越多地重新集合起来。群众怀着俄国的那种对外界的漠不关心和宿命论思想，精神沮丧。高尔察克是他们能得到的最好的人；他的方案是正确的方案；但是他既不拥有帝国独裁统治的权威，也不拥有革命的权威，他把战斗力寄托在文明社会极为普通的那些中间分子身上，是注定要失败的。

在他的指示下，现在统率约10万西伯利亚军队的盖达将军正在迅速地推进，改造了捷克军撤退后的整个战线。到1月底他们重新占有150英里宽的一个地带。在这些成功业绩的鼓舞下他们于3月1日再次发动攻势，目的是在伏尔加河一线的中部与南部取得进展，北部则通过维亚特卡和科特拉斯，在阿尔汉格尔与俄军和协约国军会合。仅仅 10 万兵力，要在 700 英里战线上前进，如果遇上剧烈抵抗是难以成功的。可是到 5 月 1 日，西伯利亚军在他们广阔的战线上在北部又挺进了 125 英里，在中部又挺进了 250 英里。在南部他们也取得了可观的成功。同时在黑海地区，俄国志愿军在邓尼金率领下与克拉斯诺夫的第 10 哥萨克军会合，成了相当可观的军事力量，它与西伯利亚军相比，在气势雄伟上不足，在团结一致上有余。这个战场出现了多得多的真正战斗，交战双方之间时时发生真正的实力较量。

这些就是 1919 年 5 月份协约国最高会议最后做出决定时的形势。

克列孟梭、劳合·乔治、威尔逊总统、奥兰多和日本代表西园寺公望于 3 月 26 日在一份给海军上将高尔察克的照会中阐明了自己的观点。这个文件非常重要，所以必须原文照录。

最高会议致海军上将高尔察克的照会　　180
1919 年 5 月 26 日

协约国与毗邻伙伴国觉得必须再次说明，它们打算采取的对俄政策的时候已经来到。

协约国与毗邻伙伴国的基本原则一直是避免干涉俄国内政。这些国家最初干涉的唯一目的是，支持在俄国的想要继续对德国暴政进行斗争和从德国统治下解放自己国家的那些力量，以及拯救捷克斯洛伐克人免遭布尔什维克军队的毒手。

自从 1918 年 11 月 11 日停战协定签字以来，捷克人在俄国各地保持着军力。价值十分可观的军火与补给品输送给与捷克人有联系的那些人。和平大会只要能邀请俄罗斯国内各交战政府的代表会见，努力为俄国带来和平与秩序，使交战政府能够设法永久解决俄国问题，和平大会即可召开。

这个建议以及后来援救俄国几百万难民的那项提议——在援救工作谈判期间暂停敌对行动，由于苏维埃政府拒绝接受，没有得到落实。

某些协约国与毗邻伙伴国政府现在要撤出军队，不再在俄国进一步投入费用，这是出于万般无奈，理由是并没有迹象表明继续干涉能早日解决问题。但这些国家，如果确信她们的援助将真正有助于俄国人民实现自由、自治与和平，她们还是准备根据此方针继续提供援助的。

协约国与毗邻伙伴国政府现在愿意正式宣布，它们的政策的目的在于恢复俄国国内的和平，和恢复其边界沿线的和平，前者要借助于一个自由选举的立宪会议，使俄国人民能重新控制自己的事务；后者则要通过国际联盟的和平仲裁，解决好有关俄国边界及其与邻国的关系的争议。

181 　　根据最近 12 个月的经验，协约国与毗邻伙伴国深信，单凭与莫斯科的苏维埃政府打交道不可能达到这些目标，因此他们打算以军火、补给品和粮食支持海军上将高尔察克及其伙伴的政府，使之被公认为全俄政府，协约国与毗邻伙伴国需要得到他们的明确保证，因为他们的政策与协约国和毗邻伙伴国有相同的目的。

本着这个目的，协约国和毗邻伙伴国想问海军上将高尔察克及其伙伴，他们是否同意以如下原则为条件，只要遵循这些条件，他们即可继续得到协约国和伙伴国的支持。

第一，他们一到达莫斯科就召集通过行使自由、保密和民主的选举权而选出的立宪会议，作为俄国的最高立法机关，俄国政府必须对它负责，或者，如果此时秩序尚未完全恢复，他们就召集 1917 年选出的制宪会议，行使职能到有可能举行新的选举为止。

第二，在他们目前控制的整个地区，他们愿意允许通过正常程序自由选举所有的自由和合法建立的自治机构，如自治政府、地方自治机构等等。

第三，他们绝不鼓励在俄国复活任何等级特权的尝试。协约国和毗邻伙伴国满意地注意到海军上将高尔察克及其伙伴所做的庄严宣言，即他们无意恢复先前的土地制度。他们认为，在解决各种国内问题时应遵守的原则必须由俄国立宪会议自由决定。但是协约国与毗邻伙伴国希望得到保证，她们准备给予帮助的那些人须赞成全体俄国公民的公民自由与宗教自由，不打算重新引进被革命破坏的政治制度。

第四，承认芬兰和波兰的独立，如果发生了俄国与这些国家间的边界和其他关系问题，而不能协商解决的话，这些问题将提交国际联盟仲裁。

第五，如果爱沙尼亚、拉脱维亚、立陶宛和高加索与外里海地区同俄国之间的关系，未能很快依协议达成解决办法，则解决办法应与国际联盟协商和合作确定，在确定前，俄国政府同意承认这些地区为自治地区，并确认它们事实上的政府与协约国和毗邻伙伴国政府之间可能存在的关系。

第六，承认和平大会有权决定比萨拉比亚地区归罗马尼亚所属的部分的未来。

第七，当俄国政府在民主基础上建立起来时，俄国就应立即加入国际联盟，并在全世界限制军备和军事组织方面与其他成员国合作。

最后，关于俄国国债，他们遵守1918年11月27日海军上将高尔察克所做的声明。

协约国和毗邻伙伴国希望尽快得知，海军上将高尔察克及其伙伴的政府是否准备接受这些条件，以及在接受这些条件的情况下，他们是否愿意一旦军事形势容许即同意采取一个政府和一个军队指挥部的形式。

G.克列孟梭

劳合·乔治

奥兰多

伍德罗·威尔逊

西园寺公望

　　高尔察克自然不会拖延回答。"我保留权力的时间决不比国家利益所要求的多一天；……我想到的第一件事就是确定选举立宪会议的日期……届时我将向它交出我的全部权力，以便它可以自由决定政体；而且，我已向合法性的监护人俄国最高法庭宣誓这么做。我所有的努力就在于尽快结束内战，以便使俄国人民能表达他们的自由意志。"然后高尔察克继续令人满意地回答了五国会议提出的各种具体问题。

　　这个答复注明的日期是6月4日。6月12日劳合·乔治、威尔逊、克列孟梭和日本代表欢迎回答的口气，在他们看来这个答复似乎"是对他们所做提议的完全同意，并含有对俄国人民及毗邻国人民的自由和自治的满意的保证"。因此他们"愿意为海军上将高尔察克及其伙伴表明在他们的信中宣布的支持"。

　　如果这个意义深远和公开宣布的决定出现在6月份是明智的，那么它在1月份出现不是更明智吗？6月份存在的论据在1月份已很明白。但1月份可以利用的力量的一半在7月份已失去了。6个月的犹豫和迟疑使西伯利亚军队感到沮丧，浪费了鄂木斯克政府的微弱威信。6个月的时间使布尔什维克获得了征集军队、巩固政权，以及在某种程度上使自己等同于俄国的机会。时间本足以遏制激励他们的力量源泉，但时间不足以遏制他们的力量源泉。最高会议为宣布决定而选择的时间，几乎就是那个宣布肯定是太迟了的时间。

183

注释：

[1] 见《苏俄对外关系》（*The Foreign Relations of Soviet Russia*），A.L.P. 丹尼斯著。

[2] 同上书，第76页。

第十章 "三头政治"

"致你们全体三人，

这个伟大世界的元老院议员。"

——《安东尼与克娄巴特拉》，Ⅱ，6。

威尔逊与预备条款——贝克先生的第二次电影效果——德国人的看法——断章取义的引述——威尔逊总统的第二次航程——情绪的转变——贝尔福先生的成就——波兰问题报告——十人会议的结束——威胁性退出——劳合·乔治先生3月25日备忘录——克列孟梭的反驳——贝克先生的大错——三头政治——德国革命——德国的幸存

　　大雪纷飞中在俄国度过几天后，回到巴黎是令人高兴的。不幸的是，我们还是不得不再次叙述总统的新闻处主任斯坦纳德·贝克先生。在威尔逊总统离开之前，2月12日，由补充停战协定的问题直接引出了制定预备和约的问题。我们大家打算在官方允许的范围内憎恨德国人多长时间呢？实际上封锁仍在执行，我们要饿死他们吗？复兴世界和恢复日常经济生活的计划，何时才能被置于泛谈良知和人道之前讨论呢？必须有和平，军队必须复员，国外部队必须回家。因此有必要在剩余时间里确定德国军事管制的最后期限。大家同意，包括陆、海、空条款的预备和约应该由专家委员会立即起草。会议记录表明，威尔逊说过，他不希望他的离开会使预备和约的准备工作，一项如此重要、

如此必要和紧迫的工作停顿下来。他希望在 3 月 13 日或 15 日回来，

在美国只逗留一个星期；但是他不希望在他不得不离开的期间，让领土问题和赔偿问题等此类问题停顿下来。豪斯上校将遵照这一要求在他不在的期间替他工作。这个声明会使斯坦纳德·贝克感到为难。他的第二次电影效果有受到损坏的危险，他说：

总统于 2 月 15 日刚离开巴黎，反对和不满势力就开始行动。2 月 24 日十国会议通过了决议，这个决议如果彻底执行的话，势必破坏整个美国的和平计划。

它是这些有技巧的外交家施展的极其狡猾的策略。他们不喜欢拟议中的国际联盟，他们不想要和约中的盟约，但是他们不直接攻击这两项建议。直到总统回来前不久，会议中才提到联盟。

他们的策略又灵巧又简单。他们不理会总统强烈支持的决定：迅速拟定了只包括陆军、海军和空军条款的预备和约。有什么比使预备和约一般化更加容易和更加明显的吗？他们把他们认为真正重要的所有其他条款 —— 边界、赔偿、殖民地 —— 塞入预备和约之中，总之，他们把整个和平条约塞入预备和约中，就是不提国际联盟……如果联盟被挤出这个拟订过程，或者把联盟留交一切已经解决后的无关紧要的今后会议来讨论，那么还会有谁来关心联盟呢？

因而，虽然说这里有直接阴谋，要在威尔逊离开期间扼杀国际联盟，或者甚至要把它排除在和约以外，这太过分，但人们可以肯定地断言，存在着一个反对总统的陆军和海军预备和约的诡计，因为这个预备和约会间接产生相同的结果。

看来当威尔逊离开时，各种军国主义的和民族主义的力量都立亥跳到前台了。劳合·乔治回国了，但是他没有留下思想开明的领导人，即深受国际联盟所确定的目的影响的人，塞西尔、斯马茨和巴恩斯等等确实是劳合·乔治的英国和平委员会的伙伴，

但他却派来了英国领导人中最赞成军国主义的温斯顿·丘吉尔。
丘吉尔不是和平代表团成员，以前与和会无密切关系。更有甚者，
他是国际联盟的极端反对者……

他继续说，"开始认为自己在联盟事情上走得太远了"的劳合·乔 186
治，指示贝尔福先生利用威尔逊总统暂时不在的机会，来破坏这个国
际联盟政策，为推进这个邪恶的目的，他特地派遣极为缺德的本书作
者来到巴黎。

这个指责流传很广，德国作家诺瓦克复述如下。

贝尔福勋爵实际上预先阻止威尔逊总统提议在不增加德国人
新义务的条件下修订停战条款。但那已是一个星期以前的事情了。
从那时起温斯顿·丘吉尔就来到了巴黎，憎恨布尔什维克的丘吉
尔仍旧充满战争思想，充满与福煦元帅同样的思想，主张在东线
打一个大有可为的战役；他还充满了对国际联盟的轻视，因而令
人信服地宣称，联盟对他的国家无用，任何东西也不能替代海
军……随后温斯顿·丘吉尔与福煦元帅交换了观点，而现在贝尔
福勋爵提出：立即在和平预备程序中包含和平条件的基本要素会
比较合适。[1]

上一章中所载的信件，已告知读者把我派到巴黎是出于什么理由。
这个理由是唯一的理由。我参加了最高会议的三次会议，与我有关的
唯一事务是寻求对俄国的某种政策。我专心于我自己的工作，我甚至
从不知道还有这些更为广泛的问题。我为俄国事务而去巴黎，当很清
楚没有事情可做时，我就回国。

斯坦纳德·贝克先生的才能可以从他自己的话中做最好的判断。
在他看来，必须把威尔逊总统离开欧洲描写为他胸有成竹：领土和赔
偿问题不会在他缺席时讨论，进行这种讨论就是破坏信任。可是在 2

187　月 12 日的会议记录上记载着威尔逊总统不得体的话，"他不希望在他不得不离开期间，让领土问题和赔偿问题此类问题停顿下来。"那是什么？可以用笔一勾就把它删去吗？但那与真相不符。崇高的理想必须不惜一切代价用一切方法给予支持。所以，那个人，即威尔逊总统托付了所有最秘密的文件并同意任其发表的那个人，违背了有关各方之间达成的保证。首先是篡改记录，删除了最重要的句子，最后是歪曲记录，即在"预备和约"这几个字之前插入了"包括陆军、海军和空军条款"。美国的《豪斯上校文集》(*Colonel House's Papers*) 用一些辛辣的语句总结了这种损害信用的行为。

　　豪斯上校的文章像英国外交部备忘录一样清楚地表明，贝克先生指责一场阴谋时，是在毫无证据的情况下提出假设和暗示的。豪斯的文章表明，威尔逊曾与豪斯讨论过那些贝克先生断言"将使美国的整个和平破裂"的计划。豪斯的文章表明，豪斯曾发电报给威尔逊，告诉他贝尔福决议通过那些计划的情况，在他 2 月 27 日与 3 月 4 日的电报中（上文已引用）解释了他希望怎样推进国际联盟的未来。文章还表明，为了保持他对英国人的指责中或有的事的外貌，贝克先生不得不从正式记录中删去了必不可少的几节。[2]

*　　*　　*

　　第二次乘"乔治·华盛顿"号轮船横渡大西洋的是一个不同的威尔逊总统。他在美国备尝辛酸。在白宫宴请参议院对外关系委员会的筵席上，他明白了由他激起并且以后一直纠缠着他的无法平息的党派敌意。"参议员诺克斯和洛奇完全保持缄默，拒绝提任何问题，其言行188　与举办宴会的精神格格不入。"[3] 共和党人提倡门罗精神反对国际联盟。如果西班牙与巴西或英国与委内瑞拉发生争吵，而国际联盟说巴西或委内瑞拉有错，那么美国会仅仅由于无偏见的正义而准备被迫站在欧洲国家一边吗？这是一次猛击，总统低头了。他感觉到自己像斯马茨将军一样，后者清楚地看到，殖民地的委任统治制度是普遍适用的，只不过对德属西南非是例外。

在纽约歌剧院，总统被他知道的必然会遭遇的无情反对所激怒，使用了几乎是赤裸裸的威胁手段。他提出的国际联盟的盟约与和约密切相关，两者不能分开。美国对它的反应是明明白白的敌视。这次"乔治·华盛顿"号带到欧洲的是一个经历了很多遭遇和学到了很多东西的人。现在他懂得，邪恶的旧世界的政治家得到了甚至是可悲的旧世界的国家的支持，而美国的理想主义者被他自己的理想主义者否定了。"教训世界"这个话题过时了；当前的需要是体面地摆脱承担的特别棘手的责任。在他第一次远航时，他所有的义愤集中于旧世界；在第二次远航时，至少有三分之二的义愤是慷慨地给了新世界。先前他的目的是迫使欧洲的政策符合他的观点；现在需要训导的是美国参议院。实际上此刻他几乎是同情欧洲的政治家与外交家了，因为他们和他一样，也要勉力对付不公正和难对付的各种力量。现在不正是他们应相互帮助的时候吗？要是任由群众、参议院和 500 位杰出的新闻记者干预，怎么可能找到世界事务的解决办法呢？在绝对平等的基础上安静会谈的三四个人，如果进展迅速，就可能避免崩溃和混乱。劳合·乔治和克列孟梭这两位得到议会和民主政体极大多数人的信任和受爱戴的领袖，毕竟不是无价值的同事。现在他同他们走到了一起，他了解了他们的品质和他们力量的根源。他羡慕他们有全国的信任。他们善于调解，能体谅人，诚挚地想得到他的善意，但在事关他们的国家的问题上又是毅然决然的。他不见得能给世界以正义，甚或用正式的措辞肯定正义，但是他们三个人在一起则能给世界以和平。 189

没有根据说，这些就是总统此次航程上的反省；这仅仅是推测而已；大家知道的是，他到达后对豪斯上校大为不满。豪斯已经入乡随俗适应欧洲使人懒洋洋的气氛了。到目前为止各种没有根据的主意，如"我们必须解决某某问题""我们必须面对事实""各方必须做许多让步"等等，在上校平静、仁慈和极实际的内心不知转了多少回了。威尔逊第二次到布雷斯特时，不希望见到豪斯用手指指着他自己也许已经决定要走的道路。因此他对豪斯说："赴参议院对外关系委员会出席你的宴会（指豪斯建议举办的宴会），就举行非正式会谈而言，是一次失败。"

*　　*　　*

在他离开期间发生了什么？劳合·乔治先生回国了。克列孟梭于2月19日因一个无政府主义者的行刺而受伤，几个星期内无法工作。

2月份，按照威尔逊总统的动议，为草拟德国陆、海、空军预备条款而任命了一个委员会，原希望它在"48小时内"就提出报告。但是委员会成员发现这个任务比总统预期的要困难得多。整整一个月过去了，委员会里的海、陆军将军们依旧在紧张工作。可是与此同时，在三位政府首脑不在时自然成为会议首要人物的贝尔福先生做出了巨大努力，加快和结束了委员会有关和约未完成部分的工作。2月22日他告诉最高会议，"由于在实现最后和平方面大会的进展显然太缓慢，各国都已出现普遍不耐烦的情绪。"在取得兰辛和豪斯的支持以及得到依旧卧床的克列孟梭的同意的情况下，贝尔福使大会通过了一个决议，决议的第一款说：

在无损于最高军事会议就早日提出对德和约中的海、陆、空军条款所做的决议的情况下，大会同意，不失时机地着手考虑对德其他预备和平条款，并推动尽快做必要的调研是合乎想望的。"

贝尔福还提出动议，领土委员会的工作应在3月8日前完成并提交大会审议。

大会的整个实际工作由于从上到下的催促推动，现在开始以引人注目的速度进展了。在缺乏稳定控制的情况下，各委员会此前一直只得慢条斯理地进行没完没了的调查与讨论，现在重整旗鼓，要准确指挥并立刻得出结论。3月初他们开始从四面八方提出报告。到3月13日威尔逊回来时，大多数主要领土问题的研究进展已达到了领导人可以做出最后决定的程度。但是原计划要迅速处理的各项军事条款却仍旧落在后面，因此再次需仔细考虑如何使整个条约工作共同进行和同时结束。贝尔福先生在他实际主持工作的三个星期里，无疑使整个局面获得了不寻常的改观。尽管在2月中旬大会的工作慢慢地几乎是无法控制地被难住了，但现在一切又有序地恢复了正常。准备工作已经做好，早就盼望的意志交锋现在终于又开始了。

威尔逊总统对他不在时大会做出的决定，从来没有表示不满。正相反，他是热情洋溢地称赞"贝尔福时期"的工作；他明白贝尔福先生主持大会时是如何沉着巧妙、无懈可击地捍卫了他的立场。他了解，所有主要问题现在都已不容置疑、完整无损地提出了，现在是就这些问题做出决定的时候了。

但是十人会议（或者说五十人会议，与会者曾扩大到此数）不是 大国解决甚或讨论关键性问题的手段，因而必须委托给某种更紧凑、更秘密、更具有内部性质的组织，持续存在的现实问题的压力已迫使所有首脑想到了这个问题。关于未来波兰与德国边界委员会的报告引起了实际危机。这个委员会把整个上西里西亚以及但泽和波兰走廊全划给了波兰。劳合·乔治先生立即指责这份报告"不公正"，因为根据该委员会本身的统计数字，被划入波兰主权地区内的德国人数太多了。他因此提议将这份报告退回该委员会。委员会重新考虑了这份报告，但拒绝修改他们的建议。法国人支持该委员会。于是出现了紧张局面，随后消息又泄漏了出去。诺思克利夫勋爵在巴黎《每日邮报》上猛烈攻击首相，竭力指责他没有权利推翻委员会专家的意见，并展现了他在十人会议秘密讨论中发言的几节内容。根据今日的看法，劳合·乔治先生当然是完全正确的。委员会的建议就是站不住脚。委员会的成员在任何实际意义上都称不上专家；但不管是否专家，所有问题都是由专家提出建议、由大臣和政府首脑做出决定。首相被消息的泄漏和诺思克利夫勋爵的攻击所激怒，成功地拆散了十人会议。从3月20日起，威尔逊总统、劳合·乔治先生、克列孟梭和西格诺尔·奥兰多定期开会进行秘密会谈，会谈时甚至秘书们也不出席。这是停战协定缔结以来第一次开始彻底和坦率的讨论，这种会谈本该在三个月前举行。十人会议（或五十人会议）现在的出席者减为5个外交部长，它还持续了一段时间，但是不再讨论重要问题，它排除了原来有权参加的人，随后无疾而终。

192 　　现在我们回顾和平大会进程中一个可以适当称作"集体退会"的插曲。作为集体最终同意接受严酷事实前奏，"四巨头"中的每一个人都曾威胁说要离开大会。劳合·乔治先生是第一个，而且表现得很风雅。他没有提出具体的异议意见。他是为条约的缓慢进展而苦恼。他担心他只是在巴黎浪费时间。在此期间他在英国有直接和紧迫的职责。内阁、下议院、工业形势——一切都需要他亲自直接关注。由于在巴黎看来不可能有进展，他必须回国处理他的事务。如果以后有迹象表明条约方面有实际工作可干了，他就回来。他确定3月18日为他离开的日期。这个前景，再加上他暗示在伦敦比在巴黎有更重要的工作要做，使他的伙伴深感吃惊。他们深知，他不在场会议便不可能有进展，而且他选择的理由是无懈可击的。他们做出各种努力劝他留下。但是直到3月17日他接到一封由威尔逊、克列孟梭和奥兰多联名签署的信（此信后来由豪斯上校发表），请求他只要再留两个星期即可，他才高兴地让步。他同意留下来，但是他的地位加强了。

　　克列孟梭和威尔逊早就在渴望较量了。豪斯使我们得知，3月28日关于萨尔河谷煤田问题的讨论引起了惊人的较量。总统说："如果法国得不到她想要的东西，她就将拒绝与我们一起行动，如果那种情况发生，你希望我回国吗？""我不希望你回国，但是我自己打算回国。"

克列孟梭说，说罢便离开房间。老虎就是用这种粗鲁的方式对待他的对手的。此外他只是在近处走走。但威尔逊的态度十分不同。再渡大西洋是决定性的和不能改变的。然而，面对克列孟梭不断威胁要从大会撤走法国代表团，再加上受流行性感冒侵袭后情绪消沉，总统于4月7日发电报命"乔治·华盛顿"号返回法国。他忠实的秘书，在国内留守的图马尔蒂先生用最直率的措辞警告总统，他的退出将被在美国的朋友与敌人看作"急躁无礼的行动……不能为此间真诚地接受……是最不明智和隐藏着最危险的可能性的……一种脱逃。"这是决定性的。他不能退出；他必须坚持到底。同时克列孟梭也不再说有关撤出的话，继续每日出席大会。

最后是奥多兰的退出。当讨论阜姆河问题时，威尔逊总统威胁说，要越过他向意大利人民呼吁，而且凭借曾对意大利进行的三天访问大声说，"我了解意大利人民比你还透彻。"奥兰多径直前往火车站，实际上是怒气冲冲前往罗马了。他至少进行了威胁。但这样一来，其他人的关系反倒愈合了。三巨头找到了一起反对他的一个理由。冷静思考两个星期而一无所获后，奥兰多主动回来了，及时赶上签署和约。

* * *

劳合·乔治先生留在法国，当十人会议逐渐消失和四巨头会议慢慢具有正式性质时，他对枫丹白露做了一次短暂访问。[4]在那里他写成了著名的3月25日备忘录。这个文件业已公布，但由于它较完整和较明确地表达了劳合·乔治先生对于和平解决争端的观点，且由于他所表达的观点与人民的观点很一致，所以他就以人民的名义说话，因此这里摘引一些典型的文句是合适的：

"在最终拟定和会条款前，对和会的几点考虑。"

战争耗尽了各国资源，战争使各国竭尽全力，她们精疲力竭、血流遍野，到处是残垣断壁，此时来拼凑一个和平条约，让它有效地维持到经历此次战争恐怖的这代人逐渐消失，那并不难。描写英雄主义和胜利的影片，只对那些对战争的苦难和恐怖一无所知的人有吸引力。因此，拼凑一个维持30年的和平条约比较容易。

难的是要草拟一个在那些对何谓战争有过实践经验的人去世时仍不会引起新的战争的和平条约……

为达到雪耻与赔偿的目的，我们的条件可能很严厉，这些条件可能苛刻甚至残酷，但同时又可以是十分公正的，条件接受国可能从内心深处感到没有权利抱怨。可是胜利时刻人们表现出的不公正和傲慢，决不会被忘却或原谅。

因此，由于这些原因，我憎恶把较多的德国人从德国统治下迁移到别国，归别国统治，憎恶迁移人数比该国可能给予帮助的人数要多。我能想象，未来战争的原因不会比如下这种原因更为主要了，那就是，已经确定无疑地证明自己是世界上最有活力和最有影响的民族的德国人，被许多小国包围，这些小国中有很多是由以前从未建立过稳定政府的民族构成的，而且每一个国家又包含大量吵吵闹闹地要求合并到其原籍的德国人。波兰委员会提出建议，要求我们把210万德国人置于另一个民族的统治之下，该民族有不同宗教，而且在其整个历史上从未证明它有能力建立稳定的自治政府，如果这样实行，欧洲东部迟早必然会爆发新的战争。我关于德国人所说的话对马扎尔人同样适用。如果东南欧现在出现的每个小国在她的边界内都有许多民族，则东南欧各国决无宁日。因此我认为，制定和约应把以人为本作为指导原则，各个不同民族应该尽可能生活在他们自己的祖国中，这个从人的角度出发确定的标准应该优于战略、经济或交通等等应考虑的事项，因为关于战略、经济或交通的事项通常可用其他手段加以调节。其次，我要说，赔款支付期限，如有可能应与制造战争的这代人一起消失……

在目前形势下，我认为最大的危险是德国有可能与布尔什维主义同命运，把德国的资源、智力、巨大的组织能力交给革命的信徒，这些人的梦想是，以武力为布尔什维主义征服世界。这个危险不仅仅是奇想。德国政府软弱；它没有威望；它的权威受到挑战；它之所以继续存在，仅仅是因为除斯巴达克同盟成员外别无选择，而德国目前还不准备实行斯巴达克主义。可是斯巴达克同盟成员在这个时刻极其有效地使用的论点是，只有他们才能把德国从由战争强加的不能忍受的条件下解救出来。他们答应免除德国人民对协约国的债务和对国内富裕阶级的债务。他们向人民表示，要完全掌握自己的事务并获得一片新天地。诚然代价会是很大的。将有两三年无政府状态，也许还要流血，但最终土地仍在、人民仍在、大部分房屋和工厂仍在、铁路与公路仍在，德国甩掉了包袱后，将能重新开始。

如果德国转向斯巴达克同盟成员，那么她就必然与俄国布尔什维克共命运。一旦发生这样的情况，整个东欧就将被卷入布尔什维克革命的轨道，不出一年即可目睹近 3 亿人民组成庞大红军，在德国教官和德国将军指挥下，装备着德国大炮和德国机枪，准备重新对西欧发动进攻。这是任何人都不能泰然自若地面对的前景。可是昨天来自匈牙利的消息太清楚不过地表明，这个危险并非幻想。做出这个判断的理由是什么？理由主要是，那里的人们相信大量马扎尔人将被交给他人统治。要是我们明智，我们应向德国提出一种和约，它是公正的，它在人们的眼中会比布尔什维主义更可取。因此，我愿意在和约的显著位置上，突出写上这样的句子，就是一旦德国接受我们的条件，特别是赔偿的要求，我们就将在与我们自己相同的条件下，向她开放世界的原料与市场，并愿做任何可能的事情使德国人重新站立起来。我们不能又要削弱她，又要她赔偿。

最后，我们必须提出德国负责任的政府可以期望实施的条件。

如果我们向德国提出的条件是不公正的，或者过分沉重的，负责任的政府是不会答应签字的；当然目前德国的衰弱政府也未必会这么做。

　　因而从各种观点看，我以为我们都应当努力制定出和平解决方案。我们仿佛已忘记了自己是战争痛苦的不偏不倚的仲裁者。这样的解决办法应当要考虑三个目的。首先是它必须公平对待协约国，要考虑德国应对发动战争和战争中使用的手段负责。其次必须是这样的解决办法，据此，一个负责的德国政府相信，它能偿清它自己招致的债务，因而同意签字。第三，解决办法本身必须不包含诱发未来战争的因素，而且可以取代布尔什维主义，因为它将给所有公正的舆论留下一个好印象——它能导致欧洲问题的公正解决……

　　在我看来，如果一味努力在德国身上施加永久性军备限制，而对我们自己则不准备施加同样的限制，那是徒劳的……

　　我想问，如果德国接受了我们认为公正与公平的条件，为什么不允许她在建立起稳定和民主的政府后就加入国际联盟。难道同意她加入该组织不正可以既诱导她在条约上签字，又诱导她与布尔什维主义对抗吗？让她留在联盟内不是比把她排斥在联盟外更安全吗？

　　最后，我认为英国与美国应当对法国做出保证，保证不再存在法国遭受德国新侵略的可能性，至此国际联盟的权威与有效性将得到证明。法国有特殊理由要求得到这种保证。她在半个世纪中遭受了德国的两次进攻和两次入侵。她之所以多次受攻击，是因为她是捍卫欧洲大陆自由、民主与文明，反对中欧专制暴政的主要力量。其他西方民主大国应该分担责任并做出保证，如果德国在任何时候敢于再次发出威胁，或者国际联盟尚未能证明有能力维护世界和平与自由，那么她们将站在法国一边及时保护她免遭入侵。

然而，如果和会要真正获得和平，并向世界证明它是一个解决战争遗留问题的全面的方案，让所有理智的人们都承认，它是比无政府更为可取的一种选择，那么它就必须正视俄国形势。布尔什维主义不仅威胁与俄国接壤的国家，而且距美国与距法国一样近。如果在俄国问题上采取顺其自然的立场，则对德和约不论安排得多么健全，和会都可以解散，因为它是没有用的。不过我并不打算引入俄国问题来讨论，这样会使对德和约问题复杂化。我提到俄国问题只是为了提醒我们自己注意尽快处理这个问题的重要性。

克列孟梭以粗暴的语气做了如下的书面回答。他认为劳合·乔治的宽宏大量的行为，完全是靠牺牲法国与大陆各国换来的，而英国是得到了一切对她有意义的利益和安全了：

但是采取 3 月 26 日备忘录提出的做法，其结果会是什么呢？法国将得到不知遭入侵之苦的海洋国家做出的一定程度的、明确的保证。德国交出殖民地会是绝对和明确的。德国交出海军会是绝对和明确的。德国交出大部分商船会是绝对和明确的。把德国从外国市场逐出会是绝对的并将持续一定时间的。另一方面，可以为大陆国家保留局部和暂时的解决办法，也就是说可以为那些饱受战争之苦的国家保留局部和暂时的解决方法。为波兰和波希米亚提出的无武力威胁的边界，是局部的解决办法。向法国提出的、为保护其领土而签订一个防御协定的主张，是暂时的解决办法。为萨尔煤田提出的设置一个政权的意见是暂时的。这里我们制造了一种不平等的状况，这种状况有可能给协约国之间的战后关系留下一个很坏的印象，这甚至比德国与协约国之间的战后关系更为重要。

156

斯坦纳德·贝克在写他的历史时已得到劳合·乔治的备忘录了。贝克非常赞赏这个文件。他觉得"建立在军事胁迫基础上的和平对世界来说只能是灾祸"。他写道，"3月25日塔斯克·布利斯将军在呈送威尔逊总统的备忘录中，对这种感觉、对真实情况做出了有远见卓识的最精确的描述"。这份备忘录题名《在最终拟定和会条款前，对和会的几点考虑》。这里可以摘录几句意义深长的句子……他继续写道，"布利斯将军是参加和会的少数成员之一，他们从未丧失过卓见的理智，而且明白，如果和会产生一个德国舆论主体会立刻起而反抗的条约，就有毁掉整个和平工作的巨大危险"。

198

这也许是声称要写一部标准历史，并已为此目的搜集了一大堆独占的官方和可靠资料的某人，所犯下的最令人惊讶的大错。贝克先生在写对布利斯将军的赞美辞时，做梦也不会想到这些话本应送往另一个地址。当他了解他的赞美辞并不属于人人尊敬的杰出的美国军人，而属于一位不知悔改的旧世界政治家时，他的悔恨必定是辛酸的。

这就是贝克先生追求真理忠诚的结论性实例，读者会因此而感到忧虑。我曾专心研究过他的著作，这是因为威尔逊总统交代他的任务具有严肃性，并提供了源源不断的宝贵资料，要他保管。一想到有多少认真的美国公民必定从他那污染源饮水就令人不安。所幸此书还未让英国作家来损害贝克先生的信誉。亨特·米勒博士的书以及用豪斯上校所办的报纸编辑的书，都向美国社会中的警觉和有鉴定力的读者揭露了贝克的错误，实际上还有罪恶，以满足他们两位对真理和正义的执著追求。

*　　　*　　　*

我写这几章的目的不是重述和会的经过，而只是向读者指出它某些显著的特征。不过我们还是综合详述了总的舞台及其演员。从战争结束以来近5个月过去了，只是到现在才开始真正缔造和平。4个人（一

段时间减少到 3 个人，每人都是一个胜利的大国的负责首脑）是留在
那里的全部。500 个有才能的新闻记者、27 个急不可待的国家、10
国（或 50 国）会议、58 个委员会，真是名流云集，但智慧全集中到
3 个人那里去了。今后他们将站在一起。他们学会了互相尊重和彼此
信任；他们在充满危险和无比困难的冒险中变成了同事和伙伴。人人
都知道，人人都得认真做出让步以达到一致意见。人人都知道，必须
达成一致意见；人们全都决心迅速实现世界和平和团结一致，及时和
竭尽所能地解决提出的数以百计的难题。

　　下一章中我们将看到，这些问题中有几个是什么问题，决定怎么
解决。有一个月的时间（3 月 20 日至 4 月 19 日），他们只是争论和商
讨，他们都说英语。已达成很多一致；但并非每晚都能取得一致。有
时甚至做不到 4 人会晤。一个人去了克列孟梭的房间，另一个人去了
威尔逊总统的房间。现在只需要考虑怎么组织。于是他们接受莫里斯·汉
基充当秘书。他聆听所说的一切，并作记录，每天结束时告诉他们做
出了什么决定。从那时起他们的决定像迅速增大的水流，流向法学家
与官员，5 月 7 日《凡尔赛和约》印就，9 日和会全会以服从或愤恨的
情绪接受了既成事实。

*　　*　　*

　　现在是传唤敌人的时候了。5 月初德国代表来到凡尔赛宫，接受
了载明预备和约条款的文本；6 月底大体上是这些条款的和约按时签
了字。

　　与此同时，德国变化很快。德国作家总是强调，这个时期他们的
人民是在战胜国手中忍受侮辱，认为他们自己的国家一直是最重要大
事的发生地，对自己和对文明最有益。这些作家只有一些文章简述了
俄国革命。德国革命则似是而非，它是无比强烈的和令人神经高度紧
张的事变的突然爆发。德国革命穿透了我们焦急、厌腻、疲惫的感觉，

我们原来只注意到战后刚撤退到休息地的幸存军队，如今又将受到远处炮击的震撼了。要说清这场经历需要写一本书。与俄国发生的情况相比，德国的情况更令人感兴趣。许许多多状况、插曲及其后果，两者几乎一模一样。德国在战争中被打败，海军与陆军反叛并瓦解，皇帝被废黜，当局垮台，受到所有人的谴责。建立起工人和士兵委员会，一个社会主义政府匆匆忙忙上台；在饥荒遍地的祖国家乡，回来了长期受苦难和战败的痛楚折磨的几百万士兵。警察不见了，工业停产，群众饥饿，时间正是冬天。毁灭俄国的所有因素在德国都齐全了。人们被组织起来；每个人都知道自己的任务，共产主义革命的整个程序已被大家理解，已被安排妥当。有俄国的经验作为模式放在那里。卡尔·李卜克内西、罗莎·卢森堡、迪特曼、考茨基等 20 余人就是未来日耳曼革命中的列宁与托洛茨基。革命尝试了种种事情，发生了种种事情；但是没有出现与俄国相同的方式。

共产党人夺取了首都的大部分地区；但政府的所在地防守牢固。未来的立宪会议受到攻击；但进攻者被击退了。少数忠诚的军官——忠于德国——装扮成士兵，用充足的手榴弹和机关枪武装自己，以他们的生命保卫市政府的脆弱核心。他们只有极少数人；但他们胜利了。受布尔什维主义影响的一个海军师占领了皇宫；经过血战后他们被忠诚的军队击退。在叛乱中，几乎每一个团的当权者皆被推翻了，这使军官失去了肩章与佩剑，但没有一个人被杀。

在所有的人当中我们辨认出一个粗壮、质朴的人物。一个姓诺斯克的社会主义工人和工会主义者。他被社会民主党政府任命为国防部长，叛乱者赋予他独裁的权力，他没有辜负德国人民。外国人对这位德国英雄的评价必然是超然而公正的，但在表述时信心不足；在从腓特烈到兴登堡的一系列国王、政治家和军人中，应该说诺斯克有他的地位——人民的儿子，在一片混乱中无畏地为国家的事业出生入死。

"所有日耳曼民族"的素质与智慧使得临时政府能够控制选举。读者在这些篇章上总是会看到相同的势力施展相同的策略。这些势力的一个目的就是防止人民挑选议会。在俄国他们成功了；在德国他们失败了。目前我们将看到他们在爱尔兰遭到失败。

代议制政府仍然有活力，在子弹和钢铁、机关枪、迫击炮和喷火器的监督下，3 000 万德国男女、90% 的选民填写了他们的选票，从那时开始，一个自由选举和有最高权力的议会成为德国人生活的大事。

因此，在灾难时刻不受失望的影响的德国，作为统一的国家来到了凡尔赛。

注释:

[1] 《凡尔赛》(Versailles)，第 84 页。

[2] 亨特·米勒先生也叙述过贝克先生的论点，"去证明一场并不存在的阴谋，这种努力岂能很好继续下去。"《盟约的起草》(The Drafting of the Covenant) Ⅰ，98。

[3] 《豪斯上校文集》，第 401 页。

[4] 实际上只有 24 小时。

第十一章　和平条约

"虽然我们得到了和平，但要解决所有事情还将要很长的时间。虽然风暴已平息，但在一场风暴后大海的波涛起伏还会持续很长的时间。"

——塞尔登《席间谈话》(*Table Talk*)

领土问题的解决——突出的特征——民族自决——它的应用——阿尔萨斯－洛林——石勒苏益格——波兰的再生——德国的东部边界——上西里西亚——英国代表团——它的温和态度——劳合·乔治先生的不利条件——上西里西亚公民投票——英国的所谓风险——法国的情况——法国的安全要求——莱茵河边界——解除德国武装——非军事区——联合保证——它的后果——奥匈帝国的命运——无辜与有罪——捷克斯洛伐克：捷克人——捷克斯洛伐克：斯洛伐克人——南斯拉夫——罗马尼亚——匈牙利——奥地利——合并——保加利亚——总的设计

热带殖民地的分配是否适当，现金与实物赔偿的分配是否合理，惩罚是否公正，不管这些原因激起的感情怎样强烈，无论寄于国际联盟的希望多高，1919 年和 1920 年的条约最终还是取决于欧洲领土问题的解决。这里我们是在与重大而持久的事实打交道，这些事实把人类的不同民族铸造成模子，把他们的身份和地位固定在世界上。这里我们拨动过去的余烬，点燃未来的指路明灯。旧的旗帜再次升起；消失了的几代人的激情觉醒了；被 20 世纪的炮弹炸毁的地下，阵亡的战士与受害者的累累白骨被翻了上来，失败的事业的恸哭声在风中回响。

我们现在必须论述的条约，是包括威斯特伐利亚条约、乌得勒支条约和维也纳条约在内的巨大系列中的一部分。它们既是欧洲历史链条上最晚的一环，又是该链条上最大的一环。它们将因为最重要的三大事件而值得注意：奥匈帝国的瓦解；波兰的再生；统一德国的存在。自从巴黎和会以来，即使我们才经历一段短短的时间，它也足以揭示这些登峰造极的君主国的浩大声势以及这些君主国又是怎样高耸于山脉之上，俯视广阔的山峦起伏的丘陵地区的。通过清澈的空气，我们已能辨认出广袤大地的每一处景色及其质地的单纯性。查理五世帝国连同与它一起的哈布斯堡君主国，频繁动乱的幸存者，中欧和南欧的主要政治结构，目前呈现在人们面前的只是一个大裂口。被切割为三个部分的波兰，如今重新统一为一个拥有 3 000 万人口的独立的主权共和国；在战场上被打败和缴械的德国，在义愤填膺的战胜者面前俯首听命，以后又会站起来，成为欧洲最大的、无与伦比的、最强的民族主体国家。

欧洲生活中的这些重大事件并非仅仅是，或主要是由猛烈的战争暴力引起的。这些事件是由于一条原则被有计划的应用而产生的。如果说 1814 年维也纳条约的制定者是受合法原则支配的话，那么 1919 年巴黎条约的制定者则是受自决原则的指导。虽然"自决"这个措辞无疑会永远与威尔逊总统名字相联系，但是这个理想却既不是首创的，也不是固有的。这个词汇原本出于费希特的"自决"（*Selbst Bestimmung*）。对这个概念做了有说服力的表述的人首推马志尼。在整个英国范围内很早就知道这个概念，并广泛实施了自决，不过称谓要温和一些，叫作"自治"和"自己赞同的管理"。19 世纪民族主义的兴起，使情况越来越清楚，各大帝国如果想要在现代世界上始终团结而又充满生机地存在下去，她们必须认真对待这个原则，并日益遵守这个原则。在政治领域几乎完全排除了各种形式的信仰后，民族主义业已成为人类在世俗事务中最强有力的塑造世界的工具。

十四点体现并赞扬了自决原则。总统在演讲中宣布,"必须尊重民族愿望。如今唯有获得人民自己的同意才能对人民进行统治和管理。自决不仅是一个词汇。""在主权国家之间对人民和领土不容以货易货……每一个领土问题的解决都必须以符合有关人民的利益为基础……所有意义明确的民族愿望都应该竭尽所能给予最大满足,而不能引入新的混乱和对抗因素或意志的混乱。"协约国认真地把这一宣布看成与她们一致的战争目标。德国人把他们的停战要求,与以威尔逊总统的十四点和他的其他演说为基础的解决和平问题的条件结合在了一起。他们甚至声称,他们就是以此为条件投降和放下武器的。因此,自决原则既是战胜国奋斗的目标又是战败国声称应得的权利。

这里有一条清楚的指导原则,根据这条原则,所有被如此残忍地分开的民族,所有被创伤和仇恨撕碎了心的民族联合起来,所有的民族又因为信仰和爱好而遵守这条原则。和会主要的和迫切的任务及促使交战国缔结和约所包含的全部事务,就是要执行这个原则;或者用我敢于摘引的权威的话说,以此原则"解放受奴役的各民族,使长期被武断地分开的同一民族的那些分支重新聚合,以大致上符合民族集聚为准则划分疆界"。

既然这个基本原则已达成一致,那么这个原则就应得到贯彻。原则是简单的而且已得到公认,但它的贯彻却是困难和有争议的。民族性怎么检验?"民族要素"的愿望怎样表达和获得?在多民族杂居地区怎样按民族划分边界?主要原则应在何种程度上优先于其他考虑——亦即出于历史、地理、经济或战略的考虑,到处活动着的那些武装和激进力量,它们接受根据原则做出的决定,能达到何种程度?这些就是放在和会,特别是放在三巨头面前的问题。

基本上可以断定,应该把语言看作民族的证据,但可以肯定语言并不总是民族的表现形式。某些最具民族意识的人种根本很少讲他们自己的语言,或者说起来有极大的困难。某些受压迫民族使用压迫者

205

的语言，内心却又痛恨他们；某些处于统治地位的种族在统治臣民时说臣民的话。还有一些问题必须以合理敏捷的手段加以解决。在产生争论时，决定民族原则的指南没有比语言更好的；或者进行公民投票作为最后的解决办法。

在现实中常有这种情形，根据以语言界定的民族或者根据当地居民的愿望划分边界的办法，不加以修正难以在实践中应用。某些新的国家没有途经她们自己人口居住地的通海口，没有这种通海口经济便不能有效地发展。某些得到解放的民族几个世纪以来一直想望重获他们早已消失的古代主权国家的疆界。某些战胜国按照条约有权利要求另一些战胜国按照条约必须给予（不是根据语言或居民愿望确定的）由阿尔卑斯山确定的边界。某些已构成整体的经济社会横跨种族边界；许多地方对立的和敌视的人种混杂在一起，不但是个人间的对立和敌视，而且是整个村庄、城镇和乡村地区的对立和敌视，所有这些有争议的地段，必须由有关的许多强大和非常易冲动的国家参与，一英里一英里地加以研究和艰苦讨论。

然而所有这些对基本原则的保留意见和冲击，只影响许多民族和国家的外围。所有的有争议地区加起来也只是欧洲的很小一部分。这些地区只是证明了这个原则的例外情况。这些敏感的和怀有疑虑的民族在界限被边界剪刀粗糙地修剪之后，某些地方升起的激情是强烈的，但不损害条约的实质。也许只有不到 3% 的欧洲人口现在生活在与他们国籍不同的政府的管辖之下；欧洲地图的绘制第一次与其人民的愿望有大致上的协调。

206

*　　*　　*

现在让我们检查一下由《凡尔赛和约》确定的德国实际边界，以此来检验上述断言是否正确。我们先从西部和北部边界开始。

十四点中的第八点说，"普鲁士于 1871 年在阿尔萨斯—洛林问题上对法国所犯的错误已近 50 年之久，因而世界和平极不稳定，现应予以纠正。"这一点成为战争爆发后协约国的主要目的之一。德国要求在十四点基础上的和平并相应签订了停战协定，这说明这一点已为她所确认，所以关于阿尔萨斯—洛林没有争论。这两个省在属于法国领土近 200 年后于 1871 年被德国违反当地居民的意愿从法国夺走。引用条约中包含的话说，这两个省是"从它们的国家分离出去的，尽管它们的代表在波尔多会议上提出了庄严抗议"。归还阿尔萨斯—洛林是在人们活生生的记忆中对破坏自决原则的弥补。

除了在奥伊彭和马尔梅迪四周的比利时边界有小小的改变外，德国西部边界没有其他变动。法国人强烈要求除阿尔萨斯—洛林外再并吞萨尔及其十分丰富的煤田。法国人一开始就认为他们的要求有历史原因。威尔逊总统拒绝支持这个违背当地居民普遍愿望的要求，为此引起了三巨头讨论中一次令人注意的危机。法国人于是回过头来要求暂时使用萨尔河谷煤田以补偿法国朗斯和瓦朗谢讷矿区遭受的破坏。他们提出萨尔河谷的最后归属到 1935 年举行公民投票决定。这样就不存在什么可用以攻击和会达成的一致意见的原则性理由了。

在北面或丹麦边界上，要求德国做另外一种形式的领土割让。当 1864 年丹麦被普鲁士打败后，丹麦在把石勒苏益格和荷尔斯泰因割让给普鲁士和奥地利时，应拿破仑第三之请在条约中插入了一个条款，就是应向北石勒苏益格居民征求意见，问他们愿做丹麦人还是德国人。这仅仅是符合正义的办法。荷尔斯泰因公爵领地的居民一直是纯粹的德国人。石勒苏益格南部逐渐德意志化，但北部一直讲丹麦语，人民的思想感情也向着丹麦。条约的条款从未实行过，从未有人询问过北石勒苏益格的居民的意见，普鲁士过了不久就自行解除了条约的法律义务。显然现在是补偿这个非正义状况和由这种状况造成的丹麦与德国间的永久性疏远的时候了。有一些人原来希望将石勒苏益格从德国分离出来，这样安排边界后，基尔运河就不再全部通过德国领土了。谨慎的丹麦政府把这些设想全部搁置在了一边。他们只希望把人民感

207

觉自己是丹麦人的地区纳入丹麦国土。他们反对把说德语的人口不情愿地并入丹麦的所有建议。于是大家同意将来的边界应根据全体人民自由的公民投票来划定。

现在我们来看德国的东部边界。这里我们碰到一件新奇的伟大事实。只有奇迹才能给波兰带来再生。波兰的再生，必须具备如下条件，即瓜分波兰的三个军事帝国在战争中同时且决定性地被一一打败或者被打得落花流水。要是吞噬波兰的这三个大国站在一起结成三国同盟，世界上没有力量能向她们挑战。要是她们在战争中分站两边，至少有一国出现在战胜者一边，这样就不能剥夺胜者一方的属地了。可是使人震惊的是，三方无一幸免于难的事件发生了：俄国摧毁了奥地利；布尔什维克在德国的帮助下打败了俄国；德国本身被法国和英语世界所制服。所以分割波兰的三方同时松手；所有的链条——俄国的、德国的和奥地利的——在受沉重一击后同时落在了地上。命运之钟敲响了；顽固地坚持了六代的、欧洲历史中最大的罪恶现在过去了。第十三点宣告："应建立一个独立的波兰国，她应包括由无可争议的波兰人民居住的领土，应保证她有一个自由和安全的出海口。"德国接受这一点。的确，她自己要求的民族完整就是建立在重建古老的波兰国这个原则的基础上的。

即使带着世界上最大的善意，划定德国与波兰间的边界也无法避免不规则和不公正。从华沙到柏林伸展着巨大平原，中间没有地形障碍物。在一片400英里的地带中，德、波人口以不同比例混杂在一起。德国曾实行用德国殖民者使波兰殖民地化的政策。德国的资本、科学和能力建立起了强大的工业。以武装军事帝国的力量推进的德国文化，在被征服和被瓜分的人口上到处打下了它的印记。德国人指出，他们的统治给普鲁士的波兰带来了明显的利益；波兰人声称，这仅仅是对被偷走的一笔遗产的收益的分配。划定德、波边界成为和会、波兰委员会以及最后是三巨头的任务。

这个问题本身分作三个部分：中段、北段和南段。波兰委员会的

208

209

任务是确定哪些地区由无可争议的波兰人居住。举行公民投票对于标记清楚的地区是方便的；但是在界线模糊的整个巨大地带不可能举行公民投票。要进行公民投票必须要有公正的英、法、美军队占领整个地区。但是美军正在回家；英军的复员非常之快，他们几乎连五六个营都腾不出来；而法军公开宣称是波兰的捍卫者。模糊地区的中心大体上在普鲁士波森省，唯一的依据是德国的统计资料。无疑，怀有自然的反德偏见的战胜国对这些资料是绝不会全信的。但是，从总体上看，划边界线时是本着把尽可能少的波兰人划入德国版图和把尽可能少的德国人划入波兰版图这一愿望的。

在北段出现的困难更多。东普鲁士省虽然原本具有德国殖民征服的性质，但现已变成纯德国土地，其居民比德国其他所有地区的居民更有强烈的民族主义精神。该省与德国其余地区被一条直达海边的走廊分开，在走廊里，各种观点的估计似乎都说明讲波兰语的人占大多数。波兰人要求从德国得到东普鲁士的大部分，至于其余部分，波兰人建议让这个德国人的小岛成立一个共和国，以柯尼希山为首都。这个要求被驳回了。但说波兰语的走廊并入了波兰，这不但是因为所说的语言，而且是作为最明显的手段，要给波兰以出海口，这一点作为十四点之一已为所有各方接受。

与该走廊毗连的是叫但泽的这个大城市，那里居住着20万德国人，为维斯图拉河流域全部贸易的天然出海口。波兰委员会原计划将但泽市完全划归波兰主权范围，这样但泽居民将受波兰法规支配和在波兰军队中接受义务兵役。通过劳合·乔治先生的努力找到了一个解决办法，就是但泽恢复它500年来的古老地位，成为自治的城邦，与波兰紧密联合，但对其整个内部行政管理拥有独立自主的控制权。但泽要成为自由市，但它没加入波兰海关体系，不过波兰人将管理巨大的海港。这个巧妙而又复杂的权宜之计没有使双方完全满意，但也不容易找到能采取的更好的办法。

在这个边界的北段必须提一下两点小困难。东普鲁士留在德国，但在该省南部边境上的某些地区有相当数量说波兰语的居民，波兰对那里提出了主权要求。于是规定为这些阿伦斯泰因和马林韦尔德地区进行一次公民投票。大多数人投票赞成留在德国，他们的愿望就是法律。最后，坐落在涅门河对岸的梅梅尔小港和地区是立陶宛获得出海口的唯一通道，没有它立陶宛就不能作为独立国家而存在。人们希望立陶宛人会自愿再次加入波兰。但他们拒绝了这个意见，当然不能强迫他们。因此，最终这个约 3 万居民、周围由主要说立宛陶语的乡村围绕的德国市镇，在地方自治和精心设计的安全保证下划给立陶宛了。

我们还要仔细看一下德、波边界南段的状况；这里在上西里西亚问题上，和会曾出现另一次大争论。向德国人提出的和约草案规定，211 将上西里西亚这块德意志帝国内仅次于鲁尔的有丰富铁矿与煤矿的地区，完全割让给波兰人。这是对德和约草案上最大的污点。十四点中其余部分都没有异议地被接受了；但强制割让整个上西里西亚遭到了德国人激烈的憎恨，而且事实上德国是举国震惊的。

* * *

现在意大利又加入了三巨头的冲突中，这种冲突存在于预备和约条款的制定过程中，在这些条款提交德国后也不会结束。德国人以力所能及的各种方法抗议财政与经济条款，抗议强迫他们公开承认战争罪行和交出战争罪犯的条款。在领土方面，他们主要抱怨割让上西里西亚。看来他们有可能拒绝在条约上签字，从而迫使协约国军事占领柏林和其他重要中心，或者延长封锁，或者两者兼施。这样的过程不会引起直接的军事困难，但会引起极严重的政治危机。没有人能知道占领要延长多久。在占领结束前大量军人必须保持武装，进一步复员要无限期停下来。

首相希望在他争取较宽容的和平条款的努力中加强自己的力量，

于是于 6 月 1 日在巴黎召开了英国代表团会议。整个帝国代表与英国主要国务部大臣一起出席。斯穆马茨将军有力地呼吁宽厚。当轮到我发言时，我以一种性质不同的论点支持他的呼吁。作为陆军部大臣我有特殊的观点。

我说：

212　　　重新实施封锁或控制整个德国领土，以及担当起解决当地政治问题的责任，有极为严重的困难。外国驻军决不能使德国人团结高效地工作。封锁和占领的手段是互相排斥的。如果你占领这个国家你就得为占领区域内的人民提供食物，这在封锁之下就无法做到。如果协约国军进入德国，占领该国，这就必须无限期征兵。英国不维持义务兵役就不可能控制德国国内生活。要求从军队那里得到复员者的压力之大已经无法形容。那些最大声要求对德国施加最严格条件的人，就是最急于从军队中得到复员者的人。

于是我坚决主张举行进一步的谈判和"恳求代表团一致主张，给他们的全权代表以最大可能的自由，缔结一个'妥协的'和约"（就未解决的突出的问题）。财政大臣张伯伦先生、大法官伯肯黑德勋爵等人的发言目的与我相同。

尽管众人的意见有程度上的差异，但代表团的意愿是全体一致的。会议议决，首相在谈判中应竭力促使在和约中对敌让步。特别是：修正对德国东部边界的建议，把德国人占多数的地区留给德国，在难以判定的情况下举行公民投票；早日给予德国参加国际联盟的权利；减少占领军的数量；修正赔偿条款和确定德国债务的确切总数。

代表团以深信无疑的心情进一步授权首相，如果在四巨头会议上发生与会者抵制首相的意见的情况，就"使用整个不列颠帝国的全部影响力，直至英国陆军拒绝开进德国执行使命，或英国海军拒绝执行封锁德国的使命"。

这似乎是一个难忘的时刻。

劳合·乔治先生就这样为未来所有的讨论做好了充分的准备；要不是他肩负保证德国赔偿的责任，他本来在改善和约上也许会取得更大的成功。可是大选的疯狂反响对首相和整个英国都是丢脸的事。克列孟梭、威尔逊和奥兰多完全理解这种局势。当威尔逊开玩笑地说，把德国人交给波兰、捷克斯洛伐克或意大利统治时，当克列孟梭因报复心重而受到责备时，或奥兰多领土欲太大时，每个人都会受到首相的反驳。但一个苦涩的微笑、一次表示怀疑的耸肩，以及提起民主竞选活动的困难，都足以让四巨头在较低的水平上处于平等地位。 213

古怪的事实从来都是，不管德国支付多少亿赔偿，英国总是收到很小的一部分，不到法国提出的份额的一半，较之比利时还少；刚过两年，英国就宣布恢复过去贵族的明智古训的原则，所有战争债务应当根据各国对赔偿情况的随后反应，经普遍同意后同时取消。

随后关于西里西亚问题发生了长期的冲突。威尔逊总统与法国人支持波兰的要求。英国维护德国的权利并接受自决的原则。总统支持波兰的偏见与他对意大利的歧视同样明显。好挖苦的人指出这样的事实，即意大利在美国的移民通常不会获得选举权，而波兰人的选票在美国国内政治中是一个有力的因素。可能是由于这个缘故，使威尔逊先生下定决心让波兰占有上西里西亚，他对所有反对者怀恨在心。尽管在这个问题上劳合·乔治先生不受英国选举活动的妨碍，尽管诺思克利夫报业坚持进行攻击，他的努力与信念还是占了上风。最后，条约规定给予德国人在那里奉行公民投票的原则，因而条约在这一方面不受指责。

在此值得花一点时间来简短地描述一下结果。

公民投票最终于1920年经英、法军队许可举行。虽然这些军队占领着有争议的地区并做好了投票准备，波兰人在前波兰在德国国会中的一个名叫科尔凡蒂的议员的领导下，还是组织了意在阻止投票的暴力袭击。德国人很快以同样的袭击进行了报复。可以说是内战的冲突 214

爆发了，其间英军同情德国人，法军同情波兰人。事态发展到危险而荒唐的地步。但是法律与理智总是能占据上风。公民投票如期举行，结果德国人以 6 比 4 占多数。当这个结果送交最高会议时，会议上达不成一致意见。美国人已经回国，英国与法国在固执地、势均力敌地顶牛。这个僵局在以后双方同意把问题提交国际联盟会议时才得到解决。这是两个最大国家提交给这个新机构的第一个官司。被英、法间的分歧所分裂的这个会议的做法是将官司移交给由较小国家的代表组成的委员会，由它决定，这个委员会虽然属于联盟会议，但从不参预协约国最高会议的讨论。把这个微妙而棘手的问题托付给一个比利时人、一个西班牙人、一个巴西人和一个中国人。这个委员会在所有压力下只能求助于一个妥协方案。他们的决定引起了德国的极大愤恨，但为英、法两国作为粘合剂而接受。难以想象还有什么其他办法可以遵循。

根据格拉德斯通标准判断，德国从战争与和平中得到了许多正面的好处。她事实上达到了维多利亚时代英国自由党政策的所有主要目标。战败给予德国人民有效控制自己事务的权利。帝国主义制度已被肃清。国内获得了自决。在普选——德国统治者对此是负了实际责任的——基础上形成的议会制度也许是对失去了 22 个国王和亲王的某种安慰。取消义务兵役在英国人眼中一直似乎是获益而不是受损。和约强制德国限制军备，今天被赞扬为所有国家都应追求的最高目标。《凡尔赛和约》荒谬而不公正的经济和财政章节已几乎全被抛弃；它们有的已被废止，有的根据越来越多的事实被明智的和互相同意的一系列安排所取代。德国的资产阶级和食利者阶级、贫困的领养老金生活者、节俭的领年金者、退休的体力劳动者、年老的教授、勇敢的军官等等的苦难使人怜悯，这种苦难主要是由于德国政府发行的马克崩溃引起拒绝清偿而造成的。他们可以当众侮辱德国国家的公正原则，但他们没有削弱德国心脏的脉搏，也没有削弱德国工业的生产活力，甚至也没有削弱德国人民信贷和储蓄的能力。德国失去了殖民地，但是她在

215

殖民领域本来就是个后来者。她不拥有德国民族能生息和繁殖的海外领地。热带地区的"外国种植园"（这是英国沿用很久的一个词汇）可能会使你自豪与感兴趣，但肯定费用高昂。海外殖民地无论如何都只能是海上强国的抵押品。殖民地的失去决不会损害德国的力量，殖民地的新得主能否改善其命运，大可怀疑。

现在我们试将德国今日所处的地位，与当日德国潜艇的攻击如果制服了皇家海军将出现的情况做一比较：我们 4 000 万人面临的是，如不无条件投降，那就得挨饿，落在不列颠和英国本身头上的只能是厄运。《凡尔赛和约》制裁的严厉程度如有一半施予英国，那就不但会使我们古老的缓慢建立起来的世界组织在财政上归于破产，而且还会使英国人口至少迅速缩减 1 000 万，并使其余幸存者陷于普遍的贫穷和绝望。这场可怕的战争的赌注超出人力所能及的范围，就英国及其人民而言，他们终将灭绝。当我们想到奥匈帝国、奥地利本身和过度拥挤的城市维也纳的命运时，我们可以在小范围中衡量我们被迫去冒的风险。

在这几段直率的话中，有一个向德国的知识分子发出的呼吁。

*　　　*　　　*

法国的情况怎样？德国与法国间国力的悬殊，这一点在过去和现在都是缔结和约时面临的主要问题。在地球上最平坦的一个地区，居住着 4 000 万固定人口，密度颇低，而千百英里陆地边界的另一侧，是一个人口与日俱增的、进步的日耳曼人种和国家，人口达 6 000 到 7 000 万，两相对比，展现了一个固有的具爆炸性质的事实。经常谈谈和平和力争保持和平固然有好处；但更重要的是同时还得理解导致战争的原因。在下一个世代怎样保卫 4 000 万人的法国免遭 6 000 万、7 000 万或 8 000 万人的德国的入侵和蹂躏？和会有一个根本性问题，我们不需要深入研究精心搜集的统计数字，只要说明 1940 年后德国的从军年龄男子将是法国的两倍就足够了。面对这个情况，法国如何寻找安全呢？法国战胜了，德国彻底战败了。但每个有理解力的法国人和德国人都知道，这些状况可以维持 20 年或 30 年，却不是终结性的。法国在没有俄国帮助的情况下原本不可能打败德国；但是俄国战败了。无人能说俄国能否、何时、以何种形式重新出现。至少在和会召开的那些日子里，我们似乎觉得复活的俄国有可能站在德国一边。有些国家也存在着这些问题，但英国有英吉利海峡，美国有大西洋。法国人说，"从长期看来，在我们与入侵之间除刺刀和我们士兵的胸膛外没有任何东西。"

这就是恐惧和灾难。今天整个欧洲为此而受害。甚至在我写此书稿时，法国人用他们节省地积累下来的 5 000 万法郎建造一条钢筋水泥的防御线以保卫他们的国家，以防止 1870 年 8 月和 1914 年 8 月事故的重演。这就是和会的根本问题：法国害怕自己被德国毁灭，在生死攸关的问题上法国表现出了决不犯轻率错误的明显决心。

但是有人认为，人们增强的道德意识将阻止此类文明崩溃在以后再次发生。国际联盟的盟约将保证每个成员国的独立和领土完整。对此法国人回答，"条约保护过比利时吗？"可是有人强调说，世界已经吸取了教训；德国人已经吸取了他们的教训。没有人要再打仗了。对此法国人说，"我们已经受够啦。"最后有人断言，人们在经历了四年的屠杀和贫困以后，已变得聪明些了，高尚些了，仁慈些了；人们只要看一下四周，便懂得一切都比他们父辈好多了：信任民主、信任群众智力、信任议会制度、信任旧伤的痛苦。可是法国人继续悲伤地反复重申，"我们需要安全。"对此，完全安全的美国和相当安全的英国深含哲学意味地说，"不存在绝对安全这种东西。"法国人说，"假如那样，我们要得到我们能得到的最好的。"

福煦元帅头戴的桂冠，永不褪色，光可照人。他考虑了亲身经历的新近的情况，宣布说，"我们必须占有莱茵河左岸。这样即使没有英国或美国足够强大的和及时到达的援助，以阻止北部平原的灾难，也可以保证法国不致失败；或者，如果法国想要她的军队免遭失败，那么没有必要把军队后退到索姆河、塞纳河或卢瓦尔河后面以等待协约国帮助，法国必须得到莱茵河左岸。莱茵河到今天仍是西欧安全，从而也是文明安全必不可少的屏障。"

英国人和美国人接着说，"但是德国人住在莱茵河两边，你怎样统治他们？"于是福煦元帅追溯了拿破仑和他的莱茵河联盟。他于 3 月 31 日说，"安定莱茵河左岸的政治状况和向这个地区灌输各民族自由地和平共处的观念是我们的责任。事实上这些地区从来都是独立国家或德意志中部诸邦的不固定部分。"争论是激烈的。劳合·乔治提出两个问题："如果德国人知道英国与美国必然会支持法国，你认为他们仍然会攻击吗？"福煦元帅回答说，如果他们确信没有来自俄国的危险，他们会毫不犹豫地发动攻击。另一个问题是"如果德国陆军缩减到和英国陆军同样的规模，他们会攻击吗？"福煦回答说他们会攻击，因为事实上，德国陆军不会缩减。他还说即使存在英吉利海峡隧道，情况也不会十分不同。 **218**

与此同时，情况显然是，住在莱茵河旁的居民愿意隶属于战败的德国，不愿隶属于战胜的法国。他们也不希望成为一个缓冲国的人民。因此这个问题在大会一开始就陷入完全的僵局。

威尔逊总统与劳合·乔治两人全都深深意识到了法国面临的危险及其畏惧。威尔逊曾希望国际联盟会与所有其他国家一起保证法国的安全，保证她免遭入侵。但是，法国人虽然十分愿意有国际联盟尽其所能的保护，但他们确实不相信国联的力量。当武装力量制裁从盟约草案中删去，仅仅保留对侵略者的财政与经济制裁时，法国人的怀疑态度几乎是无可指责的。威尔逊总统的返回美国以及他自己感到在美国舆论压力下不得不做的保留，进一步削弱了国际联盟的力量。从那时起，情况变得很清楚，如果要劝导法国从莱茵河撤军，那就必须为她找到另外某种安全保证。劳合·乔治先生早已预见到这是必然的。他甚至比威尔逊更深地悟到德国人受外国人统治可能出现的危险。他与威尔逊都拒绝考虑把德国限制在莱茵河后面的做法；两人越来越感 **219**

觉到有责任找到别的安全措施。

首先也是最明显的预防措施是解除德国的武装。福煦元帅和法国军界人士对此出人意料地麻木不仁。在停战条件中，元帅除了要求交出大量大炮外没有提出德国陆军复员和解除陆军武装的条款。曾有人代表他声明，说他不相信任何全面解除武装的政策能够长时期实施，他不希望把他的名字与他不能保证执行的条款连在一起。他对德国的保证概不相信，认为不管做出什么许诺，一旦德国恢复行动自由，她会使用这种或那种方法建立和以武器装备新的军事力量。

在首相的大力策动下，在裁军委员会里的英国代表竭力促成提出最激烈的措施。劳合·乔治先生坚持德国陆军不应比英国陆军强；其陆军兵员不得强制征募，其服役期不应是短的。它应是志愿的职业军队，每个士兵最短服役期为 12 年。这样它就没有力量发展大量受过训练的后备军了。服役的总兵力包括各级军官在内不得超过 20 万人。劳合·乔治也为德国海军提出了同样建议。法国人心怀犹豫，但还是顺从了这个强硬的创议。这个方案与欧洲大陆的所有思想完全背道而驰。它似乎在指责"全国武装"这个原则，而这个原则是法兰西共和国的革命遗产和生活与自由的最高保证。尽管如此，他们看到了采取这个方案对付德国的优点。他们确定如果德国陆军做到如此高度的职业化后，不应超过 10 万人。对于这一点劳合·乔治不加反对。

最后达成一致的军事条款令人吃惊。一个有 6 000 万人口的国家，此前曾是世界上的头等军事大国，而从现在起任何时候都不得有一支超过 10 万人的军队。借以建立德意志国家的往昔军事组织的整个基础被铲除一空。曾经如此强有力地操纵德意志国家政策的总参谋部被撤销。步枪、机关枪和野战炮的数量受严格限制；装甲车、坦克或毒气的制造被禁止。军用飞机或飞船既不准制造也不准拥有，武器、军火和其他战争物资只能由指定的几家工厂限量生产。销毁剩余军火的工作由首相以非凡的精力督促执行。我在陆军部曾接到他的多次指示，要求加速实施这项任务。全部 4 万门大炮被炸成碎片，其他各种军用物资以相应规模销毁。主要由于英国的努力，德国几乎完全被解除了武装；整个军事等级制度既是人们大量兴趣的所在又是民族美德的典型，它一直是德国力量的永久性动力，但如今必须在一个世代里从德国人的生活中消失。日耳曼人种那永不枯竭的青春与爱国主义、勇武与强大能力的源泉，从今以后要沿着新的渠道流动，同英国与美国一样，以其他形式为国家和社会服务。这一点在过去和现在都是最为重要的事实。

但是法国人感到怀疑和沮丧。这种情绪将持续多久呢？20年或30年或40年后将发生什么？任何人都不希望，在经历了战争的恐怖与苦难的这代人还活着的时候再次发生战争。这些解除武装的条款在没有危险的年代会生效；但在需要它们生效的紧急时候它们会停止起作用。法国人反复讲，占据莱茵河左岸是唯一持久的防卫办法。

由英国与美国提出的、受到法国欢迎的第二个保证措施是，在法国与德国之间建立一个宽广的非军事区。于是，相应地在条约上规定，221凡在德国领土西部莱茵河以东50公里一线以内的所有防御工事、堡垒和武器一律拆除和销毁。禁止在这个区域内，新筑防御工事。在这个区域内，居民获准持有武器、接受军事训练和参加志愿的或强制的任何军事组织。该区域内不准存在适用于军事目的的供应站、机构、铁路或任何种类的建筑物。这些条件的永久性实施将由协约国和毗邻伙伴国决定建立的机构和制定的办法进行监督。

和约起草委员会的英国成员深刻地认识到，如果和会任由波兰自由发展武装力量，而俄国完全留在和会和国际联盟范围之外，解除德国武装会是困难的。因此从种种迹象上看，英国代表团似乎认为，在和约的这些章节中应该加上个导言，说明永久解除德国武装与整个世界的普遍裁军程序连在一起。这个意见由威尔逊总统正式提出，在会上很容易就通过了。日内瓦裁军委员会的持久的、而且已经证明是令人烦恼的艰巨工作就从这个序言开始了。

法国人继续据理力争，认为这些安全措施在理论上也许是极好的，在平静时期可能是有用的，但当一代人需要安全措施起保护作用时，这些措施将会终止和失效。因此要找寻一个一劳永逸的安全对策，于是就有了由英国和美国保证法国免遭德国在将来入侵的想法，这个想法以后逐渐变得明确起来。就人力扩展的程度而言，这当然是完全可靠的预防措施。如果入侵法国必然导致与英国和美国作战，很难想象德国政府敢采取这种行动。英语世界联合起来的力量是不可抗拒的，战争的经验业已证明，联合起来的力量肯定能在欧洲，实际上能在任何地方以任何必要的程度使用陆军、海军或经济制裁的形式——虽然需要在一段不确定的时间以后行动。

可是福煦继续持反对态度；而克列孟梭面对的选择是苦涩的。因战争流尽了鲜血、成年男性人口在减少或至多不增不减的法国，怎能不仅无视德国而且还无视英语世界，以自己的军事力量单独据守莱茵河呢？法国人民怎能拒绝两个海外巨人如此慷慨地提供的让你完全满意的保证呢？不过，他也知道放弃莱茵河永远也不会得到法国最强硬的一批人的原谅。就连他在法国最危急时对国家所做的贡献也帮助不了他。但是他的勇气与智慧经得住考验，他接受了英、美的保证。和约就在德国莱茵兰不可侵略的基础上制定，该地区要受一段时间的军事占领，现在占领期已近结束。

保证的结局今天我们已知道了。英国议会及时批准了英、美的保证条约。美国参议院则否决了总统威尔逊的签字。联合担保因而成为一纸空文。在美国接受后才能生效的英国的义务，与美国的拒绝同时取消。这样，受条约约束而放弃莱茵河的法国又被剥夺了给予她补偿性安全的保证。法国陷入了孤立，他们声称受了欺骗，被抛弃了的法国人民于是求助于自己的军事力量、技术装备、非洲后备军、防御设施和与波兰及欧洲其他新国家的军事协定。在后面我们讨论洛迦诺公约时，对这个总的问题将有更多的话要说，可是对这种事态发展表示痛惜的、批评其邪恶性质的那些人，还是研究一下其原因和结果为好。

*　　*　　*

　　为解决对德和平条款，争论剧烈紧张，一时耗尽了三巨头的精力。他们对此有一定的畏缩情绪，所以没有立刻投入困难要少一些、但同样重要、甚至还要复杂的奥匈帝国及其命运问题的讨论，这是很自然的。有些困乏是无法避免的，而且也许是情有可原的。许多委员会长期以来一直忙于各方面的工作。看来此时给这些委员会一个总的指导方针，指示起草条约的法律专家应用对德条约的原则，来起草对其他战败国的条约就足够了。

　　但是保留德国作为欧洲家族最大支系的自决原则，对于哈布斯堡帝国最终是生死攸关的。此外，在这个巨大的舞台上决定性的事已经发生了。在战争的最后两个星期，奥匈帝国事实上已在颤抖中支离破碎。1918 年 10 月 28 日捷克斯洛伐克公开宣布自己为独立的主权国家，并得到协约国与毗邻伙伴国的承认。人们对捷克斯洛伐克军以及对马萨里克和贝奈斯结盟的影响还记忆犹新，捷克斯洛伐克成功地出席了和会，不是作为被协约国打败的敌对帝国的一部分，而是在技术上作为同在等待与德、奥这两个国家缔结和约的一个新国家而成功地出席了和会。一个类似变形伞的情形随着 1918 年 12 月 1 日南斯拉夫的建立而出现，南斯拉夫由获胜的塞尔维亚人和战败的克罗地亚人及斯洛文尼亚人联合组成，称为南斯拉夫王国，约有 1 300 万人口。这个新国家也很快得到了英、法、美的承认。但是意大利对其犹豫不决。意大利人指控克罗地亚人在整个战争中同意大利苦战。不管对波希米亚和捷克斯洛伐克可能说些什么，但克罗地亚人没有权利在战败时摇身一变，利用合宜的一招出现在战胜国行列。然而时势不可阻挡，克罗地亚人有求，塞尔维亚人则给予庇护，后者对之以友好人民相待，说他们是在一个已不存在的、有罪的帝国强制下违反他们的意志进入战争的。1919 年 4 月意大利承认了他们的权利要求。

224　　　匈牙利也退出了帝国，声称自己为独立的君主国。位于中央的古老文化首都维也纳与奥地利一起受到了孤立，奥地利人也力图走同样的道路，宣布奥地利为共和国，声明自己是一个新国家，她从未与协约国交战，她提出恳求说，她的人民不应因为已消失的政权的罪行而被宣布有罪。

　　这些转变使重新召开的四国会议面临新问题。捷克斯洛伐克和南斯拉夫的代表，作为朋友和在某种程度上作为盟国，被安排在令人神往的战胜国区位就座。同样地，在同一战线和同一军队参战的奥地利人和匈牙利人，在战败和犯有战争罪的污名的阴影下坐在外边。尽管奥地利与匈牙利的统治阶级负有特殊的责任，但是认为这四个国家中任何一国人口中的大部分都无辜或都有罪是荒谬的。人人都被不可抗拒的同一潮流拖入了战争漩涡。然而一半人为座上客，另一半则为阶下囚。

　　两个士兵并肩作战，是为了共同事业，是为了分担战争的危险和艰苦。战争结束后他们回到各自的村庄，可是一条边界线把他们分开了：一个是有罪的不幸的人，靠运气好才保住性命逃脱了征服者的报复；另一人似乎是征者当中的一个。啊，这些受命运女神操纵的傀儡！在中欧地区出生的人是不幸的。

　　针对这种奇怪的、吵吵闹闹的场景，和会努力应用在签署对德和约中起决定性作用的自决原则解决问题，于是中欧地图得以重画。在英国人看来"捷克斯洛伐克"这个词很陌生；但居住着捷克人的波希米亚和摩拉维亚古代王国，唤起了对民间流传的很多故事的回忆：斯蒂芬宴会上的国王瓦茨拉夫、克雷西战役中的波希米亚瞎眼国王约翰、威尔士王子的上面有日耳曼箴言"Ich Dien"（我尽力）的箭羽，也许

225　还有布拉格的约翰·胡斯。这些都是久享盛名的故事。波希米亚消失已有数百年。奥地利与波希米亚君主个人的联姻发生在 16 世纪，因而哈布斯堡的元首成为奥地利皇帝和波希米亚国王。30 年战争的苦难在两国历史上留下永远的伤痕。波希米亚因信奉新教而受到迫害，在

胁迫之下部分信奉了天主教。波希米亚在怀特山战役彻底战败后，从1618 年起成为被征服的王国，受哈布斯堡王朝的专制统治。波希米亚人民从未屈从。18 世纪时他们的民族感情处于麻痹状态；但是记忆是久远的，传统是强烈的。19 世纪下半叶出现了体现为捷克运动的波希米亚民族主义的觉醒。那里和别的地方一样，民众教育唤醒了久已被忘怀的民族语言。学校成为捷克民众与帝国政府之间斗争的中心。语言的自我意识和民族情感一起上升。弗兰茨·约瑟夫皇帝在布达佩斯加冕为匈牙利国王，但捷克人是要求他到布拉格并加冕为波希米亚国王，这个愿望遭到了顽固的、现在看来是无情的拒绝。

战争期间，捷克的运动发展为要求自治，然后再要求独立的运动。捷克人习惯于向俄国谋求同情。俄国革命后他们在马萨里克指导下转向美国和西方各国。他们的独立已得到承认，只是边界尚待确定。但是这里有纠缠不清的难办的事。波希米亚和摩拉维亚至少有 300 万说德语的人口，他们的住区通常是集中的，而且享有优越地位，是有能力的一个群体，像爱尔兰的厄尔斯特人，从来都紧密地团结在一起。要是排除说德语的人，这会深深地也许会致命地削弱这个新国家；而容纳他们又冒犯自决的原则。和会在这个问题上感到进退两难，最后决定坚持波希米亚由山脉清楚界定并得到 500 年传统尊重的古代边界。 226
除了在朝向奥地利的这段边界上做了一些令人伤脑筋的、但微小的变动外，这个决定便付诸实施了。

波希米亚的捷克人与斯洛伐克人携手联合。后一个民族居住在匈牙利北部山脉的南坡上，其中有些地区伸入了多瑙河平原。斯洛伐克人几个世纪来受马扎尔人统治，他们认为这种统治纯属压迫。他们是与捷克人有血缘关系的一个南斯拉夫民族。他们说同一语言的一种方言。他们希望摆脱匈牙利加入这个新国家。大战临近结束时，威尔逊总统答应马萨里克教授，美国将支持斯洛伐克并入新的波希米亚；如我们已经见到的，根据这一点捷克斯洛伐克宣布为一个主权国家。划分斯洛伐克人和马扎尔人之间的边界无论如何是一个困难的任务。划出任何一条线都会遭到理由充足的反对。委员会的自然偏向有利于斯洛伐克人，结果约有 100 万马扎尔人发觉自己被违背意愿划入捷克斯洛伐克的国界以内。

南斯拉夫王国由原来的塞尔维亚王国与克罗地亚人和斯洛文尼亚人的联合，再加上波斯尼亚和黑塞哥维那两个省组成。克罗地亚人几个世纪以来一直处在匈牙利国王的统治下。他们并不像斯洛伐克人那样受严重压迫，战前曾使用宪法和合法手段在他们中间开展自治运动。住在威尼斯与的里雅斯特北部和西北部山区的达尔马提亚人与斯洛文尼亚人是奥地利国王的平民。这两个人群在寻找新的效忠对象；此时由大写首字母 S.H.S. 为名称的新塞尔维亚—克罗地亚—斯洛文尼亚王国正进入困难的诞生时期。

这个新国家的边界必须决定。南斯拉夫与匈牙利边界的划分没有什么困难；她与奥地利边界的划分困难较大，至少要求进行一次公民投票以缓和决定时刻的紧张局面。她与意大利的边界最为困难；获胜的这两个协约国政府在这里均面对彼此武力威胁。意大利与南斯拉夫的边界最终由两国单独谈判解决。

像塞尔维亚一样，罗马尼亚得到了大量的人口与领土。原来新月形的罗马尼亚地图在合并了特兰西瓦尼亚后变成满月。特兰西瓦尼亚问题使用自决原则解决不了。问题的特点是相当一部分匈牙利人被孤立在罗马尼亚边境地带之内。罗马尼亚地区的人民希望加入罗马尼亚；在马扎尔核心地区的人民的意愿是追随匈牙利亲属。最后的决定与自决原则相冲突，原则问题就这样被人为地排除掉，特兰西瓦尼亚的完整是一个重要因素，和会把整个地区转移给罗马尼亚，从而至少使另外 100 万马扎尔人离开了匈牙利。

匈牙利与奥地利的新边界是上述议决的结果。匈牙利的斯洛伐克给了波希米亚，匈牙利的克罗地亚给了塞尔维亚，她的特兰西瓦尼亚给了罗马尼亚。和会还要求她把维也纳附近一个相当大的说德语的地区割让给奥地利，这个地区基本上是那个可怜首都的粮食供应地。发生的事情对马扎尔人颇为不幸，他们在巴黎会议的紧要时期失去了对他们自己政府的控制。共产主义革命在布达佩斯爆发。列宁的信徒和莫斯科的雇用工具贝拉·库恩夺取了政权，施行暴力与专政统治。最高会议只能规劝，也做了规劝。可是罗马尼亚军队在特兰西瓦尼亚。这支军队遭受攻击后，进行了反击，进入匈牙利，开始时伪装成解救者，受到了匈牙利人民的欢迎，后来却无情地掠夺他们。因此，匈牙利人民在面对决定他们未来的关键问题时正是他们最衰弱的时候。匈牙利几个世纪中并吞的不同附庸民族纷纷从她的统治下离开，而且250多万、占整个人口四分之一的马扎尔人，至今还居住在外国统治之下。

228

奥地利是最后一个难处理的问题。她与匈牙利一起承担了昔日哈布斯堡强大帝国的全部罪责和重担。奥地利缩小了，成为维也纳四周和阿尔卑斯山地区仅有600万人口的一个社会，中央是有200万人口的帝国首都。奥地利这个国家确实可怜。奥地利与意大利之间的边界尚待划定。伦敦秘密条约允许以意大利的阿尔卑斯山脉为边境线。可是在南蒂罗尔的霍费尔地区，有40万说德语的阿迪杰河谷上游的人民生活在阿尔卑斯山以南。意大利要求她的条约权利，英国与法国受条约的束缚不能反对。威尔逊总统不受束缚，可是他的处境是痛苦的。一方面他主张民族自决原则；另一方面是阿尔卑斯山、条约和意大利的战略安全。4月份总统撤销了此前一直坚持的反对意见，南蒂罗尔改属意大利主权范围。

应该补充几句，在建立新国家边界的所有条约中，都插入了如保护少数民族、保护它们的待遇和在法律面前有平等权利等确切而精心设计的条款。意大利作为战胜国中的一个大国，没有被要求承担保护少数民族的条约义务。她主动宣布了自己的庄严决定，对这些条款给予应有的考虑和加以公正的对待。南蒂罗尔居民因此只能保护自己特有的感觉，把自己的生存基础直接放在对意大利国家的忠诚和敬意上。

在悲惨的困境中，奥地利转向了德国。与伟大的日耳曼民族联合会给奥地利以生命力和生存的手段，她处在憎恨她的邻国包围中，失去了一切。新奥地利政府立即吁请给予自决的民族权利，要求成为德意志共和国的一部分。从理论上说根据威尔逊原则，这个要求——人们称它为并吞——难以拒绝。但实际上它充满危险。它意味着使新德国在领土和人口上比旧德国更大，而旧德国已经证明其力量强大得足以与全世界作战达 4 年之久。它将使德国势力范围的边界达到阿尔卑斯山脉的巅峰，成为东西欧之间完全的屏障。瑞士的未来和捷克斯洛伐克的永久存在似乎同样会受影响。因此在对德和对奥的和约中插入一个条款，禁止这样的并吞。除非得到国际联盟大会的一致同意，否则据推测，这是无法实现的。

229

由于欧洲和平的最严肃的理由排除了这个自决的抉择，因而更有必要改善新奥地利的状况了。这要求迅速承认奥地利共和国以及最大限度地关心如何减轻加在她身上的财政负担。尽管有实际上已在维也纳的那些英国人所做的重要的陈述，可是整个奥地利问题有几个月之久被完全忽视。当最后对奥和约的起草开始时，不同委员会努力借用对德条约的条款。这意味着整个财政负担落在小小的奥地利共和国和匈牙利身上。赔偿条款把前奥匈帝国支付赔偿的全部责任，根据规定严格地加在了这两个破败的小国头上。这种纯粹的无理要求当然行不通。可是事情被不必要地和危险地耽搁了。接着是奥地利财政的全面崩溃和社会崩溃，由于后阶段国际联盟在主要是贝尔福先生的敦促下进行干预才得以避免。

保加利亚得到了较好的对待。她避开了紧随《凡尔赛和约》之后出现的裂隙与惯性。她获益于圣日耳曼条约决定的退缩。她的人口几乎没有减少；她的经济与地理边界需要研究；她得到保证可以使用爱琴海进行贸易。可是保加利亚给协约国造成的痛苦是不轻的。她残酷无情地进入战争；她的这种行为对解放她的俄国和友好的英国是忘恩负义的举动，应载入史册；向斗争中的塞尔维亚背后猛刺一刀；由此使协约国事业遭受可怕的损伤；在塞尔维亚土地上犯下战争罪行——所有

230

这些构成了长长的一篇黑账。坦珀利博士在他的《和平会议历史》中说，保加利亚代表团到达巴黎时大吃一惊，因为没有一个人愿意和他们握手，一条意义深长的脚注列举了对这种冷漠态度的许多令人感到寒意的解释。可是对保加利亚条约起草时，人们的心情远比确定奥地利与匈牙利命运时明智和谨慎。此时的专家已成为制定条约的行家里手；最好和最有能力的官员要求大家控制情绪。这个条约与大国的激情与利益无涉；大国实际上持善意的不关心态度。保加利亚人最糟糕的抱怨是，他们被禁止保有由应征新兵组成的军队和他们的人民不能成为职业军人。在其他方面他们是英勇善战的民族，勤劳而勇敢，善于耕种和保卫自己的土地或夺取他人的土地。他们处在生命大厦的底层，没有进一步往下掉的巨大风险。他们被斐迪南国王驱入战争，这一点是确定无疑的，随着他离开去过奢侈的流亡生活，协约国的愤怒明显地平息了。

*　　　*　　　*

本章主要叙述解决中欧各国领土问题的概况和解决这些问题所遵循的原则。我们与土耳其的和约以及塞夫勒和洛桑条约需要单独论述。至于南斯拉夫和罗马尼亚关于蒂米什瓦拉的巴纳特的纠纷，波兰人与捷克人之间关于特申公国的争吵，喀尔巴阡山脉的鲁塞尼亚人问题，和东加利西亚的更大难题，不是这里的简短叙述所能说清的复杂问题。显然，还有许多摩擦点没有消除，还会引起受影响的人民的不满并成为欧洲的焦虑。但是整个解决办法是公正的，简单地解释解决办法是怎样形成的，不会使欧洲新地图的制作者受到严重的指责。各国人民的愿望还是占压倒优势的。战胜国所规定的基本原则，在国力由强变弱的那些国家中得到了实实在在的贯彻。没有一个问题的解决会不碰到困难、不出现反常现象。有争议地区的较正确的解决办法，只有在如下条件下才能找到，即英国、法国和美国准备长时间派出相当数量的军队，确保举行组织得很周到、很全面的公民投票，并实施后来在土耳其进行的那种人口迁移，同时又对那些命运尚悬而未决的地方提供粮食和信贷。由于战争使资源耗竭，因而不允许进行此种费钱费力的干预，但又不能总担忧地认为干预就是冒险是有道理的。中欧与南欧解决问题的模式被急速地、部分被粗糙地照样塑造，但这些模式适应所有的实际用途，非常切合总的设计；根据20世纪的眼光来看，这个设计似乎是正确的。

第十二章　俄国内战

在 1919 年，整个俄国打了一场奇怪的战争：一场在如此辽阔的地区打的战争，一支庞大的军队，实际上是几十万人的军队，打败了，被冲散了，瓦解了，失踪了；没有真正的战斗，只有袭击、闹事和屠杀，其结果是像英国或法国那么大的地区换主易手；是一场地图上移动小旗的战争，一场改变警戒线的战争，一场骑兵掩护部队前进或后退几百英里的战争，既无真正原因，也无持久后果；一场既不是勇猛又不是仁慈的战争。无论谁都能向前挺进，并感到容易继续向前；无论谁都会被迫后退并感到难以停止。纸面上看，它好像西线和东线的大战。事实上只是幽灵的大战：一场冥国国土上没有什么内容的、冷酷的、虚幻的战争。首先是高尔察克，然后是邓尼金，通过发动他们所谓的攻势，在广大地区前进。随着他们的前进，他们把战斗部队铺得越来越宽，越来越散。看来他们的作战范围似乎是只求不

断展开，直到一英里还不到一个人。处在中心的布尔什维克虽然同样

虚弱，但当时机到来时，不管愿意不愿意，总是要不断施压，在这里击一掌，那里打一拳。于是所有旗子往后退，城市易手，但可怕的报复行为落到了无援的人们的身上，然后对报复行为进行几个月琐碎的调查。浩大的自然或战略障碍，如漫长的伏尔加河和乌拉尔山脉不再是休息的地方；获得它们或失去它们不再有战略后果。这是一种极少有伤亡，但有数不清的死刑的战争！记述俄国城市、王室和无数卑微家庭的这些悲剧，可能使图书馆里增加大量令人忧郁寡欢的书册。

但是俄国人口本是农村人口。千百万农民居住在几十万个村庄里。土地永远存在，大自然永远会结出果实。这个时期这些村庄的生活是怎样的呢？有一天我们与劳合·乔治一起进午餐时，萨文科夫给我们说了一席有关那里的使人信服的话。在某些方面似印第安村庄，在村庄上空往昔时代的征服的浪潮被扫了回来。他们占有土地，他们杀掉或赶走以前的土地主人。村庄社会涌现出新的耕作的田野。他们现在有了这些长期以来梦寐以求的地产了。不再有地主；不再有地租。刚好有了土地及其全部收获。他们还不懂在共产主义制度下，他们还会有一个新的地主——苏维埃政府——新地主要征收更高的地租以养活饥饿的城市。

他们是自给自足的。他们完全没有外部世界或现代设备，他们只能维持自己的粗陋生活。他们用兽皮制成外衣和靴子。蜜蜂给他们蜂蜜代替糖，还给他们蜂蜡供日落后可能需要的照明之用。他们有面包，有肉，有块根植物。他们吃、喝时蹲坐在地上。人类的事业与他们无关。

共产主义或沙皇政府，世界革命或神圣俄国，帝国或无产阶级，文明或野蛮，专政或自由——这些在理论上对于他们来说完全一个样；而且不论谁赢在事实上也是一回事。他们生在那里就留在那里；在那里干辛劳的苦活以取得他们每日要吃的面包。一天早晨来了一队哥萨克巡逻队。他们说，"基督出现了；协约国军在前进；俄国获救了；你们自由了。""苏维埃不再来了。"农民们咕哝几句，适时地选出他们的长

老会议。哥萨克巡逻队骑马走了，随身拿走了他们所要的、带得走的所有东西。几星期、也许几天以后的一个下午，一个布尔什维克带着十几个持枪者乘着一辆破旧的汽车来到，同样说，"你们自由了；你们身上的锁链已被打碎；基督是骗人的东西；宗教是民主的麻醉剂；兄弟们，同志们，为享受新的伟大的日子欢呼吧。"农民们咕哝了几下。那位布尔什维克说，"叫长老会议滚蛋吧，穷人的剥削者，反动的卑贱工具。选出村苏维埃取代它，从今以后镰刀与斧头象征你们的无产阶级权力。"于是农民们赶走长老会议，用简陋的仪式重选村苏维埃。但是他们选出的正是此前组成长老会议的原班人马，土地仍旧在他们的掌握之中。那位布尔什维克和他的持枪者很快乘上汽车动身，在马达的嗒嗒声中驶往远处，也许驶往哥萨克巡逻队。

莫斯科控制着俄国；当协约国的事业在胜利中逐渐暗淡时，俄国并没有别的控制机关，只有《鲁滨逊漂流记》中克鲁索式的辛劳、自言自语和杀戮。古老的首都坐落在向四面八方辐射的铁路网的中心。在中央有一只蜘蛛！四面的苍蝇列队前进，抱着粉碎蜘蛛的徒劳希望！我一直认为只要有二三万坚定的、理解形势的、武装精良的欧洲兵就能迅速沿着向莫斯科汇集的大道前进，不会有严重的困难或损失；能重创向他们迎击的任何武装力量。可是不存在这样二三万坚定的军人或者不能把他们聚集起来。邓尼金的军队在广袤地区搜寻粮秣。他们夸口说具有大面上的政治影响。他们靠乡村养活，因征集而很快疏远了农民，这些农民开始时曾欢迎他们。要是邓尼金本人在南方一个地方聚集必要的供应，为直接扑向莫斯科做准备，要是他抓住西伯利亚军开始衰落之前的最佳心理时机，他本来有良好的成功机会。莫斯科及其无与伦比的铁路中心的主人，拥有一个军的可以信赖的军队，其力量和威望也许是不可动摇的。但是从来没有人对莫斯科做过一次冲锋；没有对这个神秘首都做过拿破仑式的飞扑；只在远处单薄无力的战线上徘徊，而且力量越来越单薄，越来越衰弱和胆怯。最后，布尔什维克处在圆圈中央，对方踌躇不前而又不充分集中，所以此时轮到

235

布尔什维克进军了，他们在对方战线上什么都没有发现！只有无依无靠的人民或千万顺从的家庭和个人。

俄国军队打打停停，而且流动性大，这与协约国的政策或缺乏政策是相似的。协约国在与苏维埃俄国打仗吗？当然不是；但是他们一见到苏维埃俄国就开枪。他们在俄国领土上像是入侵者。他们武装苏维埃政府的敌人。他们封锁她的港口和击沉她的战舰。他们热切地希望和策划使苏维埃政府垮台。可是战争——令人震惊！干涉——令人羞耻！他们一再表示，俄国人怎样决定内部事务对他们来说是无关紧要的事。他们是公正的，砰地关上了门！然后则进行谈判并试图通商。

读者很可能认为，五大国最后在 6 月份决定明确支持高尔察克，标志着怀疑和踌躇莫决的结束。但他们派不出军队；他们不能花很多的钱。但是他们可以用剩余军火和精神上的鼓励以及协调的外交手段给予有力的援助。只要他们实实在在地和真诚地在这些限度内一起行动，他们原本有可能达到良好的结果。但是他们支持高尔察克和后来支持邓尼金都只是半心半意的。另一个半心半意的表现是 1919 年的整个夏季一直表现摇摆不定，对反布尔什维克的前景持怀疑态度，又不知道苏维埃政府和第三国际的真正性质，且急于要知道莫斯科的极端主义者是否会对理性和耐性的做法做出反应。

寇松勋爵在 1919 年 8 月 16 日起草的备忘录，以严厉的言词描述了协约国行动的软弱无力和杂乱无章。

"不能说曾经采取过完全一致的政策，即使现在作为最后一招政策所根据的原则，在某些方面也仍有争论。有时行动由坐在巴黎的协约国与毗邻伙伴国政府的代表或由他们建立的组织机构采取，有时由各国政府自己采取。形势如此复杂，要使各方都能接受做出的决定，困难很大，在某些情况下可以说是要人们承认根本不存在的政策，这并非夸大其词。

"在这种情况下，各大国在会晤时——必须承认，采取不行动的对策敷衍塞责，这是太寻常了——往往采取一种不肯定的行动路线；

财政负担往往几乎完全落在不具有最大能力或最不愿付钱的国家的肩上；其命运与我们有关的独立国家或社会群体，经常没有或始终没有最好利用所得到的帮助，同时又不停地叫喊，要更多的援助；应不应承认这个或那个社区几乎一直是每星期都要争论的事情；协约国派出许多使团设法在各地做整治混乱和恢复秩序的事；对于要追加大量物质援助的地方，我们提出的建议得到了上级的准许，其他地方我们则置之不理……

"在俄国西部战线，波兰和立陶宛、拉脱维亚、爱沙尼亚等波罗的海国家正在对俄国苏维埃政府采取军事行动。就波罗的海国家而言，她们是否继续抵抗，主要取决于她们能够得到的物质援助的数量以及协约国政府决定对她们的民族愿望采取何种态度。从政治上说，目前的形势极不令人满意。英国政府已经承认分别设在塔林与利雅帕亚的爱沙尼亚和拉脱维亚临时政府在巴黎的协约国代表根据承认海军上将高尔察克时所附的第五条说明，'如果在爱沙尼亚、拉脱维亚、立陶宛以及高加索和外里海地区与俄国之间的关系的解决办法，未能很快达成协议，解决办法将在与国际联盟的商讨与合作下制定，一到这个解决办法商订妥当，俄国政府应承认这些地区为自治地区，并进一步确认存在于该地区的事实上的政府与协约国和毗邻伙伴国政府的关系。'但是没有采取进一步的步骤以设法保证与俄国接壤的国家应依照各协约国制定的政策进行合作，也没有向这些国家驻巴黎的代表进行通报，尽管这些代表一再要求告知各协约国政府的意图。极大的不满随后导致拉脱维亚、立陶宛和爱沙尼亚的独立……

"协约国缺乏明确的决定性政策，这一点在对待高加索战线各接壤国家的问题上也有不少表现……这里和其他地区一样，各协约国的政策也徘徊于承认和有礼貌的冷淡之间……一切全是变幻莫测和模棱两可的，随着将唯一的一支协约国军队撤退到高加索以南，可以预期将会发生严重的骚乱（如果不说恶化的话）。

"仅凭我以上所述的不顺利的事态的发展，就认为它们主要是由于协约国和毗邻伙伴国缺乏政治眼光和缺乏政治上的协调一致所致，这也许是一个不能认为合理的推断。但是把挫折部分归咎于个别大国，因为他们在很大程度上把他们能够供整个战场使用的资源浪费于各个战场上，而不实行一种有组织的政策，借以集中各方面的努力，并在政治、军事和财政等措施之间进行适当的协调，这么说不会是不公正的……"

＊　　　＊　　　＊

与此同时我还有一个应尽的直接而又明确的责任。

我们的第一个目标是不引起灾难和不失面子地从阿尔汉格尔与摩尔曼斯克撤出。这是一个既困难又微妙的军事和政治问题。我向下议院提出了有关这个问题的如下意见：[1]

> 在德军的抵抗被击破和停战协定签署之前，冬天已降临北俄罗斯海岸，阿尔汉格尔港将被冰封冻或事实上已被冰封冻，我们的军人被迫驻扎在这个荒凉和令人沮丧的地方，在引起我们最大焦虑的环境中度过整个冬天。显然，与他们处于冲突之中的布尔什维克如果愿意的话，本来可以集中一支他们投资建立起来的规模庞大的部队来北极圈的这一特定地区进行争斗；而我们的军队除小股部队外已与外界切断了联系。因此他们的处境是非常令人担心的。他们大部分为 C3 级士兵，但是他们有良好的精神状态，一旦答应他们在下一个冬天来到之前回家，他们会以很大的决心履行自己的义务，他们保住了阵地，打退了几次十分严重的攻击。另外几次，如果允许对方发动攻击的话，结果可能是非常严重的。就这样，在整个这段黑暗时期一直维持这种局势。只是在冬天，在这个海岸整个被围困期间，这些部队人心惶惶，而且在经历的主要战斗胜利后产生的心力交瘁的情况下……还另有其他极大的

困难，即必须向那些部队送出几个月所需的各种救济品或援助。

我还说：

　　……不管在巴黎的协约国做出什么决策，我们在阿尔汉格尔与摩尔曼斯克的部队是相互依赖的，都将不得不留在那里直到仲夏。既然他们必须留在那里，他们也就必须有适当的给养支援。对他们必须供以维护其安全所必需的补给品，可按我说明的范围运抵部队，还必须供应他们可能需要的一切。有人对这些远征军队说三道四，这是没有用的。谁都知道为什么要派遣他们。他们是作为我们对德作战的一部分派出的……那个理由现在已经消失，而按该理由派出的部队现在仍然在荒芜的北方海岸，锁在无尽的冬天的笼罩下，我们务必不可忽略他们的安全和生活所需要的任何东西……

　　此外，我们对这些地区的拥护我们的事业的人民，以及在对德战争时期主要受协约国的鼓励、而且主要为我们自己的目的而组建的俄国军队，欠的情太多了。应特别关注这类事情，我们总是设法竭尽全力对那些信任我们、并因按我们的建议采取行动而陷入危险的人，尽我们的义务，这是这个国家的风范。

　　为了保证协约国军从俄罗斯北部安全而体面地撤出，有必要增援他们。全体协约国希望尽快离开这个令人伤感的地点，英国因为自己处于指挥地位而且英军人数又超过远征军的一半，实际上负有组建后卫部队的责任。我们在那里的军队中的大多数理应回国，根据我们复员计划的条款离开军队。因此有必要召集一支特别志愿部队以接替疲乏和无耐心的被征入伍者，以结束这椿要事。3月4日战时内阁决定，加紧催促在巴黎的协约国代表，希望其同意北俄罗斯协约国军早日撤出北俄罗斯。为准备这样做和为应付存在于阿尔汉格尔的危险局面，战时内阁授权我做出任何必要的安排。

在执行这个决定时，我招募了两个新建的旅，每个旅 4 000 人，由正在复员的大部队中的志愿人员组成。军官与士兵乐于应募，在几天之内名额即足。这些优秀的经过战争锻炼变得坚强的军人很快呈现出协调一致的队形。他们准备一等港口解冻就立刻被派往阿尔汉格尔。于是在其他人急于离开部队的最关键时刻，我们有了一支坚强、高效和装备精良的军队。这支军队刚一到达驻地去接替精疲力竭的驻军，在俄国友军中就爆发了一次大范围的危险的哗变。据说这种背叛是俄国人的特性；但是理由是简单的。从我们受议会和政治压力所迫，宣布我们的撤退意图的时候起，每个友好的俄国人都知道，自己是在死刑之下作战，而他们最安全的途径是离开协约国，以此为代价与自己未来的主子妥协。这个反应无论有多么令人不愉快，都是必然要发生的，因为我们必须执行自己的实际上不可避免的、明智的撤兵政策。

除了奥涅加地区的哗变分子整个投向布尔什维克外，其他地方的哗变都被一个波兰营和一个英国骑兵连的猛攻而遏止与平息了。但是此后 25 000 到 30 000 名由协约国组建的武装和经过训练的当地军队就不能作为一支援军而加以信任了，实际上必须被看作是一种危险了。幸运的是退役的志愿人员已经不需要再执行他们清楚了解的这个任务了。总崩溃已完全避免，他们了解，在一切作战形式中，自己均占有技术上的优势，他们占据着广阔但力量大大减弱的战线，已把反叛者夹送到后方去，他们能不费大力就打退正面的进攻。

为派遣新部队去北俄一事，我们受到了社会主义者和自由党反对派的猛烈攻击，某些保守党的报纸也没有放过我们。要不是我们对这些不负责任的劝告充耳不闻，坚决采取不受他们欢迎的措施，当然也就不会派出新军了。若不是新军队及时抵达，在 7 月份肯定会发生一场特别丢脸和规模巨大的总崩溃和大灾难。正因为有了新军这一道牢固的屏障，美国、法国、意大利和英国的应征入伍兵的撤出和大量贮藏物资的运走，才得以不停地快速进行。这是停战后我们在北俄作战的第一阶段。

第二阶段作战的情况更为复杂，又引起了更多的争论。我于7月29日写给议会的报告中论及的局势与第一个报告相比并无好转：

3月份的第一个星期，战时内阁决定，在下一个冬天来到前必须撤出阿尔汉格尔和摩尔曼斯克的军队，内阁指示陆军部做相应安排。他们还规定，凡我们军队安全撤出该阵地可能要求或需要的不论何种支持，食物、救助物品、增援或援助等等，均应由陆军部提供和发送；此外还应该适当注意，我们与阿尔汉格尔和摩尔曼斯克各阶层人民，与应我们要求组建的当地俄军和当地俄国政府所订条约中我们应承担的义务……

这个政策的决定已向俄国领导人做了通报。4月30日高尔察克海军上将获悉，全部协约国军将在下一个冬天之前撤离北俄罗斯；但与此同时我们又希望，北俄政府和俄国军队有可能在协约国军离开后独力坚持下去。这是容易理解的，如果这个解决办法能奏效，如果这个地方政府和地方军队能够自立或与主要的反布尔什维克的俄国军队联合起来，那么这些军队就能接防，我们就可以向那里的一部分居民和军队极为担忧和痛苦地告别，并向他们提供避难所和营房，这样就为选择留在那个海岸的所有那些忠诚的俄国人解决了一个非常可怕的问题。

虽然我们坐在英国家里的人似乎很容易说，"清除，撤走，赶紧脱手，以免多受损失，让军队登船和离开，这是聪明的决定。"然而在当地，面对你一直与之一起生活的人，面对与之并肩作战的军队，面对在我们坚持下建立的小小的政府，面对小政府的所有机构及其下属分支机构和服务部门，当你使我们的军官和士兵与当地产生了千丝万缕的关系时，要割断联系和离开当地，是一件十分困难和痛苦的事情。我不向下议院掩饰，我最真挚地希望

194

并相信，按正常趋势，在我们离开后，当地北俄政府会有独立的
生活和生活方式；在得到内阁或政府的完全同意后，我们严格依
照参谋部的建议行动，已准备沿德维纳河向海军上将高尔察克伸
出间接的某种程度的援助之手，希望他能够到达那个地区，联合
当地俄军以稳定局势，并使我们在那里的事业蒸蒸日上，完全令
人满意。"

242　　然而北俄战事还有第三阶段。当最后可以肯定，捷克军不再愿意
而海军上将高尔察克也没有力量与北俄地区建立任何接触时，撤退的
最后行动开始了。我们对这次行动的困难和危险非常忧虑，所以我们
决定派一位最高军阶的司令官指挥这项工作。8月4日，原第4集团
军的著名军长将军罗林森勋爵上船去阿尔汉格尔。由他指挥三个加强
步兵营、一个海军陆战队营、一个机关枪营、二个炮兵连、一个工兵
连和5辆坦克。强大的海军力量包括能上溯德维纳河的浅水炮舰以及
其他充足的船舰。北俄政府见我们的决定不可改变，决心以他们的大
部分军队和人员抵抗到底。他们从高尔察克那里接到了含有此意的紧
急命令。这种孤单的希望与决心在英国志愿军中激起强烈的同情浪潮。
罗林森严厉提示部下，服从是军人的首要责任，以此来抑压他们慷慨
激昂的秉性，这是一项不愉快的任务。

　　撤离时，他们打算对敌发动突然攻势作为掩护。要给敌人一个极
为严重的打击，在敌人意识恢复之前，所有的英国兵和所有要求撤退
的忠诚的俄国人都不会再留在海岸上。这次精心设计的军事行动在艾
恩赛德将军指挥下由萨德利尔－杰克逊志愿军旅和俄国军队执行。8
月10日，横跨德维纳河的布尔什维克军阵地遭到攻击。进攻获得了完
全的成功，达到所有的目的。敌人6个营被歼。俘虏敌军2 000多人，
缴获炮18门以及许多机关枪。在占领了离我们原来阵地20英里的普
恰加和博罗克两个村庄后停止前进。人们可以从以下事实来衡量红军
的质量：我们的损失不超过官兵120人。

NORTH RUSSIA.

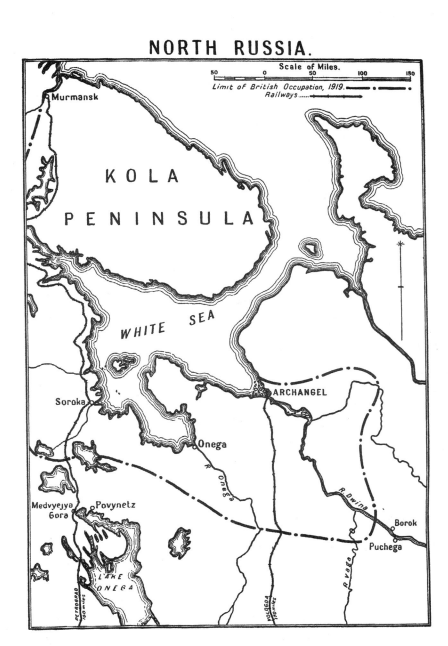

北俄罗斯

北俄罗斯		Povynetz　波维涅茨	
Archangel　阿尔汉格尔		Puchega　普恰加	
Borok　博罗克		R.Dwina　德维纳河	
Kola Peninsula　科拉半岛		R.Onega　奥涅加河	
Lake Onega　奥涅加湖		R.Vaga　瓦加河	
Limit of British Ocupation,1919　1919 年英军占领区界线		Railways　铁路	
		Scale of Miles　英里比例尺	
Medvyejya Gora　麦德维贾戈拉		Soroka　索罗卡	
Murmansk　摩尔曼斯克		Vorogda 170 Miles　距沃罗格达 170 英里	
Onega　奥涅加			
Petrograd 100 Miles　距彼得格勒 100 英里		White Sea　白海	

244　　　与陆军一起前进的海军小舰队在其可能到达的最远处的河道上布设了水雷，这样在一段时间内敌人船只无法通过。敌人暂时瘫痪，我们进行了迅速和不受干扰的撤退，先撤到阿尔汉格尔防线，从那里又退到船上。粮食与武器留给俄国米勒将军及其军队。选择离开的 6 500 名俄国人从海路前往已获解放的波罗的海国家和南俄。到 9 月 27 日完成从阿尔汉格尔的撤出；接着于 10 月 12 日进行摩尔曼斯克撤退。这次撤退实际上在毫无损失中完成，因为此时留下来的忠诚的俄军处于很有利的地位，撤出时他们实际上采取了一次他们自己的攻势。

在北俄罗斯英军从 1918 年春季到 1919 年 10 月停战前后战死、病死、受伤和失踪的总人数为军官 106 人，各级士兵 877 人，其中战死的军官 41 人，各级士兵 286 人。

这次成功的撤出是先撤协约国军，其次撤我们自己的军队和俄国难民。这次行动只是由于无视社会党人的派性、反对派的挑拨离间和报纸的责难才可能成功的。英国人是尽心尽力了。为每一个希望离开的俄国男女和儿童提供了安全。留在那里继续打内战的那些人都是出于他们自己的自由意志这样做的。留在那里无限期地进行对俄国苏维埃的战争的力量不足，不可能有更好的解决办法。后果是令人沮丧的。几星期后米勒将军的抵抗被扑灭；苏维埃政府在白海沿岸恢复了统治，将大量人处以死刑（一次就有 500 名军官），就此熄灭了这些地区俄罗斯人生活与自由的最后希望。

此刻我能见到来自阿尔汉格尔的居民代表的苍白脸庞和呆滞目光，他们于 1919 年 7 月底到陆军部找我，乞求英国进一步的保护，对于他们我不得不作"含糊的回答"。所有这些可怜的工人和店主势将立即面对行刑队。挽救他们的命运的责任落在了打赢这场大战但没有完成任务的强大而光辉的国家身上。

245

*　　*　　*

高尔察克与五巨头的通信于 1919 年 6 月 12 日令人满意地终止，随后他的垮台就开始了。6 月上半月盖达将军的北部军团在格拉佐夫周围取得了少许进展。可是这并没有对我们的代表诺克斯将军掩盖住如下事实，即高尔察克部队的处境十分不利。西伯利亚西部军团 5 月初在乌法前线遭到重创，6 月底北部军也陷入惨败的境地。因此到这个月底西部军和北部军溃退 150 多英里到达彼尔姆。7 月初那里战线的走向大致如下：彼尔姆以东——昆加尔——克拉斯乌菲姆斯克——辛斯克——斯捷尔利塔马克——奥伦堡。7 月份西伯利亚军队不间断地继续后退；到 7 月底，他们已放弃埃卡特琳堡和车里雅宾斯克，丢失了乌拉尔山脉防线。8 月初最高会议决定不再进一步帮助高尔察克，他显然迅速失去了对局势的控制。诺克斯将军对西伯利亚军队的情况评论说："士兵没精打采，懒懒散散，没有迹象表明他们的军官能控制他们。这些士兵需要的不是休息而是艰苦工作和训练……敌人夸口说他将前往鄂木斯克，当前依我看没有办法阻止敌人。随着军队的退却瓦解也开始了，士兵偷偷跑回他们的村庄或者护送其家属去安全的地方。"整个 8 月西伯利亚军队不停后撤。9 月初他们在人数上依旧超过布尔什维克军队，但是从 5 月起一直后退使他们的士气非常低落。然而在 9 月初季耶特里奇将军对敌反击，收复了近 100 英里地方。这次

成功是短命的，到 10 月 30 日彼得罗巴洛夫斯克被布尔什维克占领。南部军团继续撤退，处于溃散状态，军团已不再是军事局势中的一个要素。因此在布尔什维克军与鄂木斯克之间不复存在任何阻力，鄂木斯克遂于 11 月 14 日撤出。11 月 17 日政府迁至伊尔库茨克。盖达将军在符拉迪沃斯托克企图发动政变，这在当时看来似乎使伊尔库茨克政府触电般惊醒过来。但是西伯利亚存在的舆论越来越不满于高尔察克；而布尔什维克的宣传越来越有诱惑力。

当所有这些事态正在发展时，我尽最大努力劝说最高会议做出决定去指导和鼓励高尔察克。5 月 28 日我打电报给诺克斯将军，告诉他利用他的影响，以便使这位海军上将"强调召开制宪会议和实行民主选举等开明原则，这些政令将确立俄国未来政府的基础"。诺克斯将军接到指示后，做了最大努力，以把高尔察克的抱怨和四大国规定的所有条件紧紧连在一起。诺克斯尽可能利用约翰·沃德上校的帮助，因为没有人能更好地表达"既反对专制政治又反对无政府主义的爱国的英国劳动人民"的感情了。忠告伴随着帮助。满载货物的英国船舶一直到 1919 年 10 月仍不断来到符拉迪沃斯托克，在那一年英国船装运供应西伯利亚的物资总共接近 10 万吨，包括武器、弹药、装备和服装。为执行议会的任务和内阁宣布的政策，沃德上校和他的米德尔塞克斯团于 1919 年 9 月 8 日从符拉迪沃斯托克乘船去英国。在他们之后 11 月 1 日又有"汉普郡"号启航。从此以后只有英国军事使团和铁路使团代表英国驻在西伯利亚了。

协约国和英国的支持撤离了，军队不停地后退，高尔察克的毁灭终于来到了。12 月 24 日伊尔库茨克发生革命，1 月 4 日海军上将请求捷克军保护。

可是捷克军的情况如何呢？我们已经在 1918 年 10 月看到他们"在

兴旺中有点疲劳"，并被白俄罗斯的处置不当所激怒。大战结束了，他

们原来为协约国效劳的紧张士气松懈了。此后他们唯一的、最自然的愿望是回家。协约国的胜利解放了波希米亚。捷克军不再是哈布斯堡帝国的背叛者和卖国贼了，他们是捷克斯洛伐克胜利的军人和先锋队。本来永远不准他们回去的故乡现在发出了自由与光荣的光芒。指路明灯的光束穿过茫茫的俄罗斯雪原，照到他们的眼前时是多么明亮。

1919 年初，捷克军开始不再是帮助的来源，而是确实的危险的来源了。由捷克军逐步发展形成的捷克斯洛伐克国民会议严厉地——无疑是有理由的——批评鄂木斯克政府。军队中各团建立了各种委员会，就像革命后使俄国军队腐朽的那种组织。他们的纪律及其战斗力松弛退化。春季他们从前线后撤，受命保卫铁路各区段，6 月决定应尽快遣送他们回国。为此目的采取了适当步骤。

圣诞节前夕，名义上仍旧是西伯利亚总指挥的高尔察克住在伊尔库茨克以西约 300 英里的停在去尼吉尼—乌金斯克的铁轨上的火车中。与他在一起的第二节火车是俄罗斯帝国的国库，收藏着总价值 6.5 亿卢布（6 500 万英镑）的金砖，和大约价值 5 亿卢布的贵重物品和有价证券，后者已大大贬值。高尔察克已被他几乎全部的军队和随从人员遗弃。可是对海军上将充满不友好感情的捷克军的一个"突击营"依旧是他生命与财富的护卫者。传来消息说布尔什维克军队正从北方前来抢夺黄金，而统率捷克军的法国军官雅南将军打电报给"突击营"，命令退回伊尔库茨克，让高尔察克和黄金听天由命。进而，1 月 2 日高尔察克通过捷克军接到通知，"将护送各级最高统治者去安全地区。倘若因某种原因不可能护送所有级别人员，无论如何应保护海军上将的安全，并护送其去远东。"在这种情况下高尔察克于 1 月 4 日打电报到伊尔库茨克说，他将把自己交给捷克军。他的私人汽车车身上贴有日本、英国、法国、美国和捷克斯洛伐克的国旗，装在运载"突击营"火车中的一节车厢里；在这节车厢后面的车厢里装有黄金。虽然他们要通过据说充满敌对叛乱者的地区，捷克军、黄金和高尔察克在旅途中都未受到骚扰，平安到达了伊尔库茨克。在这里的一个铁路岔道上海军上将和宝藏停了下来。

雅南将军的首要任务是撤出捷克军，但是他也要为高尔察克的安全负责。这两个任务若不是为了黄金本来都不难完成。在西伯利亚瓦解的社会结构中，每个人包括红军、社会民主党人或土匪都想要捷克军早点走，想方设法使他们加快离开。高尔察克本来可以毫无困难地和他们在一起。但是搬走黄金是一件难事，各种派别的俄国人准备泯灭他们的政治分歧，以阻止这个令人忧虑的事情发生。雅南将军于1月4日接受了运走黄金的任务，他浪费了10天时间为此事进行会谈和讨价还价。与此同时，布尔什维克军队正在接近伊尔库茨克，当地社会民主党政府天天激动得满脸通红。形势变得明显地具有威胁性。受黄金消息激励的红军尽管素质不好，但大部队即将到达。在西伯利亚有一些有本国军队伴随的协约国特派员，他们紧急发电报给雅南将军说，如果他在伊尔库茨克再耽搁下去，他们将不能帮助他撤出。没有理由认为，即使捷克军配置得当，他们的力量也不足以带着海军上将及黄金强行打开一条通道冲出来。但是空气中弥漫着恐慌和阴谋。雅南将军于1月14日与伊尔库茨克当地政府开始谈判。达成的协议是帮助捷克军离开，但黄金与海军上将高尔察克这个人应留下来。

海军上将的一个参谋马利诺夫斯基在日记中说："1月14日下午6点两个捷克军官宣布，他们刚接到雅南的命令，把高尔察克和他的参谋人员交给地方当局。海军上将一直保持平静，既不说话也没有姿态表示，他不让捷克人感觉到他怕死。海军上将带着燃烧的目光和苦笑说，'那么这就算是雅南给我的不受阻碍去东方的保证了。一个国际背信行为。我已为任何遭遇做好准备！'于是他与他的总理M.佩佩莱耶夫被监禁于伊尔库茨克的牢狱。"

这些做法震惊了在远东哈尔滨的高级特派员们。从他们近日要求雅南从伊尔库茨克撤退的情况来看，他们的处境也很不妙。他们的告诫现在得到了无礼的回答。雅南将军说，除非他们交出海军上将，否则捷克军将遭受攻击，高级特派员们的行动没有丝毫帮助，往往只会把事搞糟，他不承认他们的管辖权。他说："我认为自己应对捷克政府负责，它命令它的军队返回捷克斯洛伐克，我还对在巴黎的协约国会议负责，它命令我执行这次撤离任务。"

必须充分考虑到这位军官处境的各种困难。通过更细致的分析很可能将更清楚地发现这些困难。

1月21日，已经几乎变成红色的伊尔库茨克社会民主党政府宣布它自己是布尔什维克。苏维埃的密使入城，赤卫队取代粉红色的卫兵看守高尔察克。2月7日天亮之前海军上将和他的总理在狱室里被杀，布尔什维克以习惯的方式用自动手枪顶着他们脑后开枪。没有任何形式的审讯，但也看不出他们曾被拷打。

大量黄金与贵重物品的命运是十分神秘的。这批东西无疑是落入苏维埃政府之手了。但是完全不清楚苏维埃政府是否得到了全部。6个月后，弗兰格尔将军的政府困难地调查了据报存入旧金山一家银行的价值100万美元的黄金。但是他活得不长，未能把此事深入追查下去。

可惜的是，捷克斯洛伐克军的重要纪录竟在高尔察克投降时毁坏了。看来似乎有一段时间，关于捷克军的一些神话是与他们此前一直在真实的历史舞台与衣衫褴褛、道德败坏的西伯利亚观众混合演出的戏剧不符的。

*　　　*　　　*

邓尼金的军事努力重要而持久。按照总参谋部的建议，英国的援助从6月份起集中供应他。25万支步枪、200门大炮、30辆坦克和大量弹药与装备通过达达尼尔海峡和黑海运至诺沃罗西斯克港；还派去几百名英国军官及未授军官衔的军官作为顾问、教练、司库员，甚至还有少数飞行员，以加强邓尼金的军队的组织。邓尼金拥有一年前在阿列克谢耶夫和科尔尼洛夫部下的俄国志愿军里为俄国事业（当时它仍是协约国事业）而战斗的那个英雄团体的核心分子与幸存者。因此，他拥有虽为数不多但能力较强的、坚决而忠诚的军官。如我们已见到的，他已经取得了巨大的成功；随着夏季渐渐消逝，他的战线迅速向北推进，直到它们从西部大城市基辅几乎延伸到里海。在这次连续5个月的攻势中（从1919年4月到10月），邓尼金获得25万俘虏、700门大炮、1 700挺机枪和35辆装甲列车；10月初他到达离莫斯科不到220英里的图拉，军力差不多与他的对手相等，即大约有23万人。我于1919年9月22日（当时邓尼金仍在战场上）给内阁的全面情况报告说：

251

> 邓尼金将军的军队控制下的地区包含不少于3 000万的欧洲俄罗斯人，和俄国第三、第四、第五大城市。这些地区容易与英国和法国进行贸易，这种贸易是目前那里的人民急需的。他们拥有铁路网，如果能得到车辆的话，那些铁路会处于比较良好的工作状态。那里的居民彻底厌恶布尔什维主义，他们有的按他们的自由意志对布尔什维主义进行过调查，有的受过它的压迫。毫无疑问，这3 000万人的意愿若能以公民投票来表达，一定会压倒多数地反对把他们再次交给列宁和托洛茨基的布尔什维克政府。此外，邓尼金将军控制的军队虽然大部分是在志愿基础上募集的，但它迅速发展，到目前肯定总数已超过30万战斗人员……我们的政策应该继续保持与邓尼金的友好接触，完善军火的运送，以其他反布尔什维克力量帮助处于困难中的他，尽可能以政治忠告指引他，阻止他落入反动分子手中。尤其是而且看来最重要的是，在已获解放的广大区域内发展贸易与信贷，使得那里人民可以将他们的状况与在布尔什维克俄国充满的不幸做对比。可以看到邓尼金将军从不要求派去军队。在最近9个月里有一个英国中尉在一辆坦克里轻微受伤。这是我们获悉的唯一英国伤员。没有更多的金钱支出（除了剩余军火难以确定的价值外），没有军队支援，除了让有限的技术人员组织鼓励、协商，以及商业——这些是仅

需的手段……

在西侧，邓尼金将军接触的是佩特卢拉率领的力量相当薄弱的乌克兰军队。邓尼金与佩特卢拉间有争议的问题是统一的俄国还是独立的乌克兰问题。罗马尼亚人感觉到他们只能从衰弱和战败的俄国手中夺取比萨拉比亚，自然会支持佩特卢拉。协约国的责任是设法协调这两种冲突的观点。为什么认为这点做不到呢？俄国的构想是，由许多自治国家联合在一起在联邦基础上建立俄罗斯联盟。在这个构想中，所有合法的愿望都可以包含在内。这样的俄罗斯帝国对世界未来和平的威胁比庞大的中央集权的沙皇政府要小。现在所有俄国政党和军队都处于危急形势，明智地执行协约国政策有可能推动事态出现此种转折。瓜分或肢解俄国的政策虽然可能暂时成功，但不会有永久性的结果，只能导致无限的连续战争，由此最后在布尔什维克或反动的旗帜下，出现统一的军国主义的俄国。因此，所做的一切努力应该指导事态进入建立联邦化俄国的渠道，不抱地方自治或全面统一原则的先入之见。

贝拉·库恩在普遍憎恶中倒台，完成这次倒台之容易对布尔什维克世界革命体系的威望是最沉重的打击。它对整个形势的影响不应低估。

更北面，在佩特卢拉的乌克兰军队的左边是波兰战线。这条战线也在最近 4 或 5 个月里不断向前推进，布尔什维克军不断败在波军手中，付出了沉重的人员与弹药的代价。波军战线现在有许多地方建立在俄国领土上。波兰人现在很有可能向协约国提出如下两项行动方针：

（a）协约国应为 50 万波兰军队提供经费，波军将长驱直入俄国心脏地带并占领莫斯科，或者

（b）波兰人将与布尔什维克讲和。

这两项行动方针在当前都是有害的。向世仇俄国挺进直抵莫斯科，将唤起在布尔什维克国际政权统治下的潜伏在俄国那些地区的不管什么样的民族主义意识。而且这个计划是任何协约大国在供应资金时都

得不到本国舆论支持的。另一方面，如果波兰人与布尔什维克缔结单独的突如其来的和平，在波兰战线对面的布尔什维克军队（它是目前战场上第三强大部队）便能迅速转移，去攻击邓尼金；这样可能根本上危及邓尼金的继续存在。对于我们来说，鼓励波兰人谋求这样突然和单独的和平，特别是在万事都处于关键性的紧要关头，就会使如下努力彻底失效：

（a）协约国答应支持高尔察克海军上将的一般政策，和

（b）英国运送大量军火给邓尼金的特殊政策。

这将是用我们的左手去取消我们的右手所做的事情；而且如果在同一战线的不同部分执行相反的和矛盾的政策，那么我们所能做的也就仅仅是，延长无益的流血和阻止建立任何形式的稳定的权威机构。因此看来很清楚，我们目前的政策应是说服波兰人，在今后几个月里按照现在正在做的做下去，也就是在他们选择的有利的地方和时间打击和打败在他们边界上的布尔什维克军队。不要准备决定性地进入俄国心脏地带，也不要单独媾和。

关于波罗的海国家，我们的政策应与对波兰的政策相同，即不采取强烈的重大军事行动，因为这种行动会使协约国必须做出重大牺牲或担负直接责任；但在另一方面，对现存的反布尔什维克的努力应给予物质上和精神上的鼓励，并尽可能协调它们的行动，以避免战线的这一部分过早地和不合时宜地崩塌。

但是邓尼金的危险与他打胜仗的机会同时增加了。他要负责俄国很大的一部分国土，但恢复社会繁荣与满足人民需要所需的道德上、政治上和物质上的资源则一无所有。人民尽管欢迎他的军队，害怕布尔什维克，但是在经历了恐怖年月后被吓得不敢集会支持他。在物质缺乏和秩序混乱的时候，加上铁路瘫痪、商业停顿，管理若干大城市和省份的人民生活的责任，落在了一个耿直、勇敢和新近才对政治事务有兴趣的军人身上，何况他已经过重地负担了组织军队和指挥战事的任务。在他四周的政治幕僚力量软弱，而且又鱼龙混杂意见分歧。

有人怂恿他竖起帝国旗号，以沙皇的名义前进。单是这一点就将使布尔什维克政权喜出望外，这是双方所有的人同样了解的。他的多数顾问和主要军官都明确表示他们决不容忍这样的一个决定，另外一些人劝他宣布，土地应留给已经占有它的农民。他对这些人的回答是："那么我们还比布尔什维克好吗？"但是最坏的分歧出现在对从俄国分裂出去的国家与省份的政策上。邓尼金主张俄罗斯祖国应如他理解的那样完整。因此他成了反苏维埃战争中自己的盟友的敌人。为生存而进行反对布尔什维克武力和宣传的斗争的波罗的海国家，与否定她们的独立权利的俄国将军没有事业上的共同目标。在与苏维埃的战斗中提供最大和最强军队的波兰人看到，在共同胜利的明天，他们还必须反对邓尼金以保卫自己。乌克兰准备为自身独立而与布尔什维克作战，可是引不起邓尼金军政府的好感。

在每一阶段，这些对抗都提出了令人困惑的问题。这个问题远远超过邓尼金所能对付的范围。难道这个问题超过大战中获胜的协约国的能力了吗？聚集在巴黎的政治家难道不能协调地履行自己的责任吗？他们曾对高尔察克与邓尼金说过："除非你们与交界的国家达成协议，承认她们可能的独立或自治，否则不再提供弹药。"既然已经对俄国领导人提出了这种先决的强制条件，聚集在巴黎的政治家难道不能运用他们的整个影响使所有与苏维埃俄国作战的国家联合起来吗？如果不能，那么在更早阶段对各种事态放任自流不是更好吗？如果五大国打算在 5 月份对高尔察克发布宣言或要使宣言切实生效，协约国的俄国委员会肯定是一个有效的机构，设立这个机构是我于 2 月份在巴黎提议的，当时迫切需要立刻提出建议。然而每件事都是不完全的、脱节的、半心半意的、不协调的，有时实际上是矛盾的。

我利用我所有的影响阻止过分的行为并促进一致的行动。9 月 18 日："邓尼金将军在解放地区不但做他力所能及的任何事情，以阻止对犹太人的屠杀，而且颁发布告反对反犹主义，这有非常重要的意义。"9 月 20 日："实行乌克兰与邓尼金之间关系的改善是非常重要的……有必要避免出现让他继续使用军队反对佩特卢拉的形势……来自莫斯科的一份报告说，绿卫队数量上有发展并在该国许多地方建立了组织，如果他们不怕白军的报复，可能会容易地利用他们反对布尔什维克。邓尼金对这点完全理解吗？" 10 月 9 日我打电报给邓尼金催促他"加倍努力遏止反犹情绪，以这种遏止行动来证明志愿军的荣誉"。11 月 7 日我又说："我鼓励一个强大俄国和英—俄集团的发展，希望以此发展邓尼金战线后面的贸易与信贷。"

俄国人的反布尔什维克努力在 9 月份达到顶点。高尔察克依旧在西伯利亚形成一条战线，甚至稍有进展。率领以雷瓦尔为基地的西北俄军的尤登尼奇，实际上在为占领彼得格勒而战斗。全面动员的芬兰只需大国最轻微的鼓励就会向该市进军。英国封锁波罗的海的海军中队的摩托艇小分队，强行闯入喀琅施塔得港口，凭借无比大胆的英勇行为，再加上显然还有海军部独特的创议和授权，在内湾击沉了两艘俄国战舰。邓尼金的战线环绕整个南俄，并稳定地向北移动。但他与乌克兰之间争端的处置方法，以及波兰对俄的坚定压力，可能是起了决定性作用。一切全成泡影。高尔察克筋疲力尽。芬兰人受到协约国的冷淡和阻止，懒散地站在一旁。尤登尼奇因为未得到援助而失败了。波兰一直没有生气。邓尼金和佩特卢拉打了起来，邓尼金的军队刚刚全面打败这个乌克兰领导人，此时他自己膨胀的战线被布尔什维克的反攻突破。这支衰弱、分裂、犹豫和混乱的军队面对苏维埃俄国以及与苏维埃俄国重叠和搭接的国家的巨大包围圈，没有能力同时施展压力。11 月邓尼金的军队瓦解了，他的整个战线以哑剧似的高速度不见了。这些灾害及其原因，我于 9 月 15 日在一份备忘录中已详述过，在这里不再细述了。

一年内，协约国使用了大量金钱和相当数量军力以反对布尔什维克。英国花费了近 1 亿镑。法国在 3 000 万到 4 000 万之间，美国在西伯利亚至今仍保持超过 8 000 人的军队，日本在西伯利亚东部有 3 万到 4 万人的军队，她现在还在为它提供增援。高尔察克的军队主要由英国武器进行装备，5 月份总数达到近 30 万人，邓尼金将军的军队目前总数约 25 万人，除此之外还有可能投入战场的 10 万芬兰人。还有爱沙尼亚人、拉脱维亚人和立陶宛人完整地保持着从波罗的海到波兰的各自的战线。最后还有强大的波兰军队，还有可以从罗马尼亚和在较小程度上从塞尔维亚和捷克斯洛伐克得到的帮助。

从上面所说看来，很明显，如果现有力量联合使用的话，本来可以轻易地取得成功的。可是成功由于完全缺乏联合而消失了，造成这种情况的原因是，大战中获胜的协约国之间完全没有任何明确或坚定的政策。有些国家赞成和平，有些国家主张战争。结果是他们既不讲和，又不打仗。如果他们在战线的一个部分打仗，他们就急忙在战线的另一部分讲和。如果说他们鼓励高尔察克与邓尼金，花金钱和派军队支持他们，他们却并没有鼓励芬兰、波罗的海国家和波兰。每次关于建立统一机构，以指挥与监督抵抗布尔什维克的提议均遭否决。6 月份五位全权代表口头答应高尔察克继续用物资给予他支持，但从那天起却连接不断地撤回对他的一切支持。这一年中，芬兰有两个时期打算进军，与尤登尼奇军队和爱沙尼亚军队联合以占领彼得格勒。在如此壮举中，协约国没有给芬兰以丝毫的支持与鼓励。波兰准备对布尔什维克保持强大的压力，可是实际上波兰受到了阻拦。至于一些小国，他们被告知可以根据自己的意愿选择讲和或不讲和，但无论如何他们得不到任何帮助。

所有这些步骤都完全与和平政策或严守中立的政策相吻合，这些步骤肯定与战争政策不相吻合，这种政策实际上正在环绕布尔什维克俄国的巨大北极圈的其他地区执行。与此同时布尔什维克成功地逐步发展了他们的军队。这些军队远较潜在的反对他们的军队软弱；可是，当邓尼金站起来时高尔察克被打败和击破了。在最近 5 个月间，邓尼金的力量稳步增强，他的军队获得了巨大胜利，但是由于高尔察克的失败和整个西（欧洲）线的沉重压力的实际停止，反对邓尼金的力量在逐渐积累加强。在最近 3 个月中，布尔什维克能从高尔察克前面、从波兰人前面、从波罗的海国家前面调集大量的兵员，他们实际上还能把整个后备力量投入南部即邓尼金战线，因此他们拥有了人数上超过邓尼金的巨大优势。邓尼金的军队现在也有了最好的军队，但由于处在超过1 200英里的战线上，实际上是成一线铺开，那些具有数量优势的部队现已到处逼近了。虽然依旧有仗要打，虽然他的军队的抵抗力依旧相当强，但是作为有效的军事要素，他们可能要被压倒和瓦解了。协约大国已公开宣告撤回支援，由于缺乏任何精神上的支持或有力的一致行动，所以邓尼金的军队有被协约大国抛弃的感觉，这很容易产生一些严重的状况，这种状况会导致全军的彻底毁灭或消失。

258　高尔察克军队和政府的毁灭几乎是彻底的，整个西伯利亚的广大地区，一直到贝加尔湖，到处遍布布尔什维克军队或者是呈绝对的无政府状态，贝加尔湖以东则受日本人的有效控制。突厥斯坦和中亚各省，已遭布尔什维克蹂躏，他们已经威胁波斯，并正在与阿富汗勾结。尽管协约国协调一致的努力很容易支撑高尔察克，帮助邓尼金走向成功，使尤登尼奇能与爱沙尼亚人和芬兰人协作占领彼得格勒，但布尔什维克如今在他们活跃的各条战线上都接近全面的军事胜利了。

　　我们现在面对的正是由这些事实所产生的形势，波兰人的寂然不动已使布尔什维克能集中攻击邓尼金；如果邓尼金毁灭，如果布尔什维克愿意的话，将能集中力量进攻波兰人。由于邓尼金兵力的增强及其军队所做的努力，因而波罗的海国家减少了承受的压力，芬兰仍能保持无声无息的存在。现在发生在邓尼金身上的事情已经在波罗的海地区产生意义重大的变化。布尔什维克的谈判代表完全改变了他对小国家说话的语气，由于改变了的军事形势，好像他们做什么都有正当理由了。爱沙尼亚人、拉脱维亚人和立陶宛人的恐惧已经明显，而且随着邓尼金的好运与力量的消失将变得越发明显。据最近电报报告，芬兰现在动员了10万兵员作为防御手段，这个数字的一半在两个月前如与尤登尼奇的努力联合，就足够攻取彼得格勒，邓尼金的垮台将使布尔什维克能控制里海，使他们能与恩维尔和穆斯塔法·凯马尔等领导的土耳其民族主义者建立密切和有效的关系。如果那种情况发生，波斯承受的压力和阿富汗国内的危险将立即呈现出直接的可怕的性质。

人们常说，推测未来或沉溺于预言毫无用处。但紧接着邓尼金垮台而可能发生的一些事情，的确需要在事先仔细考虑，因为这些事情是确凿无疑的、明确的，并不遥远的。到目前为止，讥笑邓尼金的努力和完全沉溺于悲观主义和漠不关心的小聪明是一件低级的事情。迄今协约国与布尔什维主义作战主要使用俄国军队。这些俄国军队都垮台后，情况会怎么样？据最新无线电报告，季诺维耶夫曾使用过最意味深长的措辞，这些言辞清楚地揭示出布尔什维克已取得军事胜利，其领导人的思想已产生了令人陶醉的影响。据报道，他曾说："俄国必 259 须获得和平，不是社会主义需要和平，而是资产阶级需要和平。"布尔什维克现在对爱沙尼亚提出的要求，芬兰已经认识到的威胁，中亚和朝印度边界方向出现的形势，就是这句话含意的最初的例证。

原本只需采取正确的协调措施，而不必要大量增加人力财力，我们就能建立一个对协约国友好的反布尔什维克的现代化俄国，但现在我们却离布尔什维克的俄国近在咫尺，她是一个彻底军国主义化的，完全靠军国主义生存的国家，对协约国极端仇视，随时准备与德国合作，而且构架的大部分已经由德国建立起来。认为波兰可阻止此种危险的想法是幻想。认为波兰会在东边坚持防守，直至最后其他反布尔什维克力量均被一一消灭，然后还会在西边保持对德的强硬态度，这种想法同样毫无根据。谋求由协约国出钱出军火加强波兰，同时又静观邓尼金的覆灭，静观随后布尔什维克军队的主力出人意外地壮大，以至于如今波兰必须与之斗争的敌人的兵力，达到原来的三四倍，这是明智的政策吗？一方面承认每个国家应有独立和安全，甚至在很大程度上还保证，挣脱俄罗斯帝国的桎梏的每个国家都有独立和安全；另一方面又拒绝承认和援救邓尼金将军军队的兵源——其力量无疑是反对布尔什维克的，并覆盖着俄罗斯部分广大领土和人口的——这样做难道是公正和合乎逻辑的吗？

认为整个这一年我们一直在为反布尔什维克的俄国人打仗，这是一种错觉；正相反，是他们在一直为我们打仗。从他们被消灭和布尔什维克军队主宰了俄罗斯帝国的整个广大领土的那一刻起，这个事实就变得日益明显，令人痛苦。

随着邓尼金的失败日益明显，大国给予他的断断续续的支持迅速撤回。1920 年 2 月 3 日，我奉命指示霍尔曼将军把事实坦率地告诉俄国领导人。"我不能提供任何期望，以使你认为英国政府除在最后一揽子计划中已经应允的之外还会提供任何进一步的援助。英国政府也不会利用自己的影响在波兰人、波罗的海国家、芬兰等与邓尼金之间建立一个反对苏维埃俄国的侵略联盟。它的理由是，自己不拥有足以将这样的事业进行到底和获得成功的人力或财力资源，也不想鼓励别人，因为自己没有力量支持别人……英国政府在与法国政府达成一致后，在与俄国接壤的国家受到苏维埃政府进攻时，将给他们一定程度的支持……争论这是一种明智的政策还是一种正确的政策没有用处。它是我认为就要发生的事。有人说，与俄国接壤的国家只是为独立而战，而邓尼金是为控制俄国而战。我们不能答应为支持这后一个目标做进一步的努力，尽管我们同情这一目标……我们现在必须面对的问题是怎样从这艘失事的沉船中拯救尽可能多的生命。"

我现在把希望寄托在能为南逃躲避红色政权报复的大批难民找到庇护所上，哪怕是临时性的也好。顿河和库班河流域的哥萨克领土，由于当地人都是激烈反对布尔什维克的，或许可以组成一个独立或自治的地区。如这里不成，还有克里米亚半岛。邓尼金军队的零星残部和几十万流离失所的平民难民进入这块肥沃的半岛很快就会拥挤不堪，陷入不幸与匮乏的困境。邓尼金的位置由弗兰格尔将军接替后，他们的防线还维持了几个月，这个新人有不寻常的精力与品质，但他到达白俄决策机构的最高职位时已太迟了。英国舰队以号炮的形式给予道义支持，同时还参加救济工作，阻止布尔什维克军从海路入侵克里米亚。但在 7 月，沼泽防线干涸了，陆地防线崩溃了，克里米亚遭侵入受蹂躏，接着是可怕的难民群蜂涌至君士坦丁堡。所有的船只还不够运载一半惊慌失措的人群。野蛮的敌人非常得意地击倒了这最后一批感到绝望的防御者。天花与斑疹伤寒和战争与饥荒结成新的联盟。 满船身无分文的感染疫病的人——有时都已死亡或奄奄一息——源源不断地来到这个已经拥挤不堪、贫困而匮乏的土耳其首都。这最后阶段的恐怖还未被外界所知。英国的陆军部队和水兵以及在君士坦丁堡的一些英国和美国的慈善机构，在当地的救助中几乎罄其所有，而"协约国和毗邻伙伴国"把目光转开，把耳朵塞住。他们不希望知道得太多，像在贝雷西纳的拿破仑那样回答说，"请您别打扰我的安宁。"毕竟死亡是仁慈的，死神肯定忙得厉害。

这就是大战中的战胜国对俄国事务所能提供的解决办法。

注释：

[1] 1919 年 7 月 29 日。

第十三章　维斯图拉河的奇迹

"我们走向世界胜利之路的下一步是摧毁波兰。"

——托洛茨基

关键——波兰问题——波兰的危险——布尔什维克的集中——波兰的前进——乌克兰——入侵波兰——停战谈判——致命的条件——华沙:奇迹——决定性结果——总结——失去可能性——一点慰藉——一个有利条件

世界上新的危险之门正在打开。

波兰是《凡尔赛和约》的关键。这个古老国家曾被奥、普、俄撕成三片，但最后从压迫者的魔掌中解放了出来，在150年的奴役和瓜分之后原封不动地重新得到统一。监狱的门已被打破，瞭望塔和有枪眼的防御墙已在大动乱中被推倒,从废墟中出现的这个18世纪的囚犯，长期不见阳光和空气，四肢已被拉肢刑架拉得脱臼，但天赋的本性和一颗自豪的心脏依旧还在,仍然是昂首挺胸。苦难没有摧毁波兰的精神；苦难教得她聪明了吗？

但是要公正地对待波兰，必须要求人们公平地认识她不同寻常的苦难。当她还对新获得的自由感到眼花缭乱之时，在她能振奋起来适应眼前这个时代的环境之前，一系列的危险、困惑和窘迫向她猛袭而来，这是就连最富有聪明才智的最稳固的政府也绝难应付的。在她的西边是颤抖的德国，德国已被打得处于半昏迷状态，动弹不得，但依然具有巨大的能力与特性，由于这些条件她几乎能单枪匹马同时对近乎整个世界进行顽强的战争。波兰处在这两个遭受痛苦的帝国之间，不断地受到她们不幸的影响，她比较弱，比较小，毫无经验，没有组织，没有结构，缺少粮食，缺少武器，缺少钱，仅能炫耀地挥舞着她无可置疑的和新近再次得到确认的自由与独立的所有权证书。合理地理解波兰的困难，是正确衡量波兰的危险处境所必不可少的。

制定《凡尔赛和约》的那些人的意图原本是要在波兰创造一个活泼的、明朗的、生气勃勃的有机体，该有机体要在德国与俄国之间，以及俄国布尔什维主义——只要它能持续下去——与欧洲其他国家间，形成一道有用的屏障。波兰的毁灭和崩溃以及她作为一个整体并入俄国政治集团，将使这个屏障消失，从而使俄国与德国立即直接接触。布尔什维克军队侵占波兰，或者通过布尔什维克宣传和阴谋颠覆波兰国家，必然会使法国利益受到严重的、乃至致命的影响。法国人目前会面临这种使人惊慌的形势只能怪自己。他们曾嘲笑邓尼金的努力；他们不打算在民族主义俄国与波兰及其他边境国家之间做出良好的工作安排。他们根本不想带头（他们的利益是要求他们这样做的）推动 所有反布尔什维克力量和国家的明确而协调一致的行动。他们的没精打采使我们自己半心半意的努力归于无用。他们一贯麻木不仁，这显然由于是对邓尼金失败和俄国军队正在稳步集中对付波兰的不理解，他们是个旁观者。他们从不努力诱导芬兰、爱沙尼亚、拉脱维亚和立陶宛在对付共同危险的行动中联合起来。正相反，他们像英国人一样，鼓励这些国家媾和，不是全面和平，而是零星和平，让波兰处于实际上的孤立，甚至怂恿她进行战争。

对于这一系列新的危险，1920 年 5 月 21 日我做了如下论述：

波兰要对付的像俄国苏维埃政府那样的困难不应被低估。凡与布尔什维克俄国直接接触的每一个其他国家均经历过同样的困难。这些国家与苏维埃俄国在任何情况下都不曾建立令人满意的和平。布尔什维克不但进行军事活动，而且和军事活动一起，同时或交替地在他们邻国领土上使用各种宣传手段，促使士兵哗变反对他们的军官，激起穷人反对资产阶级，唤起工人反对雇主，唤起农民反对地主，并以总罢工使国家瘫痪，普遍地毁坏现存的社会制度与政府形式。因此，所谓和平状态，也就是暂时停止使用武器的实际打仗，可能只是意味着以更困难和更危险的方式进行战争，亦即不是用士兵进攻边界，而是使国家从内部受瓦解，使国家拥有的每种机关均被破坏。对于像波兰那样新建的国家（她经过一个世纪多的外国统治才得到解放，才挣扎着站了起来，她的财政紊乱，她的资源在恐怖的战争中被耗尽），这后一种形式的进攻特别危险。

然而，布尔什维克虽然大声宣告谋求和平的愿望，却从去年年底开始，准备对波兰前线发起进攻。

除了向波兰前线不断增援外，还有许多迹象表明布尔什维克即将发动攻击。布尔什维克在西部战线军队的大致力量，从1920 年 1 月的 81 200 人增加到 3 月初的 99 200 人和 4 月中旬的133 600 人。这些数字是步兵和骑兵，也就是战斗实力。邓尼金倒台后释放出了大量军队。布尔什维克领导人做过许多声明，大意是他们要像对付邓尼金和高尔察克一样对付波兰，波兰在冬天感到极度的忧虑：如果波兰遭到这样的攻击，她的命运将会怎样。

无疑，不管布尔什维克的宣传及其增援前线是否起作用，他们都有能力打败波兰军队并推翻他们后面的政府，而如果是这样，就会出现极困难的形势。反动的德国人当然高兴看到波兰在布尔什维克手中垮台，因为他们了解一个强大的波兰处在俄、德之间，将妨碍他们帝国的重建和复仇的计划。

大约两个月前（3 月 5 日）布尔什维克对波兰人的进攻开始，这次进攻的主要重心是在从普里佩特沼泽到德涅斯特河之间 250

英里的战线上。可是情况当时变得很明显，波兰军队虽然供应不足、服装褴褛，但充满强烈的爱国精神。尽管布尔什维克在这个月的以后时间里一再发动攻势，但他们的攻击从未取得任何实际进展。于是布尔什维克提议开始和平谈判，并请波兰政府指定谈判的时间与地点。

波兰人提出在鲍里索夫，这是距他们战线很近的一个地方，并提议4月10日为合适日期，同时还表达了在战线的那一部分安排停止敌对行动的意愿。波兰人还保证他们的军队在谈判期间不进行反攻行动。然而布尔什维克否定了波兰建议，要求整个战线停战，并把谈判地点选在波兰内地，或中立国或协约国的某个地方。

与此同时，布尔什维克的新增援部队集中在波兰战线，有种种迹象表明，即将再次发动对波兰人的攻势。因而波兰人自然认为苏维埃政府只是在拖延时间，它正在设法造成一个停顿时间，借以用宣传手段来破坏波兰军队和人民的斗志，同时准备新的攻势。

由以前反对沙皇制度的革命家毕苏斯基元帅领导的波兰政府当然谙熟俄国的政治形势，并表明他们很清楚该怎样稳定他们暂时治理的俄国领土。据信他们的愿望是，在他们与布尔什维克俄国之间，总而言之是在他们战线的某一部分建立某种缓冲地带。这样的缓冲地带要由一个独立的乌克兰来充任。

4月27日波兰外交部发布公报，大意是波兰承认乌克兰独立的权利，并承认佩特卢拉的政府。毕苏斯基元帅于同一天发表宣言，他声明波兰军队愿与乌克兰军队合作，他们留在乌克兰领土上的时间以乌克兰政府成立为限。他说一旦这个政府成立，波兰部队立即撤离。

佩特卢拉也于当天发表宣言，敦促乌克兰人民做所有力所能及之事以促进波兰军队和乌克兰军队的合作。

邓尼金将军当然是完全反对一个强大的波兰或一个独立的乌

克兰的，他的思想（他一直忠实于这个思想）是一个维持战前国界线不变的统一的俄国，虽然他愿意承认一个波兰国家，但其国界线要由谈判决定并由议会批准。随着他的消失，乌克兰人在佩特卢拉领导下，已把布尔什维克从他们的一大部分领土上赶走，并致力于建立一个不受布尔什维克影响的独立的乌克兰。与波兰—乌克兰努力取得进展的同时，乌克兰发生大规模的民众起义反对布尔什维克，还有种种迹象表明解放部队受到了欢迎。顺便提一下，一个乌克兰—加利西亚师（布尔什维克征集以辅助红军的）放下武器，拒绝与波兰—乌克兰军队作战。

在中欧的饥荒地区，没有比在允许经济与商业发展的基础上重建和平的乌克兰国家有更大好处的了。是在乌克兰那里，而不是在布尔什维克统治下陷入赤贫的俄国的饥饿地区，可能有希望增加粮食供应。

现在还说不准结果会怎样。布尔什维克无疑将努力制伏波兰人，他们肯定将从反动的德国人那里得到非官方给予的援助。乌克兰人要在他们自己的国家中建立秩序将是十分困难的。但是，假定佩特卢拉政府设法建立和维持了一个独立的文明政府，他应有能力解放乌克兰的谷物供应地区，而在解放该地区中又会得到强有力的波兰的庇护与支持，因此应当可能在今夏期间在东部实现令人满意的全面和平。另一方面，如果波兰在布尔什维克的攻击下屈服，乌克兰又遭蹂躏，那么建立苏维埃政权必然伴随的无政府状态和混乱，将毁坏所有生产能力，那就会阻止乌克兰有效出口谷物，而波兰的垮台将直接牵涉法国的重大利益，并在较小程度上牵涉英国的利益；此外，这还会大大助长帝国主义路线的重建企图，这是德国的反动分子所盼望的。

6月26日波兰人被迫撤出基辅后，布尔什维克对波兰的入侵又一次清楚地表明即在眼前：

　　如果波兰完全垮台，如果布尔什维克军队横行波兰或者波兰政府被国内布尔什维克暴动推翻，那么我们需要考虑未来，那么我们下定决心做些什么呢？面对这种情况（可以想象到的是它已近在眼前了）英国政府的政策会是无动于衷吗？如果是这样，法国政府的政策又是什么呢？万一波兰垮台，这种情况会对德国的地位带来什么影响？要是德国的东部边界与布尔什维克化的地区接邻，那就显然不能解除她的武装……无论如何我们应当事先考虑我们的行动方针应该是什么。

　　到6月30日形势变得如此具有威胁性，以致在波兰组成了国防会议，会议有权决定有关战与和的所有问题；波兰总理向国会宣布整个国家处于危急状态，必须认识到它的责任。7月初布尔什维克主力开始在波兰边界的北段挺进。4日他们穿过贝雷西纳，5日占领科夫诺。6日波兰政府写信给当时在斯帕开会的最高会议，呼吁给处境岌岌可危的波兰以援助。波兰提出愿接受波兰与俄国之间建立在全体人民自决基础上的和平，并警告协约国，如果波兰军队屈服于苏维埃军队将会产生什么样的后果。14日布尔什维克占领维尔纳。17日契切林拒绝让英国政府干涉他与波兰人的谈判。19日我们据报得知，"现在在华沙与布尔什维克军队之间只有无秩序的暴民，如果布尔什维军队继续按目前的速度前进，10天内他们将到达华沙的面前。"23日波兰人请求停战。

268

　　这些事态使最高会议大为吃惊。法国人看到，整个大战的结果是东欧处于危险中。8月4日劳合·乔治先生警告加米涅夫和克拉辛，"如果苏维埃军队继续深入波兰，它与协约国间的破裂将不可避免。"

　　在这个著名的周年纪念日，我们坐在内阁会议室讨论这份关系重大的书信，我心灵的眼睛慢慢回到了我们斗争过来的充满屠杀与恐怖的6年。难道真的没有终结？难道最绝对的胜利也不能提供正义和持久和平的基础？不知出于什么原因，前面看来只是无穷尽的长久的苦难与危险。又是 8 月 4 日，可是这次我们无能为力。英、法两国的舆论全都消极沮丧。所有形式的军事干涉都不可能，留下的只有言词和姿态。

红军横扫波兰广大地区。在后退的波兰战线后面，每个城镇的共产主义的生殖细胞和组织都从隐蔽处出现，准备欢迎宣布一个新苏维埃共和国的诞生。看来波兰从长达 150 年的被三个军事帝国瓜分的历史中逃出来后又落入共产主义政权之下了。厄运紧逼这个新解放的国家。8 月 13 日，红军的刺刀竖立在华沙的大门前，红色的宣传在市内波涛般升起。社会解体的浪潮将在何处停止？

波兰人和协约国争取停战与和平的狂热努力在同时继续着。这些要求被布尔什维克人所接受，他们做出愿意谈判的保证，但在确定会谈地点上再三拖延。最后选择了明斯克。10 日加米涅夫向劳合·乔治先生提交了俄国和平条件的预告，其中包含削减波兰武力到实际无防御能力的状况，但提供给她了合理的边界。加米涅夫意味深长地提到还有某些附带条款。英国工党强烈鼓动，反对英国给波兰任何援助。在共产主义的影响和引导下，英国许多地方组织起行动委员会。没有一个地方的公众对波兰垮台后的祸害有哪怕是最小程度的理解，在这些压力下劳合·乔治先生被迫劝告波兰政府，俄国的条件"不会破坏波兰作为一个独立国家的、根据种族划分的边界"，要是他们拒绝接受，英国政府不能采取任何行动对付俄国。另一方面法国则持相反的观点，与英国分道扬镳，通知波兰政府这些条件完全不能接受。在这种环境下，波兰人继续调集他们的兵力保卫华沙，同时尝试着开始在明斯克的停战进程；布尔什维克则一方面进军，一方面拖延谈判。

直到 8 月 17 日，会议才最终召开。苏维埃代表依照几天前给他们的指示行事，提出了他们的条件。他们承认波兰共和国的独立。他们不要求任何赔偿。他们同意波兰边界应是寇松勋爵 7 月 11 日通知里确定的边界线。没有比这些更加合理的了。但是根据第 4 款："波兰将复员其军队至 5 万人。为了维持秩序将组织公民的工人民兵队。"
第 7 款："禁止在波兰制造武器和战争物资。"第 12 款："波兰承担责任，
为在战争中战死、受伤或致残的公民家庭分给土地。"就这样，根据
貌似公正的纸上战线，俄国做出了关于独立、边界和无赔偿的让步，　270
苏维埃要求的就是在解除武装的波兰实行布尔什维克革命。这些设计
的意图对全世界每一个反共产主义者和共产主义者来说，是同样可以
理解的。建立市民工人民兵队，加上为战争中战死、受伤的波兰公民
的家庭赠送土地，其含意就是由在共产党指导下的赤卫队实施土地国
有化的政策。内部的火即将点燃，从此波兰国家将出现苏维埃政权，
被共产主义战胜。

　　然而与此同时出现了转变——它是突然的、神秘的和决定性的。
它在人们的头脑中产生了几乎正好与 6 年前马恩河战役产生的同样性
质的印象。俄军再次欢欣鼓舞地、不可抗拒地前进，他们带着难以估
量的悲哀与毁灭的可能性。他们再次因不知什么性质的原因停了下来，
摇摇晃晃站不稳脚步，俄军前后脱节，秩序混乱，并在似乎与推动他
们前进的力量同样不可阻挡的强制力下开始退却。像巴黎一样，华沙
得救了。笨重的天平把自己调整到了新的平衡点。波兰人像巴黎一样，
不是趋向危殆而是趋向生存。欧洲，她的自由与她的光荣不会屈服于
德国皇帝的专制或共产主义。8 月 13 日进攻华沙的战役开始在离华沙
不足 15 英里的拉济明打响，4 天后布尔什维克军队全面逃跑，在波兰　271
人手中留下 7 万幸存的俘虏。维斯图拉河以不同的形式再现了马恩河
的奇迹。

　　发生了什么事？它是怎样发生的？当然有解释。在福煦元帅的"家
兵"中，为首的是一个态度真诚地、谦逊、思想缜密且具有军事天赋
的军人魏刚。他来到了华沙。法国没有东西帮助波兰，就派来了这一
个人。看来派他来就足够了。凭借派到华沙的协约国使团团长、原英
国驻柏林大使达伯农勋爵的影响和权威，实际的军事指挥权被交给了
魏刚。他重组退却的波军，把他们的退却改变为协调一致的反击。被

许多世代的压迫而抑制的波兰民族精神迸发出为国家求生的一次最后最大的努力。布尔什维克人没有能力禁得起任何坚决的反击，他们立刻屈服于新的意志力量，几乎没有发生任何战斗。那个充满信心向前进军，要把世界革命带入西方的使者，极为突然地、急促地穿越波兰边境向后退缩；同时波兰农民在毕苏斯基的强有力公告的激励下，以镰刀与棍棒武装自己，消灭掉队者，净化他们的土地。

还有另一种说法解释说，所有这一切都是受元帅和总统毕苏斯基的严格个性支持的波兰参谋部精心制定的计划的一部分。波军故意后退，就像霞飞在马恩河前一般，直到时机成熟，再完成伟大的180度的转折。他们听任入侵者恣意伸展，抢夺他们的供应，从他们假装的衰弱防御中得到虚假的信心，然后以有充分把握的加列尼般的精力予以打击。现在他们因有魏刚将军那么敏锐的军事目光来亲眼目睹他们成功的配合行动而感到喜悦。

英国的观察家认为，这个结果应归功于魏刚。可是魏刚在任何场

272 合，不论公开或私下，都颇有特性地宣称：做这个工作的是波兰军队。读者可以选择这两个解释中的一个，也可以两者一起相信。关于马恩河的实况，越想揭示清楚，实况及其巨大后果之间的差距就越大。所以现在在这个粗糙的、组织混乱的、心灰意懒的和精疲力竭的小小战争中一定要研究发生了什么，会使人们不禁要问：为什么？

然而无论如何一切已经过去。我曾预见和担心的危险发生了，但是结果被避开了。应归咎于犹豫不决和优柔寡断的可怕丧失就在将发生的那一刻得以免除。和平条约于10月12日在里加签订，条约确保了波兰的独立和她对付俄国入侵或颠覆的自卫手段。俄国退回到共产主义，几百万人死于战争和迫害，更多的人将在未来几年内死于饥荒。亚洲的边界和黑暗年代的环境从乌拉尔山脉推进到普里佩特沼泽。可是在那里写着："到此为止不准再往前。"

＊　　　＊　　　＊

也许值得花点时间总结一下这个俄国故事。对另一个国家事务的不成功的干涉公认是一种失策；于是协约国在俄国革命后和停战后在俄国所做的全部努力遭到了普遍的谴责。可是协约国在布尔什维克革命后若想打赢大战必须在俄国进行干预。在 1917 年底和在 1918 年大部分时间，协约国没有理由指望德国在西线突然失败。甚至在 9 月份协约国还是谨慎地期望德军撤退到默兹河或退到莱茵河，而且非常紧张地为 1919 年的大战做准备。在这种环境下，如果东方不做努力重建反德战线，那么俄国粮食和燃料的巨大资源将落入同盟国之手，这会是犯罪性质的疏忽。因而协约国承诺支持民族主义的俄国政府和军队，后者正在与布尔什维克作斗争，而且声称对战争的原来目的保持百折不挠的坚定信念。

在大战期间，为在俄国达到决定性结果的工作做得太少。日本或美国做出了实际努力，使用了从未到达欧洲战场的军队，本来肯定会在 1918 年获得成功的。但事实其实是，足够多外国军队进入俄国会招致对干涉的明显反对，不足以打破苏维埃政权当时的那种结构。当我们注意到捷克军惊人的功绩时，看来似乎可以肯定，通过一支人数少但值得信任的美国或日本部队的坚定努力，原本有可能，甚至在德国突然失败之前，就由民族主义俄军和协约国军占领莫斯科。由于协约国中意见分歧和相互冲突，美国人不信任日本，以及威尔逊总统的个人反对，协约国在大战期间对俄国的干涉确实降到了害处最大、好处最小的低点。因此在停战时没有取得任何一点成就，而且协约国在俄国的许多地区被纠缠在无意义的行动中。与协约国肩并肩一起努力的是一些忠实的俄国组织，它们从协约国取得了甚至比物质更重要的精神支援。假如大战延长到 1919 年，每星期都在积聚能量的干涉必然会得到军事上的成功。事实证明停战是对俄国民族主义事业宣判死刑执行令。只要这个事业与以对德作战的 27 个协约国国家为代表的世界目的缠绕在一起，胜利是肯定的。可是当大战突然终止，战胜国急忙关心自己事务和每个政府都感到精疲力竭时，本来会支撑忠诚的俄国人向前的潮水迅速退去了，听任他们孤苦伶仃地留在困境里。

然而看来也许还有机会，还有可能以这些俄国民族主义军队自己的力量拯救自己和他们的国家。但它绝不是极好的机会。据说福煦曾凭高明的判断力说过，"这些高尔察克和邓尼金的军队难以持久，因为在他们背后没有文官政府。"在大战过去后，即使有可能，在俄国使用英、法或美军必定是不对的。那些已经在俄国的军队必须尽快撤回。停战后的对俄干涉只能采取金钱、供应品、军火、技术指导人员、精神上支持和协调一致的外交手法这些形式。但即使这些严格受限制的援助资源，只要在良好的时机中巧妙和忠实地应用起来，也能提供相当好的成功机会。然而，它们被怀疑或矛盾的信念以及支离破碎、不合逻辑的行动一点点地浪费掉了。政策的二元性，如上文已说明的，对不论是和平计划还是战争计划的成功都是致命的。若是要采取帮助所有包围苏维埃俄国的反布尔什维克力量的政策，这种政策应该予以明确实行；和平则要根据一定的条件与布尔什维克谈判，这些条件应保证忠诚的俄国人有生活与自由的希望，他们在战争中与协约国一起打仗，对他们我们在道义上负有义务。然而协约国既不认真地试图做这个，也不认真地试图做那个。半心半意的宣讲努力伴随着半心半意的作战努力。这种矛盾就这样拖延下去，所以没有真正和平或胜利的前景。民族主义的俄国人取得的成就虽然不充分，也超过了协约国政治家或将军所预期的。但由于他们得不到全世界道义上的支持，又由于他们对抗性的民族目标而与接壤国家波兰和罗马尼亚相分离，他们也就一个接一个被打败被消灭了。

我曾谈到我在这些事情中扮演的角色，我既不对最初的干涉负责，也不对由此承担的许诺和义务负责。至于决定停战后干涉应该继续或停止，这一点我也没有责任。努力完成英国参加的任务，尽可能保护在协约国和俄国本身的共同事业中受连累的那些人，是我的虽地位从属但岗位很重要的任务。想到我们的国家是最后一个不尽职或听任在劫难逃的伙伴由命运摆布的国家时，我感到了一丝欣慰。对于像阿尔汉格尔与摩尔曼斯克撤离时那样的困难与痛苦，我们可以声称我们无误地或体面地料理好了我们的事务。在西伯利亚，我们的作用一直不大。但对邓尼金我们给予了相当大的支持，我们供应他接近 25 万人的武器和装备。这一费用被含糊地说成 1 亿英镑；但这是荒谬的夸张。实际不到这个数字的十分之一，军火本身虽然生产时成本很大，但它们只是没有销路的大战剩余物资，对它们确定不了货币价值。如果把它们留在手中直到它们腐烂，只会增加我们贮藏、照料和保管的费用。

虽然干涉失败了，但有两个结果有持久影响。第一个是道德上的，无论如何我们都可以说，没有让忠于协约国的俄军无自卫的手段。他们手中握有武器，要是他们是一个高素质的社会群体，较好地理解他们的事业和他们自己的同胞，这些武器能使他们打胜仗。这里，又是捷克军的业绩提供了这些时候在俄国什么是可能做到的一个准绳。至少可以说民族主义的俄国人不是因缺乏武器而失败，失败不是因为缺乏武器，而是因为缺乏伙伴情谊、意志力和不屈不挠的坚定性。个人不缺乏勇敢与献身精神，也不缺乏坚定的决心；但是能使几万人即使在孤立无援中也会联合起来，为一个共同目的而一致行动的素质在沙皇帝国的残骸中找不到。在马斯顿沼地冲锋的克伦威尔铁甲军，护卫拿破仑从厄尔巴岛回来的掷弹兵，加利波利红衫党人，以及墨索里尼的黑衫党受很不相同的道德与精神主题的控制，它们本身都燃烧着火焰，但在俄国只有火星。

干涉还有一个更有实效的结果。布尔什维克在整个 1919 年全力倾注于与高尔察克和邓尼金的战争。他们的精力用在国内战事上。这就为位于俄国西部边界沿线的新解放的国家提供了无比重要的喘息时间。高尔察克与邓尼金及其追随者被杀死或被驱散了。俄国被封冻在无尽的冬天之中了。可是芬兰、爱沙尼亚、拉脱维亚、立陶宛和最重要的

276

波兰，在 1919 年却能建立文明国家的结构和组建爱国军队。到 1920 年底，保护欧洲免受布尔什维克传染的"防疫地带"，已由自身精力旺盛的有生命力的民族有机体组成，这些民族有机体敌视疾病，并通过与疾病的危害作斗争以积累经验而具有了免疫力。在这同一时期，在法、英、意社会主义者中第一次出现了那种理想的破灭，那种情绪逐渐发展为对现状的强烈厌恶。

第十四章　爱尔兰的幽灵[1]

唉！弟兄们淌着鲜血！

唉！创伤几时能愈合！

岁月严酷无情！

吾辈仇恨何时方能止休？

吾辈良心，怎能躲避邪恶？

克制贪婪掠夺，实因惧怕神灵，

那有何圣洁可言？

有何圣坛能予宽恕？

贺拉斯，《颂诗》第一卷第 35 首

——英译者康宁顿

自我保存——改变中的比例——威斯特敏斯特的爱尔兰人——大战爆发时的爱尔兰——强制征兵的问题——新芬党人——他们的仁慈的抵制——爱尔兰动乱开始——新的爱尔兰自治法案——法案的头等重要性——黑色和棕色——军方的观点——得到授权的报复——首相的态度——内阁的分歧——克雷格与德·瓦勒拉的会见——内维尔·麦克里迪爵士的报告——英王在北爱尔兰的演说——反应——一项重大决定——停战——拖延谈判——在爱尔兰自由邦的众议院内——爱尔兰人的会议——统一党内的紧张关系——政治上的紧张——未准的辞职——深刻的敌意——最后通牒——签订的协议——劳合·乔治和爱尔兰

完整的社会如同生命体一样，也受自我保存本能的支配。这一法则经过道德、逻辑或情感争议取得了权威的教义地位，体现在每一代人的身上。父母们把诸如此类的教义灌输给自己的孩子，认为这些曾经使自己获益匪浅的教义到了孩子们长大成人的时代或许依旧用得着。因此，当信仰的需要已经过时时，信仰本身也会继续存在。虽然在当时并不总是很明显，但实际上在每个阶段，人们都在依赖武器和吸取过去战争的教训。潜在的需要总是以不同的速度和不均衡的周期而不断改变的，间或还有某种巨大的外来冲击强制人们修正内容和调整比例。

278　　不列颠和爱尔兰的关系，是在怀有敌意的爱尔兰的独立对不列颠的生存构成威胁的几个世纪里确立下来的。较强大的英格兰岛所实施的每一项政策、每一项措施、每一项压制都源自于这一基本事实。然而在 20 世纪中，情况已不再是这样。拥有 1 200 万人口的不列颠，被夹在一面是拥有 2 000 万人口的法国——她是一千年来英国的宿敌和潜在的入侵者——和另一面是拥有 700 万人口并怀有敌意的爱尔兰之间，此时，这 1 200 万人心怀焦虑是情有可原的，而他们最终采取的措施也是可以理解的。但是当法国在人数上被一个统一的德国——是法国几个世纪的宿敌——远远超过时；当爱尔兰人口已减少至 425 万，如不算北爱尔兰，则只有 300 万时；当不列颠人口——不包括其帝国人口——已增加到 4 300 万时，形势发生了变化。

然而与此同时，具有严密结构、利益、偏见和强烈情感的各方，都依然如同其父辈以前的所作所为那样，坚持老的准则并据此做出判断并相互争斗。世界大战的爆发和冲击，迫使人们对发生变化的统计数字有了新的认识。

另外两个具有实际意义的物质因素也在起着作用。第一个因素是财政因素。在战前的许多年，从爱尔兰征收的税金，大大少于联合王国财政部在爱尔兰的公共支出。爱尔兰实际上是一个持续从联合王国财政部获得资金的财政受益者。但是战争的巨额耗费超乎了梦想，债务积累超出了原先的想象，在此情况下，用于大英帝国目的的税款虽然在增加，但不再与爱尔兰地方政府的支出具有任何关系了，联合王国财政部公共支出的货币量不再朝西流向这些规模小得多也贫穷得多的岛屿了。

第二个新因素的实际意义并不亚于第一个因素。根据《统一法》(*Act of Union*)，爱尔兰有权向大英帝国议会选送103名议员。在19世纪，相对人口的惊人变化并未影响此配额。爱尔兰人对这一数字经立法予以固定感到满意，而英国人则在默认此项要求的同时，不断发出牢骚。因此，在大英帝国政府的中心，始终至少有80名不断发牢骚的议会成员，他们直率地说，爱尔兰对不列颠及其制度毫无兴趣；英国的困难成了爱尔兰的机遇；爱尔兰人将通过议会的压力得到他们能够勒索的一切而不给予任何回报；他们将把自己机械地控制的力量投向国内的每一种颠覆运动和国外的每一种敌对势力。诸如此类的声称说，爱尔兰民族主义党(Irish Nationalist Party)——至少从帕内尔时期到第一次世界大战——在爱尔兰事实上保持了对反叛和暗杀的武装力量的支配地位。

然而，实际上正是议会制度和民主制度的润滑作用使得爱尔兰民族主义党的反英教义明显改变了。如果说，他们通过阻挠和扰乱议事，破坏了下院古老和自由的议事程序，但他们毕竟使下院的辩论变得生动活泼而且增色不少。虽然他们声称自己是不列颠制度的死敌，他们却在许多改革的适时实施过程中（这些改革对不列颠社会生活质量的提高至关重要，而且通过改革，不列颠制度本身保持了其长久不衰的活力）扮演了明显的促进角色。爱尔兰的民族主义者在指责南非战争的侵略性质的同时，也在为爱尔兰团队的英勇表现激动不已。爱尔兰男子是自由应征入伍的，而爱尔兰的领袖们则抱着这样的想法宽慰自己：这毕竟只是一场小规模战争，士兵们可以尽情地玩水而不致危及整个事业的安全。

　　一场大规模战争的爆发，扫除了所有这些次要性质的辩护以及小规模的进行方式。1914 年 8 月 4 日，一种崇高的情感深深地触动了绝大多数爱尔兰人民。虽然爱尔兰的心脏并未与不列颠的心脏以同一节奏跳动，然而道德和理智上的决策，在两个岛屿中却是相同的。不列颠国民应该永志不忘，并且历史也将深刻地记上一笔，德国对比利时的入侵和英国宣战的消息在广大爱尔兰民众中激起了与不列颠帝国以及协约国相同的同仇敌忾的高涨情绪。约翰·雷德蒙先生争得民族主义党全党的赞同，以该党的名义用高雅雄辩的言辞保证了爱尔兰对战争的支持。爱尔兰的议员们对战争及其需要的征税投了信任票。在一致对外的大前提下，北部和南部的争吵停止了，在整个爱尔兰，天主教徒和新教徒同样纷纷赶往征兵处报名入伍。

　　现在是趁热打铁的时候。现在是赋予爱尔兰以她渴望已久的遵照宪法自治的时候。在北爱尔兰建立一个独立的但同时也是隶属的议会，这时已有可能仅仅作为得到广泛保证的庄严忠诚中附带的一件小事，在帝国全体人民中获得赞同，因为他们首次结成了一条共同战线。这样的努力没有得到政府的容许，我们的确也不能宣称它是切实可行的。很少有人预见到，在我们大家前面还存在着危险弥漫的长久岁月。所有的目光都注视着战场。自由党政府坚持将《爱尔兰自治法案》置于《法令条例全书》之上，但是一直到战争结束，一条悬而未决的条款仍在拖延它的实施。虽然此后在政治家中，有些人对这一法案深表不满，但《爱尔兰协议》在极不友善的情况下，还是在 1921 年签订了。

　　在爱尔兰军队的建立过程中，另外的一些重要机遇被错失了。爱尔兰民族主义者试图尽可能寻求在迅速建制的营和旅中突出颇有特色的爱尔兰特征——这无疑是非常自然的。在爱尔兰南部的各处，具有民族意义的旗帜、徽章、制服和口号，都成为人们热切追求的目标，而对这种愿望本应予以较大胆的宽容，这种愿望原本有助于征募新兵，而且还能强化友善的情绪。然而基奇纳勋爵却从不同的角度来看待这些现象，而且竟然无人能反驳其错误的根据。1798 年的历史就在他的眼前，而且他本人就出生在爱尔兰，但是他却认为，为一个目的而建立的爱尔兰军队，不被用于其他目的这一点得不到保证。在他影响下，陆军部依旧按呆板僵化的常规办事，许多当地人的满腔热情受到了伤害，他们甚至感到寒心。战争在极为艰难地进行，激情在逐渐消失，旧有的误解和残缺的同情又恢复了其支配性的影响。在爱尔兰，仇恨的武装力量开始重新获得对民族思想的控制；与之交织在一起的还有青年人敢作敢为和承受苦难的渴望——但那是为了某种目的。接踵而来的是1916年复活节周的悲剧：试图获得德国援助、疯狂暴动、迅速镇压、严酷死刑，虽然为数极少，但却具有侵蚀作用。常言说得好，"青草很快就会在战场上长出来，但永远不会在绞刑台上长出。"爱尔兰议会党的地位受到了致命损害。解决爱尔兰问题的钥匙已经传到这样一些人的手里：在他们心目中仇恨英国占支配地位，并且是唯一的关注。

直到陷入了这样的可悲处境，爱尔兰的民族主义领袖们、爱德华·卡森爵士、不列颠政府以及随后的联合政府，才认真做出努力，以求在爱尔兰的两部分之间以及在爱尔兰与大不列颠之间达成一项协议。会议的失败或许不应过分归咎于上述形势。整个时期内，不论战争将爱尔兰师团派往何处，他们都以固有的传统英勇作战。志愿募兵制不能弥补他们蒙受的损失。战争日益激烈残酷。随着交战各国每年都增加赌注，在整个大不列颠，志愿服兵役乃让位于强制服兵役。加拿大和新西兰通过了《强制征兵法》。后期参战的美国则试图严格立法，将人口中符合服役条件的所有人员都征召入伍。到了最后，在大不列颠，18岁男孩、45乃至50岁男子、有家室的父亲和寡妇的独生子均被征召服役。人们不禁严厉地质问："不乏当兵的适龄男子的爱尔兰为什么应该受到优待？"

1918年，我们采取如下方式来处理爱尔兰强制征兵的问题，致使我们在两方面都遇到了最坏的结局：一方面引发了反对强制的民怨，另一方面，最终又形成了既无法律又无兵员的局面。英国在爱尔兰推行强制兵役制的需要激起了全体爱尔兰人民的强烈不满。6万爱尔士兵在前线服役，但同时又有 6 万英国士兵驻守爱尔兰，收支相抵，我们的兵源并未增加。

胜利并未给南爱尔兰带来喜悦。爱尔兰人民现在把注意力完全集中在自己的事情之上。在 1918 年的选举中，支持协约国目标的人全部落选。19 世纪 60 年代末代表爱尔兰民主事业的民族主义党，一夜之间销声匿迹了。取而代之的是被选出的 80 名新芬党议员，他们对整个民族同化过程完全视而不见，且拒绝接受其影响；而这些过程在用言辞和投票支持对抗的和平时期，实际上造就了大量潜在的同情者和理解者。现在出现的是一种回复到早先时代的古老仇恨，它处于原始状态，还没有得到过发泄的机会。这是只顾及本地目的的一群人，他们不会从理智上考虑如此做将给他们自身或争取更大利益的努力带来什么后果。在下院的这 80 名议员身上充分体现了复活节叛乱的精神。战前在欧洲某些国家的议会就曾现出过诸如此类的可怕的少数派冲突，这种情况今天在某些国家的议会恐怕依然存在。

在 1919 年 1 月召开的那届议会，我们知道，保守党党员占了压倒多数。80 名死敌的压力可能会破坏议会的辩论，甚至有可能导致在会议厅发生暴力行为，但是这并不能阻碍或改变事情的进程。然而其他历届议会已为我们提供了前车之鉴。任何有远见的深思熟虑者，必然会想到以往的英国各届议会：有时，各党派会处于平衡状态，但有时也会出现平衡被某一拒绝和解的少数派打破的情况，因而导致不利于国家的安宁与幸福。选举权几乎已被扩大到了最广泛的极限。当初无理性的、被选举人煽动到过火程度的反德激情迅速消退。在这一过程中，所有旨在颠覆国家和毁灭文明的力量都在蠢蠢欲动。实际上，4 年一届的议会即将换届，届时 80 名新芬党议员几乎将使一个不成熟的、组织不严密的、并且缺乏教养的社会党获得绝对多数。长期以来，在我们的议会生活和政党竞选活动中，帝国最为要害的部分总要经历折磨，由一群无教养的野性仇恨者把几代人——甚至几个世纪——都不知道的一种恶毒感情带进英国的公共生活。

谢天谢地，新芬党党员们总算饶恕了我们，使我们免受这些卑鄙而又悲惨的经历。他们对于什么才是爱尔兰意识的看法，导致他们藐视那些令不列颠王国感到困扰的令人生厌的功能。新芬党党员们毫不犹豫地仿效一个马扎尔人的做法，声明放弃在下院中的一切代表权。他们从来不权衡或评估他们对不列颠帝国的重大事务所能施加的巨大影响和作用——姑且不论是好是坏。"新芬党"和"只有我们"，成为了当时他们的呼声，他们采取了一种自我牺牲的做法（即便这种做法的动机出自仇恨，它也是引人注目的），永远中断了他们在下院中的继承权，这一行动虽然招致不满，但从世界意义来说，却是十分宝贵的。爱尔兰曾为不列颠做出过两项最大的贡献，其一是：在第一次世界大战爆发时正式加入了协约国的事业，其二就是在大战结束时从下院退出。

读者在有了这些概括性的——但决不是详尽无遗的——了解之后，现在必须把注意力重新集中于当前的事件了。

1919 年 1 月 15 日，新芬党在都柏林召开代表大会，在会上宣读了《独立宣言》。22 日，共和主义者 [2] 在都柏林大厦举行议会会议，推选出了一个内阁。2 月 4 日，新下院在威斯特敏斯特开会，除了来自北爱尔兰的代表外，几乎没有任何爱尔兰代表出席。当时全世界正是多事之秋，我们自己的事务也压得我们喘不过气，致使一些示威行动的重要性几乎未引起注意。军队要开拔回国，和平时期工业要重建，要召开和平会议，最终的《停战协议》要签订，欧洲面临着巨大的混乱，这一切占据了新一届政府的思考和精力。只有当世界历史演变的规模大大缩小，速度大大放慢而成为渐变性质时，英国人的脑海里才会重新想起爱尔兰问题依然存在的事实。直到整个世界的混乱在阵阵反复中逐渐平静下来时，人们才听到南爱尔兰在用一种奇怪的声音大声疾呼——按现在的理解，这话的含义就是："要么独立，要么谋杀。"

在 1919 年夏秋两季，不列颠王国政府派驻爱尔兰的低级别政府代表，开始遭到偶尔但却是由国家策划的谋杀；到了该年年底，在遍及

284

南爱尔兰的三个省中，一场针对地方行政官的、针对三三两两出现的警察和士兵的、有组织的暗杀运动逐渐发展起来了。新芬党议会并不反对这种滥杀无辜的政策，但实际工作是由一些叫作"爱尔兰共和军"和"爱尔兰共和兄弟会"的秘密团体完成的。这种交战形式令人憎恶。一名在城市或乡村街道上巡逻的警察可能被人问到"现在几点钟"之类的随便的问题，当他掏出怀表准备回答之际，便被枪击身亡。谋杀凶手虽被正好路过的几十名行人所看见，但没有一人愿意作证指出谁是凶手。还有，当英国士兵做完弥撒返回军营时，会突然遭到来自树丛后的一阵枪击，当场有三四人中弹身亡。这一年，随着时间的流逝，这类谋杀事件在数量和规模上有增无减。12 月 19 日以一桩坚决图谋杀害弗伦奇勋爵的事件而达到顶点。这位总督的汽车被一群枪手阻截，遭到了几轮手枪子弹的狂射。弗伦奇勋爵本人没有受伤；1 名刺客被击毙，一名保镖受伤。然而所有这一切都还只算得上是小打小闹。在 1919 年 5 月至 12 月间，总共发生了约 1 500 起政治性违法事件，其中包括 18 起谋杀和 77 起武装袭击。

在这些事件的压力下，都柏林总督府于 8 月宣布取缔新芬党，并于 9 月查禁新芬党议会。12 月，新芬党的一些领导人被逮捕和流放，《自由民杂志》(Freeman's Journal) 也被查封。伴随着这些温和的反制措施而来的只是不断增加的动乱。很长一段时期，军队和警察以一种堪称楷模的耐心承受着由暗杀行为造成的极度紧张，当然，几乎没有任何人由于这些暗杀行为而被送交法律制裁。然而到了最后，他们的不幸和愤慨促使他们将法律掌握到自己的手中。一些士兵目睹自己的同志惨遭谋杀，于是捣毁了犯罪活动邻近地区的店铺和住宅，警察也开始在各处对可疑分子进行未经批准的报复。在英国，许多人——他们本身并未受到任何危险——被如此缺乏纪律的行为所深深震动。然而要说服一群有武装的男子长期以冷酷的幽默感忍受袭击并一个接一个地遭受杀害，总是非常困难的。增援的士兵被派往了爱尔兰，并且武装警察也大大增加了。未经批准的报复随着日益增加的挑衅而在增加。

　　与此同时，英国内阁于1919年9月决定提出一项《爱尔兰自治法案》。这一法案意在取代著名的《爱尔兰自治法》；后者已获英王御准但却被无限期地搁置一边。1920年的《爱尔兰政府法案》是一项重要的步骤。它授予爱尔兰自治政府真实的重要权力。它赋予建立于保守党人和统一党人占压倒多数的基础之上的政府和议会以权威地位。该法案是由像沃特尔·朗（他此时已身为联合政府的内阁大臣）这样的毕生反对爱尔兰自治的人提出的。他能够这样做，是因为该法案建议南、北爱尔兰各自单独设立立法机构，因为留给爱尔兰议会处理的问题都不具有争议的性质。如此一来爱尔兰在威斯特敏斯特的代表制的意义就会大大减少。

　　经过长时间辩论后，这一法案于1920年12月获英王御准。它是在新教徒的北爱尔兰的激烈抗议下被接受的。新教徒们服从了帝国议会的决定。他们利用这一选择机会退出了都柏林议会的合约，并按照该法案的规定，建立了自己的立法机构。倘若这一法案所赋予的权力能为南爱尔兰统治阶层以理性和友善的精神所接受和行使的话，则毫无疑问，爱尔兰民族主义的不满将基本上得到化解，而且爱尔兰肯定将躲过一场长期的痛苦煎熬，今天也一定会更繁荣、更具影响力和更为和睦。自从1886年以来，这样一种议案——如果保守党政府能提出的话——无疑具有能被善意地加以接受的许多机会。然而在1920年，占据统治地位的新芬党组织对它简直不屑一顾。他们拒绝在南爱尔兰实施该法案，混乱和有组织的谋杀运动因而愈演愈烈。

　　然而1920年的法案是这两个岛屿历史上的一个决定性转折点。从一些重要的方面来看，在经历了120年的摩擦之后该法案废止了《统一法》，废止该法对统一党产生了深远的影响，因为统一党的名称本身就失去了意义。此外它还具有一层更为实际的重要性，而这种重要性是不允许改变的。北爱尔兰——或者更确切地说，爱尔兰的6个新教徒占优势的郡——成了一个披着宪法外衣的独立实体，它拥有政府和行政部门的一切机构，其中包括服务于内部秩序目的的警察与自卫力量。从这一时刻起，北爱尔兰的地位成为毋庸置疑的了。人们永远不能再说，北爱尔兰的新教徒在抵制其南部同胞的强烈愿望了。恰恰相反，他们实际上是在因为默认了他们自己的基本原则而出现巨大混乱之后，由于接受了帝国议会的决定，而使自己遭到了在南爱尔兰的统一党人的尖锐谴责。从此以后，民族自决的每一项论据都对北爱尔兰人一方有利。任何一个英国政党都永远不能再想对他们施加压力，要他们放弃他们已经勉强接受了的宪法。他们是自己的议会的主人，虽然它可能很小，但从道德和逻辑上说，它是建立在一个坚固的基石之上的。1920 年的法案宣告爱尔兰问题的这一阶段永远结束了。

在 1920 年整个一年中，谋杀运动在爱尔兰呈现增长和蔓延之势。暴行的规模不断扩大。在一次伏击中，17 名后备警察中有 15 名被击毙。11 月的一个早上，14 名官员在自己的住处遭到枪击，叛乱分子认为这些官员是在从事情报工作，实际上他们都是非武装人员，有几人还带着他们的妻子。这类事件真是罄竹难书，我不想让它们进一步玷污本书的篇幅。

在同一时期中，不列颠政府采取了严厉措施。大量增援部队被派往爱尔兰。装甲车和有装甲的汽车、警察和军事力量被大规模地组织起来，还成立了一支完全由前警官和参战军人组成的特殊警察部队。这支特殊警察部队最终达到了 7 000 人，他们头戴黑色军帽，身穿棕色卡其布制服，因而有了"黑色和棕色"的诨名。爱尔兰人常常对"黑色和棕色"滥施辱骂，认为他们是受雇于人的打手，但恐怖分子也因此而突然减少了在爱尔兰美丽牧场上的攻击行动。然而这支"黑色和棕色"的部队实际上是从一大群申请者中根据其智力、品德以及在战争中的表现挑选出来的。最初，他们被计划用于增援受到巨大压力的皇家爱尔兰警察；但是在与谋杀犯的搏斗中，他们自身练就出了一套反恐怖主义的强大本领。他们在行动中享有与芝加哥或纽约警察在与武装团伙斗争时所享有的完全相等的自由。当任何一名同伴或军警遭到谋杀时，他们就"扫荡"诸名不满分子或那些他们认为是不满分子的人的巢穴，并且在武力威逼下严厉盘查可疑的人。对这样的行为显然是无法进行辩护的，除非这样的行为是对某种袭击的反应。

当始终支持爱尔兰自治运动的自由党人强调，不实行自治运动会产生什么后果时，他们总是振振有词。他们得到了另一种思潮的支持，后者其实更欠公正或更缺乏逻辑。有相当数量的高层托利党人在顽固地反对对爱尔兰民族主义者的要求做出任何实际让步的同时，却又更猛烈地谴责"黑色和棕色"。他们要求政府通过正当法律程序严格和坚定不移地维持秩序，他们还要求政府严厉地惩罚其行为略微偏离了一个文明国家在和平时期的标准程序的执法官，而不管他遇到了多么严重的挑衅。他们大声疾呼，"维护统一，绝不滥用暴力，坚持慎重对待国家法律。查出并逮捕罪犯，将其送上法庭接受法律制裁。"这一切都是说得容易，做起来几乎不可能。因为在爱尔兰没有一个证人愿意提供证据，否则就会有生命危险，在爱尔兰也没有一个陪审团愿意宣判某人有罪，这里根本不存在正常的法律程序。

军事当局从另一角度提出了无济于事的忠告。以帝国总参谋长亨利·威尔逊爵士为首的军方，要求在南爱尔兰持续不断地普遍实施军事管制。他们从未说明此项措施将如何解决问题。这些军方人士坚决拒绝任何反恐怖主义的建议。他们满足于含糊其辞地坚持，将反叛的爱尔兰置于军事管制之下"将表明政府是坚定的"。我在陆军部任职期间，从未从这些部门收到过关于这一问题的任何实际或有用的意见。我的军事顾问们很自然地也对部队所承受的重负不断发出抱怨——他们当中的许多人是战后征募的新兵，却不得不月复一月地生活在经常可能会遭到某个外表上毫无恶意的普通老百姓谋杀的惊恐之中。无论是在我的任期内，还是在我的继任者拉明·沃辛顿-埃文斯爵士的任期内，军事顾问们都坚持要增援驻爱尔兰陆军并同时解散大部分现有卫戍部队。托利党墨守成规者的意见与军方坚持军事管制法者的意见

（军事管制法不属于法律），这二者神秘的自然融合促使议会发布一项决定，即"得到授权可进行报复"（这种情况在交战地带经常出现），并且也仅仅是这样的报复才是可以进行的。对警察或特殊警察来说，一切未经授权的行为，都将受到严格约束。

这一决定使爱尔兰的秘密社团大大松了一口气。说句公道话，他们几乎是整个世界上唯一不对"黑色和棕色"的行为感到震惊的人。他们认为因自己的所作所为而受到惩罚倒也算得上公正。到1920年底时，他们已深切感受到"黑色和棕色"的行动所施加的沉重压力，后者正在通过日渐丰富的情报和越来越冷酷的手段来打击那些暗中施放冷箭者的罪恶。11月9日，劳合·乔治先生在伦敦市政厅宴会上甚至说出了这样的话，"我们已经扼住了谋杀者的咽喉。"

"得到授权可进行报复"政策于1921年元旦开始生效。它很快就被证实远没有特殊警察粗暴而随意的措施有效。在一次暴行的次日，部队急忙赶去烧掉一所乡间小屋；当晚，新芬党人就悄然而至，烧掉了一个乡间别墅。

与此同时，英国部队的实际力量可以去他们想去的任何地方并干下他们认为合适的任何事情，而从未遭到太大的反对。骑兵和汽车在长达30或40英里宽的正面展开扫荡，对每一个进入罗网的男子进行仔细盘问，但却经常查不到任何嫌疑犯。也许在你白天仔细搜查过的地点，当晚就会发生一起胆大妄为的谋杀案。很明显，到1921年初夏时，不列颠正处在需要做出重大抉择的时刻。只需采用残酷手段，就能轻而易举地镇压这场令人憎恶的、可耻的战争，而我们正在遭受它的攻击并且越来越深陷其中。逮捕大批被警察认为是同情叛乱分子的人，每当一名政府职员被谋杀就立即处死4或5名人质（他们中的许多人肯定是无辜的），这可能是一种既灵验又令人沮丧的手段。如果让不列颠人民发表其意见，他们是决不会同意这样的做法的。即便是对我们的执法官拟定的不完全措施，舆论也会作出愤怒的反应。现在，我们所面对的选择已很清楚："要么用坚强的和不受限制的武力制服他们，要么尝试着把他们想要的东西给予他们。"这是仅有的两种选择，虽然每一种选择都有热烈的拥护者，但大部分人却是对两者都不准备接受。

这的确就是爱尔兰的幽灵——令人惊恐，但又是无法消除的幽灵！

*　　*　　*

在现代历史中，还从来没有哪届英国政府的政策的剧变，比下面所描述的更为彻底和突然的了。5 月份，国家的整个力量和联合政府的全部影响都被用来"追捕谋杀团伙"；6 月份，目标是"与爱尔兰人民永久和解"。这两个极端之间的生动对比，完全可以被视为一则肤浅判断的笑话。然而实际上，只存在两种做法：带有极端暴力的战争或带有极端容忍的和平。两种做法都各有充分的依据，然而理性或仁慈却不能在两者之间找到哪怕是十分脆弱的折中妥协。在通常的国内政治事务中，这种截然的两分法常常是行不通的；然而当剑已出鞘、枪已瞄准目标、鲜血已在流淌、家园已任其荒芜，此时，就应该在两种做法之间做出明确的抉择了。

有一种传说已经获得了某些可信度，即政策中这种截然相反的改变，是由于首相的魄力日益衰退所造成的。例如，内维尔·麦克里迪爵士在其最近出版的回忆录中提道，他发现劳合·乔治先生十分担忧其个人的安全。这种含蓄的批评与事实并不相符。直到 1921 年的夏季为止，没有人比劳合·乔治先生更坚决或准备更无情地镇压爱尔兰的叛乱了。他必须不断权衡不列颠的政治形势。作为任何形式的爱尔兰自治的序幕，首先是要求北爱尔兰的安全得到保证，第二是必须能彻底制服武装歹徒。1920 年法案使第一个条件基本得到了满足；而第二个条件则显然尚未实现。那么又有什么原因和事由诱使劳合·乔治先生在其镇压政策见效之前就将其放弃了呢？以我的观点分析，那个时候的形势，我认为不存在任何原因和事由。

291   到 1921 年 4 月，爱尔兰问题已成为政府关注的焦点。首相表示自己明显倾向于不惜一切代价通过战斗来解决这一问题，并且为了这一目的要依靠"保守党长期以来的忠诚"。内阁在这一点上和他是一致的，然而在方法上却存在着两种不同的意见。所有大臣都非常清楚，必须在该年剩下的日子里以超乎寻常的努力恢复爱尔兰的秩序。必须增加 10 万新的特殊部队和警察；必须为数以千计的汽车配备装甲和武器；爱尔兰南部的 3 个省必须用碉堡和铁丝网构成封锁线紧密连结起来；必须有计划地对每个人实施搜查和盘问。为了制止为数只有数千名的少数叛乱分子活动，在必要时必须要求全体居民把自己每一个小时的行踪讲清楚。完成所有这一切并不存在任何自然障碍。这是一个人力和财力的问题，它要求按宪法规定尚有 3 年任期的议会提供巨大的人力和财力。这就是上述诸项方案的本质，目前已直截了当地摆在了人们的面前。

       有些大臣们——我也是其中之一——虽然准备承担与实施这样一项政策相关的责任并准备就此共同付出努力，但是他们认为，在采取严厉措施的同时，应该向南爱尔兰提出尽可能广泛的自治方案。他们说："让我们消除每一个障碍；让我们使每个人都清楚了解，爱尔兰人民正在新芬党的逼迫下，不是为自治，而是为分离而斗争；不是为争取在王国政府下建立一个爱尔兰议会，而是为建立一个革命的共和国而斗争。"内阁在这个问题上爆发了一场令人难忘的争辩。就我个人而言，我愿意看到爱尔兰人一方面面临着实现他们所要求的一切以及格拉德斯通为之奋斗的一切的机遇，另一方面也面临着铁腕力量毫无约束的镇压的现实可能性。因此，我是站在主张把猛烈的攻击与最公平

292 的给予结合为一体的人的一边的。可以有充分根据地说，两种意见支持者的人数几乎是相等的，但如撇开人数而就人物所具有的影响力而言，则赞成双重政策的一方占有优势。首相发现有如此众多的保守党党员坚持这一较复杂的行动方针时感到惊讶，简直是吃惊。我能看出，政策的论证以及作为其后盾的权威人物，给他以极其深刻的印象。当

有人问："那么你将容许都柏林议会如同任何别的主权体一样，对不列颠的货物征收关税了？"首相言辞激烈地回答："怎么能用这种琐碎小事来反对我们正在准备着的极其重要的行动呢？"和往常一样，在一个能够就主要问题达成一致意见的内阁中，当出现了深刻而坦率的分歧时，并不要求成员当场做出决定，每个人可以回到家里再进行反复思考。我必须记录下我当时的看法：劳合·乔治先生得出了这样的结论——即便在保守党党员中，对爱尔兰实施绝对镇压的政策也不能得到毫无保留的支持。

首相在若干场合中曾以内阁的名义建议，假如爱尔兰反叛分子准备承认王国政府以及帝国的地位，我们准备为达成一项协议而与其谈判。我们现在又在重新开始努力与爱尔兰建立联系。1921 年 5 月，作为英国天主教领袖之一的菲茨艾伦勋爵接替弗伦奇勋爵担任总督。完全是凭借对公务的献身精神，他接受鼓励承担了这项如此令人沮丧的任务。3 天后，应劳合·乔治先生的要求，北爱尔兰总理詹姆斯·克雷格爵士在德·瓦勒拉先生的藏身处会见了他。曾作为前一次谈判重要议题的此次会晤的确是一个引人注目的事件。这位北爱尔兰领导人——他是全体反对爱尔兰自治运动者的代表——在新芬党枪手的引导下，经过漫长而曲折的秘密路线，抵达爱尔兰叛乱领袖的总部。詹姆斯·克雷格爵士的坚定信念和他对帝国繁荣安宁的真诚责任感，促使他把个人生命或政治的风险置之度外，接受了这一使命。他与新芬党领导人的会谈失败了。到 4 个小时终了时，德·瓦勒拉先生才把喋喋不休倾诉爱尔兰苦情的话题转向谈论亨利七世时代《波宁斯法》(Poynigs' Act) 的罪孽。这时，已有足够的合理借口来结束这场并非讨论，而是一场冗长训话的会谈了。詹姆斯·克雷格爵士再次由两名向导带领，乘坐汽车，迂回曲折并无固定路线地返回了都柏林。3 个 293 人共乘一辆小汽车，在保养很差的道路上格格作响地颠簸行进；两名新芬党人后来很可能与橙色团北爱尔兰总理一样命丧黄泉了。突然间，他们后面开上来一辆满载"黑色和棕色"人的装甲车。虽然詹姆斯·克雷格爵士的两名向导并不特别担心接受仔细检查，但他们觉得为谨慎起见，还是让装甲车超车过去为好。那辆装甲车在距离小汽车不到一英尺处的近旁驶过。小汽车在好奇地等候了一阵子后，最终重又格格作响地颠簸行进，3 名处境很不相同的爱尔兰人互相交换了一下完全理解的目光。

虽然克雷格与德·瓦勒拉的会谈事实上并未产生效果，但是一根联系纽带却被抛过了双方之间的裂缝。从那时开始，不列颠政府派往爱尔兰的总督有时会通过各种渠道与新芬党总部发生接触。

5 月末，内维尔·麦克里迪爵士提出了一份关于爱尔兰形势的悲观报告。他写道："虽然我认为，在目前情况下，可以指望现时驻扎于爱尔兰的部队继续尽力履行职责到今夏，但是我深信，除非能够达成一项和平解决方案，否则到 10 月时，要求部队以去冬的条件再驻扎一个冬天，那将是不稳妥的。不仅是因为出于士气和训练的原因，应该让士兵们脱离'爱尔兰气氛'，在我看来还因为，如果不让军官们较长时间休假，届时将有许多军官完全不适于在爱尔兰继续服役——尽管他们可能不承认这一点……就服役于该地的部队而言，爱尔兰事务目前的状态必须在 10 月前了结，除非我的判断完全错误，否则就必须采取步骤让整个部队以及大部分指挥官及其参谋人员换班回国休整。"这一报告得到了亨利·威尔逊爵士的赞同。把报告的内容付诸实施当然不成问题。这些感到绝望的忠告，不可能用事实证明其为正确；并且在任何情况下，都不存在部队换班的可能性。显而易见的步骤不是调换部队，而是大规模提供增援——给原来的驻军增添新的力量；这一步骤虽然耗费财力、十分棘手，但却切实可行。虽然内阁并未接受报告的建议，但他们仍有义务认真考虑爱尔兰总司令的这些危言耸听的关键性意见，因为它们已得到了帝国总参谋长的赞同。

虽然这些压力和动向可能尚处于潜意识之下，但只需某个事件的星星之火，就足以形成燎原之势。6 月 22 日，英王将亲自为北爱尔兰第一届议会主持开幕式。有些大臣常常不合时宜把君权至上的话挂在嘴边，因为这些话只对北爱尔兰的人民有感染力。众所周知，英王——其行动不仅符合宪法的字面意义，还符合宪法的精神——迫切地表达了下述愿望，即所使用的语言应该能对全体爱尔兰臣民，不分南爱尔兰和北爱尔兰，不分天主教徒和新教徒，都具有感染力。君权至上的观点——它应被提高到党派倾轧之上、种族和宗教冲突之上、观点的局部分歧之上——必然地并且也自然地包含了作为一个整体的帝国的普遍利益，而不是某种狭隘的主体的利益。因此，首相和政府主要大臣们负起了他们（而且仅仅属于他们的）责无旁贷的重任，在英王的演说稿中添加一种真正的诚挚呼吁，吁请大家做出共同努力，结束这场可憎的灾难性的冲突。

英王满怀激情地说道："今天，整个帝国的目光都集中于爱尔兰，在这个帝国中，有如此众多的民族和种族抛弃了他们古老的世仇，走到了一起，在这个帝国中，出席今天会议的最年轻者，在其有生之年，将能看到一些新的民族国家的诞生。在这种思想的鼓舞之下，我的目光超越了最近模糊了我对爱尔兰事务的看法的情况，因而消除了由此产生的悲哀和不安。我祈祷，我今天来到爱尔兰将被证明是朝向结束其人民——不论其种族和宗教信条是什么——之间的冲突的第一步，我是满怀着爱心说这番话的。

"怀着这样的希望，我吁请所有爱尔兰人中止冲突，伸出宽容与和解之手，饶恕并忘记过去，并且共同为你们所热爱的国家创建一个和平、满足和友善的新时代。我最迫切地希望，在南爱尔兰不久也能发生现在正在这一会议厅内进行的事情；类似的盛会将会出现，类似的仪式将会举行。

"为了做到这一点，联合王国的议会已经在最完美的程度上提供了诸项权力；为了做到这一点，北爱尔兰的议会正在指出途径。未来把握在我的爱尔兰人民自己的手中。愿今天这一历史盛会是这样的一天的序幕，到那一天，爱尔兰人民将不分南北，在一个

　　或两个议会——这将由议会自己来决定——引导下、在对爱尔
　　兰的共同热爱中、在互相公正对待和互相尊重的坚实基础上一起
　　工作。"

　　在负责起草英王演讲稿的人中，没有一人曾周密考虑过可能马上
引起的结果。但是在这类宣告中，每一件事都取决于宣传媒介。英
王——这位共同传统的化身——冒着生命危险履行其宪法职责这一
事实，已经敲响了洪亮的并引起回声的警钟，所有的人都在全神贯注
地聆听。两个岛屿的舆论都对英王的呼请及时做出了深刻而广泛的反
应，并且从这一时刻起，事态以不间断的进程朝着建立爱尔兰自由邦
的方向前进。6 月 24 日，劳合·乔治先生邀请詹姆斯·克雷格爵士
和德·瓦勒拉先生来伦敦举行会谈。7 月 11 日，双方均接受了邀请，
并达成一项休战协议（具体条款在 9 日即被确定）。

　　就我曾涉及的不列颠国家政策的法案而言，没有一项法案比爱尔
兰停战协议更能激起强烈的抵触情绪了。对于像不列颠帝国这样一个
以如此广泛和如此多种的形式组织起来的人道政府体制来说，与一种
形式特殊的公开叛乱组织（它是在爱尔兰发展起来的）签订协议，必
然是一个重大事件，它可能会从根本上动摇政府的权威，而各种族和
社区的数亿人民的和平与秩序却正是建立在这一权威之上的。王国政
府的公务员在忠诚履行职责的过程中已经和正在被残忍地谋杀，这正
是这种经深思熟虑后采用的战争方法的一个特征。对于那些应对这些
行为负责的人，最多只能说他们不是出于自私或贪婪的动机，他们准
备献出自己的生命，他们大体上得到了其同胞的情感支持。在会议桌
上接待这种人的领袖并试图通过他们作中介组成一个文明国家的政府，
这种做法必须被视为一个处于权势巅峰期的伟大帝国从来不曾涉足过
的最成问题和最冒险的试验之一。

　　在另一方面，爱尔兰历史则是这样一部历史：在姐妹国家和近邻
之间，一代人又一代人永无终止地争吵和互相伤害。大不列颠迫切希

望结束这一令人憎恶的世仇。在 19 世纪，英国和爱尔兰都以远比过去黑暗时代优越得多的方式重申她们的问题。英国已在爱尔兰慷慨地实施了许多补救办法和安抚性措施，而爱尔兰则大体上通过宪法规定的行动来支持自己提出的要求。我们在 1886 年原本有可能在一定的基础上协议一项解决方案，该基础无论是对爱尔兰还是对大不列颠来说，其危险性与我们目前最终要据为协议基础的危险性相比，简直小到了不能再小的地步。在有关《爱尔兰自治法案》的重大分歧前面，格拉德斯通在下院这样说道："爱尔兰正站在下院的围栏外满怀企望，充满希望，几乎是在恳求。爱尔兰的话是真实的和符合实际的。她祈求愉快地忘却往昔，对于忘却往昔，我们甚至有着比她更浓厚的兴趣……思考一下吧，我恳求你们——在你们否决这一法案之前，应该仔细、明智地做一番思考，不是就当前问题思考，而是要为未来的年代思考。"

297

我们毕竟是有史以来最伟大斗争的胜利者。我们并不要求在那些最重要的结局中得到超出我们合理份额的东西，但是就爱尔兰物质意义来说相对无关紧要，这一点很容易使我们在心理上得到满足。例如，当世界上一切敌对的势力（包括几百万士兵组成的军队）均已不复存在，当德国舰队已经沉没于斯卡帕湾海底，并且当每一个武装对手都已被征服时，就没有人能说，大英帝国的生存正处于危险之中。没有人能说我们是一个怯懦的或衰落的民族。这些想法可能不存在什么逻辑相关性，但它们却为国家的决策提供了一个重要因素。而可供选择的另一种情况又是什么呢？大英帝国的一个小角落被投入严酷的镇压之中——倘若没有谋杀和反谋杀、恐怖和反恐怖的搅局，这种镇压就不可能出现。只有危及民族生存才能成为推行这样一种政策的借口，没有一个有理性的人能够声称，现在已到了危及民族生存的地步。

然而，现在木已成舟。一项停战协议已经签订。枪手们已从藏身之处出来，就像是一个与英国同样古老和同样值得骄傲的国家的领导人一样，阔步走在都柏林的大街上。昨天还被激励着去消灭谋杀犯团伙的部队、警察以及"黑色和棕色"，现在却悠闲自得，令人啼笑皆非

244

地站在那儿，尽管有关平等条件的谈判还在全力进行中。今后绝不能再重蹈这种战争的覆辙！绝不能再为不断的争吵、仇恨和蔑视情绪火上浇油！我们还有一些别的方案可作为最后的解决手段。港口和城市是能够保住的；都柏林是能够保住的；北爱尔兰是能够得到保护的；新芬党爱尔兰通往外部世界的一切交通联系是能被切断的；两个岛屿之间的一切贸易——也就是说，除北爱尔兰之外的整个爱尔兰的贸易——是能够被中止的，然而这一切要付出昂贵的代价。但是从签订停战协议的那一刻起，依靠大英帝国议会的权威来统治南爱尔兰的尝试宣告结束了。

除了扼要介绍外，本书不打算用太多篇幅描述谈判的进程或列举与谈判内容相关的文件和记录。不过，谈判正式开始时的场面倒是值得一提。7月14日，德·瓦勒拉先生与劳合·乔治先生之间若干次会谈的首次会谈在唐宁街10号的首相府举行。德·瓦勒拉先生在"爱尔兰共和国驻伦敦代表"（阿尔特·奥布赖恩先生）陪同下在参加仪式上做了自我介绍。首相把这位爱尔兰族长当作一名凯尔特兄弟[3]予以热情友好的接待——没有哪位艺术家能够在这次重大会见的第一刻表现得比首相更出色了。德·瓦勒拉先生十分谨慎和拘谨。他呈交了一份篇幅很长的爱尔兰语文件，然后为方便计又提交了一份英语译本。文件的标题——"Saorstat Eireann"——激起了首相的文字好奇心。他说，"Saorstat"一词听起来不像是爱尔兰语，它按字面翻译应该是什么呢？停顿了片刻后，德·瓦勒拉先生回答说，按字面翻译它的意思是"自由邦"。"我明白了，"首相说，"Saorstat的意思是自由邦；那么在你们的爱尔兰语中，表达Republic（共和）意思的词汇是什么呢？"当两个爱尔兰人用英语商量该如何回答这一无恶意的问题时，首相转向内阁秘书托马斯·琼斯教授，两人用威尔士语交谈，从而使两位讲英语的新芬党来访者十分尴尬。最后，当德·瓦勒拉先生只是重复Saorstat的意思是自由邦而未做出进一步解释时，首相乃问道："我们是不是绝对不能承认凯尔特人从来都不拥护共和政体，并且没有表达这一思想的土著词汇？"接下来是一段长时间的尴尬沉默。这就是后来持续了许多小时的对话的最初情况，一直到对爱尔兰的古代和中世纪历史进行了全面探讨之后，事态才变得明朗起来，那就是只有不列颠政府把它自己的建议摊到桌面上，谈判才能获得进展。

这些建议是于7月20日送给德·瓦勒拉先生的。它们构成了完整的英联邦自治领爱尔兰自治方案，其中当然包括独立自主的财政和税收管理权以及警察和军队管理权。方案附有六项条件。其中四项涉及海军和军事方面；一项涉及两个岛屿之间的保护性关税；最后一项则涉及爱尔兰应承担的由双方共同立约发行的国债中按公平原则确定的一定份额。这些建议遭到了德·瓦勒拉先生的拒绝，他宣布了完全独立的原则，并声明与王国政府脱离关系。首相在答复中清楚表明，不列颠政府不能讨论任何这样的解决方案，即"爱尔兰一方拒绝接受我们关于在一个君主之下的英联邦内建立自由、平等和忠实的伙伴关系的要求"。通信联系拖得很长而分歧并未缩小。当时正在各地休假的内阁大臣们于9月7日在因弗内斯举行了会议。看来可以有两种做法：要么邀请德·瓦勒拉先生前来参加会谈，前提条件是拥戴王国政府；要么在有其他爱尔兰代表出席的情况下恢复与他的无条件谈判。最后确定的复函是：询问德·瓦勒拉先生是否准备参加一次会议，以深入讨论"如何使爱尔兰与称作不列颠帝国的多民族共同体联合为一体，以求能最好地与爱尔兰的强烈民族愿望相协调"。倘若回答是肯定的，则建议于20日在因弗内斯举行一次会议。

9月12日，德·瓦勒拉先生回信接受了这一邀请，但是他在信中写道：

> 我们的民族已正式宣告独立，并自认为已取得主权国家的地位。只有作为这个国家的代表和作为被选出来的监护人，我们才具有代表我们的人民进行活动的任何权威或权利。

在这一问题上，首相拒绝了到首相休假地盖尔洛契来传送信息的两名爱尔兰使者，同时取消了为这次会议所做的安排。

然而存在着一种有充分事实根据的感觉，即没有任何一方愿意看到整个谈判破裂，信件和电报还在持续不断地来来往往。德·瓦勒拉先生无疑在无休止地苦思冥想各种重要的理论问题，而毫不考虑最终会给其同胞带来的悲惨境遇和物质上的重大损失。然而与此同时，在爱尔兰自由邦众议院关得紧紧的大门后面，在都柏林的几乎持续不断的会议中，在新芬党极端分子的最重要的秘密集会上，一种明确而坚决的反德·瓦勒拉倾向正在形成。彻头彻尾并且不断恶化的无政府状态随时都可能将魔爪伸向南爱尔兰。但是爱尔兰民族的天赋中有冷静而讲究实际的一面，一些有武力作后盾的人从混乱中站了出来，这些人的信义虽然值得怀疑，但他们所追求的毕竟是明智的目标，这使得他们讲的话对他们有约束力。这些人决心不让到手的东西得而复失。

关于新芬党内的这些分歧，对外仍是严格保密，滴水不漏的。不过德·瓦勒拉先生对首相取消会议一事的答复却采取了相当宽容的态度。最后他解释说，他和他的朋友不准备要求不列颠政府承诺任何条件来作为举行一次会议的前提。他们不能放弃自己的民族立场，他们也不期望不列颠政府做出类似的让步。他指出，在大不列颠与爱尔兰之间达成一项协议，将永远结束争吵并使这两个国家——她们各自追求自己的发展——在共同关心的事务中，以自由和友好的合作一起工作。他要求首相阐明，不列颠政府是要求新芬党在立场上做出让步以作为会议的前提，还是同意会议可以在双方均不承诺任何前提条件的情况下召开。鉴于这种局面，在9月21日，内阁委员会在盖尔洛契召开会议，在重申了其基本立场后，起草了一份邀请参加将在10月11日于伦敦举行的一次会议的新邀请书（于9月19日发出），内阁委员会希望届时能与新芬党的代表会晤，"以期深入讨论如何把爱尔兰与称作不列颠帝国的多民族共同体联合为一体"。这一性质模糊的邀请书为对方所接受，并在指定的日期，由首相、张伯伦先生、伯肯黑德勋爵、拉明·沃尔辛顿－埃文斯爵士、哈马尔·格林沃德爵士和我，在唐宁街首相府与爱尔兰的代表格里菲斯先生、迈克尔·科林斯先生、巴尔顿先生、加万·德菲先生和达根先生举行了会谈。德·瓦勒拉先生留在爱尔兰没有前来，这一点是意味深长的。

＊　　　＊　　　＊

要想估量这些事件在统一党内部形成的紧张关系并非易事。虽然每个政党的每个成员都会因世界大事的暴风雨冲击而偏离自己的政治立场；虽然全世界人类的命运依然在急流中漂泊不定，人们因正在发生的一切而受到挫折、感到迷惑和疲惫不堪，但是，要在这些可耻的情况下放弃毕生的坚定信仰，几乎是无法容忍的事情。愤恨越聚越深，因为感受最深刻的国家栋梁们知道，他们完全无能为力。北爱尔兰依旧激烈动荡，拒绝与爱尔兰政府结合在一起。南爱尔兰 30 万反对自治者完全在孤立无援地进行斗争，他们在谈判中发出了哀伤的呼声。

在这一阶段，情况在很大程度上取决于大臣们的个人行动。对于自由党人和爱尔兰自治运动的支持者来说，支持以最广泛的形式建立爱尔兰自治并非难事，但是对于已将其整个政治生涯融入反对爱尔兰自治运动的那些人来说，他们需要完成一件令人生厌的担着风险的任务。主要责任落到了统一党领袖奥斯汀·张伯伦先生的肩上。他一直与首相亲密无间地共同进退，是那种做事有始有终、勇于面对任何结局的人。

当一个领袖实施一种基本上偏离其党的整个传统乃至性质的行动方针时，往往会使另一个杰出人物有机会获取巨大的并可能是占支配地位的政治权力。没有人能指责后者的动机；他只是按老办法行事，以一种直截了当的、简单的、一贯的方式行事。这样的人物将发现他会得到许许多多正直人士的支持。他的行动虽然有利于实现他的野心，但从表面上看来好像是受责任感和坚定信仰激励所致。因此，伯肯黑德勋爵（当时任大法官）在这一关键时刻的态度至关重要。他与抵制爱尔兰自治运动明显有着特殊的关系，与爱德华·卡森爵士志同道合；他曾充分利用内战的威胁，在 1914 年阶段的爱尔兰冲突中扮演了重要的角色。没有人会因反对爱尔兰协议而获得较大的个人利益；也没有人会因支持爱尔兰协议而受到较多的指责。他不顾自己的过去和未来，表现得就像对协议态度最积极的保守党的支持者一样。爱尔兰自由邦的支持者们老是觉得他们应向他表示感激——他们的感觉一点儿没错。值此关键时刻，统一党领袖及其最强有力的陆军中尉具有独立而无所畏惧地做出判断的素质，在历史中发挥了重要作用。在某种程度上，政治体制可以通过下述检验而得到恰如其分的评价，即其重要代表能否根据事实真相针对重大问题做出决策，能否不顾其自身利益以及往往是其最好的朋友的利益而做出决策。

302

在经过多次拖延和耍过许多花招之后，爱尔兰代表按照既定程序抵达唐宁街，那些内阁大臣们——他们或因其职务、或因其个性而被认为应该担任主要角色——隔着会议桌与那些此前不久还被他们斥为"谋杀犯团伙"的人举行了会谈。所有这些爱尔兰代表都是不久前还在狱中服刑或刚刚被终止通缉的人，有的还在不同程度上与暴力犯罪有牵连。双方的交锋过程是惊心动魄的，有几周时间，人们看到了最严格的繁文缛节。讨论本身不仅由于其模糊和不确定性而受到阻碍，还由于大量错综复杂的内容和高度爆炸性的细节而受到妨碍。谈判——包括秘密的和公开的——持续了两个月。谈判在各个阶段都受到了保守党的内部压力以及重新召集的爱尔兰自由邦众议院的骚动的影响。贝尔法斯特发生了动乱。北爱尔兰政府宣称他们正在被出卖，他们拒绝参加会议，但是他们抱怨说，甚至没人征求过他们的意见。政治紧张几乎与战前岁月一样严重，但是对灾难性事件却束手无策。事情只是被拖在那儿；爱尔兰人对任何事情既不说"是"，也不说"不"。爱尔兰的情况日益恶化，在下院占三分之二席位的保守党深感忿怒和忧虑。

虽然这段时期在爱尔兰问题上，我只是扮演着一名后排议员的角色，并未充分感受全部的压力，但是作为内阁委员会的一名成员，我有了一种明白无误的印象。我们必须把这件事进行到底，坚持到或者我们不再执政、或者达成一项协议、或者以一种新形式重新开始与南爱尔兰对抗。我强烈要求大臣们不用辞职的办法来逃避他们的苦恼。到 11 月上旬，渴望解脱的想法达到了非常普遍的程度，以致没有人知道自己明天是否仍然身在其位。在以后的日子里，这场危机的严重程度也许可以用以下这封不带任何特殊推论的信函来进行衡量——它或许能够达到与其他任何检测方法一样好的效果。

303

丘吉尔先生致首相的信

1921 年 11 月 9 日

1. 提出辞职的大臣们已经放弃了他们的责任，对此必须加以批评。倘若提出的理由是，"我们的正义感禁止我们强制北爱尔兰，而我们的信仰又禁止我们强制南爱尔兰"，则尤其应该加以批评。有人会说，"这些人是有原则地联合起来的，他们知道应该做什么，也知道国家的利益需要什么，他们拥有议会的压倒多数（包括自己党内的多数），然而在议会并未撤销委员会的情况下，他们却宣称他们在任何方面都不能有所作为。"

不论鼓励他们这样做的动机有多么崇高，我对这种策略所会引起的后果深感担忧。

2. 在他们的辞职获准后，博纳·劳先生将被邀请组成政府。为什么他不该辞职呢？倘若现在政府成员已经宣称他们在任何方面都受约束难以有所作为，那么博纳·劳肯定是感到在道义上有责任接替他们去做。为什么他也不能成功呢？……在当前的这场危机中，保守党将势必团结起来支持某人。很明显，他们将团结起来支持一位保守党领袖，组成一个保守党政府，这个党已经自告奋勇要去填补因联合政府所采取的自杀政策而造成的鸿沟；它还将被赋予权力以贯彻这一原则，以便在即将来临的大选中击败工党，并接受前大臣们（他们已经认输）谨慎的讨论意见。无法组成一个可供替代的政府这一错觉是长期存在的。张伯伦先生认为，亨利·坎贝尔－班纳曼爵士将被"嘘声赶下台"。阿斯奎斯先生则深信，你不能组成一届政府。但是在以上两种情况下，即将离职的政府都不曾通过宣布自己在道义上有责任去做形势所可能要求的工作，而在每个方面约束自己。

按照这些想法，一场公开的彻底失败可能会很容易接踵而至，一个极端保守的保守党政府将可能在这样的背景下着手准备与工党进行竞选，而作为英国主体的英格兰和苏格兰民众将继续处于缺乏领导或不能发挥决定性影响的局面。

3. 我希望将我的以下言辞记录在案：我认为我们的责任是推行我们深信不疑的爱尔兰政策，除非我们在下院中被击败，从而问心无愧地向王国政府解除我们的责任⋯⋯

有一点从一开始就极为重要，那就是让那些已被接受为爱尔兰领袖的人相信，大英帝国政府是有诚意和善意的。从交易和讨价还价的角度看，对这个问题无论怎么强调都不过分。我们从一开始就说明我们准备付出一切，但是在任何情况下，我们都不能走得更远了。我们还清楚地表明，倘若我们的建议被接受，我们将毫不犹豫地将其付诸实施，而不考虑最终可能落到政府或其主要成员头上的任何政治厄运。漫长而至关紧要的谈判就是在这样的基础上本着这样的精神进行的。

在谈判初期的日子里，我们就发现自己不仅面对着爱尔兰极端秘密社团的不切实际而又充满幻想的狂热与浪漫，而且还面对着许多世纪以来一直在两国之间涌动着的不信任与仇恨的浪潮。黄色炸药和各种其他烈性炸药中的一项主要成分就是某种强酸。这些精心配制而成的缓慢而可怕的液体与纯碳化合物混合，会产生一种从受抑制和浓缩中猛烈爆发出来的强大力量，摧毁建筑物和人的生命。仇恨在政府中扮演的角色就如同强酸在化学品中的角色。而爱尔兰人心中充满的就是仇恨，用吉卜林先生的话说就是，"他们如同吞下秤砣一样铁了心了"，谢天谢地，幸而这种仇恨在大不列颠存在还不到100年。而这一切都是我们必须克服的。

格里菲斯先生是一位作家，他对欧洲历史和各国政体做过深入研究，他坚定而正直，是一位不寻常的人物，他是一位沉默寡言的爱尔兰人，总是难得说一句话。但是在我的亲身体会中，只要是他说过的话，他从来不收回。迈克尔·科林斯在受教育方面，未能享有与他的这位较年长的同僚同样优越的条件。但是他具备基本的品德和天资，这使得他在许多方面都引人注目。他远比他的领袖更热衷于在斗争中采取恐怖手段。由于这一原因，他在爱尔兰极端社团中的威信和影响力要高出别人许多，而他的内心情感上产生的困难以及与伙伴相处的困难，也要比别人大得多。与这两位领袖相比，其他代表相形见绌。然而达根先生是一位具有冷静头脑和坚强意志的人。身居幕后的厄斯金·蔡尔德斯先生虽然不是代表，但竭力推行各项极端计划。

最后，在经历了两个月毫无效果的会谈和冗长的废话之后，疲惫不堪的大臣们因爱尔兰破坏停战协议的暴行而感到惊恐，已处于真正的绝望之中，面对着这样的爱尔兰代表，他们清楚地意识到，死神已经降临。在12月5日下午的会谈中，首相直截了当地声称，我们不能再作任何让步，因而已无进一步辩论的必要。他们现在必须做出决定；他们必须在经历了这么多星期而达成的停战协议上签字，否则就离开；此外，任何一方今后有权恢复他们能够用以反对另一方的任何战争。这是一份已经发出的最后通牒，它没有通过外交渠道，而是当面递交的，所有在场的人都知道并理解，现在已经别无选择。虽然我们之间的个人关系并不怎么样，但是在双方负责人之间，现在却存在着互相尊重并深刻理解彼此的难处。

爱尔兰人面无表情地接受了最后通牒。格里菲斯先生用他那柔和的声音和谦虚的口吻说道："我愿在今晚9点提出爱尔兰代表团的答复；

不过首相先生，我个人是愿意签署这一协议并愿意将其推荐给我的同胞的。"劳合·乔治说，"我是否可以这样理解，格里菲斯先生，即便所有其他人都拒绝，你仍然将同意签署？""是的，是这个意思，首相先生，"这位具有伟大胸襟和伟大目标的寡言小个子男人回答。迈克尔·科林斯站了起来，看上去就像是要向某人开枪射击，更像是要自杀似的。在我整个一生中，我还从来没有见过有谁像这样强行抑制自己内心的情感和痛苦。

接着我们就离开了会议室并反复谈论会议的结束部分，大家还吃了些点心，抽了根烟，并且讨论了行动计划。谁也不指望除了格里菲斯先生以外还会有别人同意我方的建议，而仅靠格里菲斯先生一人的签名又有什么合法性可言？至于说到我们，我们已经破坏了我们的朋友和支持者对我们的忠诚。

不列颠代表团于晚上9时准点到达会议室，但爱尔兰代表团却在子夜过后很久才露面。和前几次一样，他们表面上镇静自若，毫无激动的表现。停顿了一段时间，或者在感觉上似乎是这样，然后格里菲斯先生说话了，"首相先生，本代表团愿意在协议上签字，不过有几处起草的措辞，也许我现在就商议一下，将是有好处的。"于是他用最从容的手势把整个问题带入了次要细节部分，并且每个人也把过度的注意力集中到了这些次要细节上，以致把主要问题反而推到幕后去了。

很快我们就围绕一些技术性细节和文字上的修改热烈地谈论起来，并坚决遵守这一切，以免发生更坏的情况。然而就在这种保护性的喋喋不休的讨论的下面，谈判的精神和气氛已经发生了一种深刻的变化。我们已经在一项共同的事业——维护爱尔兰协议以及维护两个民族和两个岛屿之间的和平的事业——中变成了同盟者和伙伴。我们分手时已将近凌晨3点。但是全体人员都在该协议上签了字。当爱尔兰人起身离去时，英国的大臣们在一种强烈冲动的驱使下，一一走过去进行了双方的第一次握手。在以后几章中，我们将看到在推进爱尔兰协议

的道路上，是如何困难重重，好事多磨，双方又将经历多少失望和焦
虑不安。然而这是一个不会很快就被遗忘的时刻，这是正处于分水岭
的时刻，命运之河向下流入了新的溪谷，朝着新的大海奔流而去。

这一事件对首相而言是灾难性的。他在一年之内便失去了首相职
务。许多其他原因——其中至少有一些本来是可以避免的——也促成
了他的下台；爱尔兰协议及其签订仪式始终不能得到保守党内最固执
分子的宽恕。即便在那些坚定支持该协议者之中，也有许多人这样说，
"如果出现了那种攻击事件，必然是需要这项协议的，但是导致攻击事
件发生的那个人将倒霉。"然而就劳合·乔治先生政治上的不幸与爱尔
兰事件的关联而言，他可能会感到满意。因爱尔兰问题而在政治上遭
受挫折的失败者之中，乔治先生可以找到像埃塞克斯、斯特拉福德、
皮特和格拉德斯通这样的同病相怜的人；而在英国的 700 年历史时期，
在历届君主和或大或小的政治家中，他也可以找到一些可使自己感到
聊以自慰的人。不过劳合·乔治的下台与上述诸人的下台有一个重大
的差别，即上述诸人，不论他们曾经做出过多么巨大的努力和牺牲，
留给后人的只是一个问题，而劳合·乔治却找到了——我们难道不能
这样期望吗——一个解决问题的方法。

注释：

[1] 本章及下一章内容可参阅第十六章末地图。

[2] 主张北爱尔兰脱离英国而成为爱尔兰共和国的一部分。——译者

[3] 爱尔兰民族的兄弟。——译者

第十五章　爱尔兰协议

德·瓦勒拉的拒绝——爱尔兰自由邦众议院内的辩论——我成了
实施协议的负责人——主要目标——北爱尔兰的防御——爱尔
兰的领袖们——一份初步调查报告——克雷格和科林斯——《爱
尔兰自由邦法案》——分界线问题——法案的通过——利默里克
郡和蒂珀雷里郡——致科林斯先生的信——罗里·奥康纳占据了
四所法院——致科林斯先生的另一封信——另一封信

　　可以明显地觉察到，社会公众对爱尔兰协议的签订甚感宽慰。人
们普遍有从恶梦中醒来的感觉。整个帝国充满了喜悦，外国也流露了
赞许的微笑——或许带有一点讥讽的意味。英王采取了不寻常的、也
的确是前所未有的做法，一大早就在白金汉宫接见了有关的大臣，并
同他们一起合影。没有人比爱尔兰贫穷的普通老百姓更高兴了，他们
一直遭受到来自双方的伤害，他们渴望和平与安宁。然而在相当长的
一段时间内，他们还得不到和平与安宁。

　　新芬党的代表返回都柏林后立即向德·瓦勒拉先生和爱尔兰自由
邦众议院汇报他们此行获得的谈判成果。人们不难得出结论，从逻辑
上说，德·瓦勒拉对其先前的声明是承担义务的，该声明的确在形式
上与此次签订的协议不完全相同，但在原则上和范围上，两者却是相
同的。此外，爱尔兰的代表们乃是全权代表，而德·瓦勒拉是他们的
领袖。他们是作为他的代表去伦敦的。他们在整个谈判过程中，随时
都在向他通报情况。他们已经在实质上——如果不是理论上的话——

得到了他们想得到的全部东西，其内容远远超过了以往任何爱尔兰领袖曾经要求的。因此，人们普遍预料，德·瓦勒拉将支持他的同僚，理解他们的难处，即便在某些理论问题上未必满意，他依然会与他们站在一起。南爱尔兰毕竟已经获得了英联邦自治领符合宪法的完整地位，也就是说，在王国政府下的独立加上大不列颠的一切良好服务。

309

但是我们很快就得知，德·瓦勒拉先生仍然在唠叨着《波依宁法》，并且他的关于英国与爱尔兰的关系以及爱尔兰的不幸的见解，依然停留在16世纪以前的阶段。现在，他做出了重新挑起冲突的愤怒决定，并自视为爱尔兰现存唯一政府的首领，他不承认谈判代表们——他们是他的同僚并曾是他的共谋者——的行动。这些人虽然被他指责为他们的事业的叛徒，背叛了其秘密社团的誓言，但人们不久就发现，即便是在极端分子中间，他们也有强大而独立的影响力。5名在协议上签字的爱尔兰人之中，有两名后来投靠了德·瓦勒拉，但得到达根支持的格里菲斯仍然满怀信心地积极四处活动，而掌握着主要枪手以及爱尔兰共和兄弟会多数核心人物的迈克尔·科林斯，则获得了他的朋友的支持。

尽管其疆域内仍然极度混乱，爱尔兰自由邦众议院还是花数周时间对协议继续进行辩论。最后，圣诞节临近，议员们只得休会度假。当他们于1月重新开会时，分裂成了两大派。1月8日进行表决，协议以7票优势——64票对57票——获得通过。德·瓦勒拉辞去主席职务并离开了会议厅，所有的北爱尔兰共和主义者也离开了会议厅，阿瑟·格里菲斯先生被选为爱尔兰自由邦众议院主席，会议随后宣告休会。

在协议签订后不久，我成了处理英国—爱尔兰事务的负责人。1921年1月，首相将我从陆军部调至殖民地部，目的是要解决我们在巴勒斯坦和美索不达米亚的事务。此项工作现在已近完成。费萨尔国王在巴格达登基，平息了阿拉伯人和劳伦斯上校的怒气；派驻美索不达米亚的英国陆军——它每年要耗费3 000万英镑——已经撤退回国；

310　在特伦查德成功领导下的英国皇家空军已经维护了完全的稳定。从各项日常工作中解脱出来后，我变得十分空闲。按照宪法的规定，作为英联邦自治领的南爱尔兰的事务应该由殖民地部处理。我从秘书长哈马尔·格林沃德爵士手中接管了工作。他经受住了最恐怖时期的冲击，显示了作为男子汉的最大勇气，并且从未丧失过求得一项有政治家风度的解决方案的希望。我以国务大臣的身份进入内阁后，担任了内阁爱尔兰事务委员会主席。每当我需要帮助时，同事们就会给予我慷慨的帮助，在其他时间则让我有广泛的行动自由。从那时起，我一直在负责与爱尔兰领袖们——包括南、北爱尔兰在内——的所有谈判，同时处理下院在任何时候出现的议会的困难局面。

　　有两个目标从普遍的混乱和不确定中清晰地显现了出来。第一个目标是在南爱尔兰建立并培育一个有生命力的和负责任的政府组织。要达到这一目标，临时政府——我们即将予以承认——必须举行普选以获得权威性。从协议公布之时起，爱尔兰人民便通过他们所能利用的一切手段和方法大声疾呼，表达他们想要在该协议基础上与英国人民建立良好与和平的关系的迫切愿望。因此，我们促使临时政府深切意识到举行一次普选的重要性和紧迫性，只有这样的一次普选才能给予他们国家行政机关的地位，并使他们能够用天赋的权威来管理国家事务。格里菲斯和科林斯对此已深信不疑；但困难是巨大的。德·瓦勒拉先生知道自己处于少数，并且正如事态已经证明的，是处于明显的少数，因而开始运用权力所赋予他的一切手段来阻碍、拖延——若有可能的话就制止——这样的一次选举。他还为了这一目的而求助于爱尔兰共和军。这支所谓的军队自建立之日起，目标就是组织武装力

311　量对王国政府进行攻击——从对个别人的谋杀直至伏击，可谓不择手段。爱尔兰共和军从来不按战争规则严肃作战。它网罗了相当数量的一批人，他们抱着视死如归的精神随时准备为自己的所谓的事业坐牢乃至杀头。与爱尔兰自由邦众议院的情况相似，爱尔兰共和军内也分为两种意见，并且持有两种不同意见的人数之比，可能也和前者差不多。

然而它却是临时政府在维护其权威时所能支配的唯一组织。因而在对共和军的控制方面以及在选举的日期和性质方面，临时政府被迫做出了一系列懦弱和不能令人满意的妥协。

临时政府很快又被劝导将选举推迟三个月，以此作为与德·瓦勒拉先生达成和解的一项措施。临时政府所依赖的是德·瓦勒拉的承诺，他说届时选举将能自由举行，同时共和军将在临时政府的命令下统一行动，不会干预选举或用武力反对经由选举产生的任何政府。但是德·瓦勒拉先生刚刚对其同胞做出上述承诺，马上就出尔反尔地加以践踏。他和他的朋友们尽其所能来削弱和诽谤临时政府；在全国各地制造混乱，并挑起了南爱尔兰与北爱尔兰的冲突。为了这一目的，共和军中反自由邦的那部分人永远是可以利用的；而在这部分人的周围和背后，又聚集了一批掠夺成性的犯罪分子——在每个社会里，都或多或少存在这样的人——反自由邦的那部分人声称一旦革命爆发，他们便会跳出来要求担任领导。在协议上签了字的英国人和爱尔兰人正力求克服这些困难，朝着举行自由选举和建立爱尔兰民族的委任统治权的方向迈进。

对我们同样至关重要的第二个主要目标，是支持北爱尔兰政府享有它的不能废除的权利。两个所谓的爱尔兰共和军的师驻扎在北爱尔兰，它们不顾停战协议、不顾《爱尔兰协议》、不顾英国陆军从南爱尔兰的撤退正在迅速而有序地进行的事实，大肆开展秘密活动。因此，北爱尔兰政府需要与这些人的阴谋活动——其目的就是要使北爱尔兰政府不能维护一个独立政府的工作——进行斗争；与此同时，来自分界线另一侧的大规模袭击接连不断，怀有敌意的武装力量正集结起来发出威胁。

对北爱尔兰的这些威胁（包括来自会员内部和外部的威胁），遭到了北爱尔兰信奉新教的奥林奇会[1]成员以同等好斗和好争吵的方式的回击。爱尔兰共和军或天主教徒犯下的每一桩暴行都会受到更严厉的血腥报复。报复和反报复双方很快就创造下了惊人的记录；在整个夏

312

季，人数较少的天主教徒遭受的伤亡人数是新教徒的两倍。毫无疑问，当新芬党极端分子看到他们对英国当局的攻击所带来的胜利之后，他们自然会期望继续沿用这种方法，以粉碎规模要小得多并且显然也要脆弱得多的北爱尔兰政府组织。他们会这样想，既然我们已经羞辱并打击了强大的不列颠帝国，并且迫使她对我们做出让步，那么，使建立独立的北爱尔兰政府的设想成为空想，简直就是轻而易举的小事了；他们枪击公职人员，焚烧公共建筑，从而造成一种持续的恐怖，希望这会使北爱尔兰的政府和公民感到厌烦和精疲力竭，最终觉得为了过上安宁的生活，还是向新芬党的统治屈服算了。

　　我后来曾在下院这样说，"在北爱尔兰，绝大多数人民是坚决反对新芬党的。他们热烈地表示出他们对本国、对君主政体、宪法以及对帝国的忠诚和热爱。即使他们将被不列颠遗弃，他们也会正当地为维护他们的自由而拼死战斗。然而他们不会被不列颠所遗弃；恰恰相反，他们在必要时将在金钱、武器和人员方面得到援助和加强，以帮助他们维护其议会和政治的权利，并保卫其自身。"

　　以上就是指导着我的行动的两个不同的目标。不过这两个目标受英国各政党的欢迎程度却是迥然不同的。保守党内一切最坚定的分子都支持北爱尔兰，即便在带着厌恶和鄙视新芬党爱尔兰的情感承认并接受《爱尔兰协议》的时刻，这种支持也从未动摇。另一方面，自由党人和工党分子以亲切的关心注视着爱尔兰自由邦的命运，但对于北爱尔兰政府，则除了就报复事件（奥林奇会成员用报复来回答新芬党的每一次谋杀）对其进行指责外，对它的安宁基本上不予关心。如果说，我们的政策带来了毋庸置疑的成功的话，那么我们用同等的热情追求这两个不同的——在许多方面还是对抗性的——目标的做法，就是适当的。仅仅追求一个目标意味着毁灭。同时追求两个目标则将导致安全与和平。

　　当然，在某些方面帮助双方，而在另一些方面则尽量约束双方，这是一件很微妙的并容易造成误解的工作。必须做到一碗水端平，这样说说并非难事；然而当人们事实上正在互相谋杀时，当恐怖活动正在大地上蔓延而无政府状态正在新生政权周围加剧时，当你和双方杰出人物经常有亲密而正直的关系，你也知道了他们的许多秘密时，当你为一方做任何事就会引起另一方的憎恨或怀疑时，制定一条不偏不倚的路线比起将其付诸实施要容易得多。对于爱尔兰来说，幸运的是她在这一艰难的时刻并不缺乏具有崇高和坚强品质的领袖。人们发现，阿瑟·格里菲斯和迈克尔·科林斯以及新近涌现出来的理查德·马尔卡希和凯文·奥希金斯都是第一流的现实主义者；他们敬畏上帝，热爱自己的国家，并且信守诺言。在北爱尔兰，詹姆斯·克雷格爵士坚如磐石地固守岗位。他沉着冷静，思想敏锐，超脱于仇恨和愤怒，但又不乏热情；他稳重坚定，对人诚恳，工作不屈不挠；他最终把他的人民从无法形容的苦难和困境之中带回到了阳光大道和文明世界。

在对背景和当事人有了大致了解以后，我们最好是利用当代文献来有选择地叙述这段过程，而不是采用概括性陈述的办法。

我满怀信心地开始履行我的职责，并力图总结当前的实际措施以指导各有关部门的工作。

1921 年 12 月 21 日

首相要求我来领导一个内阁委员会，目的是安排好在都柏林建立一个临时政府的细节，倘若爱尔兰自由邦众议院投票赞成此项措施的话，我就提出几个具体步骤供考虑。

314

倘若爱尔兰自由邦众议院批准了此项措施，第一步是邀请一个包括格里菲斯先生和科林斯先生在内的爱尔兰代表团尽早来这里。然后我们应该告诉他们，我们希望他们立即着手组成一个临时政府。在安排周密的基础上组成的这个政府，应该立即承担起南爱尔兰内部和平与秩序的责任，并行使对国家的行政管理。除非绝对必要，否则我们不想再继续承担哪怕是一天的责任。如果他们愿意，我的意见是可以把明年元旦定为双方交换权力之日。

在确定基础之后，应由总督在都柏林与他认为合适的一些政党领袖和政治人物进行磋商，以邀请某些有身份的人士组成一个政府。总督可能会邀请阿瑟·格里菲斯先生，届时我们将能知道这位先生是否将接受授权以及以什么条件接受。格里菲斯先生然后将组成他的政府，他的部长们将在《爱尔兰协议》规定的宣言上签字，并立即履行他们的职责。

作为一项总的原则，除非绝对必要，我们不应试图改变现有的机构，而应把它们交给新上任的部长们。倘若需要一个法律承认的权威机构来发布各种指令，而临时又找不到这样的权威机构，则现在具有发布此类指令权力的不列颠当局，应接受邀请遵照指示发挥此项功能；除非是有关执行方面的命令，否则不列颠当局不负任何个人责任。

以下是几个特殊问题：

（1）警察。皇家爱尔兰警察的每位工作人员（不论是英国人还是爱尔兰人）都受帝国政府遣散条例的保证。是否辞职可自由选择。至于在大不列颠与爱尔兰自由邦之间的经费分配，则必须根据将于今年内签订的《总财政协议书》的精神而加以考虑，所以，它仅仅是一个结算的问题。没有选择辞职的所有皇家爱尔兰警察的工作人员，将被要求继续留任。

军中辅助师将使用帝国政府的经费立即遣散，同时还要依照以前在为巴勒斯坦招募警察时所制定的决议。

315　　（2）陆军。我们应该宣布的原则是，我们驻扎在南爱尔兰的全部军事力量应尽快撤离。作为第一步，要求临时政府派遣其着装正规的军队接管总督府和政府所在地的警卫工作。适用于接待英王代表的敬礼惯例、仪仗队等，须事先与新芬党的领袖们筹划妥当。我认为，驻扎在都柏林以外的正规爱尔兰守备部队应予保留，直至能为他们在别处找到营房住处，自由邦政府应该做好思想准备，不再调用这些部队。然后各处都应着手准备庞大的撤离工作。很可能在两三个月内会有人出来，坚决要求让他们之中的某些人永远留下。除非是在极为有限的时期内，作为对新政府的一时权宜之计，否则我想我们不能答应这样的要求。在爱尔兰境内，凡是和平时期没有驻扎在永久性营房内的补充部队，都应尽早撤离。依然留在爱尔兰的所有部队从临时政府宣誓就职之日起，只能按照与相关负责的部长们达成的解决办法，迁移出营房和目前的驻地。只有得到相关负责的部长们亲笔签署的请求书，部队才能为支持文职政权而采取行动。根据《地区军事力量法》的授权，临时政府在过渡时期的必要情况下应能征募武装力量。没有人会认为，他们要等待地位完全巩固后才会愿意按照规定的配额募足士兵数量。然而尽早建成一支着装正规、纪律严明、并有能力支持政府权力的爱尔兰武装力量，至关重要。

（3）司法。对新芬党法院的需要，也许已经消失，因为所有法院都将在最短期限内成为自由邦的法院。然而与此同时，人们认为现有的法院仍将发挥功能，爱尔兰自由邦总理或内政部长正在建议总督行使特权。人们希望总检察长来说明在过渡时期司法应该如何发挥作用。

（4）财政。当前，无论是国家的税收，还是在普通国内服务性事业上的货币支出，都不会有任何改动。当然，最近实施的截留税款的做法，应立即予以停止，用于爱尔兰国内行政管理的款项总额是完全有保证的……

还必须提供专款，用于征募爱尔兰自由邦武装力量，以维持
秩序。

（5）教育、农业以及一般的国内后勤服务性事业。应该尽早让自由邦的一名部长承担起这些方面的完全责任。

（6）与赔偿和大赦有关的措施（必须有所准备）。

上述各项说明系建立在爱尔兰自由邦众议院批准《爱尔兰协议》这一假设的前提之上。然而也有可能虽然他们批准了协议，

但多数票的优势并不明显，以致不能为协议提供持久的基础。出现这种情况时，新政府仍然应该成立，并且，他们应该向总督提出要求，要求解散议会，或要求举行一次全民公决。解散议会绝对应该是优先的，因为它可以产生一个更负责任的爱尔兰自由邦众议院。总督将根据部长们有关这一主题的建议行事；万一部长们建议举行一次全民公决，则爱尔兰各部必须成立一个必要的机构，在得到议会批准的情况下，由财政部提供经费。在向全国发出这一吁请期间，军队和警察的全体人员都应和现在一样坚守各自的岗位，否则的话，程序还将如上所述，不过形式将发生变化。

第三种可能是爱尔兰自由邦众议院拒绝了《爱尔兰协议》。人们认为，如果出现这种情况，南爱尔兰议会应该随后立即举行新一届爱尔兰自由邦众议院大选。然而在大选决出胜负以前，我们应与当前众议院内支持批准《爱尔兰协议》的政党领袖们接触并弄清他们的愿望。一般认为，新一届众议院举行会议时，该项协议将会立即重新提交审议。

*　　　*　　　*

1月11日，我又惊又喜地接到詹姆斯·克雷格爵士的来函，他已有相当长一段时间没有与英王陛下的政府接触了。他说，每当北爱尔兰的利益受到影响时，他都想到来见我。他又说，"我已做好充分准备参加一次你和南爱尔兰代表之间的会议……其实我希望不久就能有机会与格里菲斯先生或负责临时政府行政事务的任何人会晤，以便彻底弄清南爱尔兰的政策究竟是一项和平的政策，还是准备把当前这种向北爱尔兰施加压力的做法继续实行下去的政策。"

我立即着手安排克雷格和迈克尔·科林斯会晤。1月21日，他们在殖民地部我的办公室内会面了——虽然那是一个很大的房间，灯光仍然显得过亮了。他们两人都庄严地沉着脸，说了几句客套话以后，我找了个借口溜了出来，让他们两人单独呆在一起。我不知道这两个爱尔兰人——他们中间隔着如此巨大的宗教、感情和行为的鸿沟——相互交谈了些什么。但会谈持续了很长一段时间，由于我不想打扰他们，所以像羊排等食品是在1点钟左右被巧妙地送进去的。到4点钟时，私人秘书报告说已出现了会谈向全爱尔兰阵线的话题转移的迹象，于是我冒昧地进入该办公室看看情况到底如何。他们向我宣布，有关整个协议的讨论已进入了权衡具体措辞的阶段。他们将在每个方面相互提供帮助，将通过私人讨论来解决尚未解决的问题，将在已经达成一致的反对一切破坏和平活动的范围内，采取一致的立场。我们三人于是反复保证要共同行动起来，"力求使协议生效"。

唉！真是谈何容易。才过去一个多星期，克雷格便不得不向北爱尔兰人再度提出保证，而科林斯在回到都柏林的那种气氛中以后，立即就北爱尔兰的分界线发表了狂热的讲话；已于1月24日"撤销"的南爱尔兰对贝尔法斯特的抵制，很快又全面恢复。2月初，北爱尔兰边界发生了新芬党的入侵事件，同一时间内，贝尔法斯特发生了几起动乱，仅仅一夜之间，贝尔法斯特街头就留下了30名死者和70名伤员。

情况令人大为失望，这使我不得不在2月16日提出《爱尔兰自由邦法案》，作为对《爱尔兰协议》的补充。所有北爱尔兰议会的成员均利用其在保守党内部的强大影响，公开宣布他们的反对意见。再次观察了这场辩论后，我知道我必须多么周密地行事才行。普遍的心情是，《爱尔兰协议》是必要的，但是它能够被执行吗？我们是否受骗了，或至多我们是在与负不起责任的人进行谈判？我们付出了我们所该付出的一切，而作为回报我们所得到的却仅仅是一个蔑视的怪相吗？另一方面，当前还应该做些什么别的事情呢？我必须求助于信念、希望和法律。 318

……倘若你想看到爱尔兰退化到一种无法无天的混乱不堪状

态，那就延误这一法案吧。倘若你想看到沿北爱尔兰分界线发生日益严重的流血事件，那就延误这一法案吧。倘若你希望本届下院就像它现在这样，肩负着维护南爱尔兰和平与秩序的责任，却又缺乏履行此项责任的手段，倘若你想把这些相同的灾难性条件也强加给爱尔兰临时政府，那就延误这一法案吧。倘若你想让一些暗中策划仇恨阴谋的、危险而偏激的人物得以破坏和颠覆这样的政府——它忠实地尽力信守它对我们许下的诺言，并且也正在使我们得以信守我们对它许下的诺言——那就延误这一法案吧。倘若你一周复一周地向全世界宣告，不列颠帝国无法与有法一样，同样能很好地生存发展，那就延误这一法案吧。然而，倘若你想给议会已经对它做出了保证的政策以公正的机会，并且给爱尔兰的部长们——只要他们忠实地与你共事，你就有义务给他们以良好的信任——以公平的待遇和公正的机会，倘若你想看到爱尔兰从暴政的混乱中被带回到法治的社会，倘若你想使我们已经对其做出了保证的政策和试验具有符合逻辑和前后一致的效果，那么你就不应该阻碍——哪怕是无此必要的一周时间——这一法案的通过。……

我们应该懊悔已经做出了决定并签了字的协议吗？……

我们且来比较一下不同的处境。在我看来，情况似乎发生了变化。现在是爱尔兰——而不是不列颠——正在世界各国面前受到审讯。6个月之前，我们不得不对各种形式的攻击为自己进行辩护。现在，是爱尔兰人民——在遭受了700年压迫之后，如他们所告诉我们的——终于有机会向世人表明，他们能为自己的国家选定政府的性质，能够在世界民族之林占有一席之地。在我看来，在过去6个月中，情况已经有了巨大的改善。我们来看看北爱尔兰的状况。北爱尔兰已拥有巨大和不可动摇的力量，不仅是物质的力量，也包括精神上的力量。众所周知，曾经有一段时间，我和一些与我有联系的人认为，北爱尔兰并不是在保卫她自己的地位，而是要关闭通向爱尔兰其余部分的通道以获取她想要的东西。那样的日子已经过去了。通过英勇的牺牲和奋斗，北爱尔兰已经明确地脱离了爱尔兰其余部分的发展道路，她所要求的仅仅是她自己的自由和安全，她坚持她自己的权利，必要时，她已经得到并将继续得到不列颠帝国全部力量和权力的支持；因此，我可以说，北爱尔兰目前正处于拥有巨大的精神和物质力量的状况。

帝国政府的状况也有了巨大的改善。不列颠帝国的纷繁国务应该日益与爱尔兰长期的内部争斗这一可怕的祸根相分离，尊严的帝国政府应该站在更为不偏不倚的立场上，这一点至关重要。……

北爱尔兰抱怨的焦点，是《爱尔兰协议》中规定南、北爱尔兰之间分界线未来管理的条款。

诚然，分界线这一棘手问题涉及弗马纳郡和蒂龙郡。我记得在第一次世界大战前夜，当时正值白金汉宫会议失败之后，在唐宁街的一次内阁会议上我们聚集在一起，花了很长时间——一小时或一个半小时——来讨论弗马纳郡和蒂龙郡的分界线。两大政党激烈争吵。辩论中不时提到内战。与会者做出一切努力，试图解决这一问题并使双方意见趋于一致。想把分歧缩小到不仅是弗马纳郡和蒂龙郡的范围，而是进一步缩小到弗马纳和蒂龙两个郡内的行政区和族群居住区的范围，然而即便如此，问题看来仍和原来一样难以解决，双方都不同意达成任何结论。接着就爆发了第一次世界大战……世界上几乎所有的社会制度都遭到了破坏。若干庞大的帝国被推翻了。整个欧洲的版图已被改变。一些国家的地位已经产生了剧烈变动。人们的行为方式和思想、对事务的整个看法、政党的组成，所有这一切都在暴风雨中遭到了猛烈而巨大的冲击，然而一旦风停雨止，洪水退尽，我们又看到弗马纳郡和蒂龙郡这两处令人沮丧的险滩再一次浮现出来。人们的争吵一如既往，它是在这次横扫世界的大灾难中，极少数未被触动的问题之一。这在很大程度上说明了为什么对立双方的爱尔兰人能坚持不懈地继续他们的争吵，同时也在很大程度上说明了为什么爱尔兰（包括民族主义党和奥林奇会）具有染指不列颠生活和政治生命线的能力，以及具有一年接一年、一代接一代支配与震撼掌握这一强大国家的政治的能力……

320

我对这些争吵得出的结论是：

> 北爱尔兰必须得到不列颠的支持和保护。爱尔兰必须具有《爱尔兰协议》，具有自己的选择和自己的宪法。处理棘手的分界线问题的其他更好的机遇将会出现……若干代时间以来，我们一直在泥沼中挣扎，但最终我们认识到，《爱尔兰协议》已使我们的脚踏上了一条并不太宽的道路，但它已经成为一条大路，是一条坚实的通向远方的路。让我们不要丧失勇气和信心，坚定而谨慎地沿着这条大路前进。倘若不列颠能继续沿着这条道路向前走，那么这样的一天终将会到来，它可能是遥远的，但可能不会像我们所预料的那么遥远，到那时，回首望去，不列颠将发现站在她身旁的是一个和睦的爱尔兰，一个国家并且也是一个朋友。

就这一问题而言，下面一段发言颇为精辟，值得一提。这是内维尔·张伯伦先生的发言，它很好地表达了普遍的意见：

> 拿我来说，我将不会被暴行所激怒，不会因此而改变我应该追随的正确路线的意见。我认为在这些困难的日子里，我们的任务就是保持镇静，不要因一时激动而使自己陷入今后将使我们后悔一辈子的路线，而是要向临时政府提供一切权力，这是确保其

接受并实行其恰当义务所必需的；并且按照这样的方式，我们才有可能至少为自己留下避免内战的唯一希望。

法案获得通过的多数是压倒性的——302 对 60。不过投赞成票的多数人都流露出痛苦的表情，而所有投反对票的人都陷入了狂怒之中。

通过该法案耗费了一个多月。在这段时间里，残忍和背叛的罪行以及唯一尚可接受的爱尔兰政府的明显软弱无能，激起了议会和公众的不满和忧虑。

2 月上旬，发生了更严重的动乱。跨越北爱尔兰边界的袭击造成 321了北爱尔兰人被劫持。贝尔法斯特派出一支警察部队前往恩尼斯基伦增援，但不幸的是，他们忘记了新的边界。他们经由位于自由邦内的克隆斯前往，而没有采取通过北爱尔兰领域的较长但较安全的路线。火车刚一抵达克隆斯，这 19 人就被当作入侵者而予以伏击。未经警告或查问身份，4 人即遭到枪杀，8 人受伤，剩余 7 人被俘。

与此同时，科林斯先生就贝尔法斯特夜晚发生的族间仇杀和反仇杀事件，接二连三地向我提出抗议。

这种残忍的事件使边界地区变成了野蛮地带。爱尔兰各地还发生了许多其他的暴行；倘若不是整个南爱尔兰，不单是亲英分子，还有绝大多数的居民都在恐怖活动下绝望无助地平静下来的话，还会有更多的暴行。在贝尔法斯特，两种宗教的残余极端分子在继续进行着一种残酷的战争。

黑夜是漫长的，但是我们最终显然已见到了黎明前的曙光。

丘吉尔先生致科普先生[2]的信

1922 年 3 月 7 日

个人机密函件

人们向我提出了许多有关利默里克郡和蒂珀雷里郡的问题，你必须让我知道临时政府真正做了些什么事，告诉我对这些信息是否必须保守秘密。他们是打算镇压利默里克郡的叛乱，还是只准备谈判而对反抗则继续听之任之？据报纸报道，爱尔兰军队已从都柏林调往某个未宣布的目的地。这可靠吗？有多少人？他们可以信任吗？科克郡的局势似乎和以往一样糟，有报道说，一个已被抓获的臭名昭著的罪犯现已逃跑。你认为自由邦政府还有什么斗志吗？还有人愿意为它而死或为它而战斗吗？让我知道你的看法，但不是你的愿望。

322　　　　　丘吉尔先生致科林斯先生的信

1922 年 3 月 14 日

私人函件

（1）我关切地阅读了你的关于在 1920—1921 年期间贝尔法斯特发生的暴行的来函。我注意到你还将寄给我一份关于在贝尔法斯特更近的时期中所发生的事件的说明。随信附上一份詹姆斯·克雷格爵士写的报告，该报告是他作为对你上次抱怨的书信的回答而提供给我的。贝尔法斯特事态的发展令人惋惜。那里有一个具有不共戴天之世仇的下层社会，只有双方领导人共同付出最坚定和最认真的努力，辅之以巨大的军事和警察力量，才能产生整个爱尔兰的利益所要求的那种安定。

（2）在詹姆斯·克雷格爵士返回北爱尔兰之前，我曾与他做了长谈，我肯定他将尽其所能不偏不倚地维护秩序。迄今为止，他坚决不考虑同你的政府举行进一步会谈的想法，其理由是，只要你非法地将他的人扣押在克隆斯作为人质，他就不能与你会晤。所以我们在此暂时陷入了僵局。我必须说，詹姆斯·克雷格爵士给我留下了这样的印象，即他非常希望能够排除障碍与你举行进一步的谈判。我完全理解你的困难，然而我毫不怀疑地坚信，尽管存在着这些困难，你也应该采取正确的做法，或者使这些人获得释放，或者在合法组成的法庭前，按照正规的方式并依照证据

确凿的指控对这些人进行审判。倘若他们能得到公正的审判和受
到合法的处理，詹姆斯·克雷格爵士将会感到万分满意。这的确
是临时政府领导人所能采取的唯一路线。也许你认为要等到《爱
尔兰自由邦法案》获得通过并且你正式拥有了合法的权力以后，
你才有能力做上述事情。要是这样的话，则在此期间内，我们便
无能为力而只有等待，但应使事态尽可能保持平静和保证不发生
暴力行为。这种扣押人质的行径在巴尔干半岛各国屡见不鲜，但
在爱尔兰却不宜使之成风，我们树立法制观点越早越好。

（3）我非常感激你已经加快了向北爱尔兰调动必要人员的步
骤；并且我从约翰·安德森爵士[3]处得知，你的政府的行政管理
效率每周都在提高，临时政府的部长们正在不断加深对事态的理
解，正在任命得力人士作为他们的助手，特别是在财政系统——
它的健全已从人们的实际体验中得到证实——得力人士正在得到
重用。

（4）我非常高兴今天你将与代表南爱尔兰统一党人的米德尔
顿勋爵会晤；我希望你将能消除他在土地购买方面的疑虑。倘若
自由邦要求我们在这件事中有所作为，我们保证竭尽所能、全力
以赴，由此产生的利益将完全归爱尔兰所有，用以交换那个较大
且较不幸的岛屿。

（5）我从一个相当独立的消息来源获悉，临时政府在全国正
越来越为人们所接受，并且德·瓦勒拉的主要支持者之一已经表
示了这样的意见，即倘若他们在新一届议会中能获得 40 个席位，
他们便将明智地行事。我希望情况是这样。

（6）你似乎已在按照某种方式处理利默里克的局势。毫无疑问，
你是最清楚你自己职责的人，感谢上帝，必须勉力完成你自己职
责的是你而不是我们。然而，在目前的这一关键时刻，倘若由（所
谓的）爱尔兰共和军根据惯例做出一项有害的决策的话，那将是
一件非常严重的事件。我想你一定非常有把握防止这样的危险。

（7）我怀着巨大的兴趣阅读了由莱弗里夫人寄给我的你在都柏林发表的演说全文。我希望它已经较全面地刊登于英国报章上。我已把它呈交给钱塞勒勋爵，他称赞此文的语气和权威意见，本周他可能在为《爱尔兰自由邦法案》的辩护中引用其中的某些段落。

（8）我对你访问科克郡，特别是你看来会受到爱尔兰退役军人——我对他们倍感同情——的欢迎这一事实，极感兴趣。我将尽力促成进一步扩建当地造船厂一事，因为我最为关注的是，科克郡的局势应能令人满意地进行自我调节。

丘吉尔先生致科林斯先生和格里菲斯先生的信

1922 年 3 月 21 日

边界地区的整个状况无疑正在变得更加危险。冲突的大爆发将是灾难性的，即便是当前的这种紧张形势持续下去，边界线也极可能变成老一套的状况，变成遍筑防御工事的军事对峙线，这将是你们最不想见到的事。我不能想象出现从北部向南部发动突然袭击的最微小的危险。倘若发生了这样的突然袭击，则肇事人将自负其咎，而不列颠政府则将采取属于其权力范围内的一切措施。我确信你们毋须为这种情况忧虑。即便发生了这样的情况，那也只会给那些负有责任者造成伤害，正像那次从蒙纳根发动的劫持人质的袭击损害了南爱尔兰的利益一样。听说I.R.A.（爱尔兰共和军）正沿边界地区集结，不断增加兵力。这当然是毫无必要的。报章上还报道说，自由邦的军队正被派驻不同地点。请让我确切知道正在发生什么事。

你们必须了解，我同时也向詹姆斯·克雷格爵士发出了最强烈的呼吁，要求他阻止他一方的民众的挑衅行为。

4 月 13 日，一位灵魂高尚的狂热者——罗里·奥康纳率领一群追随者和许多同情者占领了都柏林的 4 所法院。在这座雄伟而庄严的建筑中，他和他的朋友们宣告他们是全爱尔兰的共和国政府。3天后，迈克尔·科林斯在都柏林遭到了谋杀攻击。他幸免于难，但在该月剩下的时间内，谋杀自由邦军队和警察的事件层出不穷，还增添了铁路总罢工事件。

在这些压力下，一个受尽折磨的政府及其雇员多少有点团结起来了；它的军队开始还击，即便是这种小小的抵抗也使他们的敌人感到惊讶。

丘吉尔先生致科林斯先生的信

1922 年 4 月 12 日

总的来说，我的印象是，在爱尔兰公众舆论正日益动员起来维护自身的利益，并且你在维护你的正义与合法立场的斗争中将得到全国极为强大有力的支持。我在下院的讲话中，已经表示了这样的看法。我希望到复活节时，事实将不会证明我的这些预料是错误的。

内阁指示我向你发出一封正式函件，以表达他们对动乱在26个郡中蔓延一事的日益加剧的焦虑。然而我并不完全这样想，这封信我是作为私人信函写给你的。许多爱尔兰居民写信给英国，描述各种恐吓、动乱、偷窃和抢劫事件。毫无疑问，资本正在外流、信贷正在下降、铁路正在怠工、工商业已经受到阻碍。爱尔兰的财富正可悲地不断缩小。当事态发展到一定程度，这些事实肯定将对激励所有阶层奋起保护其自身物质利益起到推波助澜的作用，而德·瓦勒拉先生也将逐步成为一场灾难的化身，而不是一项事业的。我们在此还难以做出准确判断，但是很明显，从长远来说，不管临时政府多么有耐心，它也必须维护自己，否则它将消亡而被某种别的管理形式所取代。这样的时刻肯定将会来到，到那时，人们将无所顾忌和勇往直前地不是求助于某个派系、某个宗教或某个部分，而是求助于作为一个整体的爱尔兰国家。他们无疑具

325

有这样的权利，期待你领导他们走出黑暗的处境，此机遇十分重要，丧失这种机遇，历史将永远不会宽恕。难道你不应该把爱尔兰所有全心全意拥护《爱尔兰协议》的人们以及与协议生死与共的在宣言上签字的人们——不管他们以前的态度曾是怎样——都团结在初创的自由邦的周围吗？难道你没有发现建立在这一基础之上的后备力量，远比你现已得到的后备力量要强大得多吗？难道你不应该召唤你的"分布极广的民族"[4]来助你一臂之力吗？在美国、澳大利亚、加拿大和新西兰，必然存在着数以千百计的极度关注祖国的幸福与自由的爱尔兰人，他们想要看到大选公正地举行并且确保人民能自由投票。

我深深为爱尔兰人民的巨大勇气所感动，他们凭着这种勇气积极参加公共集会以表明他们的意见，而不顾如此众多的威慑力量的存在。我似乎已经感触到了那股支持你的不断增长的民族力量，一旦时机成熟，它便会为你们自己的事业——而不是任何别的事业——做出贡献。

我即将处理你要求的调查协议签订后在贝尔法斯特发生的几起暴力行为的问题。我将与詹姆斯·克雷格爵士交换意见并把结果通报给你。无论是在贝尔法斯特还是在边界地带，事态正在一定程度上平静下来，毫无疑问，北爱尔兰政府正尽力使事态趋于平息。你们释放几名扣押在克隆斯的人，将大大有助于北爱尔兰政府的工作，我非常高兴地看到你在这方面已取得了进展。

我高兴地看到你已经安排与德·瓦勒拉举行一次会谈；但是我希望你将了解，我们在任何方面都已不能做出进一步的让步。按照我们与你签订的协议，我们已经冒着一切风险并竭尽全力执行了每项条款。但是就我们而言，这乃是我们的极限，我们每一个人将利用我们所能支配的每一点滴影响力来反对一个共和国或对《爱尔兰协议》体系的任何侵犯。

在我看来，容许别人逼迫你同意进一步推迟大选，也是极端

危险的。只要这种不确定状态持续下去，爱尔兰日趋严重的贫困
化必然不会终结。倘若一个国家面临内战的威胁，或者面临自己
的共和政体即将与不列颠帝国处于战争状态的威胁，那么将没有
人敢于在爱尔兰进行投资或制定生产计划。我深信在5月底或最
迟在6月份的第一个星期，爱尔兰人民将完成其大选投票。我们
的确具有一种道义上的权利要求，要知道我们的建议是被接受了
还是被拒绝了，这种不确定性是不应该如此无限期地拖延下去
的……

丘吉尔先生致科林斯先生的信

1922 年 4 月 29 日

自从我上次给你写信以来，至今又将3个星期了，我们在此
期间做了些什么，对此稍加检讨将有好处。首先，我要对你和格
里菲斯先生表示祝贺，祝贺你们在面对那些反对自由言论与公正
行事的敌人时所一贯表现的精神和个人勇气。我毫不怀疑，在爱
尔兰临时政府领导层内以及在赞成《爱尔兰协议》的政党领袖中，
坚强、勇敢和具有浪漫色彩的个性的发展，将在总体形势中具有
实际价值。我也持有这样的印象，即爱尔兰舆论的巨大改变正日
益有利于自由邦和《爱尔兰协议》以及那些支持它们的人；并且
有充分理由可以这样说，许多民众将准备维护他们在选举投票中
的政治权利。因此可以认为，拖延选举所带来的后果，若与原来
英国担心的可能出现的糟糕结果相比，已好出颇多。你们没有失
去对公众舆论的控制，事实上反而还有所加强。由于德·瓦勒拉
派过火的行动以及由此给爱尔兰带来的麻烦和贫困，人们已经在
很大程度上把不满集中到了反对临时政府的人身上，而不是集中
到临时政府身上。

我怀着极大的兴趣在爱尔兰报章上阅读到了绝妙的说理方法，
以及爱尔兰新闻界在捍卫社会自由的本质时所采用的勇气十足和

充满活力的方式。

复活节已平安无事地度过。你的军队正在扩充兵员，似乎纪律性已经有所加强，能够服从长官的命令……

总体来说，我看到了许多给人以希望的符合实际的理由。这也使我更为百思而不得其解，为什么你在和詹姆斯·克雷格爵士打交道时，会如此严酷无情？我确信他已做出巨大努力，以按照字面含义和本质精神来履行协议，并且他正在努力并将继续努力朝这个方向去做。当然，没有人期望每一件事马上就能变好，没有人期望正泛滥于爱尔兰的可怕激情酿成使爱尔兰及其人民蒙受耻辱的暴行，你有许多怨恨克雷格的理由，这其实是很自然的。同样，克雷格对我也倾诉了满腹牢骚和怨恨，新教徒在最近的动乱中也遭受了重大损失。价值以百万英镑计的极为昂贵的贝尔法斯特的财物已被捣毁，贝尔法斯特的应收账款已被别人非法取走和截留，我确信抵制运动实际上已造成了比以往任何时候更大的损害。我总认为，爱尔兰的领袖们（包括北爱尔兰的和南爱尔兰的）应能看到，要取代这种残暴的互相报复，好得多的办法应该是大家坐下来一起协商，仔细评估当前的状况，记录已经做到了哪些事情，指出在执行最近的协议方面还存在哪些不足之处，并确定改善执行协议的新步骤。

正如我经常指出那样，你们的反对者（包括北爱尔兰和南爱尔兰的、新教徒的或天主教徒的）的利益……就在于在爱尔兰的两部分之间挑起最恶劣的感情状态；对于能导致两个政府之间明确内战的每一步骤和每个事件，他们都兴高采烈地热烈欢迎。你们在北爱尔兰的反对者希望看到在南爱尔兰成立一个共和国，因为除了别的因素以外，它将带来一场内战，他们知道在这场内战中，他们将得到自己背后的不列颠帝国的全力支持。你们在南爱尔兰的反对者则希望把对北爱尔兰的敌意作为一种手段来加以利用，这样他们就可以从临时政府手中夺取政权，或者使临时政府的领袖们卷入一系列极为悲惨的事件中，以致在极度紧张的状态下发生精神崩溃。两方面的破坏者都对通向爱尔兰统一的途径怕得要命，他们把联合视为对他们的破坏阴谋的致命的最后一击。所有这些对于我来说似乎非常简单，我认为，人民根据自己的策略观点，也会对这些问题做出正确判断。使我百思不得其解的是，为何你还要让自己陷入一场争吵之中。我知道克雷格想和你公正而坦率地相处，并且我认为你在整个北爱尔兰不可能再找到另一个像他这样的人物；然而我看到你在公开讲话中对他采取了这样一种极为激烈、甚至咄咄逼人的态度，这的确使我困惑不解。也许通过不妥协地坚持反对北爱尔兰的立场，你可以暂时获得某种政治利益，然而每一丁点儿这种不值钱的暂时利益却都取自爱尔兰的联合这一珍宝柜，并被毁掉了。不管情况多么令人恼火，我确信，你的利益以及你为之奋斗的事业的利益，要求你在涉及与北爱尔兰的关系的一切方面保持耐心与谦和。他们都是你的同胞，他们要求你给予他们关切和得体的待遇，至少像你给予在南爱尔兰向你挑衅的极端分子那样。此外，他们是处于一种十分强大的——事实上是不可战胜的——地位；他们的手中掌握了使爱尔兰联合的手段。

328

当你被在贝尔法斯特发生的某种可怕的事件激怒时，也许应让你稍微体会一下，当我们获悉无助的、非武装的皇家爱尔兰警察遭到谋杀，现今又获悉在科克郡及其附近新教徒遭到了无异于大屠杀的暴行时我们大不列颠人的感情。自从《爱尔兰协议》签订以来，已有20名警察死亡，40名警察负伤，还要加上6至7名伤亡的士兵，到现在还有8名新教徒平民被你的政府扣押。所有这些人都是在爱尔兰国家的保护之下的，并且在道义上也是受《爱尔兰协议》的绝对保护的。他们的鲜血在大声要求正义，直至得到满足，这种要求不会随着岁月的消逝而减弱。据我所知，还没有一个人因为这些残忍行为而遭到拘押，更不用说受到惩罚了。

然而在我们一方，我们已经开始一步一步地执行该协议，我们已经竭尽全力用一切方式帮助你的政府，而且，对于那些和我们一起在该协议上签字的人们，我们没有丧失对他们的良好信念和愿望的信心。然而不要认为，在英格兰与爱尔兰之间的圣乔治海峡的两岸没有同时激起强烈的感情。我们在世界上完全不是可以被当作无足轻重者对待的民族。人们在阅读英国历史时都能察觉到，某些此类问题可能会轻易演变为极端严重的事件。政治家的职责就是不要让自己不适当地为这些感情所左右（不论这些感情是多么深厚和自然），而是要掌稳舵柄，使舰船尽可能地远离危险的急流，稳定地驶向既定的海港。

无论什么时候，当你认为与詹姆斯·克雷格爵士再次举行会谈将对事态有所裨益时，我均将尽力促成此事。当我和他谈起有关上个星期的话题时，我发现他不想就此进行谈论，但是我知道他真诚地渴望有一个和平的、合宜的和表现基督精神的解决办法。

注释：

[1] 奥林奇会为英国基督教新教反对天主教的一个秘密政治社团，1795 年创立于爱尔兰。——译者

[2] 现为阿尔弗雷德·科普爵士，英国第二等的高级巴思勋爵。一位勇敢而值得信赖的政府代表，他曾密切参与了《爱尔兰协议》的整个谈判过程，并自始至终为实现此协议的目标而奋斗。

[3] 一位高级文职官员；1920 年作为副总督和财政部驻爱尔兰专员被派往都柏林；他是一位具有非凡能力和坚定个性的人，他思想敏锐，在重重危险和混乱之中能保持冷静。

[4] 科林斯先生在几周前的谈话中，说到爱尔兰民族时他曾讲过这样一句话："我们也是一个分布极广的民族。"

第十六章　爱尔兰自由邦的兴起

　　直到 4 月底，我们似乎一直在艰难地行进，但肯定已克服了所有困难。自由邦政府似乎在不稳定地但越来越好地行使职能，而在英国，政党和议会的形势已经稳住。我们的全部希望和目的都集中在爱尔兰人民对代表大会的自由选举上。一切迹象都明确无误地表明，他们将以压倒多数票赞成《爱尔兰协议》和自由邦政府。

　　将近 5 月底时，出现了一种令我极为尴尬的新情况。5 月 19 日，格里菲斯先生在爱尔兰自由邦众议院对北爱尔兰共和主义者说，他们的暴力行动方针连百分之二的爱尔兰人民也不能代表，"他们正在实行的行动方针使自己成了爱尔兰的叛徒，罪大恶极，他们也就是以自己的行动促使英国军队不可避免地返回的人"。就在第二天，发生了一件使所有人都感到吃惊的亲者痛仇者快的事情，德·瓦勒拉和迈克尔·科林斯两人之间签订了一项协议。协议的内容涉及日益临近的大选，包含了一项双方一致同意的决定，即反对《爱尔兰协议》的北爱尔兰共和主义者（就在昨天，格里菲斯先生曾经宣称，他们连百分之二的爱尔兰人民也不能代表）在新一届议会中将拥有 57 个席位，而拥护协议的人将拥有 64 个席位。后者在临时政府将顶多遭到 57 票反对。换句话说，在接受或拒绝《爱尔兰协议》问题上现有的均势，在新一届议会中将依旧保持，而且不会被新芬党党内的任何争论所打破。其次，该协议还规定在这种所谓的大选之后，应建立一个联合政府，由 5 名拥护《爱尔兰协议》的部长、4 名反对协议的部长，加上代表大会的主席和陆军总部部长组成。在这一基础上，两个新芬党（拥护《爱尔兰协议》的和反对该协议的）将分享代表权并有权向持有每一种其他意见的候选人提出挑战。

在小道消息传开的前几天，我对此已有所知，我立即给迈克尔·科林斯写了一封信。

丘吉尔先生致科林斯先生的信

1922 年 5 月 15 日

我收到一份情报，它使我相信，你与不合法政党即北爱尔兰共和党正在讨论的主题是这样一项建议，即应该有"一个一致同意的大选"，也就是说，一个结果将绝无争议的大选，但大选将给予德·瓦勒拉先生 40 个席位并给予临时政府 80 个席位。我想我最好立即就让你知道，任何这样的安排均将受到全世界的嘲笑和谴责。倘若由一小撮掌握有致命武器的人通过私下交易来处心积虑地出卖选举人的政治权利的话，那么总而言之，这都将不是一场选举，而仅仅是一场闹剧。这样做的结果，将不会给临时政府以任何资格去代表爱尔兰国家。这样做将是对民主原则的一种粗暴践踏，并且将受到全世界的一致谴责。你的政府很快就将发现它被别人视为一个暴虐的阴谋集团，它在通过暴力执政后，正试图通过拒绝承认宪法赋予的权利来维护自身的地位。爱尔兰的敌

人们已经习惯于这样说，爱尔兰人民对代议制政体并不感兴趣，
它与他们的天性是格格不入的，他们一有机会就会重走某种形式
的专制或寡头统治的老路。倘若你容许你自己误入上述安排，这
种行为马上就会得到赞扬，以证实这种恶意的预言一点没错。至
于我们英国的立场，我们绝对不会把这样的安排当作今后我们进
行协商的基础。

我最诚挚地希望，你将使我得以否认，这些最不公正的报道
是真实的。有关这一事件的问题随时都有可能在议会提出来。我
已经看到《纪事日报》(*Daily Chronicle*) 在一篇社论中提到了此事。

我请你将此信转交格里菲斯先生和达根先生一阅，他们都是
《爱尔兰协议》的共同签字者，我有义务向他们陈述我的意见。

因此，看来我们终究将不具有任何基础。在整个爱尔兰，人民心
中占压倒地位的愿望就是接受《爱尔兰协议》，忠实地执行它，并且在
它的指导下恢复爱尔兰生活的尊严和繁荣——这才是北爱尔兰共和主
义者与自由邦拥护者之间、爱尔兰共和军中合法者与不合法者之间、
天主教徒与新教徒之间、地主与佃户之间、统一党与民族主义党之间
的共同基础。然而他们没有权利表达自己的意见。正像两三年前的俄
罗斯人一样，爱尔兰民众没有权利对自己的命运发表意见。他们像牲
口一样只能被一小撮人牵着鼻子向前走，这一小撮人彼此之间进行不
道德的交易并瓜分这个国家。这比任何袭击和暴行的破坏作用都大，
使整个局势面临这样的威胁，演变成一个毫无意义的烂摊子。

然而在这一问题上，我们紧握着民主的大旗。在你还未滑出斜坡
一定距离之前，民主大旗还是很起作用的。我们邀请自由邦的领导人
前来伦敦，他们立刻就来了。格里菲斯明确表示他坚决反对当前的做
法；而科林斯则一半是目空一切，另一半显然是局促不安。他说这样
做是对的；我们不知道他们有何难处。这些话简直令人惊讶和难以形
容。他们正坐在火山口上。一场竞争性大选实际上已不可能举行。它

将意味着全面的内战；将没有人敢去投票；他们没有力量维持哪怕是外表上的安定。不过科林斯声称，总的来说，在坚持《爱尔兰协议》的意向方面，他并没有改变初衷。看来任何符合科学原理的治疗方法，对爱尔兰的创伤似乎都不起作用，而只有听任伤口的结痂脱落于屈辱之中。

这些事件在北爱尔兰立即引起了反响。新教徒的北爱尔兰确信，南爱尔兰将陷入一片骚乱，他们唯一的想法便是筑起一道防护墙，使自己免受其影响。他们不断提出增派军队和增加装备的要求。詹姆斯·克雷格爵士发表一份决不在分界线问题上妥协的声明。

丘吉尔先生致詹姆斯·克雷格爵士的信

1922 年 5 月 24 日

伦敦德里勋爵将通知你，他与陆军部商讨的结果以及我们为了向你提供大量物资所做出的安排。然而我必须同时指出，我并不认为你的做法——即未向不列颠政府做任何呈报便声明无论在任何情况下，你都不会接受任何边界变动或任何边界线划分委员会（该委员会是《爱尔兰协议》规定设立的）——与要求大量提供财政和军事援助是相协调的。正当我在努力争取我的同事们同意你的要求时，你却在发表这样的声明，实际上你的声明中就不乏对你正在寻求其援助的帝国政府的蔑视。我的几位同事今天早上和我交谈时，就对你发表的这种声明表示了强烈不满，须知现在你正在请求也正在得到我们的援助，特别是现在爱尔兰事务正处于如此关键的一个时刻。我所能回答的是，德·瓦勒拉和科林斯昨天在爱尔兰自由邦众议院发表了同样令人不能满意的声明。你发表这样一种声明的后果是，帝国政府在向你提供你所需要的援助时要增加许多困难，帝国政府的大臣们——他们将会晤临时政府的代表们——无法就科林斯先生以轻蔑态度谈论《爱尔兰协议》一事对他进行有效的指责。你的声明已使英国的许多家报纸——如果最坏的事发生，我们是需要它们的支持的——在报道整个爱尔兰的形势时，把双方作为半斤对八两来看待。毫无疑问，将会有人出来竭尽全力鼓吹一种英国完全不再过问爱尔兰事务的政策，让他们"自作自受，通过自相争斗来找到解决的办法"。你已发表的声明使得与这种对你十分不利的论调进行斗争变得更为困难了。

我知道你不会对我的坦率直言见怪，因为我正竭尽全力在法律认可与合法的一切方面支持你。即便你说了科林斯－德·瓦勒拉协议已经使你与南爱尔兰之间的一切合作成为不可能这样的话，我们也用不着抱怨。尽管我对这样的声明感到遗憾，但你完全有权发表它。然而不论在何种情况下，你都没有权利一方面声明不遵守不列颠政府已经签了字的《爱尔兰协议》，而同时又要求不列颠政府承担你的防务支出的绝大部分费用。我不能理解，在发表如此内容的声明以前，你为什么不能事先与我沟通一下。我原以为你完全有可能在目前这样的关键时刻，向你的人民发表一项充分令人满意的宣言，而不会持这样的立场，让人觉得倘若科林斯或德·瓦勒拉采取了不如你意的行动方针，你会与他们一样向帝国政府提出挑战。你不应该在发给我们一封请求尽可能最大规模的援助的电报的同一天内，又宣告了向帝国议会挑战的意图。

附笔：我刚刚收到你的电报并十分高兴地获悉，我为你已经争取到几项决议，你可以松口气了。

虽然绝没有放弃希望，但我想，为议会准备一个松散的议事日程还是对的；面对圣灵降临周休会的动议，我向下院陈述了事件的来龙去脉的全过程，我重复了科林斯先生所提供的最具有说服力的解释。

临时政府也许不能保证正常的生命与财产的安全，倘若这些安全受到北爱尔兰共和党少数派剧烈、激动和暴力的挑战的话。

这一北爱尔兰共和党少数派主要由相对而言人数不多的武装分子组成，他们采用暴力的方法，他们狂暴成性，但是在许多情况下，他们的动机却是公正和非私利性的。然而在背后支持他们使之力量激增并令其蒙羞的，则是人数较多的粗暴而卑鄙的一群流氓和土匪，这些人为了一己私利或者个人复仇而抢劫、谋杀和掠夺，或者纯粹出于喜爱骚乱和混乱而制造骚乱和混乱。这帮强盗——他们实在不是任何别的东西——在所谓共和国的魅力下竭尽破坏之能事，同时又与一些真正共和政体的幻想家无法摆脱地纠缠在一起。

临时政府宣告，他们发现自己一方面无法对付这帮强盗，另一方面却要与顽固的北爱尔兰共和主义者进行武装斗争。他们宣告，他们与北爱尔兰共和主义者达成协议，将孤立这帮强盗并能使之受到打击和压制，更大程度的自由和安全将立即得到恢复，而这些条件乃是爱尔兰人民早就翘首以待的、自由表达其政治意愿所必不可少的前提。他们还声称，在爱尔兰偏激的少数派控制下，这帮强盗通过谋杀不列颠士兵、退役士兵、退役的皇家爱尔兰警察人员、南爱尔兰的新教徒或者骚扰北爱尔兰而制造一系列事端，倘若听任这种局势拖延下去的话，那必将摧毁大不列颠与爱尔兰之间的关系，并使《爱尔兰协议》的实施在双方都成为不可能。

我敦促下院不要低估这段论证，同时还补充了以下警告。

爱尔兰的繁荣已受到严重影响。银行业和商业正在萎缩，工业和农业正在失去活力，收入在不断下降……爱尔兰的生产出现停滞和枯竭，无法逃避的饥荒的阴影已经笼罩了一些比较贫困的地区。难道就不能及时吸取教训，就不能在为时过晚之前实施补救办法吗？爱尔兰难道必须在世界冷酷无情和漠不关心之中——

因为这将是必然出现的情况——偏离正道而坠入已经吞没了伟大的俄罗斯人民的万丈深渊吗？这就是未来几个月需要回答的问题。

我极力与保持沉默的怀疑倾向作斗争。

　　我并不认为临时政府的成员是在搞欺诈活动。正如我曾反复提到的那样，我不认为他们正在与北爱尔兰共和党的反对者们相勾结，意图通过背信弃义的行为出卖不列颠的信任和爱尔兰的良好名声。我确信他们没有做这样的事。他们可能并未采取最明智、最强有力或最具效率的行动方针，然而我真诚地相信，他们以及坚定支持他们并支持《爱尔兰协议》的爱尔兰自由邦众议院内的多数人，是被一种诚挚的愿望所推动，并决意要实现《爱尔兰协议》的。不仅格里菲斯先生和科林斯先生（正是根据对这两位领导人士的良好信任，我们才开始实施这一值得纪念的新行动方针的），还有临时政府的其他一些部长们（如科斯格雷夫先生、凯文·奥希金斯先生等），他们都已反复宣称他们坚持《爱尔兰协议》，并且当他们在这里和我们举行会谈时，他们又用最强有力的方式重申了他们的个人保证。他们已经激情地证明，他们正在实施的行动方针——在英国人看来，这种方针似乎很成问题和令人怀疑，因为它必须经得起几乎任何人的审察——乃是最有把握的途径，并且事实上也是他们为使《爱尔兰协议》永远生效的唯一可行的途径。他们的政策和方针是否正确，可能值得怀疑。他们是否能取得成功，也无法肯定。然而他们仍然在竭尽全力，继续在那条我们坚信唯一能够拯救爱尔兰免于可怕的灾难的道路上向前迈进。在此有些人可能认为我们错了。在此有些人可能认为我们正在受欺骗受蒙蔽，正在通过自己受骗来欺骗大家。

　　倘若我们错了，倘若我们受骗了，维护帝国地位的基本力量也将丝毫不会受损，而爱尔兰的信誉和名声却将受到致命损害。

不论你现在是信任抑或不信任，你都同样有时间可以等着瞧。我们已经履行了我们的义务，并且正在以最大的忠诚在全世界面前继续履行着我们的义务。我们已经解散了我们的警察。我们已经撤回了我们的军队。我们已经释放了我们的囚犯。（这时议员中有人发出嘘声）。是的，我要说这些，并且我以能说这些而感到自豪！我们已经把管理的权力与爱尔兰收入的全部都移交给了对爱尔兰议会负责的爱尔兰内阁。我们是在对《爱尔兰协议》怀有坚定信念的基础上完成这一切的，爱尔兰国家正式委派的全权代表已经庄严地在该协议上签了字，他们就是为此而被委派来的，随后，协议又在爱尔兰议会以多数票获得批准。我相信，爱尔兰人民决不会听任代表自己信念——为了建成更为强大的国家——的这一伟大法案成为人们嘲笑的对象。即便发生了这种情况，帝国的力量将不会因对方的失信而受到丝毫损害，但是爱尔兰的名声却不能很快就从这次耻辱中得到恢复。

阿斯奎斯先生——我的老上司——同样也超脱了党派利益和感情用事，而将其权威所具有的全部影响力投向了政府一方。接着下院在一种忧郁的气氛中散会。

然而就在这同一天，发生了一桩新的暴力事件，我及时向下院做了报告。佩蒂戈和贝尔利克两个镇被爱尔兰共和军占领了。派蒂戈位于分界线的两旁，而贝尔利克则完全位于北爱尔兰的领域内。这一军事挑衅使我正准备实施的双重政策的另一面投入了运作。它使我有机会向北爱尔兰再度保证，我们并不只是说声对不起就悄然而去，而是不论发生了什么其他破坏，他们的领土完整将得到保证。国防大臣以及内阁委员会中，我的其他同事在这一点上和我的意见完全一致。

紧接着上述那场辩论后不久，迈克尔·科林斯——他对此已有所闻——来到我的办公室。我平心静气地向他陈述，倘若爱尔兰共和军的任何部分（不论是拥护《爱尔兰协议》者还是反对该协议者）侵犯北爱尔兰的土地，我们将把他们驱赶出去。他对此显得十分冷漠，而对上述那场辩论似乎更感兴趣。他说："我很高兴见到这场辩论以及辩论中所有各方的意见。我不反对你的发言；我们必须履行诺言，否则就会垮台。"我们就派蒂戈和贝尔利克两镇被侵犯以及贝尔法斯特的暴行稍为争论了一下。他在离去以前说："我活不了多久了；我的生命已被没收，但是我将尽力而为。在我走后，别人将会轻松些。你将发现他们能够做比我所能做的更多的事。"我复述了我在《德兰士瓦省宪法法案》时代学到的布兰德主席的一句话，"一切都会好起来的"。此后我便没有再见到他。

我想在此谈一点我对此人——迈克尔·科林斯——的印象。他是一名爱尔兰的爱国者，正直而无畏。他所受的狭隘的教育以及他的整个早年生活，使他充满了对英国的憎恨。他直接参与了最初的恐怖活动。他曾被我们通缉，曾有五六次险遭逮捕而终于逃脱。然而现在他已不再憎恨英国。对爱尔兰的爱仍然控制着他的灵魂，但是现在又有一种更广泛的理解加进了他的灵魂。在《爱尔兰协议》的谈判期间，他开始接触一些他喜欢的人；他和这些人按照双方一致同意的规则游戏；他已经发誓要以新的信念对他们公正行事。就像格里菲斯特别相信奥斯汀·张伯伦先生一样，伯肯黑德爵士的人格给迈克尔·科林斯留下了深刻印象。任何注意研究科林斯发言的人都会发现他的同情心在发生逐步转变。如果说他本来只有一个忠诚对象，现在则有了两个。他忠实于两者，也勇于为两者献身。将来，当爱尔兰自由邦不仅成为繁荣幸福的文化和美德之乡，而且成为英联邦内一个富有活力、强大而坚定的成员国时，将会有越来越广泛的各阶层人士对他一生的事迹表示尊敬，为去世表示悼念。

337

配备了各种作战装备的大批部队现已开始向北爱尔兰边界开拔。约 7 000 名配备有大炮和武装汽艇的士兵开向派蒂戈和贝尔利克两镇。势不可挡的军队举行了一次支持不能废除的权利的示威。一个享有一切权利向王国政府请求保护的英国小镇，十多天来一直处于爱尔兰共和军的非法占领之下。当然也出现了这样一些场合：100 名愤愤不平的武装人员被奉命驱逐一名衣冠不整者。

首相对事态的发展感到不安。他担心我们正在双方极端分子的引诱下陷入一场最缺乏理由的战斗。"倘若自由邦的拥护者坚持一部与王国政府和帝国断绝关系的宪法，并且真的建立了一个共和国，则不论我们采取何种行动，全世界都会与我们站在一起；但是在北爱尔兰作战的问题，就连在英国国内得到一致拥护都不可能，更不用说世界范围的支持了。"他继续写到，"我知道我们正在向贝尔利克一座废弃军营进军，该军营由一名友好的铁匠及其为数不多的伙伴驻守……这位铁匠名麦基翁，是一个坚定支持《爱尔兰协议》的人，曾公开谴责德·瓦勒拉以及他与科林斯之间达成的协议。倘若麦基翁在贝尔利克丧命，那将是与爱尔兰民族实现和解事业的一场灾难……

"坦率地说，倘若我们用这些事实来强力解决问题，我们将会被绝望地击败。尽管短时间内会有一些有地位的顽固分子跳出来大声辩解，但是我们绝不会得到舆论的支持，因此不可能将这场耗资巨大得令人无法承受的战争进行到底。让我们保持在《爱尔兰协议》、王国政府、帝国等这样一些高水准的基础之上吧！只有这样，我们才能无懈可击。然而，倘若你们从这些高度下降到厄纳湖群中作战，你们就将被制服。你们费尽这么多心血和耐心进行了这些谈判，我请求你们不要为这突如其来的行动——不管其前景是多么诱人——所引诱而浪费了你们已经得到的东西。"

丘吉尔先生致首相的信

接到你来信后紧接着又发生了一些事件，现在我是在火车上给你回信。贝尔利克镇和要塞已于今天被强大的我军攻克。遵照命令，我们先派一辆装甲车前去该镇侦察并且在这次侦察活动遭到火力攻击以前，部队就从北爱尔兰境内的若干据点前进了。发射了大约 20 发炮弹和 400 发子弹。一发炮弹在要塞近旁爆炸，40

名守军逃了出来但没任何损失。据格里菲斯先生说，你提到的那名铁匠尚未离开都柏林。就我们所知，这次，"战争"几乎是不流血的。一名士兵受轻伤，没有发现敌人有伤亡或被俘。我正在发布一项公报，说明军事行动已告结束，我们的军队将不再前进，除非他们受到攻击，将不会发生进一步的战斗。该信息正被传往临时政府，以表明和平条件正在边界的我侧建立，一旦我们确信将不致发生进一步的侵犯之后，英国军队将全部撤入北爱尔兰的边界线以内。

人们往往难于在处理一件微小但却紧迫的地方性事件时不危及重大的普遍性问题，但是我不认为已采取的行动将会造成不良的后果。我的确希望，它可能带来良好的后果，并且我完全确信，我们不能在星期一的下院会议上，说我们不知道英国的一个小镇上正在发生什么事，并且不敢到那里查明实情。

这次军事行动的结果能以如此刚好从悲剧与笑柄之间穿过，乃是一件有益之事。北爱尔兰认为，倘若她遭到真正的入侵，他们将肯定会得到保护。爱尔兰共和军认识到，我们将毫不犹豫地发动一次公开的战争；而自由邦政府则清楚，一条画出来的线是无论如何也不能逾越的。那些我们与之有联系的自由邦领袖们并未显示出丝毫敌意。恰恰相反，他们似乎增强了对付随后很快就出现的严重危机的勇气。

与此同时，临时政府正在都柏林制定爱尔兰宪法的详细内容。相关人士提出了许多建议（公开的和隐蔽的），认为宪法不应受《爱尔兰协议》约束。爱尔兰的极端分子喜滋滋地把这视为破坏协议的一个机会。在英国，每个人都到了忍无可忍的地步，人们都倍感愤慨。幸运的是，虽然不无偏颇之词和争执出现，但最后终于产生了一份双方都能接受的协议书，从而使暴力鼓吹者再一次失望。6月15日颁布了《爱尔兰自由邦宪法》的文本，南爱尔兰的选民们于次日即前往投票站投票。尽管科林斯与德·瓦勒拉的协议可笑，不合适，比例代表制荒谬，赞成《爱尔兰协议》的人仍然占多数。具体人数是：拥护该协议的新芬党 58 人，北爱尔兰共和党 36 人，工党党员 17 人，农民党党员 7 人，独立党党员 6 人，统一党党员 4 人。就一个明确的问题和一次自由投票而言，《爱尔兰协议》的反对者几乎没有任何收获。但这次选举的结果却被协议书掩盖了真相并搞得一团糟，并未能因此而建立稳妥的基础。然而为自由邦领袖们所一致同意的宪法具有这样的形式，它防止了德·瓦勒拉先生及其追随者参与政府，因而避免了在行政当局出现有害的二元性。

几天以后，爆发了一件骇人听闻的罪行。亨利·威尔逊爵士在结束了作为帝国总参谋长的任期后，已在北爱尔兰选区被选为议会成员。340 报章上还有公开报道说，他将担任北爱尔兰武装力量的军事顾问。实际上他并未参与北爱尔兰人的任何行政管理事务。两名居住于伦敦的爱尔兰人（其中一人是某政府机关的通信员）认为他是敌方军队的指挥官并且应对贝尔法斯特谋杀事件承担个人责任，乃于 6 月 22 日下午 3 时在伊顿广场亨利·威尔逊爵士住宅的台阶上对他进行伏击，用手枪将他击毙。他刚从一个阵亡将士纪念碑的揭幕仪式回来，还穿着陆军元帅的卡其布制服。他倒在住宅的台阶上，身体被许多子弹洞穿。谋杀犯开枪后准备逃跑，然而在场的每一个人尽管手无寸铁，都自发地追捕两人。谋杀犯逃跑了一段距离，边跑边向人群开枪。然而他们无路可逃。人们从四面八方冲向他们。他们被抓获并迅速送进监狱，等待他们的将是英国法律明确而迅速的判决。在伦敦市中心对一位享誉欧洲的战略家并且还是一位下院成员的人物进行这样的谋杀，其影响是深远的。据我们现在了解的情况是，两名谋杀犯似乎并未接受任何爱尔兰组织的指使。他们是独立进行谋杀活动的；然而大不列颠对此事所迅速做出的愤怒反应，同近 40 年前在菲尼克斯公园中发生了谋杀事件后所迅速作出的愤怒反应一样。在随后的星期一，人们用最高军事礼节表示敬意，将已故陆军元帅送往墓地。通往圣·保罗大教堂的所有道路上都挤满了人群。我必须面对当天下午下院对我的质询。

我极为周密地思考了我将采用的论点；尽管群情激昂，我被允许进行充分的说明。我用极为坦率的方式概述了爱尔兰局势中的有利点和不利点。我赞扬了亨利·威尔逊爵士的人格（该部分材料收录在本书第三卷中）。我描述了北爱尔兰政府不断成长的力量，以及我们的下述计划：横跨爱尔兰设置一条由帝国军队构成的完整的警戒线，为了把北爱尔兰与南爱尔兰分隔开。我强调了爱尔兰人民通过选举所表达出来的愿望。然而若没有以下几段发言，所有这些都将是没有意义的：

倘若我的见解给下院留下了这样的印象——即所需要的一切就是容忍与克制——的话，那么我就是没有忠诚和透彻地把这一主题论述清楚。不，先生。为了和平的利益，坚定和容忍是同样必需的。我们已经看到，已经公布的宪法与《爱尔兰协议》是令人满意地相符合的。该宪法现在已被爱尔兰议会批准通过。不存在它因包含帝国宪法的条款和规定受到丝毫降低的情况，但这还不够。仅仅是字面上的肯定，不论它有多么重要，倘若不付出能使其生效的任何有效努力，那将是完全不够的。仅仅是对谋杀进行谴责，不论它是多么诚挚，倘若连一个谋杀犯也不逮捕，那是不能被接受的。目前在爱尔兰自由邦内，共和国政府的整个机构——在双重性的基础上合为一体——都处于一种处心积虑地向二元化演变的过程，这既不符合爱尔兰人民的愿望，不符合《爱尔兰协议》的规定，而且也不符合在两国之间保持良好关系的愿望。可供英国政府调用的资源是多种多样和强有力的。其中包括进行军事、经济和金融制裁的手段——这里借用一句我们在欧洲大陆事务中经常碰到的老话——也包括各种现成可用并且也是令人畏惧的制裁手段。我们已经对它们进行了十分周密的研究，并且对它们的研究越是周密，我们就越是能清晰地看到，随着爱尔兰政府和国家更充分和更牢固地组织起来，这些措施也将成正比地越来越有效……

341

迄今为止，我们一直在与一个弱政府打交道，它之所以弱，是因为它没有与人民建立联系。迄今为止，我们一直因无法对爱尔兰民意的清楚表示，做出和解而感到不安。但是现在这一临时政府的实力已经大为加强，它已具有爱尔兰选民公开宣告的意愿的支持。它将得到一个有效的议会多数的支持。它的责任是使《爱尔兰协议》在字面上和精神上生效，使其充分生效，并且毫不拖延地使其充分生效。今后必须用一种更为严格的态度来对待一切。比如与自由邦军队混杂在一起的所谓爱尔兰共和军的模糊不清的地位，就是对《爱尔兰协议》的有意冒犯。在都柏林出现的一群自称共和国最高行政当局的人用暴力强占 4 所法院一事，乃是对《爱尔兰协议》的粗暴破坏和蔑视。这一混乱和背叛的中心，不仅在向不列颠王国政府，而且还向爱尔兰人民，不仅在南爱尔兰的 26 个郡内、而且还在北爱尔兰政府的领域内、甚至很可能还跨越了圣乔治海峡而在大不列颠境内扩散，使谋杀的暴行得到促进和鼓励。无论如何，在这一中心继续存在着这样一个组织，它在北爱尔兰、苏格兰和英格兰均设有分部，它公开宣称其目的就是要用人性的堕落所能想象的最邪恶的方法来破坏《爱尔兰协议》。现在这样的时刻已经来临，我们终于可以认为，我们不是在不公正、草率且缺乏容忍地行事，而是用明确的语言向这个已经得到加强的爱尔兰政府和新一届爱尔兰议会提出一个要求：必须制止这类行动。倘若由于软弱、由于缺乏勇气或由于其他某些甚至更难以令人信服的原因，并未制止上述行动，而且是并未立即制止，那么我有责任在此声明，为了不列颠政府的利益，我们将认为《爱尔兰协议》已受到正式破坏，我们将不再采取实施该协议或使其下一阶段合法化的任何步骤，我们将恢复充分的自由，可以采取我们认为是适当的，以及在任何程度上是为了保护我们受托照管的利益所必需的任何方面的行动。

随后的辩论以博纳·劳先生的介入为特征。1921 年 4 月，劳先生从政府及保守党的领导职务退休，他的健康现已得到康复，他的政治影响力是一个至关重要的因素。劳说：

我认为，殖民地大臣……在其讲话的结束部分表示，他已经做了你可以要求政府，或今天的任何一个政府，去做的每一件事……他的注意力已被 4 所法院中正在发生的事情所吸引。我想凡是读了从那里发出的信函的任何人，都不可能不表示出与殖民地大臣一样的憎恶感；然而还存在着更令我们感到憎恶的别的事情。在亨利·威尔逊爵士之死一事上，他们说不是他们干的，这清楚地意味着，他们认为在这件事上他们没有错……只需考虑以下情况就够了……在都柏林，有个机构强占了 4 所法院——它们是爱尔兰的司法中心，这就使事件更具讽刺意味——并且毫无疑问，他们从这 4 所法院派出密探，以便在北爱尔兰实行他们认为在南爱尔兰行之有效的完全相同的办法，并正在一切方面唆使谋杀。这能令人予以片刻的容忍吗？请委员会想一想这意味着什么吧。设想我们发现了在巴黎有个位居要害的机构，它公开用金钱 343收买一些谋杀犯来我国行刺并颠覆我们的政府。随后会发生什么情况呢？难道我们不应该派代表到巴黎向他们说：'我们必须查明你们有没有批准这些行为。'我们应该说：'你们必须住手，否则就会引发一场战争。'对于一个在我看来只是我们的英联邦自治领的地区，难道我们就应该采取一种不同的立场吗？……我不认为在本下院还有哪个人没有认识到，倘若我们再一次试图大事化小地用这种办法来维护南爱尔兰的秩序，它将成为多么可怕的一件事情……现在，形势是清楚的。借用殖民地大臣的一句话语：在这些重大问题经受考验前，时间已剩下不多了。我赞成一种说法，即我认为政府是打算结束这种局面，然而倘若他们不这样做的话，我将反对他们，并且我希望下院也将反对他们。

就在那天傍晚的晚些时候，首相和我在休息室会见了博纳·劳先生。虽然他一直在竭力克制自己，但还是显露了强烈的感情冲动。就我记忆所及，他是这样说的："今天你已经解除了我们的武装。如果你做到了你说的话，并且做得好，做得不错，那倒也罢，但是如果没有……！！"他明显努力使自己在此停顿下来，然后突然离开我们向外走去。

得到下院支持的内阁做出决定，不论发生什么情况，罗里·奥康纳必须离开4所法院。唯一的问题就是何时以及如何使之离开；而这一问题必须迅速解决。其实命令已经下达给了麦克里迪将军。然而这位将军却审慎地——并且最终证明是不幸地——建议推迟行动；不过在爱尔兰的这一最黑暗时期，终于见到了黎明前的曙光。6月27日，罗里·奥康纳一伙人在都柏林的街道上一边欢呼一边四处搜索，他们劫持了自由邦陆军总司令奥康内尔将军。处于这一事件压力下的迈克尔·科林斯显然已经得知，倘若他不采取行动，我们将决定在黎明时攻击该4所法院。都柏林的一切当权者都在颤抖，然而他在爱尔兰共和军中有他自己的追随者。他向麦克里迪借用了两门可发射18磅重炮弹的大炮——根据伦敦的指示，两门大炮准予借用。他手下有一个名叫达尔顿的能干而坚定的军官，曾在法国经历过许多战役。这个人在英国兵营中挑选了两门大炮，带领6名未受过训练的人，自己亲手操作于6月28日凌晨4时打响了第一炮。接着爆发了一种具有自由邦内战性质的悲喜剧的冲突。双方都曾把对方作为手挽手的亲爱的同志而互相爱护和尊重；但若有必要，双方都准备赴死；但是与鲜血相比，双方在花费军火上要显得更为大方。在呼唤回归人类更高良知的规劝和感召下，步枪子弹慷慨地直接射在建筑物的墙壁上。达尔顿指挥官手下的6名炮手中已有半数受伤，他继续把炮弹投入4所法院内，这种炮轰实际上已成为庆祝爱尔兰自由邦成立的礼炮。

下午，经申请又增加了两门大炮，到傍晚时，被适度限制的200

发炮弹已全部打光。令人惊讶的是，一向表现出良好判断力与理解力的麦克里迪将军，在这次危机中竟然承认自己已无法供应更多的东西。临时政府被告知，他们必须等待从凯里克费尔嘎斯驶出的一艘运载高爆炮弹的驱逐舰的到达。听到这一消息后，他们的士气几近崩溃。急得发狂的要求和威胁整夜通过电话向我传来，一切资源都被用来加紧供应。然而，总司令似乎不愿意让别人使用他戒备森严的营房里充足军需品中哪怕只是很小的一部分。只需两三百发炮弹就足够了。他的 16 个炮兵连配备了近 1 万发各种炮弹，其中有一半是高爆炮弹。

到了 30 号这天，自由邦拥护者极为谨慎地在 4 所法院获得了一个立足处，罗里·奥康纳放火焚烧法院，在发生一次爆炸——造成了人员伤亡——之后，带领追随者投降。大量具有历史意义的重要法律文件，其中有些还是 13 世纪的，被付之一炬，法院建筑物的穹顶也成为一片瓦砾。萨克维尔街区的战斗持续了几天，并且愈演愈烈起来；不过到了 7 月 5 日，真正用武力反对临时政府的叛乱分子均已投降。

345

这一星期的战斗乃是爱尔兰自由邦诞生斗争中的决定性事件。刚刚诞生不久的生命体在危亡之中做出了胆怯的，然而却是强烈的反应，每一次努力都使它获取了新的力量。谁是朋友，谁是敌人，现在已经有了明确的界线，不共戴天的仇恨已经更换了对象。有可能受到暗杀威胁的临时政府领袖们在墨利昂广场得到了忠诚的卫队的严密保护。他们一连数周住在一起，没有回过一次家。凯文·奥希金斯先生在若干年后告诉我，他们当中有几个人为了呼吸到一点新鲜空气，曾到屋顶阳台的一角呆了一个晚上；他曾为点一支香烟而粗心大意地起身超出阳台护墙片刻，就在这时，从附近房屋里射来一发子弹，把他手中的香烟击灭了。然而这些人尽管心中深感不安，但仍然豪气冲天、热血沸腾；尽管他们已被逼入绝境，生命也处于危险之中，但是，他们视事业远重于生命，因而他们以追求自由的原始勇气进行反击。7 月12 日，他们发布一项声明，威胁要对一切谋杀企图进行严厉报复；他们任命了一个由迈克尔·科林斯领导的国防会议，开始着手对整个爱尔兰境内的敌人展开主动和积极的进攻。自由邦的内战由此开始。这是由彼此极为了解的少数人所进行的一场非常奇特的战争；他们知道应该到何处寻找对手，清楚在特定情况下对手可能在干什么。科林斯及其追随者开始追捕并击毙他们知道正在策划置他们于死地的阴谋的那些人。在这场游击战中，大部分最有名的枪手都死于非命。

丘吉尔先生致科林斯先生的信

1922 年 7 月 7 日

私人函件

在这段令人焦虑的日子里，我没有打扰你，现在我也只是把本函限制在你的实际要求之内。在我看来，自从你向 4 所法院开火以来所发生的诸多事件，似乎在孕育着可能在爱尔兰实现和平与最终联合的巨大希望，对于与你共同在《爱尔兰协议》上签字的英国人来说，这两个目标都是十分珍贵的。考虑到过去所发生的一切，我觉得对你和你的同事们来说，这是一场可怕的磨难。然而我认为，你们以如此巨大的决心与沉着大胆所采取的行动，对于拯救爱尔兰、使之免于混乱，维护《爱尔兰协议》、使之免遭破坏来说，乃是必不可少的。当你们在爱尔兰处于走投无路的同时，我们也到了山穷水尽的境地。我已无法在下院内承受再次关于旧路线的辩论，并认为不列颠的现行政策不会遭受毁灭性的后果，无法承受《爱尔兰协议》将随这种辩论一起完结。现在一切都已改变。爱尔兰人将是自己家园的主人，而我们在此也能处于这样一种地位，能有效地保护《爱尔兰协议》所赋予你们的权利以及进一步维护你们的合法利益。

一旦你在爱尔兰自由邦全部 26 个郡内建立起行政管理机构（因为我毫不怀疑你将在短期内完成此项工作），并使你自己和你的同事们稳居领导爱尔兰国家广大民众的岗位，一个远比我们这今所经历过的更有希望的新阶段便将开始。这一阶段的目标必须是爱尔兰的联合。我还说不好如何及何时能够达到这一目标，但它肯定是我们所有的人都必须坚定不移地为之奋斗的目标。我们还会经历巨大的困难、令人苦恼的事情和挫折，并且毫无疑问，不成熟的希望将会使人感到失望。然而我有一种强烈的感受，我们已经到达了山的顶峰，我们将会发现，未来的路将比过去的路更好走一些。我们必须竭力利用新的力量和优势，以便获得广泛的解决办法。不能容许次要的恼人事件——不管它是多么情有可原——阻碍我们前进或导致我们偏离正道。克雷格和伦敦德里勋爵将于 13 号来到这里。我没有用你在 6 月 28 日一函中所提到的各种抱怨——其中某些无疑是正确的——去烦扰他们。总督因得到御准而在北爱尔兰暂时推迟了废除比例代表制法案的出台，这意味着我们将有时间来彻底议论此事。除此之外，我想保持一块净土，以期能在正确的时刻全面回到科林斯－克雷格协议的治理精神。你可能记得，格里菲斯先生是如何在我的办公室中把这些全都写在墨渍斑斑的记事簿上的。形成新局面的关键时刻即将来临。我们必须等待恰好的时机，不能用尚欠火候的努力把不断扩大的优势浪费掉。在我再次见到克雷格与伦敦德里后，我会给你写信。我认为，在友好交谈中谈论你的各种抱怨，要比在公函中唠叨不休地进行指责，效果会更好一些。

347

与此同时，在努力对付叛乱和革命的间歇中，我觉得你应该周密思考一个问题，即在与北爱尔兰进行合作时，南爱尔兰能够做出的最大贡献是什么。当然，根据帝国的观点，最可贵的莫过于见到北爱尔兰与南爱尔兰能在一个全爱尔兰议会中携起手来，互不歧视双方各自的现有权利。这样一种思想目前在许多地方都会遭到强烈指责，然而在一些国家的历史中，事情有时会突然出现转机。例如，南非联邦就是在一时的冲动之中达成协议的。奖赏是非常巨大的，所以其他一切都应服从于去获得这一奖赏。大部分人民需要经过一个缓慢的过程才能接受正在发生的事情，偏见则是顽固不化的。要给老百姓时间，让他们逐渐接受现实、调整思想和适应已发生的一切。甚至需要一两个月时间，公众的看法才可能发生巨变。

请向格里菲斯先生转达我良好的祝愿，并将本函呈其一阅，倘若你愿意的话。

附笔：我希望你小心照顾自己以及你的同事。现在是非常危险的时刻。

丘吉尔致詹姆斯·克雷格爵士的信

1922 年 7 月 7 日

私人函件

自从我们上次会晤以来，南爱尔兰发生了许多重大事件，我确信你已经仔细考虑了它们的后果。一部令人满意的爱尔兰自由邦宪法正在制定之中；尽管遭遇这样多的困难，爱尔兰人民在大选中仍明确表示了自己的愿望；有关方面已下决心在都柏林武装镇压北爱尔兰共和党，同时正在全国范围内——尤其是在多尼戈尔地——展开清除北爱尔兰共和党的运动；政府还向爱尔兰民众发出呼吁，要求他们站出来支持政府；所有这一切奠定了使事态朝着有利的方向发展的基石，这种越来越有利的事态是我们在几周前几乎连想都不敢想的。

我知道你和查利[1]将站在你们的立场上密切关注能使这些有利事件转变为爱尔兰和帝国的普遍而持久的利益的东西。我们需要安定，并且需要时间，为的是让新形势能够深入人们的思想，为的是让现在已经成为可能的较优越的解决方案，能够自然地为许多人所接受。

我理解你在分界线委员会所面临的各种困难，并且如你所知，我们曾两次使科林斯同意在程序方面采取其他选择方案。很可能在他赢得南爱尔兰的战事以后，他将处于一种能够对你做出更多让步的地位，这将使对分界线委员会进行干预变得不再有必要，

348

并且将确保北爱尔兰天主教徒的全部精英与你的政府进行有效合作。与此同时，我确信你将不必再提起分界线委员会的话题，因为那将有可能引起你与帝国政府之间的争论。我们确实需要一起来解决这些问题，我越来越满怀信心，我们将会成功。

我丝毫没有催促你仓促行事的意思，我们必须清醒地观察，南爱尔兰的这场战事将会产生什么结果。它可能使临时政府快速发展。一旦其地位得到正确评价，其目标明确、原则坚定的武装力量得到增强，人们的思想就会发生巨变：他们会与过去的看法一刀两断。我一直怀有这样的希望，有朝一日我们可以重新开始讨论你提出的有关克雷格－科林斯协议的建议，大家团结一致，根据协议解决一切未决的问题。在我看来，这一切现在似乎更有可能了，在北爱尔兰，你对局势的控制似乎越来越强，而科林斯现在也已明确对敌对分子开战。

我不想在我的信函中用次要问题来打扰你，尽管还有几个令我忧虑的问题尚未解决。这些问题可以留待我们见面时讨论，不过我认为，我们必须全力抓住眼前的机遇，用比以往更开阔的思路来把握局势。

死神很快就把魔爪伸向了在《爱尔兰协议》上签字的两位重要人物。据证实，阿瑟·格里菲斯于8月13日死于心脏病，而科林斯本人则在每一次突击行动中，都要身先士卒地在全国各地大胆开展活动，最终于8月22日因中了敌方的伏击而身亡。其实他强烈预感死亡将到已经有些日子了，好几次他都是绝路逢生地从谋杀的陷阱中幸免于难。他通过一位友人给我捎来一句令我感激的告别口信："告诉温斯顿，没有他我们将永远一事无成。"罗马天主教会为他举行的葬礼庄严肃穆，社会各界在悲痛中向他默哀。然而他尽到了自己的责任。作为一位灾难性遗产的继承人，他在纷争四起的残酷条件下逐渐成熟，经历了无数艰难险阻，没有他的行为准则和品德，爱尔兰国家地位的基础

IRELAND
SCALE OF MILES
0 5 10 15 20 25   60

爱尔兰

Antrim	安特里姆	London—Derry	伦敦—德里
Armagh	阿尔马	Longford	朗福德
Beleek	贝尔利克	Louth	劳斯
Belfast	贝尔法斯特	Lrish Free State	爱尔兰自由邦
Carrickfergus	凯里克费尔嘎斯	Mayo	梅奥
Cavan	凯文	Meath	米斯
Clare	克莱尔	Monaghan	莫纳亨
Clones	克隆斯	Pettigo	佩蒂戈
Cork	科克	Queens	昆士郡
Donegal	多尼戈尔	R. Blackwater	黑水河
Down	当郡	Roscomon	罗斯康芒
Dublin	都柏林	Scale of Miles	英里比例尺
Fermanagh	弗马纳	Shannon	香农
Galway	戈尔伟	Sligo	斯莱戈
Heulbowline	豪尔波兰恩	Tipperary	蒂珀雷里
Kerry	克雷	Tipperary	蒂珀雷里
Kildare	基尔代尔	Tyrone	蒂龙
Kilkenny	基尔肯尼	Ulster	北爱尔兰
Kings Co	金斯郡	Waterford	沃特福德
L. Neagh	尼格湖	Westmeath	西迈斯
Leitrim	莱特利姆	Wexford	韦克斯福德
Limerick	利默里克	Wicklow	威克洛

就不可能重新确立。

格里菲斯与科林斯之死所留下的真空，很快就得到了填补。在幕后站立着一位稳重而有影响力的人物科斯格雷夫，他像格里菲斯一样，面临来自叛乱领袖们的危险，却又没有参与格里菲斯和科林斯的全部活动。在科斯格雷夫身上，爱尔兰人民发现，他是这样一位领袖，他的素质超过了以往的任何一位领袖。除了科林斯的勇气外，他还多了格里菲斯的求实精神以及完全属于他自己的有关实施行政管理和制定国家政策的知识。在他身边还崛起了年轻的凯文·奥希金斯，一位像是青铜时代古董的人物。

这些人用古老的办法恢复了爱尔兰的秩序，避免了大量流血。民众在经历了骚动、混乱和不幸之后，感受到了由宁静、热切和坚定的意志力带来的甘美。想通过个别谋杀议员而破坏爱尔兰自由邦众议院的企图遭到了猛烈的反击。由于两名众议员在议会大厦的台阶上差点被枪杀，罗里·奥康纳及其3名主要同伙在12月的一个早晨被叫醒，未经审讯就被枪决。他们自从在4所法院事件中投降以来，一直被关押在蒙特乔伊监狱，但看管并不严厉。命运的结局大出他们的预料，但他们还是以刚毅的精神迎接死亡。仅在一年以前，罗里·奥康纳曾是凯文·奥希金斯婚礼上最受欢迎的来宾。显然，人们在未来评价这些事件时，必须理解这一大动乱时期所存在的紧张因素和奇特条件。

丘吉尔先生致科普先生的信

8月23日

以下一段是关于科斯格雷夫、达根和临时政府的：

值此爱尔兰陷入悲剧而爱尔兰临时政府面临巨大困难之际，我愿尽早向你们保证不列颠政府所怀有的信念，即《爱尔兰协议》的地位将得到忠实而坚决的维护。两位重要签名者的去世，另一位签名者的退休以及第4位签名者的舍弃行为，都丝毫不会影响我们与爱尔兰国家全权代表共同达成的协议的有效性及其具有的约束力。恰恰相反，我们确信，临时政府和爱尔兰人民将更加认为，充分实现促成两个岛国之间和解的该协议，乃是他们的神圣职责，追求这一理想也是已故的诸爱尔兰领袖的毕生事业，他们的名字将因和这一事业联系在一起而永垂不朽。就我们一方而言，凡是不列颠已经通过的条文就是不可侵犯的。我们应该依照该协议来约束自己的行为，以良好的信念回报良好的信念，以良好的愿望回报良好的愿望。作为临时政府的代理主席的你，以及你的文职同事和高级军事将领，在任何必要的情况下，都可指望我们的充分合作与支持。

另一位杰出、能干和勇敢的人也成了牺牲品。他就是厄斯金·蔡尔德斯,《沙筛》(*The Riddle of the Sands*) 一书的作者,他在 1915年元旦抵抗德国人在库克斯港的搜捕中表现出勇敢和激情,用一种甚至超过了爱尔兰人对英国人的势不两立的精神来拥护爱尔兰的事业。他也因反叛自由邦而被枪决。凯文·奥希金斯曾在公开场合严肃地说:"倘若英国人来爱尔兰是为了寻求刺激,应该说他们是如愿以偿了。"在若干年后,凯文·奥希金斯本人也饮弹身亡。

还没等这些最后阶段的悲剧结束,我就已不再负责处理英国与爱尔兰的事务了;但是当联合政府于 1922 年 10 月底辞职时,爱尔兰自由邦的兵力与权力已经在《爱尔兰协议》的基础上被牢固地树立起来。博纳·劳先生内阁的首批决定之一,就是《爱尔兰协议》应该在字面上和精神上得到完善;这一点后来成为历届英国政府的指导方针。谁愿意预测未来呢?不列颠是自由的,而爱尔兰则是荒凉的。爱尔兰是贫困的,而不列颠则依然在努力克服大战所造成的严峻后果。作为英联邦一自治领的爱尔兰,可以与她的邻国互通有无。没有人指望已存在了若干世纪之久的仇恨与偏见在我们短暂的一生中得以消除。然352而仇恨与偏见将会在漫长时间的流逝中以及人性恢复的硕果中逐渐消融——这似乎是一个美好的可能实现的愿望。50 年的和平交往及新的发展,必然会把共同利益的考虑日益置于突出的地位。格拉顿 [2] 说过一句不朽的名言:"海峡阻止联合;海洋阻止分离。"两个古老的民族,他们在很大程度上是不列颠帝国和美国的缔造者,他们在世界各地以无数种方式融合在一起,随着旧日引起争吵的原因烟消云散,他们必然会逐渐尝试去相互帮助而不是相互伤害。这很可能是一个颁发给所有人的奖赏:爱尔兰在自己内部达成和解并与大不列颠取得和解,爱尔兰将在某种庄严的场合宣布自己前进的方向,并且向不列颠帝国(也许是整个英语世界)提供解决问题的方法,而我们对这些问题本来是无能为力的。

注释：

[1] 即伦敦德里勋爵。

[2] 1746—820，爱尔兰政治家、爱尔兰议会议员、英国下院议员，领导争取爱尔兰立法独立运动，反对爱尔兰议会与英国议会合并。——译者

第十七章　土耳其还活着

"你愿意支持什么就支持什么吧！不过有一群可怜的人，他们在见到自己所希望见到的结果以前，将乐意洒尽自己的最后一滴血。"

——奥利弗·克伦威尔

第一次世界大战前的土耳其——协约国的提议——泛突厥主义者——恩维尔——德、土计划——征用土耳其的战列舰——战列巡洋舰"格本"号——恩维尔的政变：最后的失败——停战以后——美国人的批评——威尔逊总统的委员会——暴动与瘫痪——致命的一步——希腊人对士麦那的攻击——土耳其还活着——正义转向土方营垒——新的转折点——大标题——费里德帕夏——军队逐渐减少——限制与错觉——君士坦丁堡的会谈——内阁的决定——塞夫尔条约——事实的进展——向伊兹米特半岛的攻击——我在3月24日发出的函件

没有哪个国家会像土耳其那样固执地投入第一次世界大战了。1914年时，奥斯曼帝国已经日薄西山。意大利于1909年动用海上力量入侵并强占了的黎波里，1912年当巴尔干半岛各国向她们古老的征服者和暴君开战时，在的黎波里省腹地仍然在进行着时断时续的战争。战败的奥斯曼帝国已根据《伦敦条约》割让了一些重要省份和许多岛屿，而巴尔干半岛战胜者之间的分赃不均，已经成为在她们之间引起流血

事件的一个新起因。土耳其的欧洲部分仍然保留有诱人的魅力，足以诱发罗马尼亚、保加利亚、塞尔维亚和希腊的野心，或者能满足它们的要求；君士坦丁堡一直作为最高目标而光彩夺目。然而不管巴尔干半岛各国的复仇和野心对奥斯曼帝国造成的危险是如何迫近，但任何

事情也不能取代土耳其人心目中对俄国的恐惧。俄国沿着 1 000 英里边界线——从黑海西部海滨直到里海——与土耳其水陆相邻。英国、法国、意大利（撒丁王国）在克里米亚战争中的努力，加上 1878 年时在迪斯累里首相领导下的英国的卓越能力，保护了奥斯曼帝国，使之免于崩溃，并使君士坦丁堡免遭攻占。虽然在巴尔干半岛各同盟国内部发生争吵以前，保加利亚人已经从西边挺进到了君士坦丁堡的大门口，然而在土耳其人的思想中，对来自北方的危险的意识仍然是压倒一切的。

在这一危险意识之上，还得加上也门、汉志 [1]、巴勒斯坦、叙利亚、摩苏尔和伊拉克等国阿拉伯民族的敌意。库尔德斯坦人和分布广泛的亚美尼亚人则是与土耳其疏远的民族。奥斯曼帝国各个领地的那些坚持反奥斯曼帝国的战争或者遭受土耳其人控制已有五六百年之久的民族和种族，把他们充满仇恨与饥饿的目光投向这个他们已经忍受了太多和太久的垂死帝国。惩罚和索还的时刻即将来到；唯一的问题在于，被杂乱编织而成的欧洲的外交网——尤其是英国的外交网——能把这最后的总清算推迟多久。与奥地利帝国的逐步衰落瓦解一样，奥斯曼帝国日益临近的崩溃是由超越了人类控制的各种力量促成的，这些力量已经使东欧和东南欧的整个基础松动了。一种激烈、巨大、不可预料但又是无法抗拒和迫近的变化，笼罩着 1.2 亿人民的家庭和社会体系。

正是在这样一种时刻和这样一种背景下，德国经由比利时向法国发动了攻击，一切别的争吵都要服从于这一最高的斗争而重新进行自我调整。在这一社会大动荡中，令人反感、濒于崩溃和贫困的土耳其又将发生什么情况呢？

　　土耳其接受了在英国人看来似乎在历史上还从来没有任何政府提出过的有利的提议。她只需付出保持中立这样的代价，便可使她的一切领土的绝对完整得到保证。在这一承诺上，她不仅得到了她的朋友法国和英国政府的保证，而且还得到了她的敌人——俄国政府的保证。法国和英国的保证将保护土耳其免受来自巴尔干半岛各国——尤其是希腊——的攻击；而俄国的保证则将中止无限期从北方逼近的威胁。不列颠的影响可以在很大程度上平息并且有把握延缓阿拉伯人长期的反抗运动。协约国认为，他们从来不曾向一个孱弱并陷于危险之中的国家提出过比这更公正的提议。

　　然而事情还存在着另外一面。在奥斯曼帝国日渐衰落的结构内部以及在其政治事务的表面下，无论是在军人当中还是在人们的思想中，都有一些残忍而居心叵测的力量在进行策划。第一次巴尔干半岛战争的灾难利用适宜的环境点燃了一种隐隐燃烧的缓慢之火，其非同寻常的爆发烈度尚未被博斯普鲁斯海峡两岸的几乎所有大使馆所认识，不过有一个大使馆是例外。一位颇有见地的土耳其人于1915年写道："在这段时期（指第一次世界大战前的岁月里），有关土耳其人民未来的哪怕是细枝末节也将受到各种委员会的审查。"[2]

　　泛突厥主义委员会把1907年的英—俄条约看作是这两个大国之间的明确结盟，其中一方曾是土耳其最强大和最公正的支持者与朋友，而另一方则是她长久以来的无情敌人。因而，在一场它深信正在日益逼近的全欧洲战争中，它需要向别处寻求帮助。它的计划（在1913年时似乎仅仅是一个不切实际的幻想）基于这样的设想，即在只讲突厥语的人——安纳托利亚讲突厥语的农民——的基础上重新建立土耳其。该计划提出了一个民族理想：把高加索的穆斯林地区、阿塞拜疆波斯省以及俄国境内讲突厥语的外里海诸省（突厥族的发源地）的突厥人与安纳托利亚半岛的突厥人联合起来；并且把土耳其的疆土延伸到里海盆地。该计划的内容包括拒绝承认理论上的政府，彻底改变教会与国家的关系，将"天赋神权"需要向国家的世俗转移以及严格控制神

356　职阶层。计划还包括令人吃惊的经济、社会和文化变革，这些变革最近已在土耳其取得成果。穆斯塔法·凯马尔事实上是在执行一个制定于 15 年前的计划，他很可能也是计划制定者之一。所有泛突厥主义计划的中心点都是利用德国的力量把土耳其从俄国的威胁中拯救出来。多年来担任德国驻君士丁堡大使的马歇尔·冯·比伯斯坦一直在用他那巧妙的双手培育这些隐蔽之火。

　　倘若不是在关键时刻有一位活动家出现在几乎是土耳其的最高领导位置，泛突厥主义的计划可能还停留在幻想世界。这个血管中翻腾着勇士鲜血的人自称土耳其的拿破仑，他个人的意志、自负与计谋，注定要把奥斯曼帝国投入一场最大胆的冒险。受德国培训但充满土耳其决心的陆军中尉恩维尔"把帽子甩出篱笆墙"（他的原话）作为1909 年青年土耳其党革命的信号。他和几个青年土耳其党内的朋友组成了一个联合与进步委员会，向集结起来的所有敌人发出挑战。当意大利人围攻的黎波里时，是恩维尔在那里的沙漠中苦战；当巴尔干半岛同盟国的军队出现在恰塔里亚各条战线时，是恩维尔表现了坚强的决心。1912 年时任英国首相的阿斯奎斯曾这样说："埃德里安诺波将永远不会归还土耳其。"然而恩维尔在一个月内便进入了埃德里安诺波，并且埃德里安诺波至今仍然在土耳其的手里。第一次世界大战的爆发，促成了恩维尔及其同伙塔拉特以及经验丰富和廉洁奉公的财政部长查维德对土耳其政局的掌控。他们之上虽然还有作为威严摆设的苏丹王和首相，但是恩维尔这些人及其追随者大权在握却是毋庸置疑的，而在他们之中，恩维尔又是最高领袖。[3]

357　土耳其的领袖们对俄国准备接受一次普遍性战争磨难的意志的估计，远远低于西方协约国在这方面对沙皇的估计。土耳其领袖们相信德国集团将赢得陆地上的战争，俄国将遭到重创并随之会在国内爆发一场革命。如果德国战胜，土耳其在高加索的领土和人口方面均会有所得，这种结局将至少在几代人的时间里有利于抵御来自俄国的威胁。在德、土双方长时间的预先谈判中，德国允诺，如果中路进攻获得胜利，土耳其对高加索的领土要求将得到满足。这一允诺对土耳其政策的制定具有决定性作用。

涉及土耳其生活各个方面的泛突厥主义政策以及土耳其人的领土野心均体现在一个明确的战争计划中。这一计划的出发点是要求土耳其夺得对黑海的控制权。无论大战在何时爆发（他们确信大战必将爆发），俄国都将受到德国和奥地利的钳击，泛突厥主义者则趁机入侵并征服高加索。控制从君士坦丁堡至特莱比宗德的海上航线，对于从特莱比宗德向艾泽罗姆推进来说是必不可少的。因此，土耳其必须拥有一支海军。1911 年和 1912 年，在整个阿纳托利亚，甚至在整个伊斯兰世界，民众踊跃募捐，为在英国建造两艘土耳其无畏级战舰筹集资金。两艘战舰中至少有一艘可以到达君士坦丁堡，此乃是整个土耳其战争计划赖以实施的关键所在。1914 年 7 月，土耳其的领袖们所考虑的最重要的问题便是：两艘战舰能按期到达吗？很明显，时间的余地是很小的。第一艘土耳其无畏级战舰"雷夏迪"号于 7 月按期建成；第二艘于几周后建成。土耳其特工在俄国境内大肆活动，在奥尔蒂、阿尔代汉和卡尔斯等地区策划讲突厥语的穆斯林农民（这些农民在当地民众中占了绝大部分）把粮食贮藏起来，以使土耳其军队有可能向前推进，直下科鲁克山谷威胁俄国后方。7 月 27 日，土耳其提议在德国与土耳其之间建立反俄秘密攻守同盟，德国立即予以接受，并于 8 月 2 日正式签订。7 月 31 日，土耳其政府向军队下达了动员令。

358

然而这时发生了一场突然袭击事件。英国突然采取了明确抵制德国的态度。不列颠舰队在海上摆出了战斗阵势。7 月 28 日，我为皇家海军征用了两艘土耳其的无畏级战舰。一艘载有 500 名土耳其水兵的运输舰停泊于泰恩河，准备接收第一艘无畏级战舰。土耳其舰长要求交出该舰，并威胁将登上该舰并升起土耳其国旗。在这些紧张的日子里（7 月 31 日），我自行负责地下达命令，必须制止这种事态的发生，土耳其人夺取该舰的任何企图应予抵制，若有必要，可以动用武力。我之所以采取这一行动，只是出于增强不列颠海军的目的。将两艘土耳其无畏级战舰增加到不列颠舰队，这对国家安全似乎是极其重要的。在英国海军部或者就我所知甚至在整个英国，还没有人对土耳其的图谋或者这两艘战舰在其图谋中所扮演的角色有任何了解。我们这样做的结果比我们原来所预期的要好。在该年晚些时候，我由于征用土耳其战舰一事而在某些部门遭到了批评，据说，由此而在整个土耳其激起的愤怒和失望将会改变力量的对比，并刺激土耳其进入反对我们的战争。我们现在已经知道了这一失望后果的内情。对这些战舰的征用，不仅远没有使土耳其成为一个敌人，还差一点使土耳其成为协约国的成员。

然而对土耳其人来说，仍然存在着一个希望：战列巡洋舰"格本"号。这艘快速的德国战列巡洋舰正在西地中海游弋，根据和平时期的命令，她将前往亚得里亚海的普拉港市进行整修。她凭借其自身优势便足以制服俄国海军中队。德国人会下令要"格本"号驶返君士坦丁堡吗？她能驶返该地吗？正在这一时刻，英国对德国发出最后通牒以及最后通牒若遭拒绝，英国将断然宣战的消息传到了君士坦丁堡。土耳其的务实主义者万万没有料到会发生这样的事件。它改变了地中海的海军形势。"格本"号能够逃脱英国的许多小舰队和巡洋舰中队以及舰速虽然较慢但火力更强的英国战列巡洋舰（她们正游弋于"格本"号与大海之间）的堵截吗？当恩维尔于8月3日晚获悉，"格本"号已接到命令沿亚德里亚海往北向普拉港市逃窜时，他的焦虑简直到了无以复加的地步。他立刻找到俄国武官列昂节夫将军，把以前的一切阴谋（包括一天前他与德国签订的协定）都抛到了九霄云外，向这名惊讶的官员建议土、俄两国以多方面条件（包括土耳其在西色雷斯的赔偿）结成联盟。不知是因为德国人认识到了除非"格本"号做出努力抵达君士坦丁堡，否则他们便永远不会得到泛突厥主义者的饶恕，还是因为那本是他们战争计划的组成部分，海军上将提尔皮茨这时（8月3日）发出新的命令，要求当时刚要在墨西那补充煤炭的"格本"号前往君士坦丁堡；在发生了众所周知的各种事件后，"格本"号于8

月 10 日抵达了达达尼尔海峡，经过了某种谈判以后，她被允许驶往马尔马拉海。

恩维尔的信心现在得到了恢复，因为对黑海的控制可能取决于土耳其人。但是考虑到英国海军的至高无上的地位和达达尼尔海峡的不设防条件，因而与英国形成某种敌对态势乃是严重的问题。此外，意大利已经出人意料地退出了三方同盟。因此，土耳其也许应审慎小心地采取观望态度，看看行将发生在陆地上的几大战役——尤其是在俄国前线的战役——将如何发展。与此同时，土耳其军队的动员仍然可以不引人注目地进行，因为可以合理地将它说成是一种预防性措施。因此，接下来是一段延续了 3 个月之久的土耳其犹豫不决和拖延的时期，她高明地大耍两面派手腕，取得了预期效果。不过就我回忆所及，在制定政策的所有重要方面，不列颠政府所得到的情报都远比土耳其政府完整。根据我们的现有资料，这一时期，在解读我们通过各种渠道从君士坦丁堡收到的电报时，我们总有不可思议的感觉。各协约国一会儿被土耳其首相以及值得尊敬但却无能的内阁部门的友善保证所鼓舞，一会儿又因其拒绝扣押"格本"号并解除其武装而感到愤慨，电报因众多互相矛盾的声音而普遍使人感到迷惑不解，人们认为土耳其没有固定的方针，她被争取过来和被敌方拉过去两种可能性都存在。但是当恩维尔于 11 月作为一切泛突厥主义武装力量的代理人采取了行动，"格本"号和土耳其舰队向俄国黑海沿岸各港口发动了无端攻击时，这一时期便告结束，土耳其从而也冷酷地投入了战争。

接下来发生的事情，在本书其他各卷已经有所描述。

在 4 年的战争时期中，土耳其受到了德国军事和情报力量的激励、指导和支持。她在高加索与俄国的斗争中取得了不同程度的成功，然而不列颠帝国成了她最强大的敌人。土耳其的陆军主力在加利波利半岛上被不列颠和澳大拉西亚军队击溃。虽然土耳其也获得过一些重要胜利，但不列颠对美索不达米亚的入侵实际上不停顿地向北推进到了底格里斯河。劳伦斯唤起并领导了沙漠中阿拉伯人的反叛。艾伦比率领一支由旅印英侨组成的 25 万人的部队攻克巴勒斯坦，并进入了叙利亚。虽然萨洛尼卡前线归法国人指挥，由一个法国将军指挥了从西向君士坦丁堡的推进，但是在签订停战协定时，土耳其相信他们是被英国击败的。事实上，在第一次世界大战中阵亡的土耳其将士中，有四分之三是死于不列颠帝国的枪弹和刺刀之下的；他们清楚地知道，他们对这位老朋友和被错误判断的敌人所进行的屠杀，并没有减弱他的反击力量。

当兴登堡防线和德国被击溃时，土耳其人的一切抵抗均被彻底粉碎。土耳其俯伏在地，向上看去，大松一口气地发现，原来她的征服者是英国人。"我们铸成了大错；我们选择了错误的一方；我们是被恩维尔和塔拉特逼迫着这么干的，但现在他们都逃之夭夭了。我们为已发生的一切深感悔恨。我们怎么知道美国会向德国开战呢？我们又怎么知道大不列颠会成为一个一流军事强国呢？这些奇迹超出了人类的预见。谁也不应该责备我们接受了错误的领导。当然，我们必须受到惩罚，但是让我们的英国老朋友来惩戒我们吧。"这就是 10 月 30 日在墨德罗斯停战后两三个月内土耳其人的心情；墨德罗斯停战结束了第一次世界大战的东线战斗。

寇松爵士说：

在举行和谈会议时，协约国占领了君士坦丁堡，土耳其政府即便没有被吓倒，也算得上是俯首帖耳了。我们派驻占领土耳其亚洲地区的军事力量，足以使我们执行不仅是停战协定中已达成协定的条款，而且还可包括我们发现有必要补充的任何条款。英国人牢牢掌握了美索不达米亚，甚至还包括摩苏尔……英国在波斯的地位，无论从军事还是政治上看都是极为强大的。自从战胜以来，我们仍然驻扎在外里海，不过正在考虑立即撤军。里海在我们手中，正在成为反击布尔什维克武装力量的海军行动基地。英国若干师团占领了从黑海直到里海的整个高加索，并为各对抗民族——格鲁吉亚人、亚美尼亚人、鞑靼人、塔吉斯坦人和俄罗斯人——提供了维持和平的唯一保证……在小亚细亚（英国军事占领区以外）还看不到协约国的军事力量。亚美尼亚命运未卜，绝大多数的亚美尼亚人现在都成了离乡背井的难民。除了亚美尼亚（可能还有西里西亚），瓜分小亚细亚的问题甚至还没有被考虑过。在叙利亚，存在着一种更为严重的情况，这是因为要调和法国人的强烈愿望与阿拉伯事态的铁的事实非常困难，因为法国人坚持按字面意义解释不幸的赛克斯－皮科协定（Sykes—Picot Agreement）。在巴勒斯坦，阿拉伯民族与犹太移民的利益，看来能够和谐相处，大不列颠认为，关键在于在双方同意下尽早实行托管。埃及仍然保持缄默。

在这种形势下，需要做出广泛、明确并且首先是迅速的决策。在这些结构松散但又是危机四伏的社会里，每一天的拖延都会带来更多的危险。已经拖延了两个月；在这片曾经是古代财富和文明发祥地的广袤的土地上，现在却充斥着多数已武装起来的好斗和狂热的民族，每个人都在问："发生了什么事？我们必须做什么？"然而巴黎的战胜国的政治家并没有给出答案。他们必须开始互相认真对付并互相理解。 362 他们必须就他们所知来向美国解释欧洲正在发生的事情。他们必须面对曾挥军抵达莱茵河畔的法国的强烈要求，法国表示自己永远不会在这一点上让步。他们必须对德国做出法国认为是公正的惩罚和审判，并使他们的军队保持戒备以便执行可能指定的任务。在他们的四周，混乱的洪水在不断泛滥。

威尔逊总统与美国议和代表团一行对秘密协定的印象十分深刻，认为他们的最大优势在于不属于其中的任何一方。在中东，他们的确是"唯一的公正大国"。这一事实无疑是有帮助的，因为必须把大部分秘密协定——如前文所述，它们都是在战争的剧痛中签订的——从前进的道路上清扫掉。威尔逊总统与美国的影响力没有受到过损害，同时又最具分量，这正是有可能进行良好和切合实际的审视并达成解决办法所需的新要素。但威尔逊总统在行动中没有坚持更密切地掌握现实，这不能不说是一个悲剧。他提供了重要的服务，然而就其身份和权力而言，他提供的服务原本应该是价值无量的。

因此，威尔逊总统这样说：

> 美利坚合众国的观点是，对大不列颠与法国对各民族提出的要求不感兴趣，除非那些民族需要这些要求。美利坚合众国所坚持的基本原则之一便是同意托管。这一点已深深扎根于美利坚合众国的思想中。因此，……美国希望知道，叙利亚人是否乐于接受法国。同样，美国也希望知道，大不列颠是否会被美索不达米亚居民乐意地接受。可能这并非英、法两国的事务，不过，倘若在和会以前问题即已形成此一事实，导致该问题已经成为英、法两国事务，那么处理这种情况的唯一途径便是了解这些地区居民的愿望。

363 "因此，他建议在土耳其成立一个调查委员会，他同时还就这个委员会应该做些什么工作提出了自己的意见。"[4]

> 他们的目标应该是说明意见的内容以及说明受托代管国将前往工作的该国的情况。若有必要他们将被召回并向和会汇报他们就这一问题所了解的情况……这将……使全世界相信，和会已在尝试寻找最科学的基础以拟定解决问题的方案……该调查委员会应由人数相等的法国、英国、意大利和美国的代表组成。他们将被派出并都可以全权汇报他们所发现的各种事实。

贝克尔先生说："总统极为热情和迫切地竭力推行这一主张。"

现在，没有任何论点能比这一要求更为貌似有理的了。其实我们也知道，在国内政治中，当碰到了复杂问题和怒气不断上升时，通常的万用灵药就是委派一个委员会或一个皇家委员会。而且，这种灵药往往都很有效。虽然问题并不是由委员会来解决的，虽然委员会解决问题的能力也许要低于承担相关责任的部长们，但是在绝大多数情况下，症状明显并长期耽误治疗、拥有厚厚病历的病人，很可能会使问题以各种不太尖锐的方式提出来。威尔逊总统提出这一策略是再自然不过的了，而各怀心事的列强对此不得不予以默认。实际上这样做的结果，是最终没有任何人应该受到指责。

然而各有关国家是不愿意在权力不确定的状况下拖延太久的，并且在一切可能激起他们热情的程序中，刺激性最大的莫过于参与调查委员会的工作了——来自各大国的成员们一手拿着笔记本，一手夹着一支点燃的香烟，周游于火药库似的中东地区，以把握第一手真实情况。任何人都能看出，威尔逊总统是多么明智和正确，他的建议多么切合实际地适用于在美国或大不列颠发生的政治麻烦。但是很明显，在当前的情况和气氛中，他的建议只不过是一种引起爆炸的手段。政治家364与战争中陆海军的将军一样，在一场危机中常常需要在并不了解大量必不可少的事实的情况下，做出至关重要的决策。能做到这一点是很困难的，但是不管怎么说，有决策总比完全不进行决策要好一些。在毫无组织而情绪激愤的各民族民众之中斡旋，询问他们在想什么和他们想要什么，这无疑是一种必将惹起冲突的方法。当一个人向自己并不理解并且毫无兴趣的事务提供帮助时，他的思想很容易被一种庄严和虚幻的公正情绪所支配。"在我们做出自己的决策前，让我们掌握一切已被披露的事实吧。让我们知道我们身处何地吧。让我们搞清楚民众的意愿吧。"这一切听起来是多么精明正确！然而在调查委员会——它最后只剩下了美国代表——完成其全部调查工作的三分之一以前，几乎所有相关民族都开始参与武装叛乱，并且各协约国的军队几乎都已撤回本国。

然而从调查委员会被委派的时刻开始，整个中东地区便被置于一种犹豫不决和调查研究的不明确命令的支配之下。当日复一日每天都有十几个严重的当地问题（它们全都是不同民族民众之间的互相枪击事件）提交给英国相关公共事务部门时，任何官员都只能记下这样一句简短的话："问题必须等候处理，直到协约国间的委员会完成调查工作。"所以，友善的人只得继续记下肇事时间和提出问题，而不友善的人却给自己的步枪装上子弹并谋划进一步闹事。

然而，只需要采取一种积极和富于进取的行动（尽管按治国理论的每一标准来衡量都是错误的），所有这一切本来都是可以平息下来并得到重新控制的。意大利企图染指奥斯曼帝国的要求和野心，超过了最大胆的想象。并且意大利不失时机地证明她将通过行动来达到自己的目的，从而使巴黎和会大吃一惊。向东部派遣一个调查委员会（意大利也是其中一方）的决定基本上未被执行，因为意大利借口当地发生骚乱而攻占了阿达里亚，同时又正式谴责希腊人准备袭击士麦那。希腊一方则大声抱怨，称意大利人在阿达里亚的行动仅仅是他们侵犯希腊势力范围的第一步。将近4月底时，有报道说，意大利人已经派出少量部队在巴德伦姆、马克利和阿拉亚登陆。与此同时，美、英、法三方领导小组在希腊首相韦尼泽洛斯的威信与人格的影响下，正稳步趋向于提出将士麦那连同艾丁省划归希腊。几千年以来，希腊人一直繁衍生息于士麦那及其沿海岸地区。那里的繁荣主要归功于他们的智慧以及工业和农业。早在1915年时，阿斯奎斯先生的英国政府已经决定，在重新划分土耳其版图时，希腊——如果她参战的话——应该拥有士麦那。巴黎和会希腊领土委员会新近以多数票（包括英国代表、法国代表和美国代表）做出了有利于希腊人的决定。威尔逊总统明确地接受了这一结论。然而这一意图的传闻却引起了士麦那欧洲侨民的抗议，在士麦那的美国传教士和英国驻君士坦丁堡高级特派员同时发出了各自的警告，说明走出这一步会酿成什么危险。

这时，威尔逊总统与意大利代表团之间的谈判完全破裂，这导致了意大利暂时退出和会。在与西格诺·奥兰多发生冲突后激动情绪的影响下，威尔逊支持希腊是很自然的事。在这个问题上，威尔逊发现英国首相是唯一的热心支持者。已被莱茵河和法国的未来搞得心事重重的克列孟梭此刻以友善的态度对待意、美双方。然而突如其来的事件使得行动加快了。关于意大利人即将强行占有士麦那的报道，加上土耳其人虐待希族人的传闻，导致他们迈出了这致命的一步。5月5日，三方领导小组考虑了一项方案，即应该允许希腊人立即占领士麦那，以便保护他们在那里的同胞。劳合·乔治先生建议做出一项决议，授权韦尼泽洛斯派遣军队前往士麦那留船待命，准备在出现必要情况时登陆。威尔逊总统问，为什么不让希军立即登陆，既然部队在船上不能处于良好状态。劳合·乔治先生对此并不表示反对。

5月10日再次讨论了这一主题。然而登陆的原则被认为已经确定，讨论的只是一些技术性细节。亨利·威尔逊爵士出席了两次会议，但是他只限于参与技术方面的布置。12日举行了第三次会议。西格诺·奥兰多这时已经返回和会。他得到保证，士麦那的未来命运将不会因希腊的占领而受到歧视。它是一项保护希族人的紧急措施。根据停战协定，必须向土耳其发出书面通知，士麦那诸要塞的驻军应向英国、法国和意大利的分遣队投降。经过一番考虑后，西格诺·奥兰多在原则上不反对登陆，但是强烈要求英国、法国和意大利的分遣队不应撤离，应视最终解决的情况再做决定。四国会议的决定是，希腊军队一旦准备就绪即要从卡瓦拉出发，意大利分遣队应该参加协约国军队的军事行动。

韦尼泽洛斯受权前往士麦那时，是代表四大列强作为国际联盟委托的代管国而采取行动的。就像鸭子见了水一样，韦尼泽洛斯迫不及待地出发了。他知道不论四大国——或者更确切地说，三方领导小组——的责任是什么，四大国毕竟都是流动的军事力量，只有他自己的军事力量才是实实在在的。只有他才拥有行动的手段。在这样一项任务中，除了派遣象征意义上的分遣队之外，英国、法国或美国出兵一事，永远不会被纳入考虑的范围之内。但是希腊师团却处于能够迅速出动并在打击敌方的距离以内，并且他们正急于开始行动。5月15日，不顾英国外交部和陆军部的严重警告与抗议，2万名希腊士兵在战舰炮火的掩护下在士麦那登陆，他们杀死了大量土耳其人，占领了该市，并沿着士麦那—艾丁铁路迅速北上，与土耳其正规军、非正规军以及艾丁的土族人武装展开血战，开了他们入侵和征服小亚细亚的先例。

　　我清楚地记得，当我在巴黎一个令人愉快的下午听到这一至关重要事件的消息时，我深感迷惑和惊恐。这一事件在不列颠总参谋部造成的惊愕，无疑影响了我的个人观点。即便没有理由允许不列颠军方有亲土耳其倾向，也不能允许这种肆无忌惮的暴行——正当我们的资源处于捉襟见肘的时刻，它却捅出了这样多的新危机。在陆军部，我们不久就感觉到了它的后果。按照停战协定的规定，我们的官员正三三两两地在整个小亚细亚监督军队的投降和武器的集中。他们自由地从一个地点转向另一地点，并无需武装保护，只需用手指指点一下事情该如何办即行。土耳其人几乎像机械般地服从。步枪、机关枪、大炮和炮弹正被顺从地在各重要"临时存放处"堆积起来；土耳其正处在战败——并且是罪有应得的战败——的咒语的支配下。"让我们的老朋友英国来惩罚我们罢。"因此，作为接受战败和签署国际公约的结果，武器被整齐地堆起，大炮被整齐地排列，炮弹也被整齐地聚集成堆。

　　然而土耳其民族——巴黎和会好像不知道有这样一个民族——发现，他们所必须容忍和暂时服从的，原来不是不列颠、印度和艾伦比，而是希腊，希腊是他们世代憎恨和蔑视的仇人，是他们眼中的一个叛乱的省，一个不折不扣的手下败将。于是土耳其就变得无法控制了。监督停战条款执行情况的不列颠官员最初没人理睬，接着是受到辱骂，再后来是被追赶着要他们的命或被投入难以忍受的监禁 [5]。已经收集了大量军事装备的"临时存放处"的控制权，一周之内便从英国人手中转到了土耳其人手中；而穆斯塔法·凯马尔——在有关1915年4月和8月的加利波利各篇章中我们已经熟悉的这位替天行道的好汉，直至当时他基本上一直是一个反君士坦丁堡土耳其政府的叛逆者——则被赋予起义领袖的权力，因为他已经具有了这方面的素质。

然而比夺回武器与军火更重要的是，为自己的事业争取道义上的优势。我们在前面已经指出，在第一次世界大战中，土耳其的政策是多么冷酷和恶毒，协约国对她的义愤是有充分根据的。何况亚美尼亚人可怕的遭遇尚需调查公布。然而巴黎和会对待土耳其人的态度是如此严酷，以致使公理现在投向了土方营垒。正义——这个逃离征服者俱乐部的永恒的亡命者——已经倒向了土方阵营。土耳其人认为，失败是必须接受的，并且其后果也是必须承担的；然而就在土耳其被解除武装的这一时刻，希腊军队被放纵而进入了小亚细亚，这预示着土耳其民族的毁灭与死亡，以及在世界民族之林中，作为一个民族的土耳其所受到的压制与屈辱。为了拯救土耳其，6 月 9 日在靠近阿马希亚的小镇卡拉斯，穆斯塔法·凯马尔公开地鼓吹了他的计划。一切已经半熄灭的泛突厥主义之火开始再次燃烧起来。每一个土耳其人都坚决认为，希腊人征服土耳其人绝不是命运之神的旨意。头脑里装满糊涂的念头、背负着被罪行玷污的名声、因受到不公正待遇而自暴自弃、在战争中遭受严重破坏、因长期的灾难性战争而筋疲力尽，所有这一切使土耳其帝国分崩离析，然而土耳其人还仍然活着。在他们的胸膛中跳动着这样一个民族的心脏，这个民族曾对整个世界发出过挑战，多少世纪以来所有来犯者都在他们面前败退而去。如今，他们手中再次有了一支现代化军队，指挥这支军队的是吸取了以往所有经验教训的统帅，而在统帅身边有四五位草莽英雄式的杰出人物辅佐他。在巴黎装饰着花毯的金碧辉煌的会议厅里，世界各国的立法专家们正聚集在一起开会。而在君士坦丁堡，在协约国舰队的大炮下，土耳其的一个傀儡政府正在行使职能。然而在阿纳托利亚"土耳其人故乡"的崇山峻岭中，流落着一群可怜的人……他们不希望看到事情这样解决；此刻在篝火旁，一位代表着公正无私的庄严精神的逃亡者正坐在帐篷内。

我直到现在还不能理解，像威尔逊、劳合·乔治、克列孟梭和韦 369

尼泽洛斯这样一批当时在巴黎的杰出政治家——他们的智慧、深谋远虑和言谈举止使他们即使在最严峻的考验下都能比同时代人高出一头——怎么会被引入歧途并跨出了如此鲁莽和致命的一步。

我把希腊按照协约国的命令入侵士麦那这件事置于如此突出的位置，会令许多人感到惊讶。我在本书诸卷中一直试图达到一个目的，那就是表明命运中的一些歇脚点。我试图从繁杂纷乱的暴力和有趣事实及事实组合中找出其中真正具有重要意义的东西来。如此我们便能在中东人民的历史中到达一个新的转折点了。

然而当时公众舆论对士麦那意义的认识是模糊的。当时有那么多的值得议论之事，有那么多的激动人心和重要的事情可做，有那么多的混乱和令人不快的事件可资记录，有那么多的崇高理想值得为之奋斗，以致仅仅派遣两三个希腊师团登陆士麦那并向几百名土耳其人开枪射击，似乎乃小事一桩，不足以对几个主要协约国的公众舆论产生任何印象。500 名特别能干的记者和专栏作家围绕着和会的活动每晚发出 8 万字报道。在一些发行量最大的重要报纸中，总会有各种各样的大标题。其中当然也不乏诸如"希腊师团在士麦那登陆：土耳其人的抵抗被制服"之类的大标题。但是第二天就换上了别的内容。每天都必须有新的大标题。这不是报纸或社会公众的错。两者都在追求轰动效应，何况社会公众虽然也读报纸，但主要还得忙于自己的家务和生计。他们完全有理由"因紧迫的私人事务而请假缺席"。

现在我们必须像编年史那样地来叙述几件大事。青年土耳其党的领袖们——他们在从 1910 年革命至第一次世界大战结束这段时间内统治着土耳其——曾经四处逃散，有的还遭到流放。恩维尔在突厥斯坦进行了孤注一掷的冒险以后，战死于疆场。塔拉特被一个亚美尼亚人刺杀于柏林，后者的确是在报公仇。查维德于 1926 年被胜利者穆斯塔法·凯马尔判处绞刑，他"高声吟诵着一位古代土耳其诗人的几段诗"登上绞刑台。有一个昙花一现的新人物现在出现在土耳其的政坛上：费里德帕夏于 1919 年 3 月 4 日执政，他执行一种卑躬屈膝的政策并与苏丹王密切联盟。在君士坦丁堡，他的周围是协约国的战舰和刺刀。联合与进步委员会的幸存者和普通战士怀着沮丧的心情和半叛逆的态度出没于小亚细亚山岭之中，他们如今是群龙无首了。费里德便在这两股力量之间碰运气地保持他的平衡。他向协约国屈服并接受她们的忠告，同时又与民族主义者保持友好的接触。他在反对占领士麦那的抗议声中辞职；但在同一天内，他又恢复执政。6月7日，他率领一个议和代表团前往巴黎请求对土耳其的宽大处理。但他从和会得到的却是严厉的回答。7月1日，他委任穆斯塔法·凯马尔为北小亚细亚总督察员。在8月和9月，穆斯塔法在厄尔泽罗姆和希瓦斯召开了东部代表的代表大会。9月11日，希瓦斯代表大会发表了一份土耳其权利的宣言，它后来形成了"国家公约"或新土耳其的庄严盟约。到9月底时，君士坦丁堡的管辖范围已经只能到达博斯普鲁斯海峡和马尔马拉海。即便是乘火车离马尔马拉海岸只有1小时距离的布鲁萨，也于10月脱离了安哥拉（今安卡拉）政府。费里德再度辞职，让位给居于受协约国控制的苏丹与穆斯塔法·凯马尔及其在安哥拉的"国家公约"拥护者之间的中途政府。

与此同时，我们的军队正在迅速撤回英国。1919年1月，陆军部仍有近300万人奉命驻扎在国外。到3月时，它只有200万人派驻国外了，并且这部分军队正处于迅速复员的过程中。到1919年仲夏，除了莱茵河畔的驻军外，我们在国外已几乎没有任何军队。应征士兵与战时征募入伍者必须遣返回家；新的常备军正在形成中；而从事职业军的志愿人员还仅仅在逐步出现。停战一年以后，我们驻外的只有若干个由五六百人组成的营，而在以前，可供调用的则有装备齐全、人数达1.5—2万的若干师团。看到我们的军事力量在大量裁减，而同时又明显地觉察到，世界各地的危险与敌意在与日俱增，这的确非常令人迷惑不解。1919年1月，我向内阁散发了一份总参谋部的备忘录，说明我们的军事力量已被削减到了什么地步，并指出我们的政策与我们的力量是不相符合的。

第 3 节。(i) 看来似乎没有必要说明，自从 1918 年 10 月 31 日土耳其停战以来，无论是在陛下政府的军事资源方面，还是在战前奥斯曼帝国内部的政治形势方面，情况都已发生了巨大变化。除了在巴勒斯坦和美索不达米亚的军力之外，现在可用于实施和平条款的不列颠军事实力如下：

1 个师团加上野战军部队（包括巴统卫戍部队），共计包括：

1.3 万名英国人，1.8 万名印度人，合计 3.1 万名战斗人员。

这支部队的打击力量实际上只能局限于铁路系统。总参谋部在此愿意指出，如果不通过征兵或其他手段增加兵员，不列颠将没有可用于土耳其的增援部队。

总参谋部进而希望：

首先，这些条款应得到陛下政府的认真考虑，使之能够与现有的资源或准备用于执行这条款的资源合理相称。

在不考虑细节或各种问题的政治利弊的情况下，总参谋部愿意列出下述诸项措施以及相关理由，但是根据情报，把这些措施付诸实施可能需要或者调用我们盟国的兵员，或者在不列颠进一步招募兵员以加强黑海的兵力：

（1）建立一个更大的亚美尼亚，把西里西亚与埃里温共和国连结起来。

（2）建立一个独立的库尔德斯坦。

（3）希腊获得本都 [6] 的某一部分（原文如此）。

（4）希腊永久占有艾丁省的某一部分。

（5）意大利永久占有南阿纳托利亚或康尼亚的某一部分，虽然还不能肯定，这种做法是否与前面任何一种做法一样，会引起土耳其人的愤慨。

除了以上诸项需要立即加强军事力量的措施外，采取以下两项措施中的任何一项，则需要在一段难以预计其长短的时期里，保持一支常备野战军。这两项措施是：

（6）希腊获得东色雷斯。

（7）将土耳其人驱逐出君士坦丁堡。

然而尽管离做出任何决定相距甚远，各协约国却满足于在保留各自分歧的情况下，任凭问题悄然溜过。当美国人的调查委员会不安地在中东各处走来走去时，有人却抱有最荒诞不经的瓜分土耳其的计划。发生并吞之类的事情是不可能的，不过几个大国将被授予"托管地"，这将使她们为获取控制权而找到借口。法国将取得叙利亚和西里西亚；意大利愉快地承担了占领整个高加索以及位于小亚细亚海角的阿达利亚省的任务；英国似乎急于接管已被我们军队控制的美索不达米亚和巴勒斯坦；人们强烈地预期，美国将会在亚美尼亚接受一块托管地。1920年1月，经受着长时间的财政、军事和政治不确定性冲击的希腊，开始显示出了承受不住的迹象。

就是在这些迷人的错觉中，1919年悄然逝去。随着不断的争论和详尽无遗的论证，中东的未来终于缓慢地、断断续续地、艰辛地在巴黎和会上勾划出来，并且有关土耳其的和约草案也已拟出。几个富有刺激性的问题正等待着各国政府做出决定。1919年12月和1920年1月，不列颠内阁正面临对下述重大问题做出决定，即苏丹是否像哈里发那样在权力方面受到无数限制，并被允许留在君士坦丁堡；抑或在另一方面，土耳其人应该"卷起铺盖卷"从欧洲撤走。另一个次要问题是，圣索菲亚的清真寺是否应由基督教重新圣化为一基督教教堂。在这些争论中，领导外交部的寇松爵士采取的是全力反对埃德温·蒙塔古先生的立场，后者的立论建立在这样几个基础之上：印度的公众舆论、伊斯兰世界的敏感性、保守党的亲土耳其倾向以及印度事务部的冗长备忘录。

这一斗争的双方旗鼓相当。按照蒙塔古先生的看法，在英国的赞同甚或默许下，把土耳其人和哈里发逐出君士坦丁堡，将会给予居住在印度半岛的两三百人和宗教教派日益下降的忠诚以致命的最后一击。然而按照寇松爵士的看法，他们将对此毫不在乎。有些人还会感到高兴；多数人将是漠不关心；而伊斯兰教徒——他们是唯一关心此事者——则会满怀热情和勇气在不同的战场上毫不犹豫地和上述哈里发的军队进行战斗。关于圣索菲亚重新圣化的问题，蒙塔古先生强调，它是一所具有巨大神圣感情的伊斯兰教清真寺，其历史可上溯至公元469年以前。我们全都深深受到此项提示的影响，直到寇松爵士反驳说，它原本是一所已有915年历史的基督教教堂。于是辩论双方似乎达到了非常精密的平衡，使这一问题成为长度超过原条款两倍的一个实质性现代命题！它将属于这样一种问题：在几乎任何国家的大学生中间，都有可能要就其正反两方进行辩论。

关于君士坦丁堡这一主要问题，劳合·乔治先生毫无保留地支持寇松爵士。事实上，在这一问题上，他本人就是一个主要提议人。陆军部以其令人沮丧的意见参与了讨论，陆军元帅威尔逊和我指出，我们已无任何多余的士兵，而没有士兵，你如何将土耳其人逐出君士坦丁堡并保持该状态呢？我们继印度事务部之后，反复呼吁一个真正的、最终的，并首先是迅速的土耳其的和平。只要达达尼尔海峡能对一切国家的船只（包括战舰）保持自由通航，我们就心满意足了。为了保证做到这一点，需要在海峡两侧由国际武装力量实行永久占领，而在我们有限的军事力量内，我们有能力承担分配给我们的责任。这样一种安排在几年之后很可能仅仅会成为一种不具有挑战意义的例行公事。

正如《寇松爵士生平》[7]一书所准确描述的，这些问题在不列颠内阁中通过斗争才得以解决的情况，已经被完全公开，因而没有必要在此再详加论述了。1919年圣诞节，在伦敦外交部办公室举行了一次英、法会议，以求解决两国政府在土耳其和阿拉伯问题上面临的棘手的困难。劳合·乔治先生是一个有耐性的、脾气好的领导人，他有一个习惯：遇事先与同事讨论，以便能形成赞成他的观点的有效多数。讨论的一个内容是提出某一问题的解决方案，而另一个内容则是讨论对该方案的补充部分！这也许是一种违宪的做法；然而它也可能是在挤满了待议事项的时间中解决问题的唯一途径。然而，当1月9日一项完整的解决方案提交内阁时，每位大臣均有即兴做出最后决定的权利，在下院进行了一场远比往常更生动激烈的辩论以后，大臣们以压倒多数决定，土耳其人应该留在君士坦丁堡。首相心悦诚服地接受了同事们的抉择，并于第二天在一篇充满说服力的讲话中向议会宣布了这一决定。

因此，《塞夫尔条约》规定，君士坦丁堡应保留为土耳其人的首都。其他的规定还有，博斯普鲁斯海峡、马尔马拉海以及达达尼尔海峡应在国际监管下，成为对一切船只开放的水道。此外，西色雷斯与东色雷斯之划分，几乎要向北延伸到恰塔利亚分界线，希腊应该拥有加利波利半岛和大部分爱琴海诸岛，并且管理士麦那及其腹地，直到能在该地举行一次公民投票。土耳其必须重新确认投降条约，并使其军备与财政服从协约国的严厉监控。她应该加强对不同信仰的各少数民族进行的常规保护。法国将拥有当时正处于疯狂感情迸发中的叙利亚；英国将承担耗资巨大和棘手的巴勒斯坦和美索不达米亚的某些托管地；而亚美尼亚则是留给美国的托管地。在签署《塞夫尔条约》以及有条件地对其正式批准的同时，大不列颠、法国和意大利又签署了一个三方协定，把在赛克斯－皮科协定中以及在圣·让·德·莫列纳会议上已经给予三大国的那些领土作为势力范围而再次明确给予三国。

趁着所有这些法令尚未宣布之际，我们必须来观察一下事实的进展情况。在石子砌成的道路上，在荆棘丛生和悬岩绝壁的山间隘道，在被太阳烤得炎热的橘黄色沙漠中，疲惫而缓慢的旅行队继续在顽强地蹒跚地前进。让我们回过头来稍微对它们进行一番审视吧。

1920年1月12日，土耳其新议会的代表在君士坦丁堡举行会议。协约国忠实于代议制政体的原则，据此，土耳其人进行了投票。令人遗憾的是,他们几乎全部都按照错误的方向投了票。民族主义分子——亦可称凯马尔分子——占了新议会的绝大多数。令人极为尴尬的是,作为一项实际的日常安全措施,协约国于 1 月 21 日要求土耳其的国防部长和总参谋长辞职。28 日,新议会批准并签署了"国家公约"。面对着君士坦丁堡有可能发生叛乱乃至大屠杀的惊人局面,协约国被迫采取联合行动。英、法、意三国军队于 3 月 16 日占领了君士坦丁堡。弗里德再度受劝组建他一直打算组建的最不能服人的政府。4 月底,土耳其国家议会在远离协约国舰队和陆军的势力范围的安哥拉召开了。5 月 13 日(一个不吉祥的日子),韦尼泽洛斯在雅典公布了《塞夫尔条约》的内容。6 月,不列颠横贯伊兹米特半岛的警戒部队线遭到了凯马尔分子武装力量的袭击。袭击并不严重。部队接到命令可以毫不犹豫地予以还击;海军从马尔马拉海用炮火轰击,袭击者乃撤退至炮火射程以外。然而他们仍停留在当地,我们再一次暴露"在敌人的面前",这一次兵力单薄。与此同时,法国人在大马士革将埃米尔费萨尔赶下王位后,在西里西亚遇到了激烈的战斗(同一天在雅典公布了《塞夫尔条约》的有益条款),法国人很想向当地的土耳其人提出停战。

韦尼泽洛斯这时想把自己装扮成一个救世仙女。希腊军队愿意前来援救。已驻扎在士麦那的 5 个师中有 2 个师可以北上,从马尔马拉海东面通过困难地区(但是他们声称,他们了解这一情况),攻击正在威胁伊兹米特半岛的土耳其人并将他们赶走。随身带着英国总参谋部意见的福煦元帅声称,这一军事行动是危险的,并且有可能失败。然而劳合·乔治先生接受了这一建议,希腊人乃于 6 月 2 日开始行动,并立即就取得了成功。希腊人的纵队沿着艰难地区的道路鱼贯前进,安全地通过了许多险要的隘道。面对着希腊人的日益逼近,有着强有力的精明领导的土耳其人乃消失于阿纳托利亚的腹地。7 月初,另一支希腊人的军队迅速越过东色雷斯,击溃了土耳其人的脆弱抵抗并占领了埃德里安诺波尔。

协约国的领导人为杰出的希腊军事力量和意想不到的表现而欢

呼；协约国的军事将领们也对希腊军刮目相看；劳合·乔治先生显得兴高采烈。看来他又一次是正确的，而军方人士则有如他们经常表现的那样，又一次失误了——参见《大决战的叙述》。

这些事件决定了《塞夫尔条约》。费里德顺从地建立了一个傀儡内阁，1920年8月10日对土耳其的和平条约在应有的庄严气氛中在塞夫尔签署。花了18个月商讨所准备的这一条约，在其正式签署前就变得过时了。它的一切主要条款能否生效，现在只取决于一个因素：希腊军队。倘若韦尼泽洛斯愿意使局势明朗化，并用法律和秩序来限制穆斯塔法·凯马尔，则一切都会好起来。倘若不是这样，那就必须想出另一套能与现实事态更密切相符的措辞。最后，对土耳其的和约终于出台了，但是正式批准它就意味着对土耳其发动战争！然而在协约国列强看来，这场战争应该由代理人来打。因此，当大国这样来进行战争时，对于代理人来说，这往往是一件非常危险的事。

虽然本章集中讨论土耳其事务，但是这一点必须放在欧洲总形势的背景下去论述。重新刊出我在动身前往法国度过一个短暂的复活节假期时写给劳合·乔治先生的一封信，或许能较好地达到这一目的。

丘吉尔先生致首相的信

1920年3月24日

我在乘船横渡英吉利海峡的时刻给你写这封信，是想告诉你我这时在想些什么。自停战以来，我的政策一直是"与德国人民保持玉帛之交，对布尔什维克暴政则不惜以兵戎相见"。不管是出于心甘情愿抑或事态所逼，你所遵循的方针很像是在反其道而行之。我知道事情困难，也知道你的巨大才干与个人魅力均远远高出于我，我这样判断你的政策和行动并不是说我或者其他任何人能做得更好一些。然而我们现在正面对事态发展的各种结果。它们是非常严重的。我们可能正处于欧洲和亚洲出现普遍瓦解和混乱的前夜。俄国已经濒于毁灭。她留下来的东西已落入那些掌了权的该死的卑劣小人手中。不过德国或许还有救。在德国这个问题上，我们仍能和谐地一致思考和行动，这使我备感欣慰：你倾向于努力拯救德国，使其摆脱可怕的命运，倘若命运压倒了德国，它也会压倒其他国家。如果我们果真作此打算，则时间已经不多，行动必须简练。你应该告诉法国，如果——并且只有——她完全改变其对待德国的方式，并且忠实接受一项帮助并友善对待德国的英国政策，我们将与法国结成反德防御联盟。下一步你应该派遣一位重要人物去柏林，全力帮助反斯巴达克同盟成员和反鲁道夫同盟成员组成一个强有力的中左集团。为完成此项任务你可以采用两种施压手段：首先是提供食品和信贷，虽然我们自己也有困难，但是此项工作必须慷慨地加以完成（否则德国的情况将更糟）；其次是召开一次会议对和约进行提前修订，新德国应该作为重建欧洲行动中的一名平等的伙伴而被邀请参加该会议[8]。利用这些施压手段，就应该有可能把德国国内一切优秀和稳定的因素团结起来，以达到他们自救乃至解救欧洲的目的。我祈祷我们不至于"为时过晚"。

378

毫无疑问，这是一项远比国内我们党的联盟（虽然它也是重要的）更值得你用你的政治生命为之冒险的事业。同样毫无疑问，它是一项这样的事业，一旦它被启动，它便将在国内外支配整个世界的形势。我的建议包括：在你领导下的英国采取公开而坚决的行动，并且若有必要的话，哪怕是单独的行动；在这样的行动中，我将乐于与你共同面对政治上的厄运。不过我相信将不会有任何厄运，并且在几个月后，不列颠仍将在政治上执欧洲之牛耳。

作为这样一种政策的组成部分，我将在最有利的条件下与苏俄达成和平，以求在保护我们免受其毒害的同时，得以缓解总的形势。当然，我并不相信，在布尔什维克主义与现代文明之间，有可能达成真正的和谐一致。但是考虑到现有的事实，停止战争并推进物质繁荣乃是必不可少的，我们好歹必须依赖和平的影响来促使这种极坏的暴政和危险消失。

　　与德国相比，俄国乃属次要问题；而与俄国相比，土耳其又更是小事一桩。但是我也对你对土耳其的政策而深感忧虑不安。军事资源已被内阁削减至最脆弱和最微薄的程度，而我们正领导着协约国试图加强在土耳其的和平，此项工作需要大量强有力的军队以及长期的耗资巨大的军事行动和占领。在这个已经受到冲突折磨的世界上，我担忧地看到了你对希腊军队的放任——不管是从什么利益（当然也包括他们自己的利益）来考虑这一问题的。然而希腊军队是你的唯一有效的战斗力量。倘若小亚细亚的铁路被切断而供应品不能抵达，你将怎样为君士坦丁堡提供食物呢？谁将为此负责呢？食物将从哪个早已空空如也的市场运来呢？我担心你将使这个巨大城市无助并懒散地躺在你的手中，而四周则是游击队和封锁线。在此我再次提议要谨慎从事，采取安抚的策略。应该努力确保建立一个真正代议制政体的土耳其管理机构并和它达成协定。因为在目前得过且过的状态下，土耳其和约意味着无止境的混乱。

注释：

[1] 沙特阿拉伯省名，曾经是阿拉伯半岛上最早的王国。——译者

[2] 《土耳其与泛突厥主义的理想》（*Turkish and Pan-Turkish Ideals*），特金·阿尔普著。1915 年于德国首次出版。

[3] 我碰巧与所有这些人都有过一面之交。我曾在 1910 年德国的几次军事演习中会晤过恩维尔。1909 年，当我陪同伯肯黑德勋爵访问君士

坦丁堡时，塔拉特和查维德曾是我们的东道主。

[4] 斯丹纳德·贝克尔，第 1 卷第 76 页。

[5] 陆军上校艾尔弗雷德·罗林森爵士——著名的第4军司令官的弟弟——有过最糟糕的经历。他撰写的在长期监禁中受奴役的回忆录值得一读。那次经历损害了他的健康并险些要了他的命。

[6] 黑海南岸古王国。——译者

[7] 罗纳谢勋爵著。

[8] 当然，这指的是经济方面和财务方面的条款。——丘吉尔

第十八章　希腊悲剧

　　这个故事把我们带回古典时代。机会让命运女神当贴身侍女，这是真正的希腊悲剧。不管希腊人经历了怎样的脱胎换骨，也无法让人感觉到他们的特性自亚西比德时代以来有过什么改变。像古代一样，他们对宗派斗争的偏爱超过其他任何爱好，而且在危机时总有一位伟大人物率领他们。希腊人对党派政治的喜爱和韦尼泽洛斯施加给他们的影响，在相互作用下构成了这出剧的剧情；场景与灯光是这次大战；主题是"希腊怎样意外得到她梦中的帝国，而醒来时又丢失了它"。戏剧开场时必须以回顾往事作为它的开场白。

　　1908年希腊王国处于悲惨的困境。自从国王和王子于1897年指挥了与土耳其的灾难性战争以来，他们的处境一直不佳。他们受到希腊军队军官的猛烈攻击，猛烈的反君主政体运动因此而爆发。人们提议，如果巴尔干国家与土耳其之间爆发战争，应不允许国王和王子执掌兵权。许多其他类似的羞辱强加在王室头上。然而，克里特岛上出现了一个完全按古典模子塑造出来的杰出人物。这个杰出人物得到大国支持，发动了一次起义，从土耳其手里解放了克里特岛。凭借着他的能力和大国的帮助，克里特岛摆脱了土耳其的枷锁，并以此为阶石与希腊重新合并，获得希腊王子治下的自治地位。1909 年，韦尼泽洛斯从克里特岛去希腊，1910 年成为首相。他整顿和改革了政府的各个部门，重组了由英国人指导的舰队和由法国人指导的陆军，恢复了国王的军队统帅身份。

国王有这样一个伟大总管辅佐，很快重获人民爱戴。在几年时间里，希腊享有着对于一个小国来说的各种政治力量的最坚强的团结、一个君主立宪政体和一个全国性领袖；每个人都在适合于自己的领域里工作，以忠诚与尊敬对待他人。韦尼泽洛斯组成巴尔干同盟，准备并煽动对土耳其的战争。1912 年，战争爆发。希腊人、塞尔维亚人和保加利亚人从上一次战争的经验中获益匪浅，击败了土耳其人，占领了阿德里安堡和萨洛尼卡，差一点儿攻占了君士坦丁堡。这些盟国的领土因此而大为扩展。保加利亚人过于贪婪，动辄与人争吵，结果导致遭受盟友和罗马尼亚两面夹击的局面。他们很快被这个新的联合体压倒，不但失去了所有夺得的领土，而且实际上还被夺走了本土的多布罗加省。两年之内，希腊王国的领土和人口增加了接近一倍。克里特岛重归祖国怀抱，不但萨洛尼卡而且卡瓦拉也加入了希腊版图。就这样，康斯坦丁眼见他自己和他的王国迈着巨大步伐走向希腊帝国之梦。而就在这个时刻，善恶大决战开始了。

前几卷概略描述了希腊在大战中的态度。我们可以断言韦尼泽洛斯要求对协约国忠诚。康斯坦丁娶德皇的姐妹为妻，对德国的军事威望和效率有深刻的印象，坚信德国会取得胜利。他的信念得到了希腊参谋部的响应。可是韦尼泽洛斯依照另外的标准进行判断。他宣告公理在协约国方面；他预见协约国未来会获得胜利。他在前景黯淡的时候说："英国在她的所有战争中总是赢得最后一战——最后的一仗！"
他根据这些见解行事。迄今为止他总是劝导和再劝导康斯坦丁和他的
将军们，直到1914年8月下旬，法军在边境战役失败后和马恩河胜利前，
从当时形势看来德军将势不可挡地攻占巴黎。在这个节骨眼上，他将
希腊的海、陆军在英国认为适合参战的时候提供给了协约国。面对保
加利亚因巴尔干战争而起的永不宽恕的仇恨，他在土耳其攻击协约国
之前采取了这个步骤。这位经验丰富的著名政治家，能够在严重的险
象环生的时刻经过深思熟虑做出如此有把握的决定，这证明他有无与
伦比的先见之明。

达达尼尔海峡的战事表明，韦尼泽洛斯一直准备参加从陆路和海
上对加利波利半岛的经过周密计划的进攻。在某些程度上受俄国的害
怕心理的影响，英国外交部曾拒绝希腊在上一个秋季提供协助，除非
康斯坦丁坚定不移地承诺参加对德战争，否则似乎不可能使希腊政府
成为我们的计划的一部分。达达尼尔海峡战事的可叹过程和在这个过
程暴露出来的无能，并没有削弱韦尼泽洛斯对协约国的忠诚。当塞尔
维亚受保加利亚入侵的危险于1915年夏季更加逼近时，他援用希腊必
须帮助塞尔维亚的条约，说如此就应参加大战。康斯坦丁拒绝这么做，
于是韦尼泽洛斯辞职。作为6月大选的结果，他又于8月23日复出掌
权。他得到国王授权进行总动员。康斯坦丁到此已不愿再往前走一步，
他明确拒绝进入战争。关于国王对他这个国民新近授权的首相的否定，
韦尼泽洛斯是这样解释的："我认为，当它是一个内政问题时，我必须
遵从公众的判断意见；但当它是一个外交问题时，我的意见是，只要
我认定一件事是对或错，我就必须坚持它应当或不应当做，因为我感
到我在上帝前面负有责任。"这席话似乎是一种奇怪的宪法理论，而且
上帝是否对内政与外交有过如此的划分也值得怀疑。遭到国王拒绝后
韦尼泽洛斯提出辞职，但又在国王的压力下收回辞呈，与此同时他邀
请协约国遣派军队通过萨洛尼卡去救塞尔维亚。此后韦尼泽洛斯一直
发誓说，康斯坦丁已经同意此事，但康斯坦丁却发誓说他没有同意过。

协约国军到达萨洛尼卡，韦尼泽洛斯在与国王的斗争中被迫抗议协约国军登陆。然而他同时又向议院发表演讲，第一次公开声称希、塞条约硬性规定，希腊有完全义务对保加利亚及土耳其作战。虽然他仍得到议院多数的支持，但却被国王免去了职务。

国王与首相争吵的第三阶段是武装反叛。韦尼泽洛斯于 1916 年 9 月离开希腊去克里特岛，在那里建立了临时政府。此后他突然访问已经建立起革命政府的萨洛尼卡。在这里他招募了一支希腊军来支持协约国。美国参加协约国事业对希腊舆论产生了强烈影响。就连保王派也开始不那么担心战争结束时会被留在战败的英国一方，面对胜利的和无情的德国和一心想报仇的保加利亚。1917 年 6 月每个人都拼死斗争，希腊的局势逐渐好转，法军在机敏的英国人的准许下占领雅典，迫使康斯坦丁外逃流亡。从这时起，韦尼泽洛斯再次控制了希腊的命运，希腊开始与协约国共命运。希腊的几个师在萨洛尼卡前线作战；希腊的战舰加入了协约国舰队；协约国的军火和贷款在战争时期源源流入希腊。韦尼泽洛斯领导他的国家在停战后的战胜国理事会中争得了一席之地。他个人的品质、威望以及他对协约国做出的卓越贡献，为他赢得了几乎与最大战胜国的领袖们平起平坐的地位；由于他的功绩，他的国家登上了令人眩晕的高峰，俯视令人眼花的地平线。

与此同时康斯坦丁在流亡中垂头丧气，希腊的政治家们如果按国王的思路行事，那么他们的国家非但与胜利丝毫无缘，甚至还会陷于失败，此时，该是满心阴郁地等待报复时刻的到来了。

* * *

在巴黎，英、法、美的政策看起来是要实实在在地发展希腊的力量和分量。她们肯定在相互表示要不要利用她。我们已看到希腊师怎样应召伴随法军不光彩地入侵乌克兰；希军怎样被授权和受鼓励侵入并占领色雷斯；尤其是他们怎样被投入决定性的士麦那突袭战。韦尼泽洛斯在执行这些高层命令时表现出超常的敏捷。希腊军队几乎连续10年处于受动员状态,此时他们似乎是愿意去任何地方执行任何任务的唯一军队。因此到1919年夏季时,希腊军队广泛散布在并深深进入了土耳其领土。韦尼泽洛斯于12月返回雅典,受到热情欢迎;可是极度紧张的迹象——社会、军事和经济方面的——在这个人口不多的小国的结构中已经清楚地显现出来。

1920年当《塞夫尔条约》刚提出时,亨利·威尔逊爵士与我表达了英国从军事角度对希腊局势的看法,首相要求我们亲自去看望韦尼泽洛斯,向他说明我们的担忧。我们真诚地照此办理,向他提出如下问题:你一天要为此花费多少?希军士兵离家已有多久?与土耳其真正实现和平的前景如何?如此等等。我们指出,即使希腊军队能打败目前条件下的土军,这也并不意味着他能摆脱自身的危险。信奉凯马尔主义的土耳其人,在野蛮条件下孤军奋战的衣衫褴褛的战士,能够迫使立足海外作战的、组织严密的军队为维持自身存在而无限期地担负沉重的支出。"这种状况对他们没有损失,但是你能支持多久呢?"韦尼泽洛斯回答说,希腊军队是应劳合·乔治、克列孟梭和威尔逊总统的要求驻扎在那里的。他承认战争条件不平等,但表示他有信心,在三个最伟大的国家支持下,会达到令人满意的最后结局。几乎就在这次讨论之后,他占领了色雷斯,歼灭或击溃仍在该省的两个不顶用的土耳其师并进入阿德里安堡。事态如此发展令我们又惊又喜,但这丝毫没有减轻我们对全局的忧虑。此后不久,《塞夫尔条约》签订。

希腊军队在从士麦那省向北的进军中也同样取得了速胜,他们赶走了骚扰横跨伊兹米特半岛的法英军防线的土耳其军队。尽管福煦与威尔逊都曾忠告希军不要这样做,但这次军事行动由两个希腊师轻易而快速地完成了,其结果使英、法、美政治领导人极为满意。无疑这些事件使劳合·乔治先生心中升起了符合他一贯倾向的对希腊军事实力的信任。然而这个结果却使希军散布在广大地区,加重了他们的责任。只要希腊根据三个大国能够和愿意帮助的程度,依照她们的非正式命令行动，那么希腊的背后就有牢固和（如有需要）充分的支持。然而就在此时，那些意想不到的幽灵出现了，否则，这出希腊悲剧原本是不会自行展现的。

《塞夫尔条约》于 1920 年 8 月 10 日签字。9 月份，韦尼泽洛斯抵达雅典，第四次随其而来的是事业中战争和政策的巨大胜利。几星期前他在巴黎火车站遇刺，但侥幸脱险，这更加剧了欢迎人群对他的赞美与称颂。他令他的国家在不知不觉之中登上了她在现代还不曾登上过的最高顶峰。巨大的输赢尚未确定，套在身上的义务依旧紧紧夹着希腊的军队和财政；但是有了最强大的国家及其声誉卓著的领导人的支持，似乎就没有理由认为，未来的问题会比韦尼泽洛斯过去已经成功克服的那些问题更可怕。

1917 年 6 月，在法国海军陆战队和协约国海军支持下的法国高级专员 M．若纳尔把手指专横地一挥，康斯坦丁国王就被驱逐出国，流亡他乡，自此，他的次子亚历山大继位。这个和蔼可亲的青年，是命运和政策的牺牲品，他执政 3 年多。在世界风暴把他刮上王位之前，他曾与一位美丽动人的年轻姑娘姆莱·玛诺丝恋爱；后者是一个宫廷小官员的女儿，她的家族史以王室的标准衡量并不特别显赫。亚历山大国王在爱情与王位之间毫不犹豫地选择了前者。自 1919 年 11 月他与姆莱·玛诺丝开始这桩贵贱婚姻以来，韦尼泽洛斯不得不因此而面对一系列微妙和恼人的政治问题。可是这位政治家深切地同情年轻的国王夫妇。他辛劳和激动地制定条约，希腊军战线仍呈现低垂但却是较远的乌云，就在此时他还为这对夫妇做了巧妙的努力。韦尼泽洛斯以高明的手段调整宪法的细节，到年轻国王回国时，新希腊帝国的广阔疆域似乎已完全可以接纳有浪漫史的国王。

1920 年 10 月 20 日亚历山大国王带着他的长毛小狗在花园散步，当他停步观看王宫内饲养的有点杂乱的宠物中的一对猴子时，长毛犬攻击雌猴，公猴在报复中攻击国王，咬伤了国王的小腿。尽管伤处特别痛，但医生诊断并无大碍。可是咬伤处化脓、发炎，变得严重起来，

随后出现了更危险的症状。在经过了 3 个星期的剧烈痛苦之后，亚历
山大国王在可能很快就会成为他的王后的新娘怀中死去。

我们已经知道，仅一艘重要敌舰"格本"号逃脱，就在整个东南
欧和小亚细亚产生了难以估量的破坏。也许可以毫不夸张地说，这只
猴子一口咬死国王，结果连累了 25 万人的生命。

希腊宪法并没有特别规定国王死亡后应举行大选；但是继承人的
问题使人困扰。韦尼泽洛斯似乎不很认真地考虑过由姆莱·玛诺丝的
婴儿登上王位，和随之而来的长期摄政。但是他最后还是决定由希腊
王子保罗接位。保罗住在瑞士他流亡的父亲家中。无疑有人授意他回
答，他只有在希腊人民通过选举明确决定不同意他的父亲和哥哥乔治
王子继位后才能接受推举。这就迫使希腊要进行一次大选。

韦尼泽洛斯没有办法逃避这个问题。他受到他以为自己深得人心
的证据的鼓舞，深信他应该得到希腊人民的信任，他愿意把问题直接
交由选民决定：他们是否赞成康斯坦丁复位？自做出这个决定以后，
前国王的所有支持者都从流亡地或退隐处自由返回，活跃地投身大选。
世界大事曾证明康斯坦丁迟钝无能，韦尼泽洛斯决策正确，就在此
时，公众对"康斯坦丁对韦尼泽洛斯"的选择结果似乎用不着多加怀
疑。然而这个傲慢的克里特人没有充分考虑到，他的小国曾陷于极度
的紧张，协约国通过封锁迫使希腊参战种下了深深愤恨的种子，长期
的战争状态引起了诸多不满，他的许多政府部门采用了压迫人民的手
段，他的政治对手被允许全面参与党派政治，而他们怀着入阁掌权和
进行报复的强烈愿望。在他被迫出国长期待在巴黎和伦敦期间，希腊
人民得不到他个人的鼓舞，而只能感受他的下属的粗暴作风。希腊国
内外权威人士毫不怀疑韦尼泽洛斯会在议会获得绝对多数。然而 11 月
14 日晚上出来的选举结果令所有的人都大为震惊。韦尼泽洛斯本人落
选，他的追随者在议会只赢得 114 个席位，而反对派却赢得了 250 席。
希腊的政派之争以高调进行。韦尼泽洛斯立刻宣布他将辞职离开本国；
尖刻的议论说他面对责骂临阵逃走，听凭他的朋友被屠杀，但这改变

不了他的决定。他宣布自己在国内只能成为动荡和混乱的根源。他把他的辞呈亲手交给老朋友海军上将孔祖里奥蒂斯，指定了他的接替人，11 月 17 日乘友人的游艇离开希腊去意大利。就这样，希腊人民在面临最大希望和最大恐惧的时刻轻易地失去了自己的领袖——是他创造了当前局面，也只有他才能把这个局面推向成功。

在收到宣布希腊的选举结果和韦尼泽洛斯做出的决定的电报时，我刚好与劳合·乔治先生在内阁会议室。他不但深感吃惊，而且还大惑不解。但是他天性乐观，再加上我们在大战中经历了种种磨炼，因此他粲然而笑说："现在只剩下我一个人了。"[1]

要想探讨韦尼泽洛斯下台所造成的反应，必须对整个事态始末仔细加以研究。希腊虽然是一个被困难和敌人重重包围的小国，但她总是沉湎于具有双重性质的危险奢华。韦尼泽洛斯的亲协约国的希腊与康斯坦丁的亲德国的希腊同时存在。所有忠实于协约国的人与韦尼泽洛斯的希腊相伴始终。他们把全部憎恨都集中在康斯坦丁的希腊身上。前国王在英国人和法国人眼中是仅次于德皇本人的讨厌人物，他在协约国心目中属于所谓的"狡猾的"保加利亚的斐迪南之流的人。如我们所见，他这个君主违背人民的愿望和利益，为了个人与家庭的原因，把他的国家或试图把他的国家投入敌人一方，也就是最终被打败的一方。要求英国或法国民主政府为这样一个民族做出牺牲和努力是荒谬的，因为这个民族的真正精神在他们选择康斯坦丁这样一个人时已经清楚地显现出来。因此，康斯坦丁的回归消除了协约国对希腊的忠诚，取消了除法律义务以外的一切关系。在英国，人们的感觉不是憎恨，而是同情乃至兴趣的完全熄灭。在法国，其他实际考虑加剧了本已很强烈的不满。我们曾经见过法国人是怎样卷入叙利亚阿拉伯人和奇里乞亚的土耳其人的种种麻烦中的。为了韦尼泽洛斯的缘故必须忍受许多不便，但是为了康坦斯丁什么都不会干。实际上，最初的吃惊淡化之后，统治圈子里明显出现了如释重负的气氛。现在不再需要采取反土耳其政策了。相反，与土耳其的良好关系对法国利益最有帮助。黎凡特的形势令人宽慰，同时还出现了其他积极的有利条件。如果希腊自由，人人都自由。希腊事实上成为了解放者。正当她的需求处于最大、她的承诺于己于人都最恼人的时刻，她由于自己的自由意志而抹掉了以往的良好记录。道德上如此乐于助人的人不是天天碰得到的。

寇松勋爵提出了外交部不动感情的冷漠观点，建议有条件地支持希腊甚至承认康斯坦丁；但是 12 月 3 日在巴黎召开的协约国大会否定了这样的计划。三大国通知希腊政府，"虽然他们不愿干涉希腊的内部事务，但是，大战期间曾对协约国不忠并采取敌对行为的这个国王居然复位，这令他们深感困惑不解，他们只能把此事视为希腊正式认可国王的敌意行为""这个步骤将使希腊与协约国的关系陷入一种新的不利局面""三国政府保留针对由这一事件造成的形势而采取行动的完全自由。"第二天,三国政府发出第二个照会说:"如果康斯坦丁恢复王位,希腊将得不到协约国的进一步财政支持。"

由于这一宣告的刺痛，希腊人在获胜的保王党人的恫吓下，以几乎一致的公民投票赞成请回康斯坦丁。12 月底，国王康斯坦丁和王后索菲及其子女，在不久前曾同样迎接韦尼泽洛斯的全体民众真情表露的欢悦中，再次进入雅典。同时，新政府忙于从各种形式的公职中排除所有韦尼泽洛斯派的官员——从主教、法官、大学教授、中学校长乃至国家机关的女清洁工，概莫能外。留在雅典的协约国公使接到指示与政府保持正常关系，但不理会国王、王室和宫廷。从此以后，希腊内部四分五裂，只能独自面对眼前的危险了。

驱逐韦尼泽洛斯的唯一合理目的以及由此产生的唯一明智政策，是迅速而坚决地减轻希腊在小亚细亚承担的义务。那位伟大的克里特人使他的小小国家负担太重还是有点道理的；可以肯定，这种情况是在节节胜利的过程中形成的。如今，失去了英国的支持，要面对意大利的对立，以及立刻就要感受到法国的明显敌意，摆在康斯坦丁及群臣面前的只有一条路：那就是以尽可能争取最好的条件与土耳其实现和平，迅速放弃在小亚细亚的每一处阵地，将军队调回本国遣散，实行最严格的财政节约政策。这些都是希腊人民被要求做出并且已经做出的决定的符合逻辑和不可避免的后果。然而这些却是新政权最不愿意做出的决定。从天性上说，他们是比韦尼泽洛斯本人更厉害的扩张主义者。聚集在宫廷周围的军界政界人物充满野心。他们现在要让希腊知道，希腊取得的成功与韦尼泽洛斯毫无关系。那种让他们丢掉以前获得的惊人成功的想法，是他们的自豪心理所不能容忍的，这种想法会大大损害他们在人民中的声望。相反，他们建议扩张希腊在小亚细亚的领土，甚至超越韦尼泽洛斯认为可能的程度。他们喊出"进军君士坦丁堡"的口号，以表示他们的最终目标。因此，当 1921 年 2 月 21 日协约国在巴黎开会及时（虽有些粗糙地）修改《塞夫尔条约》，特别是修改有关士麦那和色雷斯部分时，希腊新政府反对协约国的建议，并宣布希腊不需任何外界援助就能保住条约给予她的领土。此时希腊在小亚细亚驻扎了 20 万军队，每星期的费用至少要 25 万英镑。土耳其人与法国人进行了友好谈判，并受到了与莫斯科签订条约的鼓舞，军队人数和战斗力持续迅速增加。

我们必须对处于这一历史关头的广大希腊人民表示同情。他们承受了超出自身力量的任务，被要求回答他们无力回答的问题，并且不清楚他们做出的决定会产生什么必然后果。他们所经历的战争、动员和战时管制的紧张在时间上超过了卷入战争的其他任何民族。他们深受党派斗争的困扰和折磨；在这个疲惫不堪的小国居然同时存在着两种相互敌对的国民；即便在这样艰难的条件下，他们的军队也能长期保持严明的纪律和坚定的信念。现在他们要开始比我们曾描述过的更加野心勃勃和更加孤苦伶仃的冒险行动了。

*　　　*　　　*

希腊悲剧的第三幕必须以描述英国政界几个名人的态度开场。我与劳合·乔治先生尽管对土—希事务的意见完全不一致，但一直保持

着没有拘束的亲密交往，这些年来我不只一次请求他讲出他的政策的
依据。他则以寻常对同僚谈看法的好心情和耐心，用如下这些或多或
少的原话宣布他的根据。"希腊人是东地中海的未来民族。他们富有创
造力并充满精力。他们代表了反对土耳其野蛮制度的基督教文明。他
们的战斗力被我们的将军们荒唐地低估了。对于不列颠帝国来说，更
强大的希腊意味着一种无价的有利条件；从传统倾向和利益的角度看，
希腊人应该对我们友好；他们现在是拥有五六百万人口的国家，50 年
内，如果他们能够占住分配给他们的领土，他们将会成为拥有 2 000
万人口的国家。他们是优秀的航海者；他们将发展海上力量；他们将占
有地中海东部所有最重要的岛屿。这些岛屿是未来的潜在的潜艇基地，
位于我们通过苏伊士运河去往印度、远东和澳大利亚的交通线的一侧。
希腊人是知恩图报的民族，如果我们在希腊国家扩张的时期成为她忠
诚的朋友，她将成为英国保持主要交通航道的保障之一。老鼠可能会
在某一天咬断捆缚狮子的绳索。"对于他的这席话，我实际上是在适当
间隙做过回答的："如果是这样，你打算做些什么呢？你没有军队可供
派遣；你一直在说省不出钱来；你得不到舆论的支持。保守党是土耳其
的传统朋友，你的党的多数倾向于亲土耳其；你的内阁倾向于亲土耳其；
你的将军们倾向于亲土耳其。我们才是世界上最大的回教力量。任何
长期的反土耳其或亲希腊政策都将引起强烈反对。此外，土耳其人十
分危险，因为他们生性好斗，不愿与人交往。如果希腊人想征服土耳其，
必将面临灭顶之灾，况且现在康斯坦丁回了国，你决不会得到允许来
有效地帮助希腊人的。"尽管我不能谎称上文已记录了我们俩人对话的
内容，但在我看来它是对两种不同观点的公正表述。

　　寇松勋爵的方针大致上是应对希腊人采取冷静、慎重但又能对他
们有帮助的政策，应该与土耳其保持友好的和平，但是应不惜任何代
价把土耳其人从欧洲和君士坦丁堡赶走。蒙塔古先生得到了代表印度
的所有力量的支持，他赞成以几乎任何条件与土耳其和平相处，英国
应该是穆斯林世界的朋友和领袖；更重要的是，应该把君士坦丁堡交

还给土耳其人。如本书前文所述，内阁决定反对首相与寇松勋爵对君士坦丁堡的意见，这两位大臣接受了内阁的决定。但是在行动方面，是帮助希腊人还是安抚土耳其人，内阁没能制定出得到一致认可的政策，而只是做出了纯属消极的决定，即不动用英国的军队与金钱，等待事态发展。这种停顿和拖延的态度保持了几近两年，从韦尼泽洛斯下台直到恰纳克危机发生。

然而我们这里关心的是希腊人的命运。无疑，在复位的康斯坦丁的领导下，希腊人举国上下做出了积极而坚持不懈的努力。要是他们能够得到大国的贷款、军火和好意的帮助，恐怕谁也不敢说他们不能迫使凯马尔主义土耳其人签订和平条约，而这种条约将确保他们据有色雷斯和在士麦那的立足点。由于得不到援助，他们现在只好进军安哥拉，试图在那里达到媾和的目的。

引起诸多不满与谴责的问题是，英国首相是否曾就这个冒险计划给予希腊人以未经授权的个人鼓励。可以完全肯定，从各种官方外交准则的角度看，他们不会从英国政府得到任何鼓励，但无疑曾得到英国陆军部和参谋部利用每一个机会通过每一个有效渠道传去的警告与劝阻。但是他们当然知道首相的心在他们一边，知道他热切希望看到他们的胜利。劳合·乔治先生是希腊知道的唯一英国人。在他们看来，他就是坎宁和格拉德斯通的继承者。他在大战中的成就，他在欧洲的威望，他当时对英国不成问题的控制权，他本人的足智多谋和意志力量，他对党派的著名的效忠，所有这一切在希腊人心目中建起了模糊但却强有力的信任感。他们想，这个伟人尽管没有明确表态，没有达成任何协议，但是他是站在我们一边的，他会在他自己认为适当的时候，以他自己的方式和他自己的杰出才能，给予我们需要的最重要的帮助。

现在的局势已经是再糟糕不过了。本来，希腊人应该要么得到团结一致的英国政府从精神、外交和财政上的鼎力支持，要么就被一桶桶凉水浇得寒冷彻骨。可是，各种各样的其他事情，例如爱尔兰问题和英国的党派之争，正在同时发生着。世界如此动荡不定，困难这么大量存在，以致一个小国引起意见分歧的事情，只有在发生时才会被临时加以考虑，甚至到此时尚无任何明确的决定。毕竟，康斯坦丁和他的政府是自己采取行动的。无论大国对他们的冒险计划最终有什么举动，他们都有权形成自己的看法；然而，必须做出决定的只有他们自己，而且处于危险境地的首先是他们自身的安全。一位杰出人物感情上的支持可能是有力地鼓励，但是它代替不了条约、协议或正式外交文件。

尽管如此，康斯坦丁国王于 6 月 11 日仍亲赴士麦那担任希腊军司令，7 月份，希腊人在小亚细亚开始了对土耳其人的第四次攻势。

＊　　＊　　＊

我觉得我有权在这里说明一下我自己的观点和行动。在每个地方和每个场合，人们一直肆意把我说成激进政策的鼓吹者，迄今为止，我还不曾试图对我的行为作任何详细解释。给寇松勋爵写传的那位出色的传记作家曾全面查阅官方档案并有充分自由使用它们，他毫不隐晦地指出，"狂热分子"和"战争贩子"这两顶帽子戴在我的头上恰如其分。因此，我必须澄清事实。

一开始我必须提醒读者注意，1919 年 12 月份参谋部根据我的授权发表的总体政策声明，本书第十七章曾有概括性介绍；其次，我还请读者注意第十七章末我于 1920 年 3 月 24 日致首相的信。以下是记录了我的观点的两封给首相的信，一封写于 1921 年 2 月 22 日协约国会议修改《塞夫尔条约》之时，另一封写于 1921 年 6 月 11 日希腊人开始进军安哥拉之前：

394

<h3 style="text-align:center">丘吉尔先生致首相的信</h3>

1921 年 2 月 22 日

今天早上我不想重申有关政策的争论。你有权决定英国的政策，我只能焦急地等待结果。在争执问题上你应当重视其意见的那种人如下：印度政府和总督、孟买总督乔治·劳埃德、已任命但尚未上任的印度总督、艾伦比勋爵和珀西·考克斯爵士、新设中东部官员沙克布勒先生、劳伦斯上校、扬少校、参谋部所有部门和代表、君士坦丁堡高级专员和哈林顿将军、地位特殊和知识渊博的蒙塔古以及像阿迦汗这样被证明为英国的忠实朋友的人。我还必须会见那些认为我们东方和中东事务会从与土耳其达成的和平协议中获益的政界要人。重启战端的抉择使我深感忧虑。我敢说，希腊人可以在邻近国境的战线击败土耳其民族主义者，甚至可能深入土耳其国境一定距离；但是他们占领的地区越大，他们留在那里的时间越长，他们付出的代价也越高。这种事态的后果会主要落在我们身上，较小程度地落在法国人身上。这些后果全是有害的。土耳其人将被迫投入布尔什维克的怀抱；美索不达米亚将在该地驻军减少的关键时期受到骚扰；如果没有一支强大的花费高昂的军队，要想保住摩苏尔与巴格达也许根本不可能；回教徒感情上对英国的普遍疏远将在各方面继续发挥有害影响；法国人与意大利人将做出自己的解释；我们将在各处被认为是伊斯兰的头号敌人。进一步的不幸将落在亚美尼亚人头上。

395　　　在这种情况下，放手让希腊人重新发动战争，在我看来应负有可怕的责任。我为前景以及发觉自己在与我的职责密切相关的事情上无法影响你的决定而感到深切的悲哀。我希望在我们意见一致的许多事情上尽我所能帮助你，我们之间已有长久的友谊，而且我对你的才能和成就钦佩不已，正由于这些原因，我的苦恼更加深了。

　　6月上旬首相在契克斯乡间别墅召开会议，会上我们原则上同意对希、土双方施加同等压力，以促使达成协议。

丘吉尔先生致首相的信

1921 年 6 月 11 日

今天上午，我与韦尼泽洛斯举行会谈。我向他说明我们在契克斯开会的结果，他同意我们的结论。我同意你的想法，我们应对康斯坦丁说："这里列出我们现在认为应该向凯马尔提出的条件。如果你同意这些条件，我们就将它们送达凯马尔（如有可能将与法国联名提出）。我们将告诉凯马尔，要是他拒绝这些条件，我们将尽一切可能帮助希腊人，倘若希腊人取得胜利，此时提出的条件必然会遭到修改，变得对凯马尔更加不利。"我们应进一步告诉康斯坦丁，他应推迟攻击行动，直到通过让韦尼泽洛斯派胜任的将军们官复原职来改组他的军队。如果康斯坦丁同意我们在向土耳其提出的条件和改组军队问题上对他的全部要求，而凯马尔继续顽固不化，从而导致我们对与康斯坦丁的安排真正付诸实施，则我们就应毫不犹豫地承认康斯坦丁。要是我们不幸非得与此人，非得与希腊合作，就没有理由不采取任何可能的行动来确保胜利。不彻底的办法和半心半意的支持是我们曾经实行的所有政策的祸根。不管是对俄国还是对土耳其都一样，自从停战以来，是以前不妥的行动导致我们陷入今日的灾难性处境的。

至于条件，我认为必须包含希腊军队撤出士麦那。我认为，不包含这个条件，就没有可能赢得法国的合作和取得凯马尔主义者的同意。究竟是由当地军队还是组织一支国际部队来保护基督教徒的生命这一保证性问题，现阶段不必做最终决定，可是我同意你的意见，必须得到能够阻止屠杀的有效保证。

我认为我们已经不能再浪费一点时间了。如果希腊人不等时机成熟就再次发动攻势，那么最后一张牌打出去就再也收不回来了，我们将既达不成与土耳其的和平条约又失去希腊军队。

为确定行动方针，我正在研究希、土问题，我确信你会了解到,我对我们所追求的目标的信念从未改变。这个目标过去一直是、将来也依旧是与土耳其达成和平,而且应该是尽早达成的真正意义上的和平。如你所知,也如我一再以书面表示的,我完全不同意《塞夫尔条约》的整个政策并担心由此产生的那种我曾一次又一次敢于预言的结果。然而在我们如今所处的困难局势中,我正在尽我的最大努力来为我们的窘境找寻出路,以使我们不至于在欢欣鼓舞和失去理性的对手面前完全束手无策。

1921 年 6 月 25 日,我再次提出正式备忘录:

首相及

寇松勋爵:

1921 年 6 月 25 日

据报载,也许希腊人打算拒绝我们的斡旋,如果果真如此,我热切希望我们会毫不迟疑地实施我们的政策。如果他们继续无视英国和法国的愿望,如果他们得不到任何道义上的支持,因此而被对方打败,或者得到最佳结果——双方陷入僵局,那么,我们的事业就会遭受可怕的挫折,因为我们将要对付一个绝对不讲道理的凯马尔。我相信勇敢的道路就是安全之路。首相有一天曾在内阁会议上说,对于他们双方,他同意采取不偏不倚的政策。我认为我们应该询问法国人,他们是否愿意与我们一起让希腊人知道,除非他们按照我们建议去做,否则我们将进行明确的干涉,通过封锁希腊船舰进入士麦那港来制止战争。这个威胁肯定是决定性的,他们还能做什么?我们也花费不了什么,因为地中海舰队占绝对优势,而且已经停泊在地中海。我想这里的每个人都赞成我们制止战争。与这个威胁相对应的许诺是,我们应该明白地告诉希腊人,如果他们切实遵照我们的意见行事而凯马尔蛮不讲

理,我们愿给他们以有效的支持,包括充分动用海军的封锁武器

对付土耳其人。

　　一想到希腊人会以沮丧的心态发动这次新攻势，我就深感担忧。攻势一旦失败将会产生不可挽回的灾难。这简直就是意味着我们在契克斯会议上达成一致的政策全部化为泡影。我还进一步考虑，倘若法国人拒绝参加根据情况对希腊或土耳其实行的海军封锁，我依然赞成我们独撑大局，因为我们完全拥有达到目的的所有必要手段，并能迅速将封锁付诸实施。

　　然而，希腊军队已经在稳步挺进了，他们穿过崎岖难行的地带，开始了希腊自古代以来的最大战役。对这一幕值得进行比寻常叙说更详细的描写。

　　在最初的调动之前，希腊军队集结了两个兵团。[2] 右路或南路兵团由 7 个师和 1 个骑兵旅组成（32 000 步兵和 1 000 骑兵），集中在乌沙克附近的铁路线上；左路或北路兵团有 4 个师（约 18 000 步兵），聚集在布鲁萨。在这两支重兵之间从马尔莫拉海岸到士麦那以南的约 40 英里间隔上布置有岗哨线。土耳其军队也安排了两个兵团：北路有 6 个步兵师和 3 个骑兵师（骑兵实际为骑马的步兵），共计 23 000 步兵，布置在铁路上的埃斯基谢希尔和马尔莫拉之间；南路兵团有 10 个步兵师和 2 个骑兵师，共计 25 000 步兵，大部分布置在库塔亚周围的铁路线上，但是其延伸超出了阿菲乌姆—卡拉希萨尔。希军在人数上略占优势——51 000 ：48 000。希军还拥有大炮 3 ：2 和机枪 8 ：3 的优势，而且还有飞机及技术储备的较好供应。可是土军还有 3 个师（8 000 步兵）作为后备力量驻扎在安哥拉后面，2 个师（5 000 步兵）分布在奇里乞亚东南部，另外有 3 个步兵师及 2 个骑兵师（6 500 步兵）布置在安哥拉以东 170 英里的阿马西亚地区。

　　希军的目的是击溃土军和占领安哥拉，但是战争中唯一可用的铁路线士麦那—安哥拉铁路原本是东西方向，在这里却大致上呈南北走势，处在阿菲乌姆—卡拉希萨尔和埃斯基谢希尔土军战线的背后，因

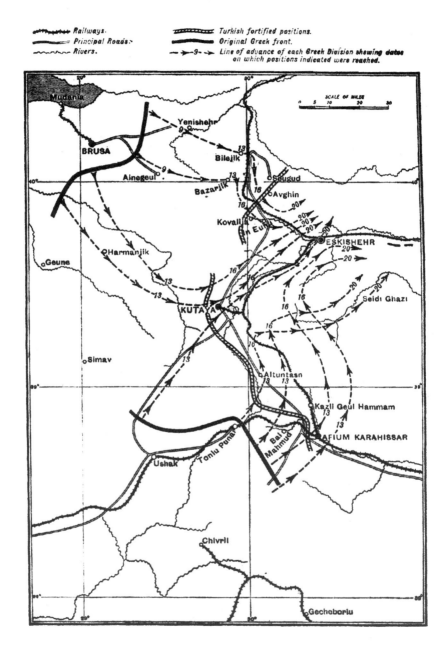

Railways.
Principal Roads.
Rivers.
Turkish fortified positions.
Original Greek front.
Line of advance of each Greek Division shewing dates
on which positions indicated were reached.

埃斯基谢希尔战役 1921 年 7 月 9 日到 20 日

⌁⌁⌁ 铁路	Eskishehr 埃斯基谢希尔
━━ 主要公路	Gecheborlu 盖切博卢
〜〜 河流	Geune 盖乌内
▨▨▨ 土军筑防阵地	Harmanji< 哈尔曼吉克
▬▬ 希军原有防线	In Euhu 因欧胡
➤➤➤ 希军各师前进路线，数字	Kazli Geul Hamman 卡兹利·盖尔·汉曼
表示军队达到该地的日期	Kovalija 科瓦利亚
Afium Karahissar 阿菲乌姆—卡	Kutaya 库塔亚
拉希萨尔	Mudania 穆达尼亚
Ainegeul 艾内盖乌尔	Scale of Miles 英里比例尺
Altuntasn 阿尔通塔森	Seidi Ghazi 塞德—哈泽
Avghin 阿夫欣	Seugud 苏古德
Bal Mahmud 巴尔·马哈茂德	Simav 锡马夫
Bazarjik 巴扎尔日克	Tonlu Punar 通卢·普纳尔
Bilejik 比莱吉克	Ushak 乌沙克
Brusa 布鲁萨	Yenishenr 耶尼谢希尔
Chivrl 奇夫里尔	

此作为第一步，有必要把土军从这个防御地段赶走。若有可能就将其消灭，然后进军安哥拉。军事行动以佯攻开始。

7 月 9 日，希军左路兵团两个师从布鲁萨向东移动，把土军北路兵团牵制在其阵地上，同时，另外两个师向东南进击库塔亚，与希军的左翼协同作战。3 天后，希军右路兵团 3 个师攻打阿菲乌姆—卡拉希萨尔的土军，将其击败，接着开始肃清通往埃斯基谢希尔的铁路沿线地区。留下 1 个师驻阿菲乌姆—卡拉希萨尔，右路兵团的余部和向南逼近库塔亚的左路兵团 2 个师，赶跑了土军，于 17 日进入该城。土军撤退到埃斯基谢希尔以南，20 日希军占领该城。康斯坦丁国王在这一天从雅典赴前线指挥。21 日土军发起总攻，但遭到希军反击而全线受阻，被迫后退 30 英里，据守离安哥拉 50 英里的萨卡里亚河阵地，以控制通往本国首都的道路。

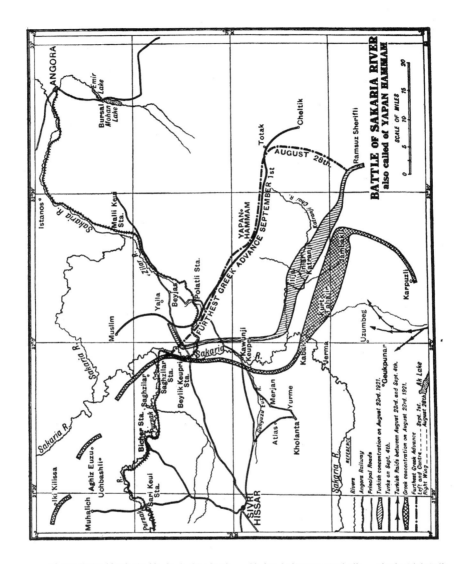

希军获得战略和战术上的成功；他们占据了可以进一步向前挺进的铁路；但是他们并未摧毁土军或土军的任何部分。双方死伤损失大致相当，为 7 000 人对 8 000 人；但土军另外还有 4 000 人被俘。

接下来是一个短暂的休战，其间两军进行整顿并准备下一阶段的作战。希腊人改善他们的铁路和公路交通，修理铁路车辆和加强公路运输，集中了约 500 辆卡车、2 000 匹骆驼和 3 000 辆牛车。穆斯塔法·凯

萨卡里亚河战役（也称亚潘·汉曼战役）

〰〰〰 河流	Jambakli 让巴克利
▬▬▬ 安哥拉铁路	Jerma 热尔马
▬▬▬ 主要公路	Kabak 卡巴克
◼◼◼ 1921 年 8 月 23 日土军集中地带	Karpuzli 卡尔普兹利
▬▬ 9 月 4 日土军	Katranji Chai R. 卡特兰日—查伊河
➤ 8 月 23 日到 9 月 4 日土军袭击方向	Kawunji Keupri 卡温日·盖普里
	Kholanta 霍兰塔
◼◼◼ 1921 年 8 月 23 日希军集中地带	Kurt Tahajir 库尔特—塔哈日尔
▬·▬·▬ 希军前进最远处：左翼与中央	Malli Keui Sta. 马里—盖乌伊站
（9 月 1 日）；右翼（8 月 28 日）	Merjan 梅尔让
Aghiz Euzu 阿希兹—欧祖	Mohan Lake 莫汉湖
Ak Lake 阿克湖	Muhalich 穆哈利奇
Angora 安哥拉	Muslim 穆斯林
Atlas 阿特拉斯	Polatli Sta. 波拉特利站
August 28th 8 月 28 日	Pursak R. 普尔萨克河
Bbeylik Keupri Sta. 贝伊利克—凯普里站	Ramsuz Sherifli 拉姆苏兹—切里弗利
Beyjas 贝伊雅斯	Saghzilar 萨赫齐拉尔
Biche Sta 比切尔站	Saghzilar Sta. 萨赫齐拉尔站
Bursal 布尔萨尔	Sakaria R. 萨卡里亚河
Cheltik 切尔蒂克	Sari Keui Sta. 萨里—凯伊站
Emir Lake 埃米尔湖	Scale of Miles 英里比例尺
Furthest Greek Advance September 1st 希军到达最远处（9 月 1 日）	Sivr Hissar 锡夫里—希萨尔
	Totak 托塔克
Geukpunar 盖克普纳尔	Uchbashli 乌奇巴里什利
Gunyuzu Euzu 金于聚—欧聚河	Yaila 亚伊拉
Iki Killsa 伊基—基尔萨	Yapan Hamman 亚潘·汉曼
Ilija 伊利雅	Yurme 尤尔梅
Inlar Katranji 因拉尔—卡特兰日	Zilar 齐拉尔河
Istanos 伊斯塔诺斯	Zumbeg 乌聚贝格

马尔的运输和供应等方面都不如对方，他号召士兵的妻女干运输的苦活，因为缺少骆驼与牛。在战斗暂时停歇的期间，从无数村庄出来的土耳其妇女排成纵队驮着粮食、水等供应品，把它们集中到萨卡里亚河大拐弯处的东面，她们的民族指导者和统治者决心在这里做坚决抵抗。

8月10日，希军在派遣第二个师去阿菲乌姆—卡拉希萨尔后重新向前推进，此刻他们的总兵力为73 000名步兵，其中有50 000名可用于进攻。土耳其有70 000名步兵，其中44 000名集结于萨卡里亚河畔，但另有8 000名从奇里乞亚乘火车或徒步赶来。协约国不为希军在埃斯基谢希尔的胜利所动，14日在巴黎决定保持中立。

24日战斗打响。希军最初计划从南面绕过来进攻土军阵地，但到最后时刻，由于土军把兵力从右翼移往左翼，希军改变了计划，决定朝亚潘·汉曼方向突破土军的中央阵地。但是希军最初和最大的进展是在南侧，这就使土军能从中央和左侧向前移动。在10天的战斗中，希军的交通线受到土军袭击，希军遭受了弹药、食物甚至饮水的缺乏。希军逐渐将土军压退约10英里，但是由于管理安排紊乱，致使他们满怀信心期待着的胜机转瞬即逝。到9月4日时希军的力量已耗尽；双方实际上打成胶着状态，双方都用完了全部后备力量。战斗激烈，死伤惨重。希军损失18 000人，土军死伤较少但再次大批被俘。双方留下来的兵员人数几乎相等，准备稍事休息后再继续交战。可是希军政治战略上是被动的，即没有取得决定性胜利就是失败；而土军的处境是，没有遭受压倒性失败就是胜利。这种情况率领土军的首脑完全知道。

双方在9月9日之前都忙着整顿部队；凯马尔一直在怀疑希军是仅仅在休息呢，还是准备做新的进攻，或者打算撤退，那天他得出结论，敌方的攻势业已结束，于是下令总反攻。

希军的顽强抵抗得到成功，但是对政治战略的危害太大了，9月11日晚，康斯坦丁国王决定退到萨卡里亚河以西。撤退得以巧妙地完成，但此举也宣告了希军在战役中的失败。现在，希军仍旧处于从埃斯基谢希尔通向南方的铁路线两旁。

*   *   *

此时再次出现了干涉的机会。我分发了如下印就的备忘录：

希腊与土耳其

1921 年 9 月 26 日

希腊军队在试图攻取安哥拉时遭受了严重挫折，这在妥善解决东方问题的一长串机会上又增加了一个机会。如果我们现在不做真正的努力以确保问题的解决，那会让我们丢尽脸面。东方的这一部分普遍出现的消耗与毁损及其对世界普遍穷困的影响本身，就是干涉的充分理由。

因此，现在不正是出面干涉以确保解决希腊或土耳其问题的时刻吗？这段时间的血腥和令人失望的再次交战，很可能使双方产生媾和的意愿。穆斯塔法·凯马尔可能不再有在贝基尔—萨米谈判中表现出来的那种蛮不讲理的心态了，而希腊人则必定越来越接近于崩溃和爆发一场革命。现在，在希腊人重新发动攻势之前，该是把我们的想法向双方讲清的时候了。无疑，提出的条件必须重新考虑。我们自己已经确定什么是合理的，所以，我们应当对双方施加最大的压力，包括如果希腊不讲道理就封锁比雷埃夫斯港，如果土耳其不讲道理就以金钱、供应品直接支援希腊。在最近 3 个月里我们似乎无所作为，只是眼瞧着这种灾难性战争发展，要是我们继续持这种态度，我们肯定会发现自己在美索不达米亚遭受可怕的侵扰。

403

然而什么都没有做，有一段时间什么也没有发生。我们进入了一段虚假的平静时期。事态的进程停顿下来，这是一个讨论中的间歇，一种政策的缺口。下一章将解释这个缺口是怎样填补的；但在描述最后的打击之前，不管怎么简短，都应该概述一下与土耳其力量的复兴同时发生的次要的亚美尼亚悲剧。

*   *   *

前文讲过，俄国和土耳其发生的事件以及随后出现的新灾难，对亚美尼亚人是毁灭性的。大战中他们经历了可怕的屠杀，同时也给了他们前所未有的最公正和最广阔的希望，然后又突如其来把他们击倒在地——这很可能是永久性的。亚美尼亚民族长期的苦难主要是由其家乡的地理结构造成的。亚美尼亚高耸的山峦，伸展穿越小亚细亚半岛脚下，高地上有几条大体上呈东西走向的山脉增加了地形的崎岖。这些山脉间的谷地，从无法追忆的时代起，一直是西方小亚细亚和东方波斯及中亚每次入侵和反击的必经之路。古代的米堤亚人、波斯人、罗马人，基督纪元最初几个世纪的波斯萨桑王朝的君王和东罗马帝国的皇帝，中世纪的蒙古人和突厥人（塞尔柱人和奥斯曼人）浪潮般连续入侵、征服、瓜分、放弃和再征服这些崎岖的地区，而在这里，一个命运多舛的民族为了自身的生存与独立，在坚持不懈地奋斗。俄国自崛起以来，一直想把亚美尼亚地区占为自己的疆域，自然边界的斗争在俄国、波斯和奥斯曼帝国之间不断地进行着。

404 大战开始时，亚美尼亚被俄国和土耳其瓜分，她遭到武力或实际屠杀的压制，人民没有防卫手段而只有秘密社团，没有武器而只有密谋与暗杀。大战把他们拖上了新的邪恶列车。巴尔干战争后，泛突厥主义鼓吹者抛弃了作为重建国家的手段的"奥斯曼化"和"土耳其化"。他们把奥斯曼帝国遭受的灾难部分归咎于国内非土耳其各族的反抗。他们使用生硬但深有含义的语言做出结论，说这些种族"不值得考虑，他们比靠别人养活的累赘更坏，他们只能完蛋"。爱国的土耳其人希望，重建的国家由土耳其族人单独构成。这个目标即便切实可行，也只能通过漫长而艰苦的道路才能达到。因此可以说，土耳其人以执著的态度走上这条路越早，实现理想就越快。从 1912 年起，土耳其人走上了这条道路，而欧洲国家过了很久都未察觉。但是亚美尼亚人的消息比较灵通。他们知道高加索的穆斯林地区将并入大土耳其国家，如果真是这样，包括俄属亚美尼亚在内的亚美尼亚高原将归于土耳其的统治，从而危害他们民族的整个未来。大战的爆发使这些问题变得更加突出。土耳其政府为推进自己的目标，试图得到亚美尼亚人尤其是俄属亚美尼亚人的支持以对付俄国。土耳其政府向亚美尼亚族领袖提出了严酷的抉择方案：他们要么把自己控制下的民族力量投向俄国或土耳其，要么任凭本民族分成两个部分在战场上自相残杀。他们做出了引人注目的决定，即如果战争来到，他们的身处土耳其和俄国境内的人民应该为各自的政府效忠。这些领袖们认为，在双方大战中同胞自相残杀，总比把民族的生存押在哪方胜利上要好。

当土耳其进攻俄属亚美尼亚时，沙皇政府担心，如果亚美尼亚人成功地保卫了高加索，会危险地点燃这个民族的民族主义愿望，于是把征集到的 15 万亚美尼亚士兵派往波兰和加利西亚前线，调来别处的俄军守卫高加索的亚美尼亚人家乡。这 15 万亚美尼亚士兵中能在欧洲战役中幸存下来或者能在大战结束前回到高加索的寥寥无几。这就够悲惨了，但是更坏的还在后面。土军的作战计划失败了。1914 年 12 月和 1915 年 1 月他们对高加索的进攻被击退。他们怀着怨恨撤退。他们责骂在土耳其东部地区为俄国充当间谍特务和袭击土军交通线的亚美尼亚人。这些指责也许确有其事；但是不管真假，亚美尼亚人招致了土军的报复，而这种报复其实与土耳其人原先就有意制定的政策是一致的。1915 年，土耳其政府开始残酷地对小亚细亚的亚美尼亚人进行臭名昭著的普遍屠杀和流放。有三四十万成年男女和儿童逃入俄国领土，另有一些人逃入波斯或美索不达米亚。在小亚细亚进行的这次种族清洗，就其规模之巨大而言，做到了这种行动所能做到的彻

405

底程度。据推测遭殃的亚美尼亚人约有 125 万之众，其中一半以上丧生。毋庸置疑，这次罪行是为政治目的而计划和实施的。在土耳其土地上清洗一个基督教民族有其自然原因，因为这个民族反对土耳其的各种野心，珍视本民族追求的愿望，而这个愿望只有牺牲土耳其的利益才能实现，并且他们的定居地在地理上又处于土耳其和高加索的穆斯林之间。情况很可能是这样，英军在加利波利半岛的进攻激发了土耳其政府的残酷暴行。泛突厥主义者甚至认为，即使君士坦丁堡沦陷，土耳其战败，完成这次清洗也会给土耳其民族的未来带来永久性好处。

尼古拉大公于 1916 年初来到高加索，1916 年 2 月，他巧妙地占领了埃尔祖鲁姆，征服了小亚细亚东北部的土耳其领土，这重新唤起了亚美尼亚人的希望。美国的参战使他们的希望升得更高。然而俄国革命熄灭了这个希望的火花。这里限于篇幅不可能追述随后发生的格鲁吉亚人、亚美尼亚人和鞑靼人纠缠成一团的冲突。1918 年初，俄国在高加索的军队放弃小亚细亚战线，俄军瓦解为武装的暴民，争先恐后登上返家的火车。俄国人走了。土耳其人尚未来到。剩余留下来的亚美尼亚男子拼尽全力保卫他们的家乡。由于俄国军队里的亚美尼亚人抱成一团，在志愿人员的帮助下曾有一段时间成功地阻挡了土耳其军的前进。他们的 15 万士兵业已死亡或溃散，他们能召集的人数从未超过 35 000 人。1918 年 2 月的《布列斯特—立陶夫斯克条约》是土军向东总进军的信号。亚美尼亚防线被压垮；到 5 月份土军不但收复了被大公占领的地区，而且占据了巴统、卡尔斯和阿尔达汉，并准备向里海推进。与此同时，伟大的协约国军大步向前，英、法、美军击败了法国境内的德军，英、印军征服了美索不达米亚、巴勒斯坦和叙利亚。而土军在高加索达到目标（为此他们冒了极大风险，疯狂地犯下屠杀和其他各种罪行）之时，他们的整个国家和社会体系砰然倒坍。大战中幸存下来的亚美尼亚人散布于各地，大战期间亚美尼亚人在许多地区被灭绝，在大屠杀中丧生，在战争中阵亡，以及在强迫流放——一种不费力的杀人制度——中死亡的，至少占人口的三分之一。一个约 250 万人的社会中，有 75 万男人、妇女和儿童丧生。但是可以肯定这种情况结束了。

亚美尼亚人早期遭受的苦难与屠杀，依托大名鼎鼎和才气横溢的格拉德斯通先生之力为英国人和自由世界所知晓。可是对亚美尼亚人的看法却有很大分歧，一派强调他们的遭遇，另一派则强调他们的弱点。不过无论如何，整个英国与美国，与普遍漠视东方及中东民族命运的西方其他民主国家不同，她们深知亚美尼亚人以及他们所遭受的苦难。 **407** 这个引人关注的领域被宗教、仁慈和政治之灯照亮了。施加在亚美尼亚人身上的残暴行为，激起了遍布英语世界的纯朴而侠义的男女的怒火。现在该是亚美尼亚人最终得到公正待遇并有权在自己的家园和平地生活的时候了。他们的压迫者和暴君已被战争和革命打倒。取得胜利的最伟大的几个民族是他们的朋友，他们愿意看到自己得到补偿。

五大协约国不能实现自己的愿望似乎是难以想象的。但是读了这几页文字的读者对此却不会抱有幻想。当战胜国在巴黎开始讨论亚美尼亚问题时，她们的团结解体了。她们的军队不见了，她们的决心只表现在几句空话上。没有一个大国愿意接受亚美尼亚的托管权。英国、意大利、美国、法国看着它直摇头。1920 年 3 月，最高会议提议将亚美尼亚交给国际联盟托管。但是国联因缺乏人力与资金的支持，很快便谨慎地谢绝了。不过，毕竟还有一个《塞夫尔条约》。8 月 10 日大国强迫君士坦丁堡政府承认尚未确定何去何从的亚美尼亚为自由独立国家。条约第 89 条规定，土耳其必须服从"美利坚合众国总统有关确定土耳其埃尔祖鲁姆、特拉布宗、凡城、比特利斯各行政区里土耳其与亚美尼亚之间边界问题的仲裁，并接受他对此的决定以及他关于亚美尼亚出海口的规定"。直到 1920 年 12 月，威尔逊总统才完成此项崇高职责。他划定给亚美尼亚的边界实际包括被俄军一直占领着的直到受革命影响自行解体为止的所有区域；这些区域再加上埃里温共和国，使亚美尼亚民族家园面积几近 6 万平方英里。

由于理论上对亚美尼亚的权利要求做了如此慷慨的承认，因而这 **408**

个新国家内的亚美尼亚族与希腊族人口实际少于穆斯林居民。在权利要求上做到了公正，而且做得非常充分。然而这只是存在于纸上的。近一年以前即 1920 年 1 月，土耳其军队攻打奇里乞亚的法军，把后者赶出了马拉什地区，同时屠杀了近 5 万亚美尼亚居民。5 月，布尔什维克军队入侵，制服了埃里温共和国。9 月，布尔什维克与土耳其人勾结，将埃里温拱手送给土耳其民族主义者；而在奇里乞亚，由于军事行动，亚美尼亚人又一次遭到大规模屠杀。连在奇里乞亚最后建立法国保护下的小小的亚美尼亚自治省的希望也归于破灭。10 月份，得到安哥拉的同意，法国从奇里乞亚撤出全部军队。在记录土耳其与协约大国达成的最后和平条件的《洛桑条约》中，历史将找不到"亚美尼亚"这个词。

注释：

[1] 威尔逊总统病倒，克列孟梭退出政界，奥兰多在选举中失败。

[2] 见原书第 399 页形势图。

第十九章　恰纳克

　　希腊悲剧的最后一幕现在开始了。它延续了近一年时间。希军未能到达安哥拉，或者说未能征服凯马尔主义的土耳其。1921 年 9 月希军在萨卡里亚河遭到失败，于是退回保护士麦那至艾金省的中间防御阵地。他们一月又一月心情忧郁但仍顽强地据守在那里。希腊士兵常常成为不理不睬的对象并饱受歧视，对于这一点必须给予公正的评价。设想一下一支 20 万人的军队，他们是一个由小国家动员并送上战场达 10 年之久的部队，被围困在小亚细亚的中央；在他们背后是一个分裂的国家，各阶层人民都卷入了党派纷争；他们远离家乡，失去了有效的政治引导；他们意识到自己被欧洲大国和美国抛弃了；他们食物缺乏，装备破损，没有茶，没有糖，没有香烟，没有希望，甚至

没有绝望挣扎的计划；同时在他们前后左右潜伏着、巡行着随时准备
将其吞噬的强壮、无情和更有信心的敌人。战斗的考验是艰难的，但
所有国家的军队都能忍受。然而这里是一种由于在痛苦中煎熬、空话
太多、拥有的东西太少、无所作为而令人身心俱疲的长期紧张状态。

> 波托马克河沿岸万籁俱寂，
>
> 只有偶尔漫步经过的警戒哨兵，
>
> 当他以自己的节奏来回走动时，
>
> 被隐藏在灌木丛的敌兵一枪射中。

波托马克军的身后是强大国家，有清晰的世界事业照亮他的刺刀，
有充足的食物、服装和援兵。士兵们知道他们来此的目的，确信能够
达到自己一直追求的目标。但是笼罩在小亚细亚的希腊军队头上的则
是不知不觉中不断增加的孤独感，其交通线受到严重威胁，基地逐渐
崩溃，祖国陷于分裂，周围是一个冷漠的世界。然而尽管如此，他们
仍然保持高昂的斗志达 9 个月之久。

穆斯塔法·凯马尔表现出了他的军事才能，其证据之一是，他能
够等待，而且确实满足于等待，并有能力迫使对方与他一起等待。他
明白时间和轻微的骚扰会使他现在觉得有把握采摘的果实成熟。9 个
月对于这个飞速变化的年代来说是一段很长的时间；然而在这 9 个月
中，土耳其人一直在等待，而希腊人则在困苦中煎熬。

与此同时，英国政府做了许多努力，期望能够解决土耳其问题和
促使希腊撤军。然而这些努力都是半心半意进行的，即便政府领导人
经历了最大规模战争的磨炼，但是由于缺乏集体力量和坚定信心，此
时做出的决定仍显得那么微不足道。这种虚弱无力的状态只能用如下
理由解释：饱经战争磨难的大臣们普遍心力交瘁，他们的思想感情发
生了分歧，并越来越把注意力集中在国内事务上。关于这几点理由，
最后一点留待以后再谈。这一段是东方似乎处于昏睡状态的时期，那

里似乎什么都没有发生；由于国内的政治之风越刮越猛，看到有一个地方的形势至少处于某种程度的停滞状态，对于公众都是一种安慰。可是一直以来,濒于破产的希腊一星期就要在小亚细亚花费 25 万英镑, 411 希腊的韦尼泽洛斯追随者与保王党人在殊死对抗中彼此怒目而视；像英国远征南非那样庞大的一支军队在海洋那一边不断萎缩和损耗。

在某些情况下，强硬措施是表现慎重和仁慈的唯一形式。坚决动用英国的力量（这种力量依然举足轻重),强迫希腊让步和土耳其克制，把她们的头按到一起相撞直至使她们安静下来解决问题。这些是我的见解。但是，他们说，"该由谁来按她们的头呢？我们没有多余的军队可供调遣。我们不能让自己卷入外国的战争。"然而，这种结论难道不是早就可以想象到的吗？就这样，几个月的时间过去了——一点一点地过去，活力也在一点一点衰败。

与此同时，党派政治开始愉快地在壁炉中劈啪作响；自由党说："我们当权的时刻很快就要到来了。"工党说："失业者怎么办？"保守党则说："现在难道不是由我们来组建政府的时候吗？"每个人都说，"那里的问题看来总会得到解决，无论如何这与我们无关，我们折腾得还不够吗？"

然而法国人采取了不同的方针。早在韦尼泽洛斯离开雅典时，他们就将希腊从账户中抹去了。几个月过去了，他们的代表依然留在安哥拉。新土耳其有许多东西可以给予法国。她能给法国奇里乞亚的和平，能减轻叙利亚的不满，此外还有安纳托利亚的重要商业机会。从安哥拉挺进君士坦丁堡的土耳其政府在得到法国的善意后，将有许多东西可以奉献。能言善辩、貌似可信、热情而野心勃勃的 M. 富兰克林－布永已经到了安哥拉。1921 年 10 月 20 日，他签订了法国与民族主义土耳其之间的互利协定。穆斯塔法·凯马尔需要军火——法国有充足的军火；他缺乏大炮——有谁能制造出比克勒索更好的大炮呢。至于飞机，任何现代军队无论如何总应该有几架。可惜他得不到飞机。政策的分歧以及个人的不能和谐相处，使英、法间在此时产生了令人吃惊的分离。虽然这种日子已经过去，英、法建立了新的和更加相互理解的团结，但当时的情况必须记录下来。

美国这时在哪儿呢？她在大西洋的另一边。震动英国政治和政治家的所有国内紧张压力，在美国以更激烈的程度发生了。1920年的总统大选将威尔逊和民主党暂时完全赶出了政治舞台。被他们不公平对待和激怒的对手现在掌了权。这些人的政策是准确地找出威尔逊总统希望或承诺做的事情，然后反其道而行之。因而，一度曾似乎愿意成为君士坦丁堡和亚美尼亚托管人，曾明确表示承担划定亚美尼亚边界任务的美国政府，此刻耸耸双肩，从道德上对愚昧无知的旧世界的争吵与糟糕局面教训了一番，真诚地表示了对上帝的感谢，只留下了一些有用的纪念品，然后就撒手不管，回家去了。

上边这些话也许不能算是对三大国态度的溢美之词，然而当初，希腊人就是应这三大国的要求才入侵士麦那的。但是说三国中任何一国懦弱、卑鄙或冷酷都是错误的。现代社会各方势力如此强大，而领袖们个人相对又如此渺小，因此保持平衡可谓如履薄冰。变化的出现如此频繁，集体生活如此不可抗拒地向前推进，以至于不应指望各大国有太多的活力，能做出坚持不懈的努力和制定出连贯的政策。有时候每个国家都会显得伟大崇高，而有的时候所有国家又都会是冷漠呆滞。康斯坦丁国王和他的首相古纳里斯在这些国家不履行自己的义务时，应当想到这个道理。

我们概述的这次军事行动截止于1921年9月希军进军安哥拉失败，从萨卡里亚河撤退到埃斯基谢希尔和阿菲乌姆—卡拉希萨尔以东的冬季阵地。他们在这里停留了几近一年。与此同时，注定要失败的古纳里斯奔走于雅典和伦敦之间，乞求获得使作战得以继续的费用与武器，要求得到更多的帮助使其摆脱战争。他拜会了寇松勋爵，而后者以周全得体的礼节接待了他。在这些会见中古纳里斯的主要努力是把希腊苦苦挣扎的命运交到英国一国的手中；而寇松勋爵的主要目的是避免在任何形式或意义上承担这个可怕的责任，但同时又劝说希腊接受协约国的调停。总的说来，寇松勋爵取得了成功。他使古纳里斯意识到英国不会做任何事情，他们唯一的机会在于得到协约国协调一致的帮助。可是即使这样的机会看来也希望不大，因为法国现在热情地支持并重新武装土耳其人，而英国不打算为了亲康斯坦丁的希腊的缘故卷入纠纷。一方面是即将溺死者拼命呼救，另一方面却是无意跳到水中去的人在岸上提出忠告！

这种态度对于寇松勋爵也并非没有道理，他向来在外交部的指导下扮演着从不妥协、慎重行事和起不了什么作用的角色，他当然觉得没有义务也不情愿为希腊人冒个人或国家的风险。据他的传记作者透露，他喜欢详述某个事件，但一旦整个过程由他口中或笔下确定下来，他就失去了兴趣——这是寇松勋爵的缺点。他了解和哀叹希腊的苦境；他憎恨土耳其人，害怕他们增强力量。法国人不但突然丢开了所有对希腊的义务，而且实际上站到了土耳其一边，这使他颇为愤慨；然而他常常无力采取任何意义上的实际行动。事实上，他很少深入探讨事情表层以下的性质；但是他能把外交会谈处理得极为妥当，不乏流利和雄辩的宏文大论。例如，他没有对古纳里斯说过，"立刻撤出小亚细亚，否则英国舰队将封锁比雷埃夫斯。"也从未对法国人说过，"做这件事要顾全友好关系，否则我们将对欧洲失去兴趣，从莱茵河撤回我们的军队。"我们不能由于他没有做这件事或没有做其他任何事情而责怪他，因为他在这个职位上任何时候都没有做过足以改变事态发展方向的或好或坏的任何事情。

可是首相的情形完全不同。他渴望希腊成功，更渴望希腊摆脱困境；他本人是敢于冒险和足智多谋的楷模，但是令人诧异的是，在这个问题上他已经走了这么远，但却还没有把命运掌握在自己手中。毕竟，这回又是他一直在苦心寻找的那种摆脱暗淡场景的机会。支持联合政府的力量在迅速瓦解；他受到保守党官员的嘲弄与藐视；他自己的追随者被切断了与本党的关系，他们的政治生活就如同花瓶里的花朵。在战争及其后果的凶猛胁迫下，他很快就失去了所有政党的支持

414

和许多友谊。然而他依旧是"经受住了暴风雨考验的领航员",这是谁也剥夺不了的属于他的荣誉;他仍然是伟大的劳合·乔治,那个出生于英国村舍的最著名人物;他仍然拥有以辞职来终止政府任期的决定权。当然,他可能说过,"如果对希腊与土耳其没有一个有生命力的政策,我就离开政府。"可是他被他操办的各种事务累坏了,更糟的是,他还要负责统帅部的日常事务和例行公事。实际上他还曾与布尔什维克在热那亚进行过谈判,并上了他们的当,所以什么结果也没有。那位把韦尼泽洛斯拖下台的古纳里斯结束他的最后一次伦敦之行后回到了雅典,去吞下他自己埋种的苦果。

丘吉尔先生致寇松勋爵的信

1922 年 4 月 26 日

与你一样,我深切关注这次在热那亚了解到的情况。[1]我早就预见到德国与俄国勾结到一起的危险,并经常在演讲中提醒大家。我认为,能够阻止或者至少能够更改和推迟这种罪恶倾向的最佳政策是获得法国的信任,以此令英、法、德三方在互助和安全方面达成谅解,从而使德国知道,站在英、法一方会让她有希望得到光明的未来,而单独与苏维埃交往则会让她失去这个前景……这个政策的基础永远是向法国做出保证(即保证在她遭到侵略时提供援助),我过去相信而且现在依旧相信,只有在这个基础上获得了法国的重要信任,才有可能使英、法与德国建立起较好的关系……然而这些愿望可能是空想,解释起来似乎不复杂,但遵循这些愿望制定的方针似乎可以确保我们安全地工作不仅是一个月而是一年,不仅是一年而是好几年。

但是首相采取了全然不同的路线,在我看来,在他的路线里,外交部没有什么机会让它的特殊想法发挥作用。首相政策的大目标是莫斯科,使英国成为与布尔什维克关系尽可能密切的国家,从而成为欧洲的保护者和保证人。我看不出这个政策能给英国带来任何利益，哪怕是微小的利益……那里没有任何会结出许多年的果实的贸易利益。无论如何，我们已被引导、拉着或拖着沿这条道路稳步走下去。我们对俄国的态度使我们疏远了美国和法国这两个与我们关系最为密切的民主国家。在我们急于安抚布尔什维克的同时，我们失去了如此之多的信任与善意，以致我们现在几乎已没有多少影响力来限制法国对德采取粗暴行动了。然而，我们原本是应当尽全力保持这种最重要的发展趋势的。我确信，如果我们一直是她们的好朋友，并保持她们对我们的善意，我们本来会处于十分有利的地位，可以影响和改变她们的行动的。但实际情况是，在主要与俄国利益相关的问题上，我们正被拖入与法国濒临破裂的危险境地。我不准备仔细考虑这件事。我担心其结果在所有意义上都不好，法国和诸协约小国将以强硬和激烈的行动来保卫她们的立场。德国与俄国将密切联系，我们将成为一种普遍干涉他人事务的人，没有一个朋友，没有一个政策。

而在土耳其问题上，我们与法国之间还产生了另外的误解，我完全能理解你有许多理由抱怨她们在那里的行为。同时，强加在我们头上的有关土耳其的政策，不但有悖法国的利益，而且不符合英国的利益。对于我们继续支持希腊人和敌视土耳其人，法国人不能理解，他们看不出这种做法所牵涉到的英国利益，因而不断地怀疑我们有各种各样不寻常的动机。这给两国间的关系又添了一长串困难。我高度赞赏你在巴黎为恢复已受致命损害的形势所做出的努力。

下面再回到我们的故事中。接下来是一系列表面的外交活动。白里安在戛纳会议和1922年1月份高尔夫球比赛后下台，普安卡雷接替他执政，他在这个阶段是一个满脸胡子的党徒，并没有被认为是那时新出现的大人物。他通过反对党的胜利进入政府，想的只是赔偿、莱茵河和鲁尔河。如果当时土耳其人能帮助法国，对他们当然更好。如果康斯坦丁国王遭害，他活该如此。如果希腊人因选择康斯坦丁国王而受苦，这不关他人的事。读者务必了解，所有这些都是用最得体的语言表达的，这些语言绝不会使国际联盟脸红，而我们的这段文字只是意在把它的后果含义传达给读者。

英国、法国和意大利慢吞吞地着手同时与土耳其人和希腊人谈判。从技术上说，战争还在继续，但实际上，从 1922 年 3 月底到 5 月底，小亚细亚的武装冲突一直处于停顿状态。最终于 3 月 22—26 日在巴黎召开的协约国会议建议停战，同时提出使希腊撤出小亚细亚的和平条件。希腊接受停战，关于和平条件未作答复。而安哥拉则提出，除非希腊先行撤军，否则拒绝停战。僵局延续了一段时间。但是到了 5 月份，关于安纳托利亚的流血事件的迟到新闻开始慢慢出现在报纸的次要栏目中。每天都有基督徒被屠杀的报道。1920 年冬季土耳其人在高加索犯下暴行的细节（当时有 5 万亚美尼亚人惨遭屠杀）以及在 1921 年秋季希腊人被从特拉布宗和萨姆松驱逐流放的惨状，现在第一次传到欧洲。1922 年 6 月，对安纳托利亚西部希腊人的有计划的灭绝行动正在全力进行。尽管法国人努力掩饰这些暴行的严重程度，并证明希腊人也有小范围的类似暴行，但是当前的公众舆论已经坚定地转向反对土耳其人。

7 月，康斯坦丁及其首相古纳里斯在绝望中准备发动一次机敏的打击。他们从小亚细亚迅速召回两个师，与色雷斯的希军会合，然后要求协约国准许希军进入君士坦丁堡。没有理由怀疑他们占领该市的力量，这个尚无行动的威胁在变得人人皆知时震惊了安哥拉的土耳其人。如果让希腊得到协约国准许暂时占领君士坦丁堡，则很可能会使希军从小亚细亚撤出在和平谈判中成为一个堂而皇之并痛苦较小的筹码。可以肯定地说，自希军在萨卡里亚战败后，只有占领君士坦丁堡才能恢复希腊王室和保王党人的好运。希腊至少可以向协约国争辩说，即便她们不帮助希腊人作战，也不应当阻碍希腊人的行动；如果她们按照常理不得不予以阻碍，那至少也应当全力和积极地帮助希军借助她们的军舰撤出。然而,这个打算再次落空。英、法、意部署武装力量,禁止希军进入君士坦丁堡。尽管可以通过周密安排掩护希军从安纳托利亚撤出,但是由此产生的持续性后果只能是削弱受土耳其威胁的战线上的希军力量。这是大灾难降临前的最后行动。

穆斯塔法·凯马尔不动声色地等待的那个时刻现在来到了。他知道希军从他这条战线调出了两个师去色雷斯。他知道这次调动使希军与土军力量均等。他了解,在他前面的希军都知道自己无论如何必须离开小亚细亚。由于至少有一个大国用武器和战争物资提供了援助,所以他现在装备良好,甚至还占据了小规模的空中优势。他技巧高超地布置了复杂的作战行动。他威胁伊兹米特半岛和布鲁萨,把希军引向北部;他派骑兵飞掠过梅安代尔河谷中的艾金以东地区,引诱另一半希腊师去往南部。他为他的主要战役在阿菲乌姆—卡拉希萨尔阵地集中了约 8 万名步兵和骑兵以及 180 门大炮。希军集合了约 75 000 名步兵和 350 门大炮。8 月 26 日早上,土军以 3 个军在阿菲乌姆—卡拉希萨尔西南 15 英里的战线上发起攻击。到翌日下午,希军战线被土耳其第 1 军决定性地突破,希军总退却开始。退却很快变成溃败。希军大部逃向士麦那。他们飞速逃窜,到 8 月 31 日时与在后面追击的土军脱离了接触。新上任的总司令特里库皮斯将军及其参谋人员于 9 月 2 日被俘。他们曾设法发起一次反击,但早已指挥不动本军的士兵了,结果整个司令部落到了一个土耳其骑兵中队手中。虽然土军主力 3 天内推进 100 英里,但在 9 月 9 日到达士麦那之前,他们从未赶上过希军。到土军入城时,大量难民和 4 万希军已经登船。不过仍有 5 万希军成为土军战俘。

希腊第 3 军退往他们在马尔马拉海的基地。当他们接近穆达尼亚时后有追兵迫近。有一个法国军官通知他们,他们已进入中立地区,必须缴械。先遣的两个团的团长知道穆达尼亚并不在中立区内,于是拒绝缴械,带领部队成功翻越山路前往潘泽尔马。但是部分希军主力向法国人缴械,最终被移交给凯马尔军;其余希军则在潘泽尔马放弃大炮辎重后乘船逃回希腊。这样，在从 8 月 26 日起的两周中，应英、美、法要求进入安纳托利亚，三年里成为协约国反土耳其政策的基础和协约国之间耍阴谋的对象的希腊军队，不是被歼灭便是被赶下大海。土耳其再次成为小亚细亚独一无二的主人，穆斯塔法·凯马尔的军队一把火将士麦那烧为灰烬，大肆屠杀城内的基督教居民，以此庆祝他们的胜利，然后掉转矛头，充满希望地向君士坦丁堡和达达尼尔海峡进发。

希腊不顾后果的行为，协约国的一再拖延、意见分歧和阴谋酿成的大灾难，如今震惊了欧洲。《塞夫尔条约》签署国一直在用希腊这块盾牌使自己躲藏在幻想的世界里。但现在这块盾牌粉碎了。只有十几个营的步调不一致的英、法、意军，处在进退两难之间，是回欧洲呢还是恢复战争？士麦那的大火和恶毒的屠杀是君士坦丁堡可能的命运的预示。新土耳其入侵欧洲的后果是无法预计的。有君士坦丁堡资源与人力增援的凯马尔军队同希腊军在色雷斯的争夺，必然使每个巴尔干国家处于危险之中。不受约束、野性难驯的土耳其军重新进入欧洲，浑身散发出不利于基督教徒的血腥味，这毕竟是发生在大战之中，必然会成为协约国的最大耻辱。协约国在任何地方的胜利都没有比对土耳其的胜利更全面，然而胜利者的力量在土耳其受到了从未有过的傲慢藐视；到最后，所有通过战争取得的胜利果实，在加利波利半岛、巴勒斯坦和美索不达米亚沙漠、萨洛尼卡前线的沼泽牺牲了多少万生命，牺牲了多少向这些庞大远征军输送军火物资的船舰所取得的所有殊荣，协约国的人力、武器、财富等各种资源在战事需要中的消耗，这一切全在耻辱中化为乌有。对土耳其毫无疑问的绝对胜利是由军队放在巴黎和会的会议桌上的。4 年过去了，光说不干的人把它演变成了失败。4 年过去了，世界因漫无目的的屠杀而变得更加黑暗——不但是战场上的屠杀，被屠杀的甚至更多的是妇女、孩子、老人、病人和手无寸铁的人。欧洲和美国的所有堂皇托词，这些国家的政治家所有的雄辩宏论以及忙忙碌碌的众多委员会，把以前主宰绝对力量的人引导到了这种痛苦而不光彩的结局。

然而，此时肯定还不能得出最后的结论；肯定还有时间，不仅可以补救灾祸，而且至少能够使协约国保持一定的尊严并保护欧洲免遭新的战祸。实现和平的责任有确切的严格的形式。君士坦丁堡周围地区——从查塔尔雅前线到伊兹米特前线，从黑海到达达尼尔海峡——被宣布为中立地区。凯马尔主义者同意尊重它；中立区的界限是与土耳其的军官一起划定的，并且留下了清楚的标志。仅几个月以前我们曾看到，当希腊寻求进入君士坦丁堡以挽救其危急命运时，同样是这些协约国宣布了中立区的神圣性，英、法、意军队实际上是以战斗队形开出营地，展示军旗以表达其保卫中立区的决心的。如果说协约国以联合行动缴希腊人的械，也许是拯救他们在小亚细亚的军队的唯一办法这是正确的，那么阻止土耳其军通过同一中立区去进攻和消灭色雷斯的希军残部，难道不同样是我们的责任吗？如果英国不顾其首相同情希腊的态度，与法、意军一起阻止希军占领君士坦丁堡，法、意两国难道没有同等义务与英国站在一起保护三国共同规定并约束自己维持的中立区吗？

我们难道真的愿意让我们军队被赶出君士坦丁堡逃上军舰，让苏丹王、他的大臣以及遵照我们的指示停战的每一个人被当作他们国家的叛徒而受惩罚吗？士麦那的呼号声犹在耳边回响，三大国难道真的打算在土耳其军接近时逃之夭夭吗？他们会放弃他们亲手得到并承担直接责任的城市，任凭它遭受残酷报复，或者更糟——任凭它陷入盲目的无政府状态吗？如果不是这样，那就需要做比虚张声势和废话连篇更实际的事情；除非一切无可挽回，否则必须有人坚决顶住。对意大利人不能寄予厚望，他们知道希腊人是被派遣到小亚细亚抢先夺取他们认为属于他们的正当权利的。现在希腊军队已被赶入大海，与希腊的美梦一样，意大利觊觎那里的野心也被打破，至少是受到了很大打击。然而法国，这个雄武的国家，善恶大决战中协约国的队长，福煦与克列孟梭的法国，她不愿意履行她的义务吗？富兰克林－布永应负主要责任的那些小错误或许值得体谅。劳合·乔治和普安卡雷之间的感情与谅解已经完全破裂。各种各样的互相反感在他们之间发挥着作用。劳合·乔治建立大希腊帝国的政策几乎没有考虑法国的利益，与土耳其人的长期争吵使法国在新近以武力获得的叙利亚领土上陷于特别困难的境况。实际上，首相的这项政策是英国大多数舆论所主张的，但是从长期角度看，是与英国的利益相违背的。它是一项个人的政策，而且它的制定者只能有限地实施。法国人不能理解英国人要追求什么。其他分歧则源自赔偿与和平条约；而法军入侵鲁尔的阴影黑黝黝地悬在欧洲虚弱复兴的上空。英、法关系正处于最低点；很难相信两国人民在经历了如此之多的往事，一起取得如此之多的成就，掩埋了如此之多为共同事业牺牲的死者，在烈火熔炉中以良好的伙伴关系拯救了自己之后，关系就这样快速地破裂了。毕竟，这些只是表面上的困难，就像好朋友之间的无礼行为。形势突然变得令人害怕。根本性重大问题像花岗岩一般升起在泡沫和黏土之上。

422　　我们有权期望法国遵守承诺维持中立区；回想起这是君士坦丁堡法国高级司令部发自天性的行为，总是令人欣慰的。9月11日，三大国高级专员通知穆斯塔法·凯马尔，他的军队绝对不可越过中立区。英国的弱小兵力在伊兹米特半岛和达达尼尔海峡亚洲海岸旁的恰纳克筑起防线，并得到了法军和意军分遣队的增援。要想避免交火，三大国就必须一起行动，从而使穆斯塔法·凯马尔深信，如果他在界线之外止步，他就能得到满意的和平，要是他执意进入中立区，他将面临与无限资源对抗的前景。倘若我们三国都采取"落后遭殃"的心态争先行动，则战火将燃起，鲜血横流，大概谁也说不清怎样才能恢复和平。在人类的任何争执中，如果一方宣布自己完全丧失了争斗的愿望和体力，随后就会发生无穷无尽的祸殃。

　　我一直是以个人线索把本书叙述的重大事件串联起来的。读者也许相信，我在尽最大努力阻止这种可憎可怕的形势成为现实。可是这种形势毕竟出现了。复兴的土耳其人正在进军达达尼尔海峡和君士坦丁堡，进而还要进军欧洲。我想应当制止他们。如果不幸的是土耳其真的重新进入了欧洲，那也应该有条约进行制约，而绝不应是一种践踏秩序的行为。失败是令人恶心的苦水，而且有人想让有史以来最伟大战争的胜利者大口地饮下这一苦水，虽然这是不会被接受的。当一个人知道只需做一个姿态就能立刻恢复对事态的全面控制时，那当然值得做一次努力。所以在经过三年尽我最大力量取得与穆斯塔法的友好和平，以及确保希腊军队从小亚细亚撤出，并在这问题上坚持反对我这位首相朋友以后，现在我发觉自己全心全意地站在他一边，抗拒我一直谴责的这个政策产生的后果。我发现自己在这个事业上与一小批坚定的人志同道合，他们是首相、贝尔福勋爵、423奥斯汀·张伯伦先生、伯肯黑德勋爵、拉明·沃辛顿－埃文斯爵士，并得到了三位参谋长贝蒂、卡文和特伦查德的大力支持。我们有共同的目标。政府可能会解体，我们可能被解职。国民可能不支持我们，他们能物色其他人为他们提供主见。新闻界可能吼叫，协约国可能拒绝支持。我们决定在土耳其人进入欧洲之前强迫他们坐下来和谈。我们的目标不高，我们的力量不大；过去三年里由于处置大事严重不当，致使国内和整个帝国的舆论非但不打算支持我们，而且实际上会以先入之见歧视我们必须采取的那些微小而粗糙的必要措施。

那么应该怎样阻止土耳其人呢？阻止他们后又该怎样使他们心甘情愿地坐下来谈判呢？这的确是问题。日子一天天过去；一队队的军衣破旧但剽悍勇猛的奥斯曼土耳其军人——撇开他们的暴行不谈，就其永不对自己的祖国绝望而言他们理应赢得尊重——正源源不断地朝北奔向君士坦丁堡和达达尼尔海峡。他们会在中立区前止步吗？

在猛然发觉严重危机降临的许多人看来，我们没有抗拒危机的办法。对方的力量被荒谬地夸大了。有人告诉我们说，穆斯塔法·凯马尔有15万装备精良的步兵，组成了许多个师，在大战中就像拥有百万雄师；在这些部队后边有另外15万士兵；在更后方的是全世界的穆斯林。法国人和意大利人都卖给他们武器，以此寻求他们的好感；所以看来这两个大国不可能给予我们太多帮助。有人还是希望法、意无论如何都有点儿人情味。但是，如果真的要由英国单独制止土耳其人重新进入欧洲，这是"她能力范围以内"的任务吗？

在这里，值得花时间来考虑一下我们因占有加利波利半岛和拥有无可争议的制海权而享有的特殊战略地位。英国的地中海舰队驻在马尔马拉海，她的小舰队在达达尼尔海峡和博斯普鲁斯海峡往来游弋。

424 除非在夜间零星和偷偷摸摸地潜行，否则陆军不可能从亚洲进入欧洲。可是据说，土耳其人将把大炮运到上述两个海峡的亚洲海岸，炮击小舰队和供应船只。关于这一点我们不禁要问，他们有什么炮？原来他们就连能够击毁小型战舰的大炮都不拥有，而我们却拥有巨炮。当然，他们还是能够炮击我们的小舰队的。但是贝蒂说海军经得住这种干扰，而且还会开炮反击。只要英国舰队保住这条欧亚深水航线，战火就不会烧到色雷斯。

9月15日，英内阁举行长时间会议。查尔斯·哈林顿爵士在君士坦丁堡统率协约国军。他在第二军任职期间的老首长普卢默勋爵到达那里访问。勋爵发来电报说，他深信哈林顿将军的安排是正确和周密的。在他看来局势非常严重，需要毫不拖延地采取坚决的决定性行动。他看得很清楚，凯马尔主义者企图把他们的条件强加在协约国头上——最好使用威胁力量，倘若威胁不产生结果就真正动武。如果任凭事态进一步发展，可以绝对肯定，我们将在军事上和政治上被赶入死角。以上就是他的观点。根据这个判断以及其他情报，内阁在没有争议的情况下（如果说不是全体一致的话）做出严肃决议。我奉命立即为首相起草致各自治领的电报，通知它们目前的紧急形势，要求它们提供支援。我据此拟就电文，内容是内阁已做出决议抵抗土耳其军对欧洲的侵略，努力阻止穆斯塔法·凯马尔将协约国军赶出君士坦丁堡，尤为重要的是牢牢控制加利波利半岛以维持海峡的航行自由。我们收到法国政府的通知，他们同意我们的意见，告诫穆斯塔法·凯马尔务必不得破坏保护君士坦丁堡和海峡的中立区。意大利人也与我们协调一致行动。我们希望希腊、罗马尼亚和塞尔维亚也能派军参与，保卫连接欧洲和亚洲的深水航线，于是将此意分别告诉这几个国家。我们将我们的意图通报各大国，一个英国师已整装待命，要去增援协约国军总司令查尔斯·哈林顿爵士。海军将给予最大程度的必要合作。

我拟写的电文继续说，这些安排的目的是，在有可能保证与土耳其达成巩固的和平之前安全度过必然会出现的一段变化难测的时间。我们建议为此目的应在威尼斯或巴黎召开一次会议。同时非常重要的是，我们应有足够力量在和平达到之前保持我军在海峡周围和在君士坦丁堡的阵地。如果大国的大批部队一起行动并建立巩固的战线，穆斯塔法·凯马尔的军队似乎就不大可能发动进攻了。首相的电报还说："迄今不曾遇到丧失勇气的希军的认真抵抗的这些土军，估计人数在 6 万到 7 万之间，但及时的预防措施是非常必要的。如果协约国军在君士坦丁堡失败，或者从该域可耻地撤出，那么在我们应负有责任的印度和其他回教地区可能会产生严重后果……我极愿知道各自治领政府是否愿意与我们联合行动，是否愿意以它们的名义派出一支远征队……全体自治领或任何一个自治领宣布予以响应，并派出一支即使规模不大的远征队，其本身也无疑将对局势发挥最有利的影响。"

第二天上午（星期六），我又应首相及其主要同僚（除了寇松勋爵，他如今是他家乡选出的议员）的要求拟写了一份公告。我们觉得不应让公众长时间不知道这种形势及其严重性。这份公告被指责为危言耸听，语气具有挑衅性，肯定不能为重要人士所接受。我愿意把公告的部分内容再现如下，供读者在回顾中加以判断。

……凯马尔的军队迫近君士坦丁堡和达达尼尔海峡，安哥拉政府提出了要求……如果同意这个要求，那就等于失去不久前的战争中对土耳其胜利的全部果实。隔开欧洲与亚洲、连接地中海与黑海的深水海峡会对世界和欧洲的利益产生影响，其中首当其冲的是英国的利益。

英国政府认为海峡的有效和永久性自由通航具有生死攸关的必要性，并准备为此付出各种努力。政府极为满意地得知，法国与意大利在这方面与英国看法相同，而另外两个大国对此也特别关注。

君士坦丁堡的问题稍有不同。有两年多时间，大家决定不应使君士坦丁堡脱离土耳其，去年1月份的伦敦会议通知该市和安哥拉的土耳其政府的代表，只要其他问题有令人满意的调整，协约国准备将该市归还给土耳其。

英内阁希望，应尽快在其他相关大国普遍接受的任何地点召开一次会议，在会上应做出决议和持久努力，以确保与土耳其的巩固的和平。但是这样的一次会议不可能立即召开，会议取得成功的可能性更小，与此同时又发生了凯马尔派军队攻打中立区的问题，而中立区如今是保护君士坦丁堡、博斯普鲁斯海峡和达达尼尔海峡的屏障。

英、法政府指示驻君士坦丁堡高级专员通知穆斯塔法·凯马尔和安哥拉政府，这些中立区是在三大国保护下建立的，必须得到尊重。

然而，鉴于凯马尔主义者的激动情绪和过分要求，简单地把一切都寄托在外交行动上将是无效和危险的。必须具备足够的武力来保卫两个海峡的自由航行和保护欧、亚间的深水航线，以防止充满暴力和敌意的土耳其的入侵。协约国军如被穆斯塔法·凯马尔军逐出君士坦丁堡将是最具灾难性的事情，无疑将在整个穆斯林世界产生意义深远的反响，不但会影响所有穆斯林国家，而且会影响所有在不久前的大战中被打败的国家。处于劣势的土军经过努力获得意想不到的成功，这种奇观会使这些国家深受鼓舞。

此外，胜利的土耳其人在欧洲海岸再次出现，将在巴尔干各国造成最严峻的局势，很可能导致这个业已灾难深重的地区爆发大规模流血冲突。阻止这个巨大危险以及保证两个海峡及其周围地区的秩序与和平，是新近战争中协约国的责任，只有做到这两点，才有可能召开一次会议来庄重、审慎而有效地商议，从而永久性解决问题。

陛下政府准备在这个问题上承担自己的责任，为达成满意的解决方案做任何可能的努力。陛下政府已把这层意思告诉其他大国，与后者一起采取行动，共同防卫君士坦丁堡和中立区。

然而很清楚，巴尔干半岛上的其他协约国也受到了深刻而巨大的影响。罗马尼亚在大战中因两个海峡被封锁而失败。土耳其—保加利亚联盟尤其是给塞尔维亚乃至整个南斯拉夫带来了致命的后果。如果海峡被封闭，流入黑海的多瑙河沿岸的整个贸易活动同样会被扼杀。这些问题与希腊利益的密切关系是不言自明的。

因此，陛下政府对这三个巴尔干国家阐明了情况，指望这些国家在有效保卫中立区的过程中发挥作用。陛下政府还向各自治领通报了情况，请他们遣派远征队，以保护它们业已为之做出巨大牺牲的利益，保卫澳、新军团为之做出不朽功绩并奉为神圣的土地。

陛下政府的意向是立即（如有必要就以相当大的规模）增援在君士坦丁堡的协约国军总司令查尔斯·哈林顿爵士指挥的部队，并给地中海的英国舰队发布命令，以任何手段对付土耳其军队对中立区的侵犯或穿越欧洲海岸的任何企图。

首相于 9 月 15 日晚 7 时前批准发给各自治领的电报，到午夜 11：30，电报被译成密码发出。电报随后需传送、译出和交递给各自治领政府。这个过程要到 16 日下午才能完成。到那时，我们的公报已通过新闻媒介闪现在全世界面前，而且实际上在加拿大和澳大利亚相关部长收到政府公文急件之前，消息就已传到当地报社的办公室。因此，部长们在亲手接到官方文件之前，就已被焦急的询问者和热切的志愿服役者包围了。这种状况令各有关方面深感烦恼。没有一个英国大臣预见到，17 个小时以前得到批准、至少 12 个小时以前发出的官方电报竟被报纸的消息赶上，并抢在前面透露给公众。然而无论如何，发布公报是因形势日趋严重和英国政府有责任警告公众而单独做出的一个决定。

结果是自治领的部长们处于受愚弄的境地，他们自然被激怒了。他们对这样的办事程序提出了强烈抗议。宗主国所感受到的对劳合·乔治先生亲希腊政策的怀疑和普遍不赞同，以及对停战后协约国处理东方问题的普遍不满，全都反映在加拿大和澳大利亚政府和人民的言行上。与英国公众一样，两国公众没有意识到希腊军队的保护作用，然而正是在希腊军队的后面，我们大家才有 3 年时间生活在没有意义的和平中。与英国公众一样，两国公众很难理解希腊军队的毁灭会给我们的事务带来怎样的巨大变化。不过，所有自治领还是响应了我们的呼吁，宣布倘若出现紧急情况，他们准备尽一己之力，当然得到本国议会的同意是前提。9 月 16 日夜，新西兰政府发来电报称，"他们希望参与正在采取的行动并愿意派遣远征队"；20 日又来电报说，"议

429 会一致批准了政府的行动，已有 5 000 多志愿人员报名参加现役。"几天之内，这个只有 140 万人口、曾在大战中做出巨大牺牲的地区的报名人数增到了 12 000 人。加拿大和澳大利亚也出现了众多参军的情况，这两个自治领政府也都因此产生了烦恼，直到实际危机过去后，烦恼才消除。当然，我们特别重视澳大利亚和新西兰的反应。因为我们知道土耳其人，尤其是穆斯塔法·凯马尔本人，曾在大战中接触过澳、新军团。对于残暴的土耳其人来说，让他们有可能再次面对来自地球另一方的可怕志愿者实在是一种折磨，没有比这威慑力更大的了。毫无疑问，我们精心传送过去的这个消息是最终避免战争的一个确定因素。

与此同时，英、法之间的分歧引发了一段可悲的插曲。9 月 18 日，巴黎命令恰纳克和伊兹米特半岛上的法国分遣队从英国战友身边撤走。法军在撤退时意军也尾随而去，只留下英国单独面对直扑而来的土耳其军队。法、意两大国军队肆意张扬的撤离可能会煽动土耳其人最狂

妄的野心。人们可能会问：此时对这个问题毫无信心，而且饱受战争磨难，精疲力竭、刀枪入库的英国单枪匹马能有什么作为呢？此后土耳其人知道，挡在他们面前的只有一个大国。所幸的是，土耳其人有一个能够运筹帷幄的领袖。

9 月 23 日寇松勋爵访问巴黎，英、法之间发生了丑恶可耻的互责。我们对此不应看得过重。那几年是压力重重的 20 世纪所经历的英、法关系最坏的年份，而此时又是最坏的时刻。现在我们好歹渡过那段坏天气进入较好的日子了。以下节录的两段话足以反映当时的情况：法国人说，"我们将用外交手段阻止土军"；英国人回答，"没有我们的刺刀，你们的外交手段一文不值。这一点毋庸置疑。" 430

后来，问题转入了军事领域。如果我们的军队占领达达尼尔最紧要的狭窄地段的两岸，显然有利于控制两个海峡。这就使占有亚洲海岸上的恰纳克成为值得向往的事情。尽管我并不相信恰纳克是必不可少的外围屏障，但它毕竟有很高的价值。陆军部最初未考虑占据恰纳克，它于 11 日通知哈林顿将军，可以由他斟酌安排撤出该地。但哈 431 林顿将军考虑到该地是加利波利半岛前沿防线，地位具有重要性，因而决定不采纳这个意见。于是他得到通知，他可以像后卫部队那样把守该地。

利用这个允许，哈林顿将军于 19 日向据守恰纳克的指挥官马登少将下达命令："你应使用我可以调动的部队尽可能长久地守住恰纳克。我会把这个决定通知政府。在我看来，由于法军从恰纳克撤走，凯马尔将在那里向英国的政策发出挑战。如果你能在海军的支持下令凯马尔止步于恰纳克，十有八九他将停止做进一步的打算。你坚持在那里可以防止出现更多的麻烦。"

哈林顿将军于 20 日打电报给陆军部："如果我们继续显示我们的决心，在我看来，英国人没有他们（即法国人和意大利人）也能够完成任务，所以我认为你没有必要关心他们的行动。根据我的情报，他的（凯马尔的）部长们明天将被召集到士麦那开会。显然这个会议将决定土耳其是否与英国和她的自治领较量。我本人的看法是他们不敢这样做。"

同一天（9月20日），面对法、意撤退后局势的内阁，开会倾听三军参谋长有关军事方面的意见，以做出正确决定。内阁通知哈林顿将军，守卫恰纳克是他的首要责任，守卫君士坦丁堡本身是次要任务，守卫伊兹米特半岛则是更次一级的任务。9月22日，哈林顿将军通过凯马尔派驻君士坦丁堡的代表通知穆斯塔法·凯马尔，他得到命令保卫中立区。23日1 100名土耳其骑兵进入中立区向埃伦—库伊推进。驻恰纳克的英国将军警告土耳其司令官，进入中立区是战争行为，如果他们不撤回去，他将不得不向他们开火。这位土耳其指挥官做出了正确而合理的决定，土耳其骑兵于24日早上退出中立区。然而9月25日，又有2千多名土军士兵携带机枪回到埃伦—库伊。他们桀骜不驯，以有意侵犯的态度滞留在那里，但还是彬彬有礼地做出要与英军谈判的姿态，这显然是蓄意破坏中立区的行为。

双方都在争取时间。土军只有骑兵没有大炮，我们则急于通过海运以最快速度把大炮飞机运抵该地以给予增援。开始时，恰纳克的4英里战线只有3个半营和两个野战炮连防守，当然，他们可以得到舰队的几乎威力无限的炮火支持。1915年以来，海军对陆上阵地的火力攻击取得了长足进步。海军最强大的战列舰排列在海岸边，四周有无数巡洋舰和小舰队提供支持。所有目标都作有记录，弹着点由无人挑战的空中观察予以校正。因此，步兵始终能够得到肯定相当于整个军（或许还远不止于此）的炮火支援。到28日时，恰纳克已有6个营守卫，另有3个新来的榴弹炮连驻守在加利波利半岛。尚在运输途中的还有36门中口径大炮，而16门8英寸榴弹炮正在卸船上岸。空军力量的增强也很可观。载有5架水上飞机的"佩加苏斯"号于27日与载有6架水上飞机和4架战斗机的"阿尔古斯"号会合，28日又有第209中队的13架飞机加入。按计划，11月9日和10日还会有另外3个中队的36架飞机来到恰纳克。

　　首相要我主持一个内阁委员会的工作，以适当协调海、陆、空三军的作战行动。20 日至 28 日这一周是令人焦急的一周。关于土军的情报模糊不清。迄今出现的只有骑兵，这种部队没有什么能力攻击筑壕坚守的阵地。但是我们不知道从士麦那进军君士坦丁堡的步兵纵队的先头部队到底在哪里，不知道他们是否会转向来攻击恰纳克，也不知道他们为此目的会提供什么大炮和弹药支援。我们只知道我们有一个面积有限但工事坚固、通信系统完好的阵地，有绝对的空中优势和巨大的炮兵优势，而土军既无坦克又无毒气。这些已经足够了。但是到 28 日以后，当我们制空优势日渐明显，榴弹炮从加利波利送到战线时，才可以充分肯定，只有打一场大仗才有可能把英军逐出恰纳克。肯定地说，即便是在 1917 年和 1918 年的西线，战区中若没有至少同等数量的大炮和空军以及投入实际接触战的两三倍于对方的步兵，也无人敢于尝试攻击这样的阵地。所有经验均表明，除非攻方的大炮压倒守方的大炮并进一步摧毁对方的步兵阵地，否则仅仅以大量步兵迎着机关枪和训练有素的狙击手及铁丝网冲锋，只能意味着，攻方坚持的时间越长，蒙受的伤亡越大。已有上万次大规模的流血冲突证明，即使攻方大炮能够压倒守方，如果没有坦克或毒气，向这样的阵地进攻，前景仍不容乐观。

　　我心中特别记起了 1915 年 5 月 19 日土军第一次登陆加利波利半岛被澳、新军团击退的往事。当时澳、新军团的兵力要小得多，尤其是得不到飞机支援，而他们面对的是土耳其训练最优的正规军部队，兵力 3 倍于己。尽管土军以最英勇的气概发起冲锋，也只能在守军的火网前死伤惨重，敌我战线之间的开阔地上留下了数千具尸体，以致加利波利战役不得不因岛上卫生的目的而达成休战。由此可见，9 月 28 日以后，似乎没有理由为恰纳克的战术形势担心了。

433

　　然而使我们真正重获信心的是战略形势。像穆斯塔法·凯马尔这样足智多谋、经验丰富的军人和才干突出的人物为什么要离开原定进军君士坦丁堡的路线，率领他疲惫不堪、饱受煎熬的军队来进攻英军筑壕据守的阵地呢？迫使英国对他作战,他在政治上能有得什么收获？
牺牲士兵的生命、枉费稀缺的军火而进行这种性质的局部争斗,在战
术上他能得到什么？因此而推迟向伊兹米特半岛的进军,推迟与身处
君士坦丁堡的追随者的会合,在战略上他能得到什么？到达君士坦丁
堡前的每一天耽搁对他都充满危险。他知道在色雷斯有与他几乎人数
相等的希腊军队。继小亚细亚灾难之后,雅典发生军事政变。康斯坦
丁已被驱逐,希腊军人当局宣布他们决心保卫东色雷斯。每一天都可
以被他们用来整顿部队并在查塔尔雅战线前取得前进阵地,这些都对
凯马尔有害。凯马尔的追随者无处不在的君士坦丁堡,除了有 M. 富
兰克林－布永的奉承与劝告外,一直都称得上是一个不设防的城市。
事实上,穆斯塔法·凯马尔从未偏离过他的进军道路一码。他就像一
个智者,以尽可能快的速度急忙扑向容易达到的主要目标,并动用侧
翼骑兵部队对驻恰纳克英军显示力量和攻击意图。他的骑兵军官们接
到了最严格的避免冲突的命令,土耳其的首要目的是让对方坐下来进
行友好谈判。他们不害臊的好心情证明他们是故作姿态,掩饰极度的
真正的不满。他们努力表示要与我们兄弟相待,甚至敢于请求英方向
他们提供营地设备和作战小器具。恰纳克的英军没有遇到任何危险。
受到威胁的是君士坦丁堡,但是君士坦丁堡的防务没有其他两个大国
的参与,并不应由英国负主要责任。

434　　　9 月 30 日,我为我们这一小群人写了一份备忘录,现将其再现
于此。

恰纳克

1922 年 9 月 30 日

　　到目前为止,我们一直谨慎考虑我们在恰纳克的地位,就如
同我们有可能遭到凯马尔主义者的全部军队攻击一般。但是现在
看来,这种情况不可能发生。凯马尔主义者已经在与希腊作战,
他们的最高目标是进入色雷斯,打败那里的希军。他们试图跨越

达达尼尔海峡或马尔马拉海是没有用处的。他们进入欧洲的唯一
实际可行的道路是跨越博斯普鲁斯海峡或者可能跨越黑海。他们
在目前阶段和自从士麦那陷落以后，似乎有可能稳步休整开向伊
兹米特半岛的主力部队，意在跨越博斯普鲁斯海峡，所以他们在
恰纳克半岛所做的一切，只是派骑兵和小部队缠住英军和把一定
数量的大炮布置在被他们占领的达达尼尔海峡两岸。

无论如何，凯马尔显然必须在两者之中进行选择：一方面是
通过博斯普鲁斯海峡进军色雷斯，紧紧抓住希腊军；另一方面是
试图在恰纳克制服英军。若是采取不彻底的折衷办法，即对恰纳
克英军做软弱无力的进攻，又以不足的兵力攻打色雷斯的希军，
则肯定会铸下大错。下面，让我们对这两种选择逐一进行分析，
首先是可能性较小的那种。

如果凯马尔以麾下部队、大炮和有限弹药的主要力量攻击恰
纳克，就将使希腊人有充分时间彻底休整他们在色雷斯的部队，
并得到最大程度的增援……

其次，如果凯马尔选择另一种办法（他有可能这样做），他可
能会在 3 周内与希军在查塔尔雅战线一带接火。如果出现这种情
况，他无疑会拨出足够的兵力在恰纳克围住我们，但不会做认真
或代价昂贵的进攻。他也不会不适当地使用弹药从达达尼尔亚洲
海岸射击经过海峡的船舰，大约从 10 月底起他将深深卷入色雷斯
战事。如果我们从敌对状态刚开始出现 就采取恰当措施，此时我
们的处境会十分有利。由于对马尔马拉海有制海权，而且由于我
们海军力量强大，我们能以最快的速度向许多方向调动我们的军
队。人们难以想象会有这样的情况，所以会任凭我们使用奇妙的
内线作战体系和水上交通体系……凯马尔主义者的军队在色雷斯
与希军激战，其交通线会沿伊兹米特半岛伸展，一支强大、坚实
的英军蹲伏在加利波利与恰纳克，准备在海军的帮助下割断这些
交通线。这样一种处境当然是可怕的……

380

越是研究形势，越是发觉恰纳克与加利波利英军阵地的战略上的有利条件明显。面对两难处境的凯马尔将会极端痛苦。他或者会全力攻打恰纳克的英军，从而听凭希军日渐强大起来，或者会贸然闯入色雷斯实际上的死亡陷阱……

像许多事情的情况一样，除了上述两种选择外，还存在第三种假设，那就是，如果凯马尔能认识到，长期全力攻打驻恰纳克英军是徒劳无益的，攻击色雷斯会招致敌对的英军切断自己的交通线，面临这种危险，他会从这两种计划前退缩。倘若出现这种情况，我们将不经激战便能达到我们时下的目标。谈判将重新开始，但这次的气氛与在巴黎时完全不同。如果谈判的结果允许土耳其人重返君士坦丁堡和色雷斯，则必须只能以我们可以断定的最有可能持久保持的和平为前提条件。我相信，只要我们不采取任何得不偿失的步骤，我们所处地位的力量就会成为现实。

恰纳克的高潮在 9 月 28 日达到。这一天哈林顿将军报告说，土耳其人在英军阵地周围聚集了重兵，"他们透过铁丝网咧嘴而笑"，表示自己是按命令行事。为避免冲突，该做的事情都做了，但是我们希望的局面已不可能出现。哈林顿还报告，恰纳克的英军阵地"地势绝佳、铁丝网密布、固若金汤"。内阁据此指示将军向土军发出最后通牒，要求土军在短暂期限内退出中立区和离开恰纳克，并授权他在限定期满后自由支配其麾下的所有兵力。但是将军有能力渡过难关而不必动用被授予的大权。哈林顿将军是机敏、冷静和忍耐的典范。碰巧从内阁发出严厉电报的那时起，那些土耳其人的挑衅行为开始收敛。30 日，恰纳克司令官马登将军报告，那里已经不见了凯马尔调来对付他的大炮或步兵，他的部队已经没有了危险。随着可能发生的情况一天天向后推延，英军的阵地变得越来越强，哈林顿将军因此认为没有必要向土军发出最后通牒，同时也没有出现任何需要开火的情况。局势的这种有利发展令内阁大松了一口气，10 月 1 日，内阁致电他们的司令官，表示同意他保持克制。

与此同时,在与法国人经过艰苦的讨论之后,9 月 23 日,英、法、意联合向穆斯塔法·凯马尔发出邀请信,请其参加在马尔马拉海岸的穆达尼亚举行的一次会议。邀请以广泛牺牲希腊利益为基础。三个协约国政府允诺土耳其恢复远至马里查和阿德里安堡的色雷斯的疆界,一旦签署了一份和约,协约国军会立刻从君士坦丁堡撤退,同时还将支持土耳其加入国际联盟。穆斯塔法接受邀请并将与会日期定在 10 月 3 日。去穆达尼亚的还有不可理喻的 M.富兰克林－布永,他竭力引导土耳其人期望从英国得到比他们以前所想的更多的好处,引导土耳其人相信英国人不能或不愿把打仗作为最后依赖的手段。主要由于他的活动,会议很快陷入了僵局,协约国代表于 10 月 5 日回到君士坦丁堡。法国与意大利的高级专员担心爆发战争,赞成无条件投降。可是霍勒斯·朗博尔德爵士坚持 9 月 23 日提出的建议;伦敦指示哈林顿将军不作更多让步。关于英国准备提出最后通牒的消息通过法国或意大利渠道被土耳其人得悉。英国军队的大炮和飞机不断抵达达尼尔海峡有目共睹。当 10 月 10 日会议在穆达尼亚复会时,人们发现土耳其人经过长时间讨论后已乐意签署停战协议。协议规定希腊军应退到马里查的后面,希腊文官当局应撤出东色雷斯。另一方面,土耳其同意承认中立区,承诺在和约批准前不在东色雷斯招募军队。

437

恰纳克的经历有多方面的教益。它反映了哈林顿将军的崇高功劳。他重视恰纳克位置的价值和重要性并坚决地守住了它,他懂得怎样把冷静灵活的外交手腕与军事上的坚如磐石融合为一体。英国政府和自治领(尤其是澳大利亚和新西兰)的态度无疑阻止了欧洲战端再起,使所有协约国能够在避开因彼此之间的可悲和不协调的政策而造成的后果时还保留了几分面子。考虑到可用资源的有限、公众的疲劳、政府地位的不稳及其威望在国内外的下降,取得这样的"光荣和平"的成就确实可喜可贺。它奠定了后来与土耳其人在洛桑谈判,并达成互相尊重的和平条约的基础。英国采取的强硬行动非但没有为我们招来土耳其人的长期敌意，反而激起了他们的钦佩乃至善意，因而我们更易而不是更难与现代土耳其建立未来关系。

*　　*　　*

此后不久，《洛桑条约》缔结。它与《塞夫尔条约》形成了惊人的对照。以前动辄对土耳其口授条件——不但有和平条件，还有毁灭土耳其民族的条件——的大国，现在发觉自己不得不以平等条件进

行谈判了。土耳其人在君士坦丁堡重建首都。他们重新获得东色雷斯的大部分土地，所有形式的外国指导与控制被一扫而光。几百年来保护在土耳其的西方国家商人与国民抵制东方弊政的各种条约被取消殆尽。极其重要的两个海峡的控制权在最轻微的掩饰下归还给了土耳其人。穆斯塔法·凯马尔把奥斯曼帝国的阿拉伯省份谨慎地交付给各托管大国，摩苏尔的命运则交由国际联盟决定。根据一系列不同寻常的规定，土耳其境内的所有希腊居民以及希腊境内数量虽然不小，但仍属少数民族的土耳其居民被甄别出来送回各自的祖国。土耳其失去了数百年来一直在土耳其城乡的经济生活中担任重要角色的大量公民。贫穷和沮丧的希腊接受了近125万难民，他们在不幸和贫困的压力下，已经成为希腊国家力量的新因素。就连这些条件，也还是英国、法国和意大利花了长时间谈判才获得的。要不是寇松勋爵巧妙和坚定地运用英国通过在恰纳克表现出来的顽强态度所保持的威信，根本就得不到这些条件。

不幸的M.古纳里斯和另外几个部长以及战败的将军们在雅典被枪决，这表现了希腊对1921年选民的决定所产生的结果的失望。

注释：

[1] 指刚向热那亚会议透露的俄德协定。

第二十章　世界危机的结束

重温本书各卷的故事，完全可以得出这样的结论：时间会给人带来对这些故事的透彻了解，每一年都会使人对其中的事件有更全面的认识。随着时间推移，各种事件的重要性愈渐显现，人们更容易辨认出命运转折的关键。

我在第一卷第一章中总结了把欧洲带入大规模战争门槛的原因。我描述了我亲眼所见的先于并导致了这场大灾难的种种事件。自那以后，尽管许多国家的解密档案公布了无数信息，但是其中没有一条能够改变我在第一卷得出的结论。如果不是德国的统治者首先对俄国宣战，立即挥师入侵和蹂躏法国并在途中践踏比利时，这场世界大战原本不会发生。企图获得当时似乎有把握的迅速而决定性的军事胜利完全是一种蓄谋已久的行为，由它引起的冲动超越了其他任何事情。人类判断战争责任的唯一标准是侵略，而侵略的最重要证据是入侵。一个国家如果具有了入侵邻国的能力，那就意味着她

384

440 拥有了超过对方的保卫本土的能力。历史上的许多入侵例子实际上是为了先下手阻止对方的入侵。关于谁该负创造条件引发战争的责任的争论称得上无休无止。但是人类今后会变得更加明智，他们会把任何国家派大量军队跨过边境线看作是衡量战争罪行的最高标准，并且会宣布不论谁这样做都是使自己处于不可挽回的错误中。德军在进犯法国的一路上还对卢森堡和比利时犯下了暴行，即使是再过几个世纪，这也不会被历史忘记。

德国领导人相信，实施这个精心制定的庞大战争计划，不但对德国的胜利是必要的，而且对她的安全也是必要的，不但对她的安全是必要的，而且对她的生存也是必要的。因此，从俄国进行全国局部动员那一刻起，德国人便认为必须实施这个计划，而俄、法联盟的条件更促使德国人投身于这场经过深思熟虑的两线作战的战争，对付数量虽然占优，但调集兵力过于缓慢的敌人。德国人信念坚定是毋庸置疑的，但他们未免太想入非非了。没有谁胆敢攻击同盟国。德国军队的力量是如此巨大，那时现代战争的条件又是这样对防守方有利，以致德国能够——如事实已经证明的——以钢铁般的镇定等候对其边境的任何攻击。这样的攻击绝不会出现，即便出现了也肯定会被德军粉碎，而此时世界舆论的力量会掉转矛头抨击俄国和法国。德国事实上并不存在保护自我生存权的需要，她完全用不着因俄国全国动员而采取可怕的突然行动。我们决不承认，一方进行动员就意味着战争，也不承认一方的动员可以用作另一方对其宣战的合理借口。对付一国的动员只有采用反对动员和进一步商谈的手段，才是合理恰当的。

这样的道理对于一个政府、一个参谋部、一个军事国家的道德品质来说是不是要求过高了？在俄国下达动员令以后，难道不曾有人要求德国运用超人的克制，不要把其战争计划付诸实施吗？回答是不容怀疑的。应当说，要求德国这样做，并未超出如此强大的国家和如此

441 伟大的民族的美德与勇气的范围。但是假定动员就意味着战争——对此我们是有异议的——以及战争就意味着执行德国通过比利时入侵法

国的战争计划并带来所有可怕后果——对此我们也是有异议的——在局势尚处于外交斡旋能够控制的阶段难道不应该谨慎行事和保持耐心吗？德国允许奥地利享有对塞尔维亚想怎么做就怎么做的自由，并给予了无条件的支持，甚至不提任何危及欧洲和平的警告，对于德国的这种轻率态度人们能说什么呢？对于德国拒绝爱德华·格雷爵士7月26日——在俄国开始动员以前——提出召开欧洲会议的建议，能说什么呢？如果说第二步会不可改变地使德国感到自己不得不奋起保护自我生存权和"通过比利时开辟一条生路"（有人对我们这样说），那么克制自己不采取那一步不是更重要吗？这里，召开一次欧洲会议是防止，或者至少能够延迟，战争从外交调解领域失控的简单而可靠的办法。

德国在大战开始前最后10天中从协约三国身上见到了不屈从的精神，使德皇感到吃惊和害怕，同时也极大地刺激了他的军事顾问。这种不屈从的顽强精神是在以往的漫长年代里养成的，在那些年份里，对德国显示优势力量的不安，对德国在陆上和海上进行侵略的恐惧，越来越在法国、俄国和英国的指导思想中占据主要地位。自进入20世纪以来，这个阴影一直黑黢黢地笼罩着欧洲。三大国决不愿自己被人分而制之。法国受法、俄条约的约束。面对德国海军实力大增的情况，英国尽管不受任何约束，还是在精神上承诺站在法国一边，唯恐法国成为侵略的牺牲品。协约国绝不可能攻击同盟国。协约国中的任何一国倘若胆敢进攻，她会在第一次侵略行动中被粉碎；但是协约国抵御进攻的能力是真实和有巩固基础的。要是德国出席欧洲会议，奥、塞争端无疑能够解决。要是德国不进攻，就不会有战争。德国没有进攻的权利。要是德国进攻了，只能表明我们在世界上有什么样的邻邦，我们协约国站在一起是多么明智。 442

主战的骚动力量在德皇周围似潮水般高涨，它们严格地分门别类，笨拙地联合在一起，但主要是独立的行动，它们在危机到来时演变为许多冷酷的失控行为。理智的程序已不复存在，国家机器只得开始干预。混乱之中，怀揣宏伟蓝图的参谋部排出秩序井然的方阵大踏步前进。一切准备就绪，一切将顺利如意——只要最高层没有犹豫与迟疑。加深基尔运河河道的工程完工，舰队能在波罗的海和北海之间自由行驶。1913、1914 年收入的 5 000 万英镑资本税把军火库填充得满满当当。从空气中提取氮的新工艺使炸药的供应得到了保证。德国军队是无可比拟的，施利芬作战计划有绝对的把握。碰巧，"格本"号此时也在地中海游弋。

*   *   *

威廉二世不是经得住这种浪潮冲击的人。那些想对他进行审判的人，首先应该感谢上帝没有将他们放在德皇的位置上。

*   *   *

除了爱德华·格雷爵士于 7 月 26 日建议召开欧洲会议外，到底还有没有避开战争的其他办法？我们常常听到这样的说法，认为要是爵士表现出勇气和决心，在 7 月底明白无误地告诉德国，进攻法国就意味着与英国交战，战争原本完全可以避免。莫利勋爵死后发表的对内阁形势的揭示，说明他深信这种说法。然而，如果爱德华·格雷爵士当时发表那样的宣言，只会造成他被内阁五分之四的阁员和下议院四分之三的议员完全否定。阿斯奎斯先生将因此而辞职，他的政府将分裂，在剩下来的四五天非常时期里，每个小时都要采取必不可少的预防措施，否则就会出现极度混乱，而在这种状况下做出战争决定，对于达到任何目的来说无疑都会为时过晚。英国进行干涉的威胁，如果得不到国家授权的保证，只能使德国深信我们软弱无能且头脑不清。

要转变这致命的潮流，就必须追溯几个月和几年的事态发展。例如，如果德国接受英国 1911 年海军裁军期的建议，很多事情可能会大不相同。在那种环境下，召开欧洲陆军军备和维护和平的会议，本来会使各国感到英国是一个富有同情心、愿意听人倾诉的国家，因而德国会向她诉说，对俄国扩充陆军，用法国的钱完善俄国战略铁路之类的诸多不满。欧洲分裂成两大武装集团的状况可能会让位给宽松与缓和得多的心态（哪怕只是暂时性的），然而最后，在最终的危机中，英国外交大臣只能做他已做的事情。在面临德国威胁时，如果外交上抛弃法国和俄国，那么在今后若干年时间里与越来越自信的德国势力相抗衡的一切力量都会遭到破坏。以战争来威胁德国，这种做法会被内阁、议会和人民否定。不需要用英国大臣的话来为爱德华·格雷爵士的政策做辩护。一个小时又一个小时，随着德军撕毁条约，穿过不设防的比利时边界，向深感痛苦和走投无路的法国进军，战争发出的巨响远远超过了人的虚弱声音。大炮在比利时领土上的第一次齐射做出的裁定，不是英国全体政治家和军人的申辩所能改变的。

当我们考虑战前德国政府的特性时——这些特性现在已为所有公布的档案和有关德皇宫廷的记录全面揭露——我们几乎感到我们可以把这个问题留给德国人民去审查。请他们千万不要忽视：如果法国遗弃俄国，不恪守她的条约义务，而宣布自己中立，则德国驻巴黎大使会奉命要求法国将图勒和凡尔登的要塞交给德国卫戍部队，以此作为保持中立的保证。

444

＊　　　＊　　　＊

屠杀和炮轰！整个欧洲都在行动！150万把刺刀在找寻同等数目的忠诚、勇敢、可怜、迷惑的人们的胸膛！我们进入了交战阶段。哪里有取胜之路？法国参谋部对现代战争的条件一无所知；法军穿着蓝红相间的制服迎着机关枪和连发炮的火舌疯狂往前冲；德国入侵者不断向前挺进，取得了对防御者的绝对优势！法国陆军的精锐和他最优秀的中级军官在边境战役中损失殆尽！为了保卫自己的祖国，要最大规模地以士兵的血肉之躯扑向入侵者射击的子弹——恐怕没有比这更可悲的场景了！对现代战争的一窍不通已经使纳塔尔小山间和中国东北的小米田里血流成河！历史上不会有哪位将军能够拥有像霞飞这样的机会。他只是说，"让攻击者去进攻，让他们懂得子弹虽能杀人，但泥土能够阻挡子弹。"在雄武的品质上，在钢铁般的民族求生存的一切特性上，1914年的法国军人至少能与向他们进攻的最优秀的军队相媲美。

这里要特别提到法国陆军的高贵坚韧性，他们不受战败和指挥失误的影响，打起仗来就像是正在追随最辉煌时代的拿破仑。战线上流血的失败无处不在，8次向后撤退——显然出现了彻头彻尾的计算错误！然而军人们决不指责，绝无怨言，"我们决不叛国！"为了打败敌人宁愿战死，这是人人都抱有坚定的信念。

下面可以谈谈马恩河战役了。这是永远都称得上神秘的一个战役。我们穿透时间的迷雾去看汉尼拔怎样在坎尼取得胜利，远比对霞飞为什么会在马恩河取胜看得更清楚。双方均没有什么太大的优势，除了像通常的情况那样，入侵者的消耗要大于所得到的供应，而防守者则依赖于自己的储备。这一点虽然重要，但不是决定性的。没有发生多少真正的战斗，双方的伤亡也相对较少，巨大战场的任何地方都未出现决定胜负的场面。尽管有50种记载完备的说明文件、500卷浩繁的叙述与评论，可这个战役还是神秘依旧。到底是什么原因把退却转化为胜利并给世界以拯救法国的时间呢？能使大量问题达到巧妙平衡的每一个事实或因素，都可以称得上是决定性的。有人说原因是俄国人慷慨猛攻和一个不称职的德国参谋部决定把两个军团从他们变动了进攻方向的侧翼撤出；有人说是由于加列尼指挥部队从巴黎迅猛出击，也有人说是因为霞飞始终沉着坚定泰然自若。我们英国人自然强调约翰·弗伦奇爵士及其麾下的5个师发挥的作用。除此之外，还有许多重要观点，简直不胜枚举。可是，如果允许我保留自己的意见，选择打破平衡的着力点的话，我会挑选9月8日晚和9日晨德国参谋部亨奇上校造访冯·比洛和克卢克的集团军司令部这件事，正是此公或者越权下令，或者滥用最高当局的授权，撤回了这两个军团，然而当时并不需要做这样的撤退。坦率地说，德军原本应该采取步步为营的策略，即使需要不间断向前推进也应如此。然而当时需要的只是做出持续努力的意志，和准备在已经屡冒风险之地敢冒一切风险的决心。

伊瑟河的决死之战，从风险和决定意义上说并不是最高层次的战役。交战双方都已筋疲力尽，但双方都得到了增援。两个衰弱的对手长时间缠斗在一起，杀戮之多为马恩河战役的 5 倍，但是这里从来没有展示出最重要的问题。此时，防守者已经懂得如何掘壕据守，他们发现，只需几百名意志坚强、装备精良、训练有素的步兵或下马骑兵便可以用子弹阻止 1 万敌兵，并杀死其中的一半。步兵的这种新奇防守技巧，在地面掘坑，用步枪射击的方法，正在变成全面探索的战争的一种习惯性做法，但是截至在 1914 年，大炮、毒气或坦克尚没有战胜它的技术手段。由于我们有了堑壕战，士兵们就有了过圣诞节和喘一口气的空间。

这时出现了一段和平的日子。爆炸声停止了。法国的入侵者被迫停下了脚步，而防卫者又没有足够的力量攻击他们。双方在整条战线上僵持着，双方参谋部的设想都失败了。在遥远的东线，德军粉碎了俄军的攻势，而在更南面，俄军打败了奥军。现在局势平静，这是世界毁灭前的平静，世界资本耗尽前的平静，各国所有人力的资源化为乌有前的平静！现在是 1914 年圣诞节的平静！这个时候是美国最初和最好的机会，但是无人理会这一点。报纸与舆论一起鼓噪。这杯苦酒必须喝干。

赶快摆脱这种状态吧，协约国，去开辟新的战场，动用英国的海上力量，找到敌人的软胁，即便必须跋涉 1 千英里也在所不惜……运用机动灵活的战略战术，攻敌不备，出其不意施以打击。然而此时，协约国士兵只是蹲在战壕里与敌人枉然对视，谁要是脑子发热冲出战壕，必然死于乱枪之下！

*　　*　　*

　　但是与此同时，在世界上另外一个眼下显然还十分平静的地方，突然发生了一件大事。德国战列巡洋舰"格本"号驶抵君士坦丁堡。对于"格本"号会得到什么机遇，我们不需赘言。由于她的存在，土耳其人提出反对俄国海军控制黑海。他们因此而加入同盟国，从而得以实施其长期准备的入侵高加索并从俄国手中夺取该地区的计划。就这样，土耳其卷入与俄国的冲突，投身到大战之中！

　　但是，这个新敌人的出现虽然带来了危险，但也产生了机会。它敞开了同盟国易受伤害的侧翼。与负担相比，机会的意义更大。协约国迅速做出反应。双方的大批陆军仍在战壕里怒目对视，双方强大的海军在遥遥分隔的海港里仍毫无例外地相互仇恨。趁这个新的脆弱对手尚未站起来之前给他一个狠狠的教训，以海、陆军进攻达达尼尔海峡，占领君士坦丁堡，与俄国会合，把巴尔干各国团结起来，将意大利吸引到协约国的一方；然后一鼓作气开辟道路进入奥地利裸露的腹地。这又是一个说起来简单干起来难的设想。

　　政治家被这个设想所深深吸引，而陆、海军将领们却嘟哝着说："撇开百年不遇的一流大战，而调遣部队执行这种海、陆夹攻的政治战略，这无异于违反职业道德。"会议上不断出现分歧，制定的措施则是半心半意的，调拨资源又是勉为其难，拿出的计划都是权宜之策，一切都缺乏真正的控制或引导。

　　然而尽管如此，事情毕竟在向前发展。1915 年 3 月 18 日，德·罗贝克海军上将攻击达达尼尔海峡要塞，企图强行通过。在这里我们又达到了一个打破平衡的着力点。土耳其人只有极少的水雷，他们似已经竭尽所有布在了水中；如果把这些水雷全部扫除，他们就所剩无几了——或许还不到一打。然而幸运的是，他们把 20 颗水雷布在了意想不到的地方。英军组织混乱的新建扫雷小舰队没有发现它们。有两

447

三艘军舰因此而被炸沉。这位海军上将被这一意外吓破了胆，于是下令停止攻击了，也不愿再组织新的进攻。任何力量都不能促使他再次进入这个神秘的危险海域。虽然两周后给他配备了新的扫雷小舰队，而她用不了几个小时然后便肯定可以扫清整个要塞水域的水雷，便能发动决定性进攻，但是他坚决不允许这些小舰队开展扫雷工作。扫雷小舰队士气高昂，工作卓有成效，但却没有用武之地，而整个舰队乃至他本人也是如此。他们全部成为一场军事悲剧的旁观者。我们因陆军进攻加利波利半岛而受到指责。现在我们知道，当时那里不但没有更多的水雷，而且要塞里唯一能够阻止装甲军舰的巨炮只剩下了几十颗炮弹。小舰队的一夜扫雷，再加上一个上午的炮轰，必定能将敌人的防线彻底摧垮。然而，结局是上天注定的：舰队不接受强行通过达达尼尔海峡的所有想法；陆军经过英勇努力仍不能占领加利波利半岛的要害地方。侧翼进攻就这样以失败而告终，我们全部心情沉重地回到了法国战线，那里在同一时期发生的只是无益的屠杀。

448

*   *   *

我们已经知道，1916 年初给予德国的机会是多么重要，甚至可能是决定性的。如果法金汉在西线采取守势，让协约国军在德军战壕前损兵折将，在必要的地方，在令对方付出足够的血的代价后让出一些征服的领土，然后全力进攻俄国，他很可能会迫使罗马尼亚加入同盟国一方，从而获得从加利西亚到里海的广大的产粮食与燃料的地区。这样，他本来能以征服欧洲大陆来打破海上的封锁，从大陆得到许多因英国海军封锁而从海上得不到的东西。但是他并没如此行事，而是以备受称赞的职业军人的精神，专门选择去啃凡尔登的钢铁山丘及其钢铁般的守卫者。这样，协约国得以从 1915 年的愚蠢战略而应得的惩罚中解脱了出来，战争的均势也因此而维持到另一个流血的年头。

在整个 1915 年与 1916 年，防守方对进攻方保持着巨大的优势，攻击方的损失几乎总是超过防守方损失的 3 倍。但在这一过程中，进攻方作战手段和资源状况逐渐有了改善。整条战线挤满了大炮，而在后方，则铁路和侧面交通线密布，以致进攻方可以同时发动次数越来越多的经过精心选择的攻击。伪装技术有了巨大进步；可使用的弹药几乎没有限量。炮兵首先发明了徐进弹幕射击法，接着又发展了一炮击中目标的能力，不再需要像以前那样先试射，然后逐渐使弹着点向中心靠近。人工烟幕的应用和最重要的坦克的发明以及大量使用，恢复了攻击部队进行突然袭击时所不可缺少的能力。1917 年，"事先精心策划的"突然攻击已经开始获得了它最初阶段的有利结果，同时，防守方的优势逐渐缩小的状况日益明显。1918 年，实力较强一方的部队在付出较大损失的代价后取得了进展，恢复了明显优势。但双方再次陷入了规模极大但笨拙无比的运动战。

449

*　　　*　　　*

战争的第三个伟大高潮在马恩河胜利和达达尼尔海峡失败之后于 1917 年初来到。俄国在革命中崩溃。但当这个可怕事件尚属未来的秘密时，德国将军与海军参谋人员强迫文官政府批准开展无限制潜艇战，由此把美国拉入了反德联盟。我们目睹了苦斗中的协约国在最关键时刻凭着多么奇特的命运把西方的新兴巨人拉到了自己一边，取代了东方的垂死巨人。俄国的抵抗不到 3 个月，德国参谋部的忍耐仅 3 个多月，潜艇战仅推延了 3 个月，要不然那个生死攸关的挑战是不会突然降临的。即使美国不参战俄国也必定退出。历史上没有几个紧要关头能比这次更值得战略家、政治家、伦理学家或哲学家去认真研究。

但是令英国人惊奇和迷惑的是，这种曾经在整整 100 年前的一个不同的联盟中出现过的好运气，竟然在今天又重现了。1811 年的首要问题是，英国封锁的压力能不能在惹怒美国加入战争中反英的一方之前，迫使拿破仑的盟国尤其是俄国脱离拿破仑及其大陆体系。当时，也是在事情发展了几个月之后出现了有利的后果。这一次，苏俄在美国加入之前退出了协约国。而在 1812 年，拿破仑于英、美宣战之前已经统率大军进军莫斯科。就这样，连续两个世纪里，英国两次避开了与最坏的局势的遭遇。如此神秘的历史节奏将使三次布匿战争的危险和戏剧性在后人眼中黯然失色。

*　　　*　　　*

关于美国对大战的胜利在精神和物质上做出了什么重要贡献，这　450
里毋须多说。但是在巴黎和会上——在欧洲人看来——威尔逊总统寻求扮演的角色，完全超出了他的国家因对欧洲事务做出或者准备做出的贡献而应当得益的比例。尽管出于最高尚的动机，但他所做的事情远远超越了美国参议院或人民愿意授予他的权力，超出了宪法授予的权力，他设法使世界屈从于他个人的看法，这无疑是为了美国本身的利益。但这实在是一种不幸；尽管与他的勃勃雄心相比，他并没有多大的机会，但是历史上毕竟还没有哪个政治家有过像他这样的机会。美国对解决欧洲问题的强大影响力、超然态度和善意，是希望的宝贵要素。这些要素在无结果的冲突以及半奉命半追逐的干预中被大半浪费了。如果威尔逊总统从一开始就使自己与劳合·乔治及克利孟梭志同道合，这三个伟人——三个主要国家的元首——本可以在广阔的欧洲悲剧舞台上发挥绝对和仁慈的权力。可是，他把自己和对方的力量消耗在争论之中了，而争论中他总是失败者。他给人以一个对抗者和训人者的印象，这个结果比起被誉为伙伴的那些人来实在是很可怜。他原可以把事情做得迅速而顺利，但他却把事情做得又慢又麻烦。他原可以在领导力量强大时解决问题，但他却在精疲力竭和人心涣散时使用第二流的默许办法来解决问题。

然而作为船长，在和他的船一起下沉。

*　　　*　　　*

但是，这些已经成为往事。往事成了人们讲述的故事，从中我们可以吸取今后用得着的知识与理解。各国间发生争吵和用武力来解决这些争吵会导致苦难，两者都会造成不成比例的损害；做出的崇高努力只能获得少得可怜的奖励；战争胜利的景象转瞬即逝；复兴却是长期而缓慢的；进行大胆的冒险十分可怕；命运在千钧一发间靠掷硬币做出决定。厄运靠机缘巧合来求摆脱，这太危险，人们应该从所有这一切中吸取教训，懂得如何防止再次爆发大战是全人类关注的头等大事。战争至少已被抹去魅力的光环。不再会有亚历山大、恺撒和拿破仑率领军队走向胜利，在战场上骑着战马分担士兵的艰险，在几个关键时刻用非凡的势态决定帝国命运的场景了。因为在将来，统帅们将坐在司令部里被参谋人员包围着，像在政府机构的办公室里一样安全、平静和沉闷，而在电话线的另一端，成千上万的战斗人员正在被机械化武器屠杀或窒息。我们曾见过最后一批伟大的司令官，他们也许在下一次大战开始之前就已不存在了。下一次战争可能是一场屠杀妇女、儿童和平民的竞赛，胜利女神将在惨淡的婚礼上下嫁给组织了一场最大规模的屠杀竞赛的勤奋的英雄。

*　　　*　　　*

人类的故事就是战争。除了短暂而不稳定的间歇外，世上从来就没有过和平；从史前至今，杀人的斗争普遍存在，从未终止。但是，现代战争的发展要求我们以严肃和积极的态度去研究它。

到目前为止，人类掌握的毁灭性手段尚跟不上人类的残忍程度。在石器时代，人类相互绝灭是不可能的。人用笨重的木棒做不了太多事情。此外，人数量稀少而又善于躲藏，很难被对手找到。人逃跑飞快，也很难被对手捉到。人腿每天只能走一定距离。即便有世上最周密的毁灭同类的打算，每个人也只能囿于极其有限的活动区域。因此，这种打算在当时不可能取得任何实际进展。同时，人还得生活、打猎和睡觉。因此总体而言，生存的力量一直稳定地领先于死亡的力量，部落、村庄和政府也在这个基础上逐步形成。

于是，毁灭的努力进入了一个新的阶段。战争成为一种集体事业。452 道路的修筑为大量人群的运动提供了方便。军队被组织起来。对杀人的器械想出了许多改进的办法。金属（最主要的是钢）使用于刺穿和切割人的肉体，开辟了一个可以指望的领域。弓箭、投石器、战车、马匹和大象提供了重要的帮助。可是这时，另外一种制约力量开始发挥作用。各国政府还并不稳固，军队只能用于镇压国内的反叛势力。供养大批随时可以集中调用的士兵极为困难，因此毁灭力量的效率十分不稳定，深受组织缺陷的困扰。这就再一次达到了有利于生存一方的平衡。于是世界滚滚向前，人类社会进入了一个更广阔、更复杂的时代。

直到基督纪元 20 世纪的黎明，战争才真正进入其作为人类潜在毁灭者的王国。人类的组织已经形成了庞大的国家和帝国，民族在发展过程中具有了完全的集体意识，因而屠杀事业能够有计划地以从前难以想象的规模坚持不懈地予以执行。个人所有的最大的能耐聚集在一起，加强了大规模毁灭的能力。由于良好的财政、世界规模的信贷和贸易资源、大量资本储备的积累，所以在相当长的一段时间内有可能使用整个民族的力量来完成大破坏的任务。民主制度使几百万人的意志力得以体现。教育不但把战争的进程纳入人人都能理解的范围，而且使每个人都可以高度服务于为当前的目的。报纸提供了统一思想和相互鼓励的工具。宗教尽管在基本问题上主张慎重地避免冲突，但却以各种形式对所有斗士一视同仁，并给以鼓励与安慰。最后是科学，面对人类的迫切需要，它打开了自己的宝库和秘密，把几乎是决定性 453 的能力和器械交到人类手中。

结果是许多新奇的特色呈现了出来。以前只有受围困的城市会挨饿，而现在，整个国家都会被有条不紊地推入由饥荒造成的衰落过程之中。全体国民以各种方式卷入战争，他们每个人也同样都是受攻击的目标。天空被开辟成新的战争之路，可以把死亡和恐怖带给远在两军对垒战线后方的妇女、儿童、老人和病人，而这些人在以前战争中是不会有丝毫损伤的。铁路、汽轮和汽车的出色组织和高度配合，可使几千万人处于和保持不间断的运动。医疗和外科术近乎完美的发展，把伤员几次三番地反复送往屠场。凡对屠杀人类过程有用的东西，一点也没有浪费，就连临死挣扎的精力也要用在军事上。

但是，4年大战所发生的一切，仅仅是为第5年做了准备。1919年的战役将目睹毁灭力量的大幅增强。要是德军能够保持士气，成功撤退到莱茵河的话，他们会在协约国1919年的夏季攻势中遭到与以前根本无法相比的力量和方法的攻击。会有几千架飞机摧毁德国人的城市，会有几万门大炮撕破德国人的防线。25万大军连同军需装备同时乘坐汽车穿过乡村向前不间断推进，每天前进10或15英里。毒性令人难以置信的气体只有一种秘密的面具可以防御（当德军不能及时得到此种设备），它将使所有抵抗瘫痪并使受攻击的敌方战线上的所有生命全部窒息。而德国人无疑也有他们的计划。然而愤怒的时刻已经过去，解除紧张状态的信号已经发出，1919年的恐怖将永远埋没在伟大敌人的档案里。

454　　　　战争的停止与它的开始一样突然和普遍。世界抬起头来，审视这样一片断壁残垣的废墟景色，战胜者与战败者一样喘息未定。在成百个实验室和成千处军火库、工厂及机关，人们跌跌撞撞地爬起身来，总算摆脱了他们曾全身心投入的任务。他们眼下的工作项目是把那些未完成和未执行的任务放到一边，但是他们的知识依然还保留着；他们的数据、计算程式和发现，如今由每个国家的国防部匆忙地收拾到一起并贴上了"未来参考资料"的标签。1919年的战役压根儿没有打响；但是有关这场战役的思想却在不断发展。各国军队在表面的和平之下探索、研究和不断改进这些思想。如果世上再次爆发战争，打仗所用的不再会是为 1919 年准备的武器和力量，而是那些武器和力量的发展及扩充，它们的可怕性和致命性将会是无可比拟的。

正是在这样的环境下，我们进入了一个被描写为和平时代的筋疲力尽的时期。无论如何，这个时期给了我们一个对总体形势进行思考的机会。某些严峻的事实出现了，它们牢固而不可变更，就像云雾之中群山的轮廓。可以确定的是，从今以后全体国民都将投身于战争，不仅都要竭尽全力，而且都要遭受敌人的凶猛攻击。可以确定的还有，确信自己的生命处于危险境地的民族，将毫无限制地使用任何手段来保卫自己的生存。可能——不，可以肯定，他们下一次将是随心所欲地、大规模地、无限制地使用毁灭性力量与方法，这些力量与方法一旦施用也许就会失控。

人类以前从未面临过这样的处境。道德水准没有明显的提高，也没有得到更高明的指引，但人类手中却第一次拥有了可以把人类本身彻底绝灭的工具。这里是人类命运的终点，人类的所有光荣和辛劳把人类最终引导到了这里。人类最好还是暂时停下来仔细想想他们的新责任。死神正恭候在一旁，满心期待地准备提供服务，准备夺走大批人的生命；如果死神得到召唤，他会摧毁文明留下的一切，而且毫无修复的希望。死神在等待召唤，等待那个意志薄弱、神情恍惚者发出 455 的召唤，他长久以来一直在等待自己的牺牲品，但到此时——仅仅在此时——死神已成了那个人的主人。

*   *   *

我虽然把本章的标题定为"世界危机的结束"，但我并不是没有进行自省，也不是满怀希望。当然啦，故事在 1922 年的普遍忧郁中结束。要德国接受并给法国以安全的和约没有达成。中欧和南欧破裂成激进民族主义的碎片，各国因敌意和妒嫉而隔阂，因排他主义关税和当地军备而分离。俄国为国际社会所不容（现在依然如此）。她的人民屈服于只会在亚洲出现的最严酷的专政之下。俄国的统治者受自然与经济事实的嘲弄，被自己奉行的教条政策所害，陷入自我贫困与自我折磨的无尽过程之中。1922 年的美国刷掉脚上的旧世界尘埃，在大洋彼岸奢侈地隐居起来，处于苛求和强有力的备战之中。土耳其以新的迅猛速度而复兴，在君士坦丁堡和欧洲重建自己的国家，摆脱了投降主义思潮和外国的指手画脚，从此以后像一个从未遭受过摧毁或驱逐的政权那样随心所欲地统治那些基督徒与非穆斯林居民。至于国际联盟本身，德国尚未加入，苏俄对她做了一番嘲弄，其大西洋彼岸的强大发起国则抛弃了她，她修筑起的脆弱而不巩固的防波堤在乌云密布、风暴骤起的大海的冲击下苦苦挣扎。欧洲各国在 19 世纪满怀希望建立起来的议会，到了 20 世纪，大部分都已站不住脚。为保障世界安全而经过最伟大的斗争建立起来的民主政体，以及吃苦耐劳的先辈们为保护民主政体而建立的自由与进步的组织，都不由自主地悄悄消失或被丢弃在一旁，因债务与税收而低头认输的英国，只能肩负重担沉重而缓慢地前行。然而就在这个黑暗的时刻，新的不幸又降临了。中国陷入流血的混乱之中。法国与美国分道扬镳，法国正站在鲁尔区的门槛上调动自己的军队。1922 年，世界危机远没有结束！

不幸中大幸是，我们的知识超出了我们故事的局限，在以后的几年中，为巩固世界和平所做出的一系列努力终于带来了一线曙光。虽然这些努力只是部分的，在目前还是分散的，但是每一种努力都对这个至高无上的事业做出了贡献，每一种努力都有助于形势的缓解。

巴黎和会曾提出设法解决法国的安全问题；法国正面对莱茵两岸团结的、力量占优势的德国，英国和美国联合允诺，如果法国成为无故侵略的牺牲品，她们将立即出面援助法国。和会就是在这个基础上得到法国同意并签署和约的。与此相关的三大国间的三方协议也是在这个基础上由各自的全权代表签署的，但须经三国议会批准。帝国议会经过正当程序接受了这个由其代表承诺下来的任务。美国参议院则否决了威尔逊总统签署的协议，因而联合协议未能生效。得到法国同意的平衡安排被打乱了，局势顿时紧张起来，担心和危险与日俱增。澳大利亚和新西兰的总理在1921年的帝国会议上宣布，虽然美国退出，但他们会劝告本国议会与帝国政府站在一起，履行援助法国的保证。此时，法国与英国在政策和情感上的分歧日渐严重，因而这个问题悬而不决。与此同时，与英国疏远并被美国抛弃的法国越来越孤立，陷入了深深的惊恐之中。她一心一意依靠军事力量，信赖其无可争议的军事优势。我们可以认为，法军进入鲁尔区阻止德国经济复苏的1923年是停战以后最黑暗的一段时期。

因此，到此时为止我们还完全没有接触到中心问题。首要的和最重要的问题是法国与德国之间不可调和的矛盾。在法国灵魂深处，作为法国政策和几乎每一个行动的主要动力的，就是对德国复仇的恐惧。德国掌权阶级在内心里阴沉而强烈地怀着这样的决心：他们国家的历史绝不应由《凡尔赛和约》做最后决定；大量存在并且人数迅速增长的德国青年的脉搏中跳动着希望，希望他们能够活着看到（要么就在前进中死去），有这么一天，胜利再次照耀祖国的国旗。一方面展现的是法国武装和组织起来的力量，她的物满为患的军火库，她的机械化和技术先进的器械，她的非洲后备力量，她的永不泯灭的固有军事素质，所有这一切均以越来越少的人口和不断变化的毁灭性科学的奇迹为基础；另一方面则屹立着强大的德意志民族，6 000万人口对法国的4 000万人口，德意志有生机勃勃的生殖能力，她的情感受了伤害，她有实验室，她有工业，她的情报机构纪律严明、井然有序。德国在大战中品尝到的经验是残酷的，但是在德国的所有教训中，找不到一个事实证明她应该对未来的军事成功感到绝望。德国军队几乎是单枪匹马地与整个世界作战，她虽然激励或驱赶自己的盟国卷入战争，但软弱和低效是这些盟国与生俱来的素质；在俄国、英国和意大利不得不耗尽全力，美国不得不付出巨大努力之后，才将法国从德国为她准备的毁灭中拯救出来。可是这些条件还会再次出现吗？德国需要慎重考虑世界上各个大国和帝国再次相继出兵帮助自己的宿敌的形势吗？那时，莱茵河的两边依旧是问题的根源；在1923年没有人能有把握说，下一代人不会再见到欧洲像以往曾多次发生的争吵那样，躺倒在尘埃与灰烬里。

幸而，英国面对这种发展的可能性所采取的政策得到了国内各党派的理解。英国的唯一目的，是全面调动自己的影响力与资源，长时期坚持不懈地努力促使法国与德国在经济、社会和精神上密切交往，以避免两国再发生争吵，并使争吵在各自追求实现国家繁荣和相互依存的过程中逐渐消亡。英国人民的最高利益在于平息强烈的世仇；他们没有可与之相比或与之相反的其他利益。

1924年，拉姆齐·麦克唐纳先生领导的工党政府，通过伦敦会议和道威斯协定为1925年值得纪念的大事铺平了道路。鲍德温先生的政府因此不但享有无可争议的权力，而且还有长期执政的保证。在这些国力稳固的情况下，出现了一位具有远见卓识和超常勇气，比其他任何国家的外交部长都更敢冒风险的外交大臣。奥斯汀·张伯伦先生抛弃了英、法之间做双重安排以抵消德国力量的所有想法，坚决采纳由赫尔·斯特雷斯曼提议的政策，即法、德、英签订确保相互安全的三边条约，条约中英国庄严保证，其他两国中不论哪一国成为无故侵略的目标，她都会帮助那个国家。人们可能会到历史中去寻找可与这种任务相提并论的往事。不过，三边条约从一开始就得到了英国所有阶层和各个党派的坚决支持。这个雄心勃勃的事业得到了M.白里安的经验和技巧以及赫尔·斯特雷斯曼等领导人的惊人勇气的积极推动。它在最重要的时刻得到了墨索里尼以远见卓识的现实主义指挥的意大利的全力声援。无数困难均被克服了。原本可能需要10年坚持不懈的努力才能签订的协议通过短短几个月的谈判就达成了。在此期间得到了许多小国的合作；1925年10月16日，在宁静的湖滨，四大西方民主国家发出庄严誓言：她们之间无论在何种情况下都将保持和平，将团结一致地反对她们中任何一国破坏条约，侵略兄弟国家。《洛迦诺条约》最后在伦敦签字，选择这个地点是恰当的，因为伦敦是此项政策主要推动力的发源地。条约得到相关各国议会的及时批准。此条约被认为完全符合国际联盟公约。订约的结果是德国把自己的强大力量交给了国联大会。欧洲人曾采用过的最伟大的自我保存办法就此形成了。

我们可以把《洛迦诺条约》看作 1921 年美国、英国和日本达成的确保太平洋和平的《华盛顿条约》在欧洲的对应物。这两个威严的文件给文明以保证。它们是稳固而不可动摇地耸立在太平洋两岸的两座相同的和平金字塔，赢得了世界各大国及其海陆军的忠诚。这两个条约形成了一个核心，围绕着这个核心，国联更广泛的理念和《凯洛格公约》的理想主义，能够为世界构筑一个更宽广也更统一的未来结构。

任务尚未完成，还必须继续做长时间的最大努力。战争的危险并没有离开世界。原有的对抗在休眠，新对抗的鼓声已在耳边敲响。法国的焦虑和德国的仇恨只是被部分消除了。在东欧和中欧的宽广平原上，新涌现了许多民族情感强烈的国家，她们念念不忘来自彼得大帝和腓特烈大帝的侵犯及其幽灵，念念不忘以往经历过的战争。俄国这个自我脱离国际社会者正在北极寒夜中磨刀霍霍，她那饥饿的嘴唇机械地宣讲着自己的仇恨和死亡哲学。但洛迦诺的希望奠定了较可靠的基础。产生于战争恐怖的憎恶时期将漫长地延续下去；在这幸运的间隙，各大国可以大步投向世界组织的怀抱，她们胸怀的信念是：尚需克服的困难不会比已经克服的困难更大。

附　　录

中东绥靖政策备忘录

陛下政府对1921年初伊拉克的形势最不满意。大战后一直维持着英国直接统治的制度，在前一年夏季垮台，当时，幼发拉底河沿岸的局部反抗发展为严重的叛乱，历经重重困难才在印度增援部队的支援下将其平定。一支费用昂贵的庞大驻军仍留在伊拉克。秩序虽已恢复，但前景实在难料。1920年的事变使伊拉克问题成为国际注目的中心，报纸和其他舆论已经开始猛烈抨击英国政府的整个政策。批评主要针对加在英国纳税人身上的政府巨大支出，英国纳税人已经被战争留下的财政负担压得不堪重负了。但是有些人从另外一种角度提出了批评，他们指出，我们的麻烦在于我们没有履行在战时做出的允许阿拉伯人独立的承诺。

1920年的叛乱平息后，我们的政策显然必须有某种转变。那年秋天，珀西·考克斯爵士被派往巴格达就任第一任英国高级专员，他不失时机地建立了阿拉伯临时政府，由令人尊重的巴格达人士纳基卜担任首脑，此人不仅在伊拉克国内，而且在整个穆斯林世界都享有极高声誉。

1921年以前，大战中征服的各个中东地区由陛下政府的不同部门管理。巴勒斯坦和外约旦的事务由外交部管理，伊拉克的事务则由印度部管理。1921年初，政府决定把这些地区统一归一个部门管理，这个部就是殖民地部，而我当时则被任命为该部国务大臣不久。1921年

3月1日，殖民地部内正式设置了新的中东司。

我的工作的第一步是在开罗召开会议。会议由我亲自主持，与会者是掌管中东事务的所有主要官员。就伊拉克而言，会议的主要结果是邀请埃米尔费萨尔到巴格达来做伊拉克王位的候选人。他虽然并不生于伊拉克，但是有特殊资格继承王位。他出生于谢里夫家族，这个家族是麦加圣地的保护者，在整个伊斯兰世界受到广泛的尊敬。他的父亲谢里夫·侯赛因（后来有一段时间为汉志国王）在大战时曾组织过反土耳其人的起义。埃米尔费萨尔本人曾站在我方英勇作战，并曾参加常常与劳伦斯上校的名字联系在一起的各个沙漠战役。

1921年6月埃米尔费萨尔出发前往伊拉克。与此同时我在下议院宣布，他的候选人资格已得到英国政府批准。埃米尔到达后，当时的大臣会议通过决议，决定就选举王位问题举行公民投票。公民投票在全伊拉克按时进行，只有一个纯库尔德人地区除外，该地区选择不介入此事。投票结果有96%的选民支持费萨尔，于是费萨尔于1921年8月23日在巴格达加冕登位。随后，他立刻指定纳基卜组成首届内阁。

就这样，英国在伊拉克的直接统治明确地终止了，被阿拉伯政府取代。这个政府确实会听取英国的意见，但是它对自己的行为负责，并不根据外来命令行事。有大量英国军官留在这个国家，但是他们要么担任顾问职务，要么作为技术官员，均从属于伊拉克政府。

摆在英国政府前面的下一个任务是使整个地位合法化。我们在1920年4月的圣雷莫会议上，同意承担在国际联盟名义下的伊拉克托管国的地位。1920年12月，我们将一份正式的"托管要求书"草案递交给国联，但由于种种困难，这份要求书草案压根儿没有得到正式批准。1921年10月，我们从国联得到一种书信形式的临时授权，它由国联大会主席发出，邀请我们继续以托管要求书草案的精神管理伊拉克，这种地位应当在其合法化的时候终止。但是在国联犹豫再三的时候，当地的局势却没有等人。伊拉克在我们的指导下迅速向前发展。"托管"这个名义在伊拉克很不受欢迎。它暗含了受人监护的意思，而这个新国家认为自己并不需要监护。这是埃及"保护关系"再现的例子。作为摆脱困难的一种办法,我们决定与伊拉克国王缔结一个两国表面平等的条约,条约(1)详细规定了两国间的关系;(2)使英国政府具有履行国际联盟通过的正式"托管要求书"所赋予的义务的地位。这个条约于1922年10月10日在巴格达正式签署。条约签署后不久英国联合政府下台,我不再担任殖民地部大臣。1922年10月的条约留下各种细节问题,准备以后在多种附属协议中解决。这些附属协议(涉及军事、财政、司法等)最后于1924年3月缔结。1924年9月,条约和协议被递交国联大会并得到批准,同时提出的还有英国政府的某些其他保证,如在伊拉克充分遵守国联公约规定的托管原则等。通过这些办法,英国的地位最终有了正式的法律依据。

在国内,连续实施的宪法步骤体现了伊拉克国家的进步。其中第一步是选举为国家制定宪法的立宪会议。立宪会议的这个任务以1924年7月10日通过根本法而宣告完成,立宪会议也随之解散,按程序将由1926年建立的第一届伊拉克议会取代。

在国内外长期造成大量麻烦的是土耳其与伊拉克的边界问题。土耳其人要求归还摩苏尔省,其面积约占伊拉克全国的三分之一,包括大部分土地肥沃的地区。《洛桑条约》(1923年)没有解决这个问题。为此引发了许多激烈的争议,一度还曾出现与土耳其人发生武装冲突的严重危险。这个问题最终提交国联解决,国联划定的边界实际上保持了伊拉克对摩苏尔全省的权利。土耳其人接受了既成事实。两国界线由一个混合委员会在双方没有严重磨擦的情况下划定,自那以后,两国间的友好关系一直未受损害。

至于开罗会议处理的其他问题也许没有必要多说。关于巴勒斯坦,会议只是重申了以前采取的并一直维持着的政策。在外约旦,情况有所发展。伊拉克国王费萨尔的兄弟埃米尔阿卜杜勒得到允许成为该国的统治者。这次实验总体上是成功的。埃米尔的政府虽然在前阶段很不如人意,但近年来的表现有了显著的改善。公共安全和公众满意度都有明显的提高。去年英国与埃米尔缔结了一个条约，内容和与费萨尔国王订立的条约十分相似，准备在外约旦建立一个立宪政府。这个条约尚待批准。

回过头来再说说伊拉克，在这里有必要提及在 1922 年极为重要的一种进一步的变化。那年 10 月，对该国的军事控制由陆军部转交给了空军部。我们可以有把握地说，这个改变被证明是一个巨大的成功。它导致了驻军费用的逐步减少，从而减轻了加在英国纳税人头上的负担。1921 年初，英国在伊拉克驻军为 32 个营，外加炮兵、工程兵等。到 1921 年 7 月，驻军数量减到了 23 个营，同年 10 月开始进一步削减到 12 个营。1922—1923 年上半年，需要提供给养的部队为 9 个营（外加其他辅助兵种），而到了下半年，只剩了 6 个营。减少兵力的过程持续到 1928 年，这时，需要供应的驻军只有一个印度营和一个皇家地雷工兵连。最后这两个单位也于 11 月 1 日撤离。现在，除了皇家空军外，伊拉克全国已经没有英国或印度的正规军单位。为了加快实施撤离帝国军队的计划，一支在当地征召、由英国人指挥、英国财政部出钱的军队于 1921—1922 年建立起来。这些所征兵员有一段时间兵力为 4 个步兵营、3 个骑兵团、1 个炮兵和辅助兵分队。不过这支部队现在已缩减为 2 个营。

过去 7 年中，英国在伊拉克的驻军的逐年开支如下表所示：

1921—1922 年	20 097 684 英镑
1922—1923 年	6 610 554 英镑
1923—1924 年	5 033 790 英镑
1924—1925 年	3 847 224 英镑
1925—1926 年	3 314 813 英镑
1926—1927 年	2 753 775 英镑
1927—1928 年	1 648 038 英镑

1928 年，英国政府决定弄清陆军部和空军部的正常国防开支，于是其中排除了印度军队的费用、在伊拉克征召新兵的费用和英国驻军

的"额外"费用；因此，无法得出 1927—1928 年以后的数字。

1921 年，英国驻伊拉克的空军有 6 个中队，次年增加到 8 个中队外加几个装甲车连。到 1928 年 4 月，空军力量缩减小到 5 个中队外加几个装甲车小队。

值得一提的是，明显减少军事力量（同时还相应削减了财政支出）的做法在伊拉克实施的时候没有遇到任何障碍，也没有造成任何麻烦。如果考虑到这个国家的自然条件，她的辽阔国土，她的许多无家可归的灾民，以及她不可能真正有效控制的巨大荒漠国界，我们可以毫不夸张地说，能取得这样的效果是相当惊人的。而且必须记住，在 1925 年底之前与土耳其人的麻烦尚未最后解决。早期阶段制定的所有计划都以假设将很快与土耳其人解决纠纷为基础。这个假设在近 5 年的时间里被证明是没有根据的。可是这些计划还是适当地完成，并未造成混乱和不幸事故。事实上，自 1920 年的叛乱以后，还没有一件事有严重骚乱的性质。只是在边远的库尔德人地区时常发生麻烦，还发生过效忠于伊本·沙特的瓦哈比部落男子发动袭击的严重事件（特别是在去年冬天）。这些是必须时刻铭记在心并严加提防的情况。但没有理由就此认为，今后依旧会像过去那样无法有效地对付它们。

总之，1921 年开始采用的政策一直继续到如今。像其他政策一样， 它有它的兴衰，有面临困难与危险的时候。除此之外，它还常常要面对国内猛烈而肆无忌惮的严厉批评，但它还是被坚定不移地执行了，并获得了一定程度的成功，这在 8 年前我们当中几乎无人认为这是可能的。

索　引

二　画

三　画

注：索引中所有页码均为原书页码，中文版中将其保留列在页边。

七 画

八 画

九　画

十一画

十二画

424

十三画

中外文人名对照表

Adam　亚当

Abdullah　阿卜杜勒

Adison　艾迪生

Agakhan　阿迦汗

Alan，Fitz　艾伦，菲茨

Alexander　亚历山大

Alexeiev　阿列克谢耶夫

Allenby　艾伦比

Alp，Tekin　阿尔普，特金

Asquith　阿斯奎斯

Asser　阿塞

Baker，Stannard　贝克，斯坦纳德

Bakunin　巴枯宁

Baldwin　鲍德温

Balfour，Arthur　贝尔福，阿瑟

Barnes　巴恩斯

Barton　巴尔顿

Beatty　贝蒂

Belleek　贝尔利克

Benes　贝奈斯

Kemal, Mustapha　凯马尔，穆斯塔法

Kerensky　克伦斯基

Kipling　吉卜林

Kitchener　基奇纳

Kluck　克卢克

Knox　诺克斯

Koltchak　高尔察克

Korfanty　科尔凡蒂

Kornilov　科尔尼洛夫

Krasnov　克拉斯诺夫

Krassin　克拉辛

Krilenko, Ensign　克里兰科，延申恩

Kun, Bela　库恩，贝拉

Lamont　拉蒙特

Lansing　兰辛

Lavery　莱弗里

Law, Bonar　劳，博纳

Lawrence　劳伦斯

Lenin　列宁

Leontev　列昂节夫

Liebknecht, Karl　李卜克内西，卡尔

Lloyd, George　劳埃德，乔治

Lockhart　洛克哈特

Lodge　洛奇

Long, Walter　朗，沃尔特

Louis XI　路易十一

Louis XVI　路易十六

Pilsudski，Josef　毕苏斯基，约瑟夫

Pitt　皮特

Plehve，M. de　普列韦，M. 德

Plumer　普卢默

Poincaré　普安卡雷

Poynings　波宁斯

Rawlinson　罗林森

Rawlinson，Alfred　罗林森，艾尔弗雷德

Redmond，John　雷德蒙，约翰

Robeck，de　罗贝克，德

Ronaldshay　罗纳谢

Roosevelt，Theodore　罗斯福，西奥多

Rumbold，Horace　朗博尔德，霍勒斯

Sadleir—Jackson　萨德利尔－杰克逊

Saionji　西园寺公望

Sarolea　萨罗利亚

Sarsfield　萨斯菲尔德

Savinkov，Boris　萨文科夫，鲍里斯

Sazonov　萨佐诺夫

Selden　塞尔登

Serge　谢尔盖

Seymour　西摩

Sherif　谢里夫

Shuckburgh　沙克布勒

Skorpadski　斯科罗帕茨基

Smuts　斯穆茨

图书在版编目（CIP）数据

第一次世界大战回忆录 . 5，世界危机 . 战后 ／（英）丘吉尔（Churchill，W. L.S.）著；吴良健，王铁生，高卓译 . —青岛：青岛出版社，2014.4

ISBN 978−7−5436−7828−6

Ⅰ.①第… Ⅱ.①丘… ②吴… ③王… ④高… Ⅲ.①丘吉尔，W.L.S. （1874—1965）−回忆录②第一次世界大战−史料 Ⅳ.①K835.617＝5②K143

中国版本图书馆 CIP 数据核字（2014）第 007805 号

书　　名	第一次世界大战回忆录5：世界危机　战后	
著　　者	〔英国〕温斯顿·丘吉尔	
译　　者	吴良健　王铁生　高　卓	
校　　译	王翼龙　吴衡康	
出版发行	青岛出版社	
社　　址	青岛市海尔路 182 号（266061）	
本社网址	http://www.qdpub.com	
策划编辑	刘　咏　杨成舜	
责任编辑	刘　坤	
特约编辑	耿媛媛	
责任校对	周晓方	
封面设计	灵动视线	
出版日期	2014 年 4 月第 1 版　2014 年 4 月第 1 次印刷	
照　　排	灵动视线	
印　　刷	北京鑫海达印刷有限公司	
开　　本	16 开（710mm×1000mm）	
印　　张	28	
字　　数	376 千	
书　　号	ISBN 978−7−5436−7828−6	
定　　价	49.80 元	

编校质量、盗版监督服务电话　4006532017　（0532）68068670

青岛版图书售后如发现质量问题，请寄回青岛出版社出版印务部调换。

电话（0532）68068629

建议陈列类别：一战 ／ 军事 ／ 历史